Charles Breaux hat humanistische Psychologie studiert. Mehrere Jahre lang arbeitete er am »Berkeley Psychic Institute« und leitete das »Berkeley Holistic Health Center«. Zahlreiche Seminare mit tibetischen Lamas, Workshops und Vorträge. Seit 1976 eigene Praxis für Lebensberatung unter Anwendung von Körperarbeit und energetischer Diagnose.

Von Charles Breaux ist außerdem als Knaur-Taschenbuch erschienen: »Reise ins Bewußtsein« (Band 4251).

W0058909

Esoterik

Herausgegeben von Gerhard Riemann

Dieses Buch wurde auf chlor- und säurefreiem Papier gedruckt.

Originalausgabe November 1992
© 1992 für die deutschsprachige Ausgabe
Droemersche Verlagsanstalt Th. Knaur Nachf., München
Das Werk einschließlich aller seiner Teile ist urheberrechtlich geschützt.
Jede Verwertung außerhalb der engen Grenzen des Urheberrechtsgesetzes ist
ohne Zustimmung des Verlages unzulässig und strafbar. Das gilt insbesondere
für Vervielfältigungen, Übersetzungen, Mikroverfilmungen und die Einspeicherung
und Verarbeitung in elektronischen Systemen.
Titel der amerikanischen Ausgabe »Lifelines«
© 1992 Charles Breaux
Umschlaggestaltung Peter F. Strauss
Satz DTP ba · br
Druck und Bindung Ebner Ulm
Printed in Germany
ISBN 3-426-86004-X

2   4   5   3   1

Charles Breaux

Lebenslinien

Der Weg der Seele durch
zahlreiche Leben und Zeiten

Aus dem Amerikanischen von Renate Holder

Inhaltsverzeichnis

Vorwort

Der modernen Psychotherapie ist es erst nach vielen Umwegen gelungen, in das wahre Wesen der menschlichen Psyche einzudringen, und noch immer sind ihre Heilerfolge relativ gering – warum? Die Vertreter der orthodoxen Richtung glauben die Ursachen seelischer und physischer Störungen allein im gegenwärtigen Leben ihrer Klienten zu erkennen, und sehen in spontan auftretenden Erinnerungen an frühere Existenzen eben nichts anderes als Krankheitssymptome, statt die Wurzeln des Übels – und damit den Schlüssel zur Heilung – in gewissen unbewältigten oder gar traumatischen Erfahrungen längst vergangener Leben zu suchen. Erst aufgrund des ständig anwachsenden Beweismaterials aus wissenschaftlicher Forschung und Pastlife-Therapien wird auch fachlicherseits diesem Sachverhalt mehr und mehr Anerkennung gezollt. Bücher wie *Bericht vom Leben vor dem Leben* von Morris Netherton vermitteln uns ein anschauliches Bild von den weitreichenden Implikationen und Auswirkungen dieser neuen Dimension der Psychotherapie.

Im vorliegenden Buch werde ich mich hauptsächlich mit der Entstehung emotionaler Muster und Glaubensstrukturen befassen und darzustellen versuchen, wie sich diese von einem Leben aufs nächste übertragen, denn darauf beruht letztendlich das östliche Konzept des Karma – für den Westen ein Gebiet, das allzusehr vereinfacht und auf moralisierende Weise gehandhabt wird, obwohl es nicht minder komplex und facettenreich als die menschliche Psyche selbst ist. Aber es wird uns verständlicher, sobald wir das Karma als eine Reflexion tiefster Weisheit begreifen. In der Tat vermehren wir es tagtäglich; denn es ist auch ein Nebenprodukt unserer

ständigen Bemühungen um Angleichung an die Lebensgewohnheiten unserer menschlichen Umwelt, an deren Hand-
lungsweisen, Gemütszustände und religiöse Vorstellungen –
kurz gesagt: Es ist das wichtigste Medium, das uns all die
zum Wachstum unseres Bewußtseins unerläßlichen Lektionen erteilt. Von daher gesehen, versteht sich mein Buch als
eine Abhandlung über die Seele und ihre Entwicklung.

In den Protokollen über die Life-Readings[1] versuche ich
aufzuzeigen, welch wesentlichen Anteil das Karma aufgrund
seiner Dynamik an der Entfaltung und Heilung der Psyche
hat. Normalerweise beginne ich meine Readings mit einer
Beschreibung der wichtigsten Seelencharakteristika meiner
Klienten und gehe dann dazu über, all die oft weit zurückliegenden Ereignisse aufzuspüren, welche diese Eigenschaften
bewirkt und somit der Seele ihr gegenwärtiges Gepräge
verliehen haben.

In der zweiten Buchhälfte gilt meine Aufmerksamkeit der
methodischen Arbeit mit dem Karma. Den Ausgangspunkt
all unserer karmischen Verflechtungen bildet unser Geboren-
werden als Seele. Seit jenem so unendlich fernen Ereignis
haben wir nie aufgehört, an dem feinen Geflecht unserer
individuellen Identität – wenn auch nur unbewußt – zu
weben und zu wirken. Wie können wir uns selbst erlösen?
Und was lernen wir beim Entwirren all der Fäden unserer
persönlichen Geschichte? Was ist der tiefere Sinn unseres
Karmas?

Obwohl ich seit 25 Jahren als Pastlife-Therapeut und berufs-
mäßiger Hellseher praktiziere, hat mich die Arbeit an diesem
Buch mit all den tiefschürfenden philosophischen Fragen,

1 »Life-Reading«, wörtlich »Lebenslesung« oder »aus den verschiedenen
Leben lesen«: eine Deutung früherer Inkarnationen mit Bezug auf die
karmische Situation des gegenwärtigen Lebens (Anm. d. Übers.).

denen ich auf meinen Reisen in die Tiefe der Seele begegnet bin, stets in Atem gehalten.

Seltsamerweise ist es ein deutscher Herausgeber, der mich zur Niederschrift des vorliegenden Buches veranlaßte – derselbe, bei dem bereits meine erste Untersuchung *Reise ins Bewußtsein* erschienen war. In der Zwischenzeit hatte ich einen Roman über mich selbst geschrieben, in dem ich mich als Frau in einem zukünftigen Leben noch einmal in verschiedene vergangene Existenzen zurückbegebe, um mich von alten karmischen Mustern zu befreien. Ich stellte mir vor, auf diese Weise eine neue Bewußtseinsebene zu erreichen. Könnte es sein, daß dieses gegenwärtige Buch nur zustande kam, weil ein Wesen von »irgendwo da oben« mir – während ich meine »Hausaufgabe« machte – über die Schulter sah?

Als man mir vorschlug, die *Lebenslinien* zu schreiben, glaubte ich, erst einmal herausfinden zu müssen, was andere bereits zu diesem Thema geäußert hatten. Beim Durchblättern eines der Bücher von Ruth Montgomery stieß ich auf eine Stelle, wo von der verstorbenen Eileen Garrett – einer berühmten Hellsichtigen irisch-amerikanischer Abstammung – berichtet wird, die sich bemüht, ein Medium zu finden, durch das sie schreiben und ihre zu Lebzeiten begonnenen Forschungen fortsetzen könne. Ich bin zwar selbst schon mehrmals als Medium benutzt worden – doch diesmal kam mir auf einmal der Gedanke: »Junge, das wäre *die* Möglichkeit, um ohne Anstrengung ein Buch zu schreiben!« So beschloß ich, mich hinzusetzen und zu versuchen, mit Eileen auf der inneren Ebene Kontakt aufzunehmen und eine entsprechende Vereinbarung zu treffen.

Doch anstatt Eileen zu erreichen, wurde ich plötzlich eines Lichtwesens gewahr, das sich mir offenbar in der Absicht näherte, mit mir in Kommunikation zu treten. Und plötzlich war es mir klar, daß dasselbe Wesen auch meinen Herausgeber inspiriert haben mußte, dieses Buch erscheinen zu lassen und mich als Autor auszuersehen. Es mußte ein Wesen höherer Art sein, vergleichbar vielleicht mit einem Erzengel. *Giaff* ist der Name, mit dem der Essay über die Seele, den es durch mich für dieses Buch schrieb, unterzeichnet war, und seine Anwesenheit und Hilfe – jetzt, in dieser kritischen Phase des Übergangs, in der unsere Welt sich gegenwärtig befindet – steht für mich außer Zweifel. Sechs oder sieben Jahre lang war ich in meiner Funktion als Heiler kaum noch aktiv gewesen, als mich der Auftrag für dieses Buch erreichte. Es war wirklich erstaunlich zu beobachten, wie Giaff all jene Leute, deren Lebensgeschichten in diesem Buch dargestellt werden, zu mir führte oder auch mich zu ihnen.

Während der letzten drei Jahre hatte ich mich in einem unbeschreiblichen Sumpf der Gefühle befunden – im Sog einer Flutwelle emotionaler Ereignisse. Innerhalb eines Zeitraums von eineinhalb Jahren ging nicht nur meine Ehe in die Brüche, ich hatte auch noch den Verlust meiner beiden Eltern zu beklagen. Gleichzeitig fühlte ich mich meines Ego als New-Age-Guru beraubt und kämpfte verzweifelt darum, nicht auch noch in den kalten Gewässern aus Kindheit und uralter Zeit zu ertrinken. Meine Hoffnungslosigkeit und totale Entfremdung glaubte ich im derzeitigen Weltgeschehen wie in einem Spiegelbild wiederzuerkennen. Der Golfkrieg schien der lang »herbeigefürchtete« Anfang vom Ende der menschlichen Rasse zu sein.

Der Schreibprozeß, in den mich dieses Buch stürzte, hat mir in mancherlei Hinsicht Erlösung gebracht. Er verschaffte meinem gedemütigten Ego das Privileg, mit einem Wesen wie Giaff und einer so integren Persönlichkeit wie meinem deutschen Herausgeber kooperieren zu dürfen. Dies verlieh mir das Gefühl, doch nicht ganz nutzlos zu sein. Darüber hinaus verhalf es mir zu einem tieferen Verständnis all der hinter mir liegenden, aber auch gegenwärtigen Ereignisse in bezug auf ihre karmischen Notwendigkeiten und Lehren. Das Schreiben machte meine Suche nach Wahrheit und Erlösung erst wieder richtig spannend.

Die Begeisterung in meiner Seele nimmt um so mehr zu, je intensiver ich mich mit den langen Lebensgeschichten derer befasse, denen ich für ein Reading zur Verfügung stand. Die Übertragung ins geschriebene Wort verstärkt zudem noch die Wirkung. Im Spiegel dieser festgehaltenen Readings sehe ich, wie die Zeit immer schneller dahineilt. Im Vergleich zu früheren Inkarnationen scheinen wir uns im gegenwärtigen Leben auf der »Überholspur« zu befinden und inmitten einer Phase, in der die Kräfte der Vergangenheit gegen die Klippen der evolutionären Notwendigkeiten, die die Zukunft für uns beinhaltet, anstürmen. Dieser Bewußtseinsaufbruch wird seinen Höhepunkt am Ende dieses Jahrtausends erreichen. Werden wir uns auf dem Kamm dieser sich überstürzenden Woge halten können oder wieder zurückfallen und kämpfen müssen, damit uns die nächste nicht überrollt?

TEIL I

Die Wirkungsweise des Karmas

Karma ist ein Sanskritwort und bedeutet »Aktion« oder »Handlung«. Im Hinduismus oder Buddhismus bezieht es sich außerdem auf den ständigen Prozeß von Ursache und Wirkung in unserem alltäglichen Leben. Für die östlichen psychophysischen Disziplinen gehört es schon lange zu den grundlegenden Voraussetzungen des Verständnisses unserer psychologischen Struktur.

Schlicht ausgedrückt, bedeutet Karma nichts anderes als: »Das, was du säst, wirst du auch ernten.« Innerhalb der nichtmateriellen Welt der Psyche sind Gedanken und Gefühle – genauso wie Taten – von deutlicher Wirkung und setzen deshalb, gemeinsam mit unseren körperlichen Aktivitäten, bestimmte Kräfte innerhalb unserer gesamten Welt in Bewegung. Im Leibgeist (oder im Geistkörper) erzeugen sie charakteristische Energiestrukturen oder -muster, die wiederum ganz spezifische Ereignisse und Handlungen nach sich ziehen. Sie fungieren als eine Art Schwingungsfeld und Gittersystem für zukünftige Erfahrungen und Verhaltensweisen.

In der Vergangenheit hat die westliche Psychologie stets den Standpunkt vertreten, daß die psychische Struktur von Kleinstkindern einer Tabula rasa gleiche. Daraus folgerte sie, daß unser individueller Charakter sich erst nach der Geburt zu bilden beginnt, und benützte Begriffe wie Komplexe, Muster, persönliche Mythen und »Skripte« zur Bezeichnung der formenden Kräfte in unserer Kindheit und in der Phase

13

der elterlichen und sozialen Programmierung. Mit der Frage der speziellen Begabungen oder besonderer Charakterzüge, soweit diese nicht aus der Familiengeschichte zu erklären oder genetisch bedingt waren, konnte sie nichts anfangen, und blieb auch relativ erfolglos in der Behandlung der meisten psychischen Störungen.

Was im westlichen Modell der Psyche fehlt, ist die Reinkarnation der Seele, die Kontinuität des Selbst von einem Leben zum nächsten. Charakter und Lebensbedingungen des sich inkarnierenden Selbst sind durch vorangegangene Handlungen – das heißt karmische Muster – vorherbestimmt. Zur Gewohnheit gewordene psychische und physische Aktivitäten sowie besonders emotionsgeladene Vorkommnisse – zum Beispiel traumatische Erfahrungen – wirken sich auf die psychischen Strukturen in der nächsten Inkarnation des betroffenen Wesens aus. In vielerlei Hinsicht ist unser physisches Selbst eine Verkörperung all der subtilen – der mentalen wie auch emotionalen – Komponenten unseres inneren Kerns, welche aufgrund ihrer Schwingungen schließlich mit all ihren charakteristischen Einstellungen und Veranlagungen zu einem einheitlichen Ganzen verschmelzen.

Was das Wort Karma beinhaltet, ist leicht zu begreifen, sobald wir das westliche Konzept der Komplexe, Muster etc. um jene Komponente erweitern, die alles mit einschließt, was wir unter dem bis zu seinen Ursprüngen zurückreichenden »Pathos« der Seele verstehen. Ein ganz wichtiger Aspekt dieser umfassenderen Betrachtung ist, daß wir – statt in dem jeweiligen Erbgut einer Familie die einzig kausalen Faktoren unserer psychischen Strukturen erkennen zu wollen – dieses Erbgut als das nehmen, was es tatsächlich ist: nämlich ein bloßes Vehikel, das unserer Seele erlaubt, ihre karmischen Muster in Aktion zu setzen. Unsere Seelen fühlen sich stets nur von solchen Eltern oder sozialen Bedingungen angezogen, die unseren karmischen Bedürfnissen entgegenkommen. Genetische Veranlagungen, besondere Familienmerkmale und eine entsprechende Umwelt bieten einer Seele die Voraussetzungen, um ihr spezifisches Karma entwickeln zu können.

Die oben erwähnten karmischen Muster psychophysischer Natur, die das Seelengewebe des Individuums bilden, kommen in keinem der einzelnen Leben in ihrer vollen Gesamtheit zum Tragen. Das Karma ist viel zu komplex und zu groß, um sich auf einmal zu manifestieren. Hier spielen auch noch andere Faktoren eine Rolle, wie die Einflüsse eines Gruppenkarmas und andere spezifische Bedingungen des Weltzustandes, auf die gewisse Karmas angewiesen sind, um heranreifen zu können.

Vom psychologischen Standpunkt aus könnten wir sagen, daß das karmische Geschehen in den Prozeß der Identifikation integriert ist, denn dieser entspricht der angeborenen Neigung des Ego-Selbst wie auch der Seele. Wir werden stets das, womit wir uns zu identifizieren bereit sind. Worum immer es sich dabei handelt – religiöse Vorstellungen, eine bestimmte soziale Rolle (die des Opfers, des Unterdrückers, des Außenseiters etc.) oder gewisse Gemütsstrukturen –, wir nehmen dies schlechthin als gegeben, und so ist es dann auch. Und diese Neigung zur Identifikation wird vom Überlebensinstinkt noch zusätzlich angefacht. Zu den größten Hürden in der psychotherapeutischen Arbeit gehört noch immer das Unvermögen so vieler Klienten, sich von ihrem mit so vielen dysfunktionalen Mustern verknüpften Identitätsbewußtsein loszulösen. Wie ein Hund, der sein Territorium verteidigt, sind wir ständig bemüht, es unter keinen Umständen preiszugeben, als ob unser Leben davon abhinge. Auf diese Weise übertragen wir unsere Verletzlichkeiten und Schwachstellen von einem Leben aufs nächste und bleiben dieselben emotional belasteten Individuen mit all den dazugehörigen Verhaltensweisen, die auch weiterhin unser Handeln und Reagieren in festgelegten Bahnen ablaufen lassen.

Das Identitätsbewußtsein ist aus all diesen Gründen sehr eng mit dem Konzept des Karmas verbunden. Die Vorstellung von Aktionen und ihren Rückwirkungen auf das Karma wäre ohne das handelnde Selbst, das die Ergebnisse seiner Handlungen dann auch zu spüren bekommt, völlig sinnlos.

Das Selbst bewegt sich auf drei unterschiedlichen Ebenen: Als *Ego* existiert es auf der weltlich-zeitlichen, die zugleich die äußerste ist. Als Wesen, das den Tod überlebt und sich ein neues Ego-Selbst entwirft, existiert es auf einer viel subtileren Ebene. Wir bezeichnen es hier als *Seele*. (Oft wird der Begriff Seele mit Eigenschaften verknüpft, die höchst irreführend sind – doch darauf werde ich später noch zu sprechen kommen.) Die dritte und erhabenste Form des Selbst ist von überpersonaler Art und wird generell mit dem Begriff des Gottes gleichgesetzt. Dies ist das Selbst, von dem auch Jung spricht. Im Mikrokosmos unserer Psyche erkennen wir es als eine Spiegelung jener zentralen, formgebenden Kraft des »All-das-was-da-ist«, als einen überweltlichen und heilbringenden Faktor, als einen Entwurf, an dem sich die Seele bei ihrer Aufgabe, ein Reich des Bewußtseins zu schaffen, orientieren kann.

Das höchste Ziel der östlichen, vom Karma geprägten Religionen ist es, sich von jeglichen Vorstellungen einer individuellen Identität – und deshalb auch von jeglichen Bindungen – zu befreien. Das würde nicht nur die Loslösung von alten Identitäten oder karmischen Mustern erleichtern, sondern uns auch in die Lage versetzen, keinerlei Karma mehr hervorbringen zu müssen, indem wir lernen, unserem Handeln eine transpersonale Perspektive zugrunde zu legen. Wenn erst einmal das persönliche Selbst an Transparenz gewinnt, wird es immer mehr vom Licht des reinen Selbst durchdrungen. Wir hören auf, für uns selbst dazusein und von unseren persönlichen Wünschen und Bedürfnissen beherrscht zu werden, um schließlich zu einem Vehikel des Lebens im weitesten Sinne des Wortes zu werden. Nach dem Weltverständnis östlicher Religionen ist dies der Zeitpunkt, der uns vom Rad der Wiedergeburten und vom Feuer persönlicher Begierden und Aversionen befreit.

Die karmische Dynamik ist nicht dazu da, um uns auf irgendeine Weise zu bestrafen, vielmehr sind wir es selbst, die sich in Schuldgefühle hineinmanövrieren. Indem wir uns als strafwürdig empfinden, rufen wir förmlich die Strafen herbei. Deshalb sind Strafen stets etwas Selbstauferlegtes. Auch ist das Karma nicht gleichzusetzen mit Schicksal. In jedem Augenblick haben wir die Freiheit, uns von den karmischen Mustern zu lösen, mit denen wir bisher identifiziert waren. Ich muß zugeben, das ist keine leichte Aufgabe, doch grundsätzlich besteht diese Möglichkeit. Und eines Tages kommen wir ohnehin nicht daran vorbei, falls wir psychisch und spirituell heranreifen wollen.

Wir können unser Karma nicht einfach verleugnen – es ist unser bester Lehrer. Ganz gleich, welche Art von Psychotherapie oder Religion jemand bevorzugt, ich möchte jedem klarmachen, welche grundlegende Bedeutung der karmischen Dynamik bei der Bestimmung unseres individuellen Charakters zukommt – bei dessen Reflexion im Spiegel des alltäglichen Lebens und mehr noch: bei der Heilung und Entfaltung der Psyche, oder genauer gesagt, der Seele.

Die Seele: eine Botschaft von Giaff

Laß uns vorerst jenes Lebenspartikelchen, das du als Seele bezeichnest, genauer betrachten. Die Seele ist jedesmal ein neues Saatkorn des Lebens, ein Funke, der dem Feuer der Schöpfung entspringt. So, wie es unzählige Arten von Pflanzen gibt, gibt es auch unzählige Typen von Seelen, eine jede exakt zugeschnitten auf ihre spezifische Umwelt oder auf ihre Funktionen innerhalb des kosmischen Gesamtorganismus. Dennoch, und ungeachtet des jeweiligen Seelentyps, durchlaufen sie alle denselben Prozeß von Geburt, Wachstum, Tod und Wiedergeburt. So könnte man sagen, daß sie alle ebenbürtig geschaffen sind. Alle Seelen haben dieselben Voraussetzungen, um die einzelnen Stadien ihrer Entwicklung zu durchschreiten, aber manche Seelengruppen aus bestimmten kosmischen Bereichen sind besondere Aufgaben und Pflichten auferlegt worden, die sie als ihren Anteil am fortschreitenden Prozeß des Lebens zu erfüllen haben.

Du warst stets davon überzeugt, daß die Seele unsterblich ist, daß sie zu Anbeginn der Zeiten und als der perfekte Teil deiner selbst erschaffen wurde. Stellen wir uns einmal vor, daß es niemals – in einem absoluten Sinne – einen Anfang des Lebens gegeben hätte; das Leben ist ein Kreis, und so wurde es in den ältesten Zeiten oft symbolisiert, ein Kreis ohne Anfang und Ende. Und nun siehst du, wie zwecklos es ist, einen willkürlich gewählten Zeitpunkt in irgendeinem früheren Äon als denjenigen zu bestimmen, an dem alle Seelen erschaffen wurden. Das Leben ist ein ständiger Prozeß, und laufend werden neue Seelen geboren und kehren laufend zum großen Geist zurück.

Da die Seele somit vollkommen ist, wie könnte es anders sein, als daß der Mensch sich logischerweise einredet, er hätte nichts anderes zu tun, als den bösen physischen Körper zu besiegen und der Erde zu entfliehen, um im Himmel Erlösung zu finden, wie es viele Religionen für wahr halten? Die Seele ist auf ähnliche Weise vollkommen, wie ein Saatkorn vollkommen ist. Und dennoch, nicht alle Saatkörner sind wirklich perfekt. Und das macht den Unterschied aus, den ich hier nur kurz andeuten möchte. Ein Saatkorn enthält, wenn man so will, nur den Entwurf der sich entwickelnden Pflanze. Doch nur wirklich angemessene Bedingungen garantieren ihm ein Wachstum im Sinne seines tatsächlichen Potentiales.

Ungeachtet des Beistands von seiten anderer, reiferer Seelen hat jede einzelne Seele die volle Verantwortung für die Aufnahme eines Mindestquantums an Nahrung, für die Beachtung gewisser Verhaltensweisen und Arbeitshypothesen, die die Voraussetzung jeglichen positiven Handelns im Sinne ihrer potentiellen Vervollkommnung darstellen. Ich möchte, daß du begreifst, daß weder der Körper noch die physische Welt von Natur aus böse sind. Der Körper ist das Erdreich, in das die Seele eingepflanzt wird. Es versorgt sie mit allen nötigen Erfahrungen. Was daraus wird – ob ein Weiser oder ein Narr –, bleibt ihr allein überlassen. Lernen durch Fehler, Klugwerden durch Irrtum, praktische Anwendung des Erlernten und Lehren durch Beispiel – das sind die Methoden hier im irdischen Klassenzimmer, die auch für die inneren Dimensionen gelten.

Wie du siehst, ist die Seele der Geburt und dem Tod – genauer gesagt, dem ständigen Wechsel – unterworfen. Ich möchte dir dies möglichst verständlich machen, aber versuche nicht, in mich einzudringen, denn im Moment darf ich dir zu diesem Punkt keine weiteren Auskünfte geben. Sobald die Seele zur Blüte gelangt und die bewußte Vereinigung mit »All-demwas-ist« erreicht hat, wird sie mit neuen Aufgaben auf einer völlig anderen Ebene des kosmischen Organismus konfrontiert – einer Ebene, auf der ihre gesamte Konzentration sich darauf richtet, ein Vehikel für das universelle Gesetz und die universelle Harmonie zu sein. Nur rein persönlichen und selbstbezogenen Zielen zu leben kann nun nicht mehr ihr Anliegen sein. Da sie inzwischen ihre Bestimmung erfüllt, das heißt, das ihr angeborene Potential zur Entfaltung gebracht hat, ist sie zu einem holographischen Abbild »All-dessen-was-ist« und somit unsterblich geworden. Sobald sich ihr Lebenszyklus zu schließen beginnt, wird sie zu einer Linse, durch welche ohne Verzerrung das Licht der Schöpfung hindurchscheint. Sobald mit ihrem Tod als Person auch ihr Individualismus erloschen ist, wird die Seele, wenn man so will, als Gott wiedergeboren und kehrt heim in völliger Wahrheit, um sich ihrer ursprünglichen Natur erneut zu vergewissern und derselben zum Ausdruck zu verhelfen.

Zwar ist deine Seele der Sitz deiner Individualität oder Identität, aber im Kern deines individuellen Gehäuses befindet sich das Hologramm des Lebens schlechthin. So ist es deine Aufgabe, mit dem Licht des Bewußtseins die Tiefe deiner Seele zu erforschen und dieses Samenabbild voll zu aktivieren. Dies wird notwendigerweise viel Mut erfordern.

Wenn du dich aufrichtigen Herzens der Erfahrung hingibst, dein Leben vom universellen Sein leiten zu lassen, wirst du von den Küsten der dir bekannten Welt hinweggetragen in die Herrlichkeit der Sphärenmusik. Du mußt nur loslassen können und der dich durchdringenden kosmischen Bewegung vertrauen – ein simples, aber weiß Gott auch herausforderndes Unterfangen, denn bei jedem Schritt bist du erneut versucht, dich mit deiner alltäglichen Umgebung zu identifizieren und dich an die Dinge zu klammern, die dir so sehr ans Herz gewachsen sind, daß du den Wechsel, wenn er dann eintritt, als das Ende deines Ichs empfindest. Wenn du nur lernen könntest, deinen Blickwinkel so zu verändern, daß du dich selbst als Teil eines größeren Bildes erkennst, als Ausdruck des Lebens, als Teil dessen, was sich in ständiger Bewegung und Umwandlung befindet – wieviel leichter würde dir deine Aufgabe fallen, und wie sehr könntest du dann deine unglaubliche Reise genießen!

Leider kannst du aus keinem Buch lernen, wie dieses Manöver des Loslassens zu bewältigen ist. Doch die Tragödie deiner Torheiten, das unangemessene Leid und die irregeleiteten Glaubensvorstellungen – ja, das Dilemma der gesamten Zivilisation –, all dies kann dir nicht verborgen bleiben, so daß du an nichts anderes mehr denkst, als dein Selbst in mühsamen Versuchen vor den unvermeidlich anwachsenden Leiden zu schützen. Doch wisse, daß deine Pein sich proportional zur Summe deines Widerstands gegen die Kräfte der Entfaltung nur noch vergrößert.

Ich bitte dich, denke gründlich über all die Lebensgeschichten nach, die dir hier vor Augen geführt werden. Ich bin überzeugt, daß dir bald klarwerden wird, wie oft du schon selbst ähnliche Dinge erfahren hast. Diese Lebensträume – und in den meisten Fällen handelt es sich um Alpträume – werden kein Ende nehmen, bis du – und ganz allein du – den Wunsch und die Kraft haben wirst, zum wirklichen Leben zu erwachen, zum Leben in seiner wahren und universellen Natur. Vielleicht wird dir anhand dieser Auswahl von Geschichten aus früheren Leben endlich bewußt, wie lange du selbst schon durch die Traumdunkelheiten deiner entfremdeten Existenz geirrt bist. Und du wirst dem so schwer vernehmbaren Ruf des Geistes dein Ohr öffnen, wirst dein so tödliches Festhalten an all den Identitäten, die dich vom wahren Sein ausschließen, beenden und dich entspannt den himmlischen Strömen des Lebens überlassen.

Life-Readings

Die meisten von uns Erdenbewohnern haben bereits mehrere Existenzen durchschritten und tragen deshalb ein riesiges Bündel aus unerledigtem Karma mit sich herum. Ich wundere mich nur, weshalb so viele idealistische New-Age-Anhänger dennoch behaupten, ihr gesamtes Karma in dieser einzigen Lebensspanne aufarbeiten zu wollen, um nicht noch ein weiteres Mal zurückkehren zu müssen. Darüber kann ich nur heimlich lächeln. Denn wie ließe sich so eine Herkulesaufgabe bewältigen?

Jede reinkarniernde Seele ist mit immer neuen und ganz spezifischen karmischen Problemen konfrontiert. Falls sie sich kooperativ erweist, kann sie ihr bevorstehendes Leben zusammen mit ihren Geistführern planen. Doch das trifft nicht für alle Inkarnationen zu. Viele sind durch karmische Kräfte bereits vorprogrammiert, aus Gründen, die dem Leser der folgenden Life-Readings bald einleuchten werden. Immerhin sind wir frei genug, um auf verschiedenartige Weise allen eintretenden Ereignissen zu begegnen; entweder lernen wir aus früheren Fehlern und schalten sie aus, oder wir komplizieren auch weiterhin diese leidigen Angelegenheiten. Eine der Personen aus den nachfolgenden Life-Readings beklagte sich, daß sie immer noch kein abgerundetes Bild über ihre karmische Situation gewonnen hätte, obwohl ihr einige der Grundmuster inzwischen verständlicher erschienen. Die Klage dieses Klienten war durchaus berechtigt. Sein Reading – wie auch alle anderen, die hier dokumentiert werden – befaßt sich lediglich mit der Geschichte einiger jener karmischen Muster, die für die Seele des Klienten in diesem gegenwärtigen Leben – oder auch nur für den gegenwärtigen Moment innerhalb seiner gesamten Lebensspanne – von Belang sind.

Hinsichtlich der Frage, wie eine Seele inkarniert, sind stets mehrere Faktoren zu berücksichtigen, und ich will nicht behaupten, daß ich sie alle verstünde. Meine Erfahrung lehrt mich indessen, daß eine Seele um so mehr Freiheit hinsichtlich der Wahl ihres nächsten Lebens und dessen Bedingungen hat, je bewußter und kooperativer sie sich erweist. Andere Seelen mit weniger Bewußtsein und beherrscht von Emotionen und Abhängigkeiten sind mehr oder weniger jenen psychischen Zuständen ausgeliefert, von denen sie am Ende ihres letzten Erdenlebens geprägt waren. Alkoholismus oder starke Emotionen wie Zorn – ja, sogar Sex – können sich als so hartnäckig erweisen, daß die Seele ohne jegliche Vorbereitung und Anleitung dem Drang nach Rückkehr ins Erdendasein erliegt. Seelen, die einen schrecklichen Tod erlebt hatten, können unter Umständen so versteinert sein, daß dieser Zustand über eine weitere lange, irdische Periode anhält. Auf der astralen Ebene werden sie in einer Art Alptraum dahinvegetieren und sind häufig unempfänglich für Hilfe und Anleitung durch wohlwollende Seelen und Geistführer.

Wiederum andere Seelen werden das Gefühl nicht los, daß ihr Leben viel zu kurz war, und es treibt sie unwiderstehlich zur Erde zurück, um unerfüllte Wünsche und Absichten zu befriedigen. Solche Seelen bringen sich selbst um die Möglichkeit, nachzudenken und Ratschläge entgegenzunehmen, und lassen sich allein von liebgewordenen Gewohnheiten und äußeren Motiven leiten. Hierzu möchte ich ein Beispiel aus einem meiner vergangenen Leben anführen. Damals fiel ich bei einem nächtlichen Ritt einem Raubmörder zum Opfer, als ich beauftragt war, einem prominenten Kolonialbeamten eine wichtige Botschaft zu überbringen. Meine Gedanken befaßten sich dabei nur mit dem Ausgang des Unabhängigkeitskrieges, und ich war so frustriert über das jähe Ende, daß ich sofort reinkarnierte. Die Bedingungen meines darauffolgenden Lebens waren völlig unbefriedigend, und ich verbrachte die ganze Zeitspanne in einem eintönigen Trott.

Übrigens halten sich die Readings und Rückführungen nicht immer an die tatsächliche chronologische Abfolge. Höchstwahrscheinlich hat dies etwas mit dem außerzeitlichen Charakter der transphysischen Realität zu tun – ein Phänomen, auf das ich in diesem Buch nicht näher eingehen will. Wenn ich in einem Reading die verschiedenen Lebensepisoden ohne mein Zutun in mich einströmen lasse, fehlt ihnen jegliche Linearität. Falls ich jedoch bestimmte Ereignisse gezielt abrufe, kann ich ohne weiteres die »normale« Sichtweise historischer Zeitabläufe zur Anwendung bringen. Deshalb mögen dem Leser einige der nachfolgenden Readings in ihren Einzelheiten als nichtlinear erscheinen, obwohl die betreffenden Lebensläufe durch »Lebenslinien« in Form karmischer Muster miteinander verknüpft sind.

Bevor ich mit den Readings beginne, möchte ich den Leser ermuntern, sein Hauptaugenmerk auf die karmischen Themen zu richten, von denen die verschiedenen Leben der einzelnen Personen gleichsam durchwoben sind. In der ersten Buchhälfte enthalte ich mich jeglicher Analyse. Themen und Muster sprechen für sich, und jede Seele hat ihre eigene Geschichte zu erzählen.

Holly

Bei Holly handelte es sich um eine schlanke Mittzwanzigerin mit orientalischem Einschlag – eine ziemlich abwartende und kalkulierende Person, deren Aura eine fast alarmierende Selbstsicherheit ausstrahlte. Sie hatte gerade ihre Ausbildung als Akupunkteuse abgeschlossen, arbeitete für einen Importeur orientalischer Gewürzkräuter und war bereits im Begriff, sich nebenher eine eigene Praxis aufzubauen. Nachdem wir einige diesbezügliche Worte ausgetauscht hatten, begannen wir mit dem Life-Reading.

C:[1] Wenn ich mich auf deine Seele einstimme, spüre ich etwas recht Ungewöhnliches. Ich habe das Gefühl, daß sie sich mir entzieht. Da sind so viele Störungen und auch Energieschwankungen. Ich fahre einfach fort und versuche, einen Zugang zu deinen früheren Existenzen zu bekommen. Wie ich sehe, spielte sich dein erstes Leben im südlichen Teil Chinas ab. Ich sehe dich als schwangere Frau. Du bist dabei, Wäsche zu waschen und sie aufzuhängen. In dieser Szene hast du eine Auseinandersetzung mit deinem Ehemann, einem Fischer. Ich habe den Eindruck, daß ihr euch sehr oft streitet. Ihr seid beide sehr eigensinnig, und du kommst nicht immer klar mit ihm. Das scheint das Hauptproblem dieses Lebens zu sein – der Antagonismus zwischen euch beiden.
Im nächsten befindest du dich auf den Philippinen. Wieder erkenne ich dich als Frau – eine Art Heilerin in einer primitiven Heilertradition. Du opferst Küken ... offenbar ein hellseherischer Akt. Du schneidest das Küken auf und suchst

---

1   C steht für <u>C</u>harles (Breaux).

25

in den Eingeweiden nach Omen, denen du entnimmst, welche Götter angerufen werden sollen. Du bist die Medizinfrau eures Stammes und wirst sehr respektiert. In dieser Inkarnation, wie auch der vorangegangenen, verfügst du über sehr starke Energien, einen starken Willen und eine große Selbstsicherheit. Deine Rolle als Heilerin des Stammes ist das zentrale Anliegen deines Lebens auf den Philippinen. Du befindest dich in einer übergeordneten und maßgebenden Position. Du hast keinen Lebensgefährten, und an speziellen, persönlichen Beziehungen ist dir wenig gelegen.

Wenn du den Körper nach diesem Leben verläßt, geht nichts von deiner Kraft und Bedeutung verloren. Du hast den Wunsch, wieder auf den Planeten zurückzukehren und dieselbe Rolle noch einmal zu übernehmen. Und das gelingt dir – sogar in derselben philippinischen Kultur. Du bist wieder eine Heilerin, aber jetzt hast du einen Gatten und sogar Kinder. Und in diesem Zusammenhang sehe ich ähnliche Schwierigkeiten wie in deiner chinesischen Existenz. Als Heilerin hast du eine besondere Position; in deinem persönlichen Leben ist das nicht immer möglich. Das macht dich zornig. Wenn du nicht immer die erste sein kannst, bist du sehr aufgebracht, und es kommt schließlich so weit, daß du dich deiner Familie entfremdest. In deinem späteren Leben fühlst du dich sehr einsam. Als du stirbst, empfindest du große Reue über die Art und Weise, wie du all jene, die dir einmal nahestanden, vor den Kopf gestoßen hast.

Als du diesmal den Körper verläßt, bist du bescheidender geworden und nimmst dich selbst nicht mehr so wichtig. Aus dieser Haltung heraus kannst du dich deinen Geistführern öffnen, die dir dann einen Platz anweisen, wo deine nächste Inkarnation stattfinden soll. Sie ermahnen dich, gütiger zu sein, falls du dich wirklich nützlich erweisen willst. Sie machen dir klar, was es heißt, Mitgefühl zu entwickeln.

Im nächsten Leben finde ich dich in Australien. Du bist ein Mann in einem Stamm der Urbevölkerung. Dort werden Steine aufgestellt im Zusammenhang mit Prophezeiungen. Die soziale Struktur ist die von Jägern und Sammlern, die sehr bestrebt sind, die Harmonie mit der Natur zu wahren. Die Steine haben stets mit Traumzeitvisionen und Anrufung der Ahnen zu tun, die Ratschläge über Wanderbewegungen der Herden geben. Ihre religiösen und prophetischen Praktiken sind ein integraler Bestandteil ihrer Überlebensstrategien. Du bist wie ein Schamane oder Priester, der für den ganzen Stamm als Vermittler fungiert.

In diesem Leben ist deine Energie sanfter. Es macht dir zwar immer noch Schwierigkeiten, mit gegen dich gerichteten Einstellungen klarzukommen, doch bleibst du ruhig und versuchst, in dich zu gehen, statt deinen Ärger an anderen auszulassen.

Ein besonderes traumatisches Ereignis ist kennzeichnend für diese Existenz. Ich sehe, daß du deinen Sohn verlierst. Du versuchst, dies zu verhindern und ihn zu heilen, doch er stirbt dir unter der Hand. Das macht dich sehr traurig. Es untergräbt deine Stellung als Schamane, und du beginnst, deine Fähigkeiten in Frage zu stellen. Zwar übst du deine Rolle weiterhin aus, aber ziehst dich immer mehr zurück. Dein Selbstvertrauen als Heiler ist geschwächt, und du stehst nicht mehr voll hinter deinem Tun.

Auch in deiner letzten Stunde bist du verzagt. Du hast soviel Energie in deine Rolle als Heiler gesteckt. Mit dem Verlust dieser Identität fühlst du dich fehl am Platze und völlig desorientiert. Deine Geistführer tun alles, um dich zu trösten. Sie bestätigen dir, wie viele Fortschritte du in bezug auf Sanftheit und Mitgefühl gemacht hast. Der Tod deines Sohnes war für sie eine Möglichkeit, dein Herz zu öffnen, und sie glauben, daß diese Inkarnation für dich ein Erfolg war.

Doch immer noch beharrst du darauf, dein Selbstvertrauen als Heiler verloren zu haben. Trotz ihres Zuspruchs bist du vom Leben enttäuscht und weigerst dich über eine lange Periode hinweg, auf die Erde zurückzukehren, bis es deinen Führern schließlich gelingt, dich von der Notwendigkeit einer erneuten Reinkarnation zu überzeugen.

Wie ich sehe, findet diese irgendwo in Thailand statt. Ich sehe ein Pfahlhaus am Rande eines tropischen Dschungels. Du bist jetzt wieder eine Frau und sammelst Kräuter und Pflanzen, um Heilmittel herzustellen. Deine Großmutter war deine Lehrmeisterin und hat eine alte Tradition an dich weitergegeben. Nun bist du die Medizinfrau deines Dorfes. In diesem Leben möchtest du unverheiratet bleiben und schreckst vor allen Männern zurück, die dich zu umwerben versuchen. Du verschließt dein Herz, und dies um so mehr, je mehr Männer sich dir zu nähern versuchen. Du kapselst dich völlig ab. Das erinnert mich an den starken Willen, den du schon früher gezeigt hast. Deine Haltung steht offenbar in Verbindung mit dem Wunsch, deine Stärke hervorzukehren.

Mit fortschreitendem Alter gewinnst du dein früheres Vertrauen in deine Rolle als Heilerin zurück, und das scheint dir gutzutun. Doch indem du dieses Bewußtsein von Macht und Kontrolle zurückerwirbst, entfremdest du dich ein weiteres Mal von dir selbst. Beim Hinwegscheiden aus diesem Leben fühlst du dich gut und stark, aber deine Führer versuchen dir klarzumachen, daß es wichtig ist, dein Herz wieder zu öffnen. Sie möchten, daß du in deinem nächsten Leben mehr zwischenmenschliche Verbindungen unterhältst und mit jener Seele zusammenkommst, die vormals unter den Eingeborenen dein Sohn gewesen ist, das heißt, daß du die tiefen Gefühle von einst, die du so abrupt unterdrückt hast, in dir wieder zuläßt. Denn darin besteht die eigentlich karmische Verbindung mit jenem Wesen.

Deshalb erscheinst du im darauffolgenden Leben erneut als Frau im Verein mit ihm, der schon damals dein Sohn war. Damit kommen deine fürsorglichen Eigenschaften wieder zum Tragen. Diesmal finde ich dich irgendwo in Asien – genauer gesagt in Japan. Du hast auch eine Tochter, aber dein Sohn steht dir näher. Dein Mann ist ein Fischer, und es ist mehr Respekt und Liebe zwischen euch beiden, als mir aus deinen früheren Beziehungen ersichtlich war. Dein häusliches Dasein erscheint mir viel glücklicher und gesünder zu sein. Du bist sehr stolz auf deinen Sohn, während er heranwächst. Auch er wird, wie sein Vater, ein Fischer. Er hat ein sehr intuitives Verständnis vom Meer und kennt sich sehr gut mit den Bewegungen der Fischschwärme aus. So gewinnt er großes Ansehen in seinem täglichen Handwerk. Das macht dich als Mutter sehr stolz, zumal du dich respektiert fühlst.

Als dein Sohn heiratet, möchtest du sein Leben auch weiterhin kontrollieren und bist als Schwiegermutter sehr dominant. Das belastet natürlich eure gegenseitigen Beziehungen, und dein Sohn hat es sehr schwer, weil in dieser Kultur der Respekt vor den Eltern als selbstverständlich vorausgesetzt wird. So muß er seine eigenen Wünsche unterdrücken, um es dir recht zu machen. Das erzeugt ungute Energien in ihm. Du hingegen bekommst, was du willst, und fühlst dich dabei sehr wohl.

Ich sehe dich als Bewohnerin eines kleinen Hauses, nicht weit entfernt von dem deines Sohnes. Irgendwann kehrt dein Mann von einem Fischzug nicht mehr zurück, und du lebst nun allein, gehörst aber noch zur Familie deines Sohnes. Du kümmerst dich um seine Kinder, und natürlich bist du diejenige, die alles unter Kontrolle hat, so daß du am Ende auf ein erfülltes Leben zurücksehen kannst.

Wenn du den Körper wieder verläßt, wirst du von deinen Geistführern ermuntert, deinem Dasein neue Aspekte zu geben. Bisher waren deine Lebenszeiten von ähnlichen Mustern geprägt. Bei deiner nächsten Inkarnation sehe ich dich in Deutschland. Du bist nun ein Mann. In dieser fremden Kultur fühlst du dich fehl am Platze. Als heranwachsender Junge kommt dir alles sehr fremd vor, und irgendwie glaubst du, nicht dazuzugehören. Du bist das jüngste von drei Kindern. Dein Vater ist ein Drucker, und schließlich arbeitest du mit ihm an der Druckerpresse zusammen. Das ist ein sehr abgeschiedenes Leben, aber du fühlst dich in diesem Betrieb irgendwie sicher und bist von der Umwelt unbehelligt. Dies erinnert ein wenig an die früheren Leben, wo du als Heiler kaum persönliche Beziehungen hattest. In deiner weiteren Umwelt kommst du dir sehr unbeholfen vor, so daß du dich immer mehr zurückziehst und keinerlei Kontakte hast.

In deinen späteren Jahren übernimmst du die Druckerwerkstatt. Mit dem Sohn deines Angestellten, der des öfteren anwesend ist, hast du bald so gute Kontakte, als ob er dein Sohn wäre. Da du sonst niemanden hast, entwickelst du väterliche Gefühle für ihn. Du lehrst ihn das Drucken und übergibst ihm den Betrieb, als dein Ende naht.

Wiederum ermuntern dich deine Führer, in die westliche Kultur zurückzukehren. Wie schon früher, weigerst du dich und willst überhaupt nicht mehr inkarnieren. Als du es doch tust, entscheidest du dich für den Orient – Mongolei oder Tibet – und für ein nomadisches Leben als Mann. Ich sehe dich im Kreis einer Familie, wie du den Yaks Zelte und Versorgungsgüter aufbürdest. Du hast eine sehr sanfte Frau und zwei Kinder. Aber das ständige Auf- und Abladen von allerlei Gütern und das Wandern von Ort zu Ort ist kein leichtes Geschäft.

Der Stamm selbst scheint keinen Häuptling zu haben. Die Männer kommen zusammen und haben erhitzte Diskussionen, bis der Plan für das weitere Vorgehen feststeht.

Ich sehe eine Lawine herabstürzen, die einige Stammesange-hörige unter sich begräbt. Ihr müßt die Route, auf der ihr euch befindet, wieder verlassen. Darüber bist du sehr zornig, weil du anfangs versucht hattest, den Stamm für eine andere Route zu gewinnen, und niemand auf dich hören wollte. Dieses Leben scheint dir eine Menge ähnlich gelagerter Er-fahrungen und diverse Machtkämpfe mit anderen Stammes-angehörigen zu bescheren. Sobald du versuchst, deinen Wil-len durchzusetzen oder ihn gar anderen aufzuzwingen, mußt du ständig zurückstecken. Nach einer Weile fängst du an, Komplexe zu haben, und zusätzlich zu all den psychologi-schen Schwierigkeiten gibt es noch allerlei Härten, vor allem wegen des Klimas und der Unwirtlichkeit dieser Region. In solch einer Umwelt zu überleben bedeutet einen nie endenden Kampf.

Als du dieses Leben verläßt, hast du erfahren, was es heißt, hart zu sein und sich durchzusetzen. Du bist jedoch so frustriert, daß du deinen geistigen Führern nicht mehr zuhö-ren willst.

Danach kommst du als Frau in den Westen Chinas zurück. Ich sehe, wie du dich jetzt wieder mit Kräutern befaßt. In den verschiedensten Jahreszeiten durchstreifst du das Land und die Berge nach wildwachsenden Kräutern. Während dieser Inkarnation versuchst du, zu den altvertrauten und angeneh-meren Lebensweisen zurückzufinden. Du wohnst in einem kleinen, ländlichen Ort und konzentrierst dich ganz auf deine Tätigkeit als Kräutersammlerin. Du bist nicht verheiratet und hast auch keine persönlichen Kontakte. Du hältst dich zurück und führst ein einfaches Leben, ohne dich mit anderen auf irgendwelche Auseinandersetzungen einzulassen. Es sieht aus wie ein passiver Rückzug aus der Aggressivität. Auf solche Weise agierst du die Frustrationen deines vorangegan-genen Lebens aus.

Gegen Ende dieser Erdenphase wirst du ein bißchen zugänglicher. Als alte Frau verbringst du hin und wieder einige Stunden mit den Jüngsten des Dorfes. Das öffnet dir das Herz, und zum ersten Mal spürst du, wie sehr du deine Gefühle verleugnet hattest. Von dieser Reue sind auch deine letzten Tage geprägt. Als deine Geistführer dir die Bilanz dieses Lebens offenlegen, wirst du erneut defensiv und kapselst dich ab. Und wieder duldest du keine Einmischung.

Du kommst als Chinese auf die Erde zurück. Ich sehe dich als Arzt im Palast eines kaiserlichen Feudalherren. Du praktizierst Akupunktur und Kräutermedizin. Als Hofarzt hast du eine angesehene Position, die dir viel Anerkennung und Respekt einbringt. Dein Dasein ist von einer wahrhaft poetischen Qualität. Die orientalische Medizin ist voller Metaphorik, die ihre Vorstellungen aus der natürlichen Umwelt bezieht, und du bist völlig im Einklang mit all diesen Ideen, deren Symbolik sich so elementarer Dinge wie Feuer, Wasser, Wald und der Kräfte im Menschen selbst bedient. Du bist sehr intuitiv, und deine heilerischen Aktivitäten sind für dich zu deinem Lebenssinn geworden, fast so etwas wie eine Religion. Und auch die Menschen glauben an die Medizin, als wäre sie etwas Heiliges. Es scheint, als ob sich die Götter in ihr offenbaren und den Menschen auf diesem Wege ein Leben in Harmonie mit dem Kosmos gewährten. Ich erkenne, daß aus all diesen Gründen sogar Fehler, die dir als Arzt unterlaufen, von deinen Patienten ignoriert werden. Sie können und wollen nicht zugeben, daß ihre »religiösen« Vorstellungen auf einem möglichen Irrtum beruhen. Natürlich basiert auch deine persönliche und soziale Identität auf ähnlichen Voraussetzungen, so daß auch du dazu neigst, gelegentliche Kunstfehler zu übersehen.

Wieder verschließt du dich gegen jede intime Beziehung und bleibst auch in diesem Leben unverheiratet, obwohl dir eine

Anzahl von Dienerinnen, ja, sogar die Konkubinen oder Geishas deines Herrn zur Verfügung stehen. In der Art, wie du sie behandelst, bist du ein ausgesprochener Chauvinist und entwickelst dich aufgrund deiner Position und medizinischen Erfolge zu einem ziemlich arroganten und gefühllosen Wesen.

Dein nächstes Leben spielt sich wieder in China ab – an Chinas Küste gegenüber den japanischen Inseln. Du bist eine Frau, und der Zeitabschnitt ist schon weitgehend von der Moderne geprägt. Dein Gatte ist ein Geschäftsmann, dem du dich als typische Hausfrau unterzuordnen hast. Du bist zwar gehorsam, doch im Innersten rebellisch und voller Ressentiments gegenüber der Art und Weise, in der er über dich verfügt. Du möchtest so gerne Medizin studieren, doch deine Rolle als Hausfrau läßt dies nicht zu. Darüber bist du aufs äußerste frustriert. Ironischerweise ähnelt dein Mann genau der Person, die du im vorangegangenen Leben warst.

Nach deinem leiblichen Tod denkst du nur noch daran, als Frau wiederzukehren, die selbst über ihr Leben bestimmt – in deinem Fall heißt das: als Ärztin. Und nun bist du hier und wie es scheint, auf dem besten Weg, dir diesen Wunsch zu erfüllen.

Hast du noch irgendwelche Fragen?

H: Sind dies alle Erdenerfahrungen, die ich gehabt habe?

C: Nicht alle. Wenn ich ein Reading gebe, tauchen bestimmte Muster auf; in diesem Falle natürlich solche, die dein jetziges Leben unmittelbar beeinflussen.

H: Falls ich noch einmal zurückkäme, könnte mein Leben auch ein ganz anderes sein?

C: Ja, das könnte es. Wahrscheinlich gibt es noch ganz andere Probleme, mit denen du dich beschäftigen müßtest. Die heutigen Informationen bezogen sich hauptsächlich auf Dinge, die wir vor meinem Reading durchdiskutiert haben.

Da ging es um deine Identität als Kräuterheilkundige oder Ärztin. Wir erkannten bestimmte Muster von Frustrationen, und auch den Mangel an Mitgefühl, eine Tatsache, die deiner Rolle als Heilerin und auch als Persönlichkeit sehr abträglich ist. Alle meine Aussagen über deine früheren Existenzen unterlagen keiner bewußten Kontrolle. Ich habe nur das wiedergegeben, was mein Unbewußtes mir eingab.

H: Konntest du meine Aura wahrnehmen?

C: Ja.

H: Was hast du darin gesehen?

C: Vor allem fiel mir auf, daß du deiner Aura keine Möglichkeit zur Entfaltung gibst. Das erinnert mich – wie wir heute sahen – an jene Lebenszeiten, in denen du dich von deiner Umwelt völlig zurückgezogen und dich auf keine menschliche Beziehung eingelassen hast. Du bindest deine Aura so eng an dich, weil du dich niemandem öffnen willst. Du lebst nur deinen eigenen Interessen und bist dir selbst genug.

Deine Aura erscheint mir, metaphorisch gesehen, wie eine Art Bildschirm, der mir eine Menge Dinge verrät, Informationen über orientalische Medizin, die du in dir gespeichert hast. Und sie sind alle sehr systematisch geordnet, so daß du sie jederzeit abrufen kannst.

Im großen und ganzen erkenne ich kaum Leidenschaften oder Gefühle. Es passiert nichts in dir, zumal was den Geist betrifft. Es fehlt an Lebensfreude und Lebensgenuß. Die Energie erscheint wie beschnitten und ausgedörrt und funktioniert beinahe mechanisch.

H: Ich fürchte, ich muß dir recht geben.

C: Grundsätzlich ist deine Energie okay – und sehr effektiv im praktischen Bereich ... sozusagen »geschäftstüchtig« – ich meine natürlich nicht »auf die krumme Tour« (Gelächter). Ich sehe sie durch dein Scheitelchakra, welches ganz offen ist, nach unten strömen. Aber über dem höchsten Punkt deiner Aura befindet sich eine Art Deckel. Ich muß an die Schwierigkeiten denken, die ich anfangs hatte, um in deiner Seele lesen zu können. Diese, so scheint mir, ist nicht bereit, sich der spirituellen Dimension zu öffnen. Sie ist ganz auf deine augenblicklichen irdischen Angelegenheiten konzentriert und hat im Grunde ein bißchen Angst, sich mit jenseitigen Dingen zu befassen, die sie in ihrer Unwissenheit für bedrohlich oder zumindest unbequem hält.

H: Gibt es irgend etwas, an dem ich besonders arbeiten müßte?

C: Früher oder später bestimmt. Aus den Readings glaube ich entnehmen zu können, daß du dich in der Vergangenheit diesen Bereichen nicht wirklich geöffnet hast. Wenn du bereit bist, wirst du es tun. Und das wird vermutlich erst dann passieren, wenn dieses Dasein dir leer erscheint oder du dich ganz rettungslos in jene karmischen Muster verstrickt hast, die dein Denken und Handeln so ausschließlich bestimmen.

H: Könnte es sein, daß sie am Ende meine intuitiven Fähigkeiten blockieren?

C: Das könnte durchaus der Fall sein. Wie ich es erkenne, bewegst du dich vorrangig auf der rationalen oder mentalen Ebene. Das ist zweifellos deine Stärke, und du fühlst dich sehr wohl dabei. So ist dir bisher wahrscheinlich entgangen, daß selbst intuitive Vorgänge sich rationaler Instrumente bedienen. Darüber solltest du einmal nachsinnen, anstatt so unnötigerweise zwischen Intellekt und Intuition zu differenzieren. Beide können durchaus zusammenarbeiten und tun es bereits.

H: Ich glaube, nun ist mir einiges klarer geworden. Ich danke dir.

Gary

C: Ein Ritter in glänzender Rüstung, ein Gralsritter, das ist
die Metapher, mit der ich die Qualität deiner Seele am besten
umschreiben könnte. Unsere größte Stärke – so hörte ich
jemanden sagen – ist zugleich unsere größte Schwäche. Das
hat mir lange zu denken gegeben. Mein erster Eindruck von
dir: Es ist deine Reinheit und Güte, die paradoxerweise der
spirituellen Entfaltung deiner Seele im Wege steht. Für dich
war es ein langer und steiniger Weg, um das, was dir hier auf
Erden als gut und wahrhaftig erscheint, zu verteidigen. Doch
dieser Standpunkt, daß selbst der Einsatz äußerster Mittel die
Durchsetzung der Wahrheit rechtfertige, hat dich innerlich
gespalten und von anderen entfremdet – nicht ohne eine
gewisse Selbstgerechtigkeit. Laß uns dies näher betrachten:
Es ist ja nicht leicht, in einem Gewand aus glänzendem Metall
sich dennoch entspannt zu fühlen. Das macht unbeweglich
und steif und schüchtert die meisten Menschen ein, die es
dann nicht mehr wagen, mit so einem gepanzerten Ungetüm
ein zwangloses Gespräch zu führen.
Blicken wir doch mal auf einige deiner früheren Leben zurück, um zu sehen, was dir dort widerfahren ist. Wie ich sehe, ist dein erster irdischer Aufenthalt im alten Ägypten. Es
ist die Zeit um 2000 v. Chr. nach der Säkularisierung der
frühgeschichtlich-esoterischen Theokratie. Nun wird der
Pharao wie ein Gott verehrt. Das religiöse Leben ist längst
der Verantwortung jener erhabenen Wesen entzogen, die
einst die frühesten Kulturen errichtet hatten. Einige der alten
Ideen und Symbole sind noch geblieben, ihre wahre Bedeutung aber ist verlorengegangen, hat sich gewandelt und mit
neuen Mythologien vermischt. Du arbeitest im pharaoni-

schen Palast oder Hauptquartier und bist Hauptmann der Garde oder so etwas in dieser Richtung. Deine Aufgabe nimmst du sehr ernst, denn du bist in einer sehr wichtigen und angesehenen Position und stolz darauf, dem Pharao dienen zu dürfen. Dieser Abschnitt der ägyptischen Geschichte ist voller Konflikte und Unruhen. Es gibt subversive Bestrebungen von Leuten, die die Macht an sich reißen wollen. Das Leben des Pharaos ist in ständiger Gefahr. Du jedoch glaubst an seine Göttlichkeit und fühlst dich ihm und seiner Sache, die es zu schützen gilt, zutiefst verpflichtet.

Unter all diesen Voraussetzungen bleibt dir kaum Zeit für private Dinge. Deine Aktivitäten im Dienste des Pharaos nehmen dich so sehr in Anspruch, daß du dich weder entspannen noch den Ansprüchen von Frau und Familie genügen kannst. Dein ganzes Sinnen und Trachten dreht sich nur um den Beruf, und als es deshalb zu häuslichen Auseinandersetzungen kommt, bist du sehr gereizt und glaubst, dich ein für allemal zwischen Beruf und Familie entscheiden zu müssen. In solche Lage gedrängt, erachtest du deinen Dienst für den Pharao allein schon aus religiösen Erwägungen als vorrangig, und deine Selbstachtung, dein Wertgefühl im Zusammenhang mit deiner Position als Hauptmann der Garde führen zu einem tiefen Konflikt zwischen Beruf und Ehe. Die Liebe zu deiner Frau wird durch den bestehenden Widerspruch der Loyalitäten getrübt. Sie versucht, Druck auf dich auszuüben, und das verletzt dich empfindlich. Du fühlst dich von ihr weder verstanden noch unterstützt. Und schlimmer noch, du glaubst, daß sie alles, was dir heilig und wichtig ist, in Frage stellt. Ich erkenne zusehends, wie dies einen Riß in dir erzeugt – nämlich die Vorstellung, daß deine religiöse Überzeugung und Hingabe an die Sache des Pharaos mit deinen persönlichen Wünschen nach intimen Beziehungen unvereinbar erscheint. Nun, wir werden sehen, was sich daraus noch alles entwickelt.

Bei genauerer Überprüfung dieser Lebensspanne erkenne ich ein wichtiges Ereignis, eine Episode, die durch eine Palastrevolte gekennzeichnet ist. Obwohl die Stellung des Pharaos dadurch nicht erschüttert wird, fühlst du dich dennoch für diesen vermeidbaren Vorfall verantwortlich. Deine Position ist dir nach wie vor sicher, aber dein Selbstvertrauen und Selbstwertgefühl leiden erheblich darunter. In der Folgezeit bist du ziemlich verunsichert, ja, fast paranoid. Dementsprechend verstärkt sich die Spannung in deinem häuslichen Leben, und durch dein Versagen erhält deine Psyche eine negative Prägung.

Noch vor deinem Lebensende kommt deine Frau schließlich zu einem besseren Verständnis und Mitgefühl für deine Lage. Sie nimmt an deinen inneren Kämpfen teil und beginnt, die Dinge aus deinem Blickwinkel zu betrachten. Diese gefühlsmäßige Klärung zwischen euch beiden tut dir sehr gut, besonders im Angesicht deines Todes. Paradoxerweise wird dir durch dieses späte Eheglück deine innere Gespaltenheit nur noch bewußter, und dieses Dilemma begleitet dich über dein irdisches Dasein hinaus.

Während du dich auf der nächsten Seinsebene immer noch mit deinen Problemen herumschlägst, treten deine Seelenführer zu dir, um dir Hilfe zu geben. Es hat jedoch ganz den Anschein, als ob die Ideen, die sich in deinem Kopf festgesetzt haben, wie mit einem Stichel eingeritzt wären, und es fällt dir schwer, deine Sichtweise – und schon gar nicht deine vorgefaßte Selbsteinschätzung – zu ändern. Im Moment sind auch deine Helfer dagegen machtlos.

Einer der Gründe für deine Halsstarrigkeit ist die Tatsache, daß du offenbar unter dem Zwang stehst, dich immer im Recht fühlen zu müssen – darauf gründen dein ganzer Stolz, deine Selbstachtung und dein Selbstwertgefühl. Erlaube mir eine kleine Abschweifung, um nach der Ursache dieses Verhaltens zu suchen. Im einstigen Atlantis fandest du dich in einer Situation, in der deine Loyalität gegenüber der Theokratie der höherdimensionalen Wesen in Frage gestellt wurde. Es gab dort verschiedene Schichten; als Angehöriger jener Gruppe, die mit der Evolution auf unserem Planeten betraut war, hattest du großen Respekt vor den höherdimensionalen Wesen. Ständig vergleichst du dich mit denselben und warst gleichzeitig bestrebt, ihre Gunst zu gewinnen. Deine innere Logik war demnach wie folgt: »Falls ich mich ihrer Anerkennung würdig erweise, bin ich ihnen so gut wie ebenbürtig.« Somit hing dein Selbstgefühl weitgehend von der Gunst dieser höheren Wesen ab, die dir in vieler Hinsicht wie Götter erschienen, die die Erde zu ihrem Wohnsitz erkoren hatten. Die Sache wurde komplizierter, als du es plötzlich mit einigen jener machthungrigen, obwohl höheren Wesen zu tun bekamst, die auf den Sturz der Theokratie hinarbeiteten. Da du allzu bestrebt warst, ihnen gefällig zu sein, erkannten sie in dir bald ein nützliches Werkzeug, um ihre verwerflichen Pläne ausführen zu können. Zwar wußtest du genau, was sie vorhatten, und hättest auch gerne die Führer der Theokratie gewarnt, doch andererseits wolltest du ja auch akzeptiert werden und hattest obendrein Angst vor ihrer Rache, falls du ihre Verschwörung verraten würdest.

Am Ende unternahmst du überhaupt nichts. Du standest weder den Bösen bei noch alarmiertest du die Guten. Als die Ereignisse sich überschlugen und Atlantis schließlich zerstört wurde, fühltest du dich sogleich schuldig, dies nicht verhindert zu haben. Du glaubtest, ein Unrecht begangen zu haben, und mußtest dies irgendwie wiedergutmachen. Deine innere Logik lautete nun: »Falls jene edleren Seelen wüßten, was ich getan habe, würden sie mich nie wieder akzeptieren, und ich bin ihrer nicht würdig. Deshalb muß ich mich erst mal bewähren und etwas Gutes tun. Ich muß mich für etwas Gutes einsetzen, um mein begangenes Unrecht wieder auszugleichen.« Unglücklicherweise verfälscht dieses eigennützige Denken, sich vor anderen reinzuwaschen, selbst die beste Tat, und so gerätst du erneut in innere Widersprüche, weil du das Gute nicht um seiner selbst willen tust. Solche Handlungsweise dient nur der Befriedigung neurotischer Bedürfnisse und erscheint mir als so typisch für dein damaliges Selbstverständnis, daß ich mir vorzustellen versuche, wie schwierig es für dich gewesen sein muß, zwischen ihm und deinem wahren Selbst zu differenzieren. Und so muß ich dich inständig bitten, dem Geheimnis in dir auf die Spur zu kommen: Wer bist du in Wirklichkeit? Ist jener kostbare Kern deines Wesens, der deine eigentliche Güte und Göttlichkeit ausmacht, zur Beute eines übermächtigen, subpersonalen Ego geworden? Und wieviel Mut kann dein wahres Selbst aufbringen, um diesen Schatz zurückzugewinnen? Was könnte es mit seiner Hilfe nicht alles in dieser Welt bewirken!

Vielleicht ist es jetzt noch zu früh, solche gewagten Schlußfolgerungen zu ziehen. Laß uns zuerst das Begonnene fortsetzen. Ich erkenne dich nun in einer Situation wieder, in der du als Kommodore der phönikischen Flotte erscheinst. Die Muster, auf die wir bereits vorher gestoßen sind, haben nun die konkrete Gestalt einer sehr strengen und rigiden Persönlichkeit angenommen. Dir obliegt eine große Verantwortung, und du verfügst durchaus über die Fähigkeiten, diese Last auf dich zu laden. In dieser Existenz hast du deiner Familie den Rücken gekehrt, um dich ganz deiner Karriere zu widmen. Fast deine ganze Zeit verbringst du auf See. Zu deinen Verdiensten zählt die ständige Verteidigung deiner Heimat vor den Überfällen feindlicher Schiffe, wie auch

Erkundungsfahrten und abenteuerliche Unternehmungen im Dienste imperialistischer Interessen. Als Vorgesetzter bist du sehr fair, aber regierst mit eiserner Hand. Deine Anordnungen sind gerecht, aber hart. Niemand kann dir entkommen, wenn er sich vor dem Gesetz strafbar gemacht hat.

In dem Bedürfnis nach äußerer Anerkennung läßt du jedoch deine selbstzerstörerischen Triebe an denen aus, die dir unterstellt sind. Mit ihnen verfährst du genauso streng wie mit deinem eigenen Ego. Echte Gefühle läßt du erst gar nicht aufkommen. Hinter der Fassade von Recht und Ordnung, wie du sie zur Schau stellst, verbirgt sich ein von emotionaler Leere geprägtes Privatleben, das du mit niemandem teilst. Tausende von Nächten bist du der gottverlassenen Einsamkeit deiner Kabine – und nicht selten den dumpfen Niederungen der Trunksucht – ausgeliefert. Hier zeigt sich erneut die Zerrissenheit deines Ego; nach außen hin bist du der kompetente und wohlangesehene Flottenkommandant, in deinem Inneren macht sich ein emotionales Vakuum breit. In diesem Leben, das im Dienste des Königs steht, erfährst du die volle Schwingungsbreite extremster Gegensätze. Obgleich du als pflichtbewußter, mutiger, ja siegreicher Vasall deines Herrn in hohem Ansehen stehst, stirbst du in dem unbefriedigten Gefühl innerer Verworrenheit. Du bist all den dir gesetzten äußeren Zielen und Verantwortlichkeiten gerecht geworden, doch gelang es dir nie, mit deiner inneren Leere zu Rande zu kommen.

Andererseits wiederum verfällst du einer Apathie, die der deiner angetrunkenen Zustände nicht unähnlich ist – es sei denn, du bist dir deiner eigenen Misere bewußt. Ein Entrinnen aus solcher Verlorenheit und Entfremdung ist kaum noch möglich. Deine Depressionen umgeben dich wie eine dicke Wolke, die sogar deine Geistführer nicht mehr zu durchdringen vermögen, und es kommt so weit, daß all die

Gefühle, die du so hartnäckig verleugnest, dich eines Tages wie im Sturm überwältigen. Die Polarität kippt um, und du tauchst in die entgegengesetzte Hälfte deiner gespaltenen Innenwelt ein. Deine nächste Geburt verheißt einen Exodus aus dieser emotionalen Hölle …

Als ein der Kindheit entwachsener Junge aus der minoischen Kultur bist du so auf dich selbst bezogen, daß dir sogar deine eigenen Geschwister als Fremde erscheinen. Du verbringst viele Stunden in völliger Abgeschiedenheit und begeisterst dich an der Vorstellung, ein großer Held oder Krieger zu werden. Es ist daher gar nicht erstaunlich, daß du schon sehr früh der königlichen Truppe beitrittst. Ich sehe dich mit einem selbstgebastelten Helm, mit Schild und Lanze herumspazieren. Später wirst du ein eifriger Soldat und erreichst bald eine führende Rolle. Stolz und Selbstvertrauen kennzeichnen deine Haltung, und bald verliebst du dich in eine junge Frau, die noch bei ihren Eltern lebt. Diese mißbilligen eure Beziehung, nur weil du ein Soldat bist. So hast du wenig Aussichten, sie heiraten zu können, und das wiederum verletzt dein Selbstwertgefühl, denn du bist sehr stolz auf deine Position.

Es gelingt dir, auch gegen den Widerstand der Eltern die Frau auf deine Seite zu ziehen, und mit ihr zusammenzuleben. Am Anfang bist du völlig in sie vernarrt. All die Liebe, die du so lange in dir unterdrückt hast, bricht auf einmal gewaltsam hervor. Unglücklicherweise basiert der Überschwang deiner Liebesbeteuerungen nicht auf wirklicher Reife und fürsorglichem Einfühlungsvermögen, und als der Glanz verblaßt, wird euch beiden bewußt, daß ihr zu einer wirklichen Beziehung, die euren gegenseitigen Bedürfnissen gerecht wird, nicht in der Lage seid. Wieder einmal wendest du dich voller Enttäuschung deinen Ambitionen als Krieger zu. In seiner inneren Dynamik ist dieses Leben deinem ägyptischen durchaus vergleichbar, freilich mit dem Unterschied, daß deine jetzige Gefährtin wesentlich schwächer und in ihrem Charakter weit weniger ausgeprägt ist als deine damalige Frau und daher auch viel weniger Druck auf dich ausübt. Obwohl ihr auch weiterhin zusammenbleibt, wird doch der Mangel an emotionalem und verbalem Austausch immer deutlicher. Nach außen hin seid ihr zwar eine Familie, doch tief in dir erfährst du ein weiteres Mal die gefühlsmäßige Leere, auch wenn sie dir nie richtig bewußt wird, solange eure Beziehung noch fortexistiert. Schon rein automatisch führt eine nach außen hin aufrechterhaltene Gemeinschaft dazu, das innere Vakuum zu übertünchen und ins Abseits des Unbewußten zu verdrängen. Der Bruch vollzieht sich eher schleichend und verschwindet ebenso unbemerkt unter dem Deckmantel der Mittelmäßigkeit und Orthodoxie, und auch die scheinbare Aufhebung deiner inneren Widersprüche läßt sich auf ähnliche gesellschaftliche Mechanismen zurückführen.

Trotz dieses scheinbaren Ausgleichs zwischen innerer und äußerer Wirklichkeit ist im Grunde keiner der beiden Seiten deines Wesens Rechnung getragen, doch ist zumindest der Versuch gemacht. Am Ende deines Lebens, als die Seele den Körper verläßt, fühlst du dich innerlich und äußerlich matt gesetzt. Das Dilemma ist eher noch größer geworden, denn dein Bewußtsein für die eigene Situation hat sich wesentlich verschärft. Jetzt endlich bist du bereit, dich den Ratschlägen deiner Geistführer zu öffnen, und ziehst dich eine Weile auf die inneren (kosmischen) Ebenen zurück, wo du dich über die Grundlagen der spirituellen Liebe informieren läßt. In Gegenwart engelhafter Wesen wird dir erklärt, wie die universelle Liebe den gewaltigen Kosmos zu einem einzigen Organismus zusammenschmiedet. So bist du für eine Weile der Nichtigkeit irdischer Probleme enthoben und läßt dich völlig von der Großartigkeit und inspirierenden Kraft außerirdischer Instanzen überwältigen. In deiner Unschuld und Naivität wirst du zum glühenden Bekenner einer religiösen Botschaft, die dir mit der Aufnahme in das Reich der Liebe zuteil wurde. Mit dem gleichen Eifer, den du in der Vergangenheit als Soldat an den Tag gelegt hast, wirst du nun zum Krieger auf einer völlig neuen Seinsebene, obgleich dir noch immer eine gewisse Illusion von »Würde« anhaftet ...

Im darauffolgenden Leben bist du Teil einer esoterischen Gemeinde, die das Fundament für die kommende christliche Ära bildet. In Jerusalem als Kind nichtjüdischer Eltern innerhalb des israelitischen Kulturkreises geboren, widersetzt du dich bald ihrer materialistischen Denkungsweise und schließt dich einer Gruppe asketischer Einsiedler – den Essenern – an. Du wirst zum fanatischen Anhänger ihres strengen Glaubens. Hier entdeckst du von neuem die Inhalte, die schon früher das eigentliche Ziel deines Kampfes für das Gute und Wahre darstellten, und diesmal in einem Kontext, der es dir erlaubt, dich auch in der physischen Welt im Sinne der universellen Liebe zu bewähren. Es gelingt dir bald besser, die zwei Seelen in deiner Brust miteinander zu versöhnen, doch immer noch tragen deine Bemühungen den Stempel pharisäischer Selbstgerechtigkeit.

Die volle Bedeutung des Projektes, in das du nun einbezogen bist, wird dir kaum richtig bewußt, und doch trägt dein Werk dazu bei, die Grundsteine für jenes religiöse Gebäude zu legen, das Jesus Christus später darauf errichten sollte. Deine Aktivitäten sind noch weitgehend von dem Bedürfnis bestimmt, dich wichtig zu fühlen. Ich will dir daraus keinen Vorwurf machen, denn hier deutet sich bereits ein ganz neuer Trend an, sozusagen jener rote Faden im Sinne deines persönlichen Karmas, an den du dich von nun an gebunden fühlst.

Dank deines fast fanatischen Eintretens für Keuschheit und

Rechtschaffenheit kommt es dir gar nicht erst in den Sinn, dich auf intime Beziehungen mit einer Frau einzulassen. Mit diesem Problem wirst du auch weiterhin konfrontiert, wo immer es um so entscheidende Dinge wie Zölibat und fleischliche Begierden geht. Und dennoch empfindest du gegen Ende des Lebens eine große Genugtuung über das bis dahin Erreichte. Es ist Friede in deinem Herzen, das von religiösem Eifer durchglüht ist. Nun glaubst du, endlich den Pfad gefunden zu haben, auf dem es sich lohnt, weiter voranzuschreiten. In der Vergangenheit – sei es unter der Theokratie in Atlantis, unter dem Pharao oder dem königlichen Regime – warst du ständig bedacht, dich für Dinge einzusetzen, die dir als das einzig Gute und Wahre erschienen. Doch nun wird dir klar, daß du dich jetzt erst im Dienste Gottes, des höchsten Herrschers, befindest. In Wirklichkeit hat sich lediglich dein Konzept der obersten Autorität, nicht deine Motivation oder deine Bereitschaft zum Handeln geändert.

Nachdem du fast wie ein Heiliger gelebt hast, bist du nahezu überzeugt, nun in die unmittelbare Nähe des Allerhöchsten aufzusteigen. Als dann entgegen all deinen Erwartungen keine Trompeten ertönen und dir keine Banner entgegenwehen, bist du ein wenig verunsichert. Deine Geistführer machen dir Mut, indem sie deine jüngste Entwicklung sehr positiv beurteilen, und dennoch scheinen sie nicht so zufrieden zu sein, wie du es dir vorgestellt hast. Das beunruhigt dich einigermaßen. Trotzdem bist du bereit, das nächste große Projekt in Angriff zu nehmen. Sie meinen, es wäre an der Zeit, dir deinen Hochmut ein wenig abzugewöhnen. Ihre Vorschläge verwirren dich, und ohne ihre Absichten richtig verstehen zu können, gehst du darauf ein, um ihnen eine Freude zu machen.

Wieder befindest du dich im Heiligen Land. Diesmal gehören deine Eltern der ärmeren Gesellschaftsschicht an. Als Heranwachsendem bleibt dir kaum eine Möglichkeit, den rauhen Realitäten des Lebens zu entfliehen. Für eine richtige Ausbildung fehlen die nötigen Mittel, und so bist du darauf angewiesen, deinem Vater, der für einen Teppichhändler arbeitet, zu helfen. Da du der älteste Sohn der Familie bist, gehört es zu deinen Pflichten, die Mutter bei der Erziehung der jüngeren Geschwister zu unterstützen. Die Familie und deren emotionale Belange bilden den Mittelpunkt deines alltäglichen Lebens. Immer wieder mußt du dich um deine kränkliche Mutter kümmern. Dabei vergehen dir bald deine Ambitionen und Träume, dich auf grandiose Weise in der Öffentlichkeit zu bewähren. Deine engere Umgebung zwingt dich, deren grundlegenden menschlichen Bedürfnissen Rechnung zu tragen. Zunächst fällt dir leicht, was dich in späteren Jahren noch einmal viel Kraft kosten wird.

Nun sehe ich dich als älteren Mann, der eine eigene Familie hat. Es ist die Zeit, als Jesus zu lehren beginnt. Es treibt dich, Haus und Heim zu verlassen und dich in die Schar seiner Jünger einzureihen. Aber das kannst du deiner Familie, die ohne dich umkommen würde, nicht antun. Die widerstrebenden Kräfte deines Inneren machen dir sehr zu schaffen.

Deine Frau ist so fürsorglich und sanft, daß du ihr nicht böse sein kannst, wenn sie sich deinen Plänen, die Welt zu retten, widersetzt. Sie tut viel, um die harten Kanten in dir zu glätten, und obgleich es dir schwerfällt, auf ähnliche Weise zärtlich zu sein, da die alten Muster noch immer in dir dominieren, wärst du gar nicht imstande, sie jemals zu kränken.

Nach dem Tod Christi und allen daraus folgenden Konsequenzen erhält dein missionarisches Verlangen erneuten Auftrieb. Eine Welle religiöser Sehnsüchte erfaßt die Gemüter der Menschen. Gleichzeitig wächst die Unterdrückung der jungen Christenheit in deiner Umgebung ins Unerträgliche. Da du auch weiterhin deiner Familie verpflichtet bist, leidest du entsetzlich unter der Tatsache, dich nicht mit all deinen Kräften in das revolutionäre Geschehen hineinstürzen zu können. Dein hartnäckiges Festhalten an der Vorstellung, als siegreicher Krieger der Welt zu dienen, bringt dir in diesem Leben erstmalige Einsichten in dein Karma, wenn man so will. Obwohl du die gefühlsmäßige Eingebundenheit in dein persönliches Umfeld durchaus zu schätzen weißt, hängst du noch immer deinen Träumen von großen Taten und deren äußerer Anerkennung nach – eine schwierige Situation für dich, aus der du zu dieser Zeit noch nicht bereit bist, Konsequenzen zu ziehen.

Als du diesmal die Erde verläßt, bist du über deine Geistführer verärgert. Da du die Gründe für ihre Handlungsweise nicht einsehen kannst, fühlst du dich von ihnen verraten. Dies untergräbt auch fortan dein Vertrauen und dein Gefühl für Sicherheit. Du weißt nicht einmal, wie es weitergehen soll, und hast offensichtlich niemanden mehr, auf den du noch bauen kannst. Sie waren deine wichtigsten Vermittler zwischen dir und dem, was Gott nach deinem Dafürhalten war. Nun bist du dir dieser Verbindung – nämlich der zur allerhöchsten Instanz – nicht mehr gewiß, und ausgerechnet sie war womöglich die einzige Voraussetzung für dein Selbstverständnis als Individuum. Diese Verunsicherung wird dein größtes Trauma, weil es die Wurzeln deiner Identität bedroht.

Deine Verwirrung löst eine Periode der Auflehnung aus, in der du dich jeder weiteren Reinkarnation verweigerst. Die Ängste in dir sind so groß, daß du für deine Geistführer nicht mehr erreichbar bist und über längere Zeit in dieser Hölle verharrst.

Schließlich findest du – auch ohne die geringste Perspektive zu erkennen – in einen menschlichen Körper zurück. Es ist die Zeit des frühen Mittelalters. Die Christenheit ist bestrebt, die letzten Überbleibsel der alten, heidnischen Religionen auf höchst barbarische Weise auszurotten; für dich ist dies jedoch eine Gelegenheit, dein unerfülltes Verlangen nach kriegerischer Bewährung im Dienste Christi auszuagieren. Nun bist du tatsächlich dieser Ritter in seiner eisernen Rüstung – leider verstrickt in einen der blutigsten Kriege auf europäischem Boden. Statt Ruhm und Ehre zu ernten, versuchst du vergeblich, inmitten von Haß und Chaos die alten Ideale aus früheren Lebenszeiten aufrechtzuerhalten. Es wird immer schwieriger für dich, den Stolz und Edelmut eines Gotteskriegers zu verkörpern. Trotzdem setzt du den Kampf fort und brauchst viel Energie, um in deinem auf äußere Ziele gerichteten Engagement mit der Hoffnungslosigkeit deiner Anstrengungen im Inneren fertig zu werden, und das inmitten dieses Chaos aus Feindseligkeiten und Aggressivität.

Als der Tod dich im Schlachtengetümmel erreicht, verläßt du die sterbliche Hülle nach einem offensichtlich nutzlosen Dasein in tiefer Abscheu. Jenseits der Grenze von Leben und Tod quälst du dich vergeblich mit den blutrünstigen Erinnerungen an die mit den Opfern menschlicher Aggression übersäten Schlachtfelder. Tief in deiner Seele ringst du um ein besseres Verständnis all dieser unfaßbaren Sinnlosigkeiten. Ständig vergleichst du diese Schreckensbilder mit jenen flüchtigen Einblicken in die Gesetze der universellen Liebe, die dir vor etlichen Lebenszeiten auf der inneren Ebene gewährt wurden. Es scheint alles so sinnlos zu sein. Das menschliche Leben als »Schlachtfeld« erscheint dir als irrsinnig im Vergleich zu dem, was es aufgrund deiner wachsenden Einsicht und der Lehren, die dir erteilt wurden, hätte sein müssen. Deine bisherige Identität als Held oder Krieger ist von nun an mit negativen Assoziationen belastet – fürwahr, eine Lebenskrise par excellence!

So tief ist deine Depression, daß deinen Geistführern ein weiteres Mal jeglicher Zugang zu dir versperrt ist. Und wieder lehnst du die Rückkehr in den physischen Körper entschieden ab. Es gibt keinerlei Gründe, die dich auch nur ein einziges Mal noch dazu bewegen könnten.

Als du dennoch zurückkehrst, fährst du fort, an einer Lösung dieses Dilemmas zu arbeiten. Dein Verlangen, das göttliche Gesetz und die göttliche Liebe auf den Planeten zu bringen, manifestiert sich in deinem Engagement für die Kreuzzüge. Voller Inbrunst, oder genauer gesagt, in einem Akt neurotischer Verzweiflung, stürzt du dich in den Versuch, ein Abbild des Heiligen Landes auf Erden neu zu errichten. Für dich ist dies quasi ein letzter Versuch, deine Identität als Krieger des Allmächtigen und allerhöchsten Wesens noch einmal unter Beweis zu stellen und das nach deinem Ermessen größte Übel auf der Welt zu besiegen.

Die Erkenntnisse aus dieser »Tour de force« sind äußerst zweischneidig. Einerseits ist es die echte Befriedigung über die Tatsache, all deine Frustrationen in der Hitze des Gefechtes ausagiert zu haben. Doch was hat sich in Wirklichkeit dadurch auf Erden verändert? Die Antwort ist ernüchternd und im Endergebnis schlechthin niederschmetternd. So kehrst du aus dem »Heiligen Krieg« zu deiner Familie und damit in die Mittelmäßigkeit eines Daseins ständig anwachsender Verzweiflung zurück – in den Alltag eines bayerischen Dorfes, der dir deine tiefsitzenden Sorgen und Ungereimtheiten nicht abnehmen kann. Mehr und mehr fühlst du dich aus der Wärme und Geborgenheit deines familiären Umfelds ausgeschlossen und am Ende sogar noch taub gegenüber deiner eigenen Entfremdung. Dieser emotionale Winter endet auch nicht, als deine Seele nach diesem Leben den Körper verläßt. Die so schmerzliche Erfahrung widerlegt ein für allemal deine Identität als strahlender Krieger. Es war dein persönliches Versagen, so wie es dein Wunsch war, die Welt auf dramatische Weise zu verändern, indem du das Himmelreich Gottes auf Erden verwirklichen wolltest. Und dieses Versagen ist von verheerender Wirkung für dich als lebendiges Wesen und dennoch ein vielversprechender Augenblick. Die Zeit ist nun reif, um den Samen der Weisheit in deine Seele zu senken. Noch kleidest du deine Verletzlichkeit in einen emotionalen Panzer. Du kapselst dich ab, um die Mächte der Transformation und deine Geistführer von dir fernzuhalten. Du ziehst dich in eine fötale Position zurück, um deinen verletzten Stolz, dein zutiefst verwundetes Selbstwertgefühl zu pflegen. In der Zwischenzeit verstreichen Jahrhunderte tief unter dir auf dem Planeten.

Dieser fötale Schlummer ist wie ein Reifeprozeß. Auch wenn du es nicht wahrnimmst, deine Geistführer sind ständig bei dir und garantieren dir embryonale Wärme und Geborgenheit. Nach und nach bricht dein altes Abwehrsystem in sich zusammen und gleichzeitig keimt wie ein zartes Gewächs der Wille zum Leben erneut in dir auf. Schon beginnen die alchimistischen Kräfte des Seins auf magische Weise in dir zu wirken und stellen unter völlig veränderten Aspekten die Weichen für ein weiteres Erdendasein.

Du wirst als Mädchen in deine dir altvertraute germanische Heimat geboren und wächst in der ländlichen Idylle sich endlos dahinziehender Weideflächen auf, eine fast märchenhafte Welt, die dich in engen Kontakt mit den Kräften der Natur versetzt und dir die frühe Unschuld der Kindheit zurückgibt. So unschuldig bist du und so voller Scheu, daß die jungen Männer des nahegelegenen Dorfes es schwer haben, sich dir zu nähern. Doch einem unter ihnen von sehr sanfter und empfindsamer Art gelingt es schließlich, dein Herz zu gewinnen. Nach langer und höchst schicklicher Werbung bist du endlich zur Ehe bereit, und all das, was dir in früheren Existenzen versagt war – die persönliche Liebe und familiäre Geborgenheit –, kommt nun in deinem neuen

Dasein als Frau zur vollen Erfüllung. So erlebst du auch alle Wonnen der Mutterschaft. Es stellt sich heraus, daß dein Lebensgefährte von ähnlichen emotionalen Mustern geprägt ist, die dir in deinen Vergangenheiten als Mann zu eigen waren. In deiner weiblichen Hülle gelingt es dir, für diesen ehemaligen Aspekt deines Selbst Verständnis und Mitgefühl zu entwickeln. So erklärt es sich, daß du deinen Gatten bedingungslos zu lieben vermagst, obwohl seine zeitweilige Reserviertheit dir den Zugang zu ihm erschwert.

Nun hat sich dir erstmals das Königreich der Liebe geöffnet. Deine Einswerdung mit ihm ist so vollkommen, daß dich am Ende dieses Lebens, als du erneut in die Zeitlosigkeit zurückkehrst, ein unsägliches Glücksgefühl durchströmt. Deine Geistführer sind da, um dich zu umarmen, und deine Aussöhnung mit ihnen erfolgt im Gefühl tiefer Dankbarkeit, Friede ist in dir eingekehrt, denn endlich hast du den Ort erreicht, der seit jeher das Ziel deiner irdischen Mühen und Kämpfe war. Wenn deine Geistführer dir zureden, dich noch einmal als Mann auf Erden zu bewähren, um unter diesem Aspekt dich von den alten Mustern zu lösen, hast du keine Einwände mehr, auch wenn dich bei diesem Gedanken ein leichtes Unbehagen befällt. Doch du weißt, daß es dir nicht mehr so schwerfallen wird, diese letzte Aufgabe zu meistern. In einen männlichen Körper hineinzuschlüpfen ist für dich fast dasselbe, als wenn du nach einem Reinigungsbad noch einmal die alten, schmutzigen Kleider anziehen müßtest. Doch du verstehst, wie notwendig es ist, diesen Schritt zu vollziehen, um dich ein für allemal von den ausgedienten Mustern der Vergangenheit zu befreien.

Nach einem kurzen Zwischenaufenthalt im ätherischen Bereich der inneren Ebenen, wo dir noch letzte Lektionen erteilt und geheime Einblicke in die spirituellen Prozesse auf irdischer Ebene gewährt werden, gelangst du in den Körper, in dem du dich hier und heute befindest. In deiner gegenwärtigen Arbeit als Herausgeber metaphysischer Werke erfährst du, worin dein Anteil an der graduellen Vervollkommnung und Transformierung des menschlichen Bewußtseins besteht. Deine alten Muster als ehemaliger Krieger gehen mehr und mehr in die einer effektiveren und demütigeren Betätigung über. Auch nimmst du spirituellen Kontakt zu leiblichen wie auch entkörperten Wesen auf und arbeitest mit ihnen zusammen. Schon vor deinem Eintritt in dieses gegenwärtige Erdenleben hattest du dich einverstanden erklärt, von nun an als Vermittler neuer spiritueller Ideen zu dienen – als Kanal für deine Geistführer, die mehr, als dein Menschenverstand es sich vorstellen kann, auf das irdische Geschehen einwirken.

Im übrigen bist du in deinen Bemühungen, die Spaltung in deinem Innersten zu überwinden, äußerst erfolgreich. Deine jetzige Gefährtin ist niemand anderes als jene Seele, die im einstigen Ägypten deine Frau war. In gemeinsamer Anstrengung gelingt es euch beiden, auch die engere Verwandtschaft in dein Werk einzubeziehen. Eure Familiengemeinschaft ist unlöslich und tief durch Liebe vereint.

Deine inneren Probleme werden dir noch eine Weile zu schaffen machen. Geh ihnen auf den Grund, doch laß dich vom Licht erwärmen; glätte die harten Kanten in dir; befreie dich von dem Panzer, der dein Ego umschließt, so daß das wahre Licht ungehemmt in dich eindringen kann. Laß dein Herz anrühren, öffne dich dem Hüter deiner Seele. Sobald du dem falschen Ehrgeiz, dich ständig beweisen zu müssen, die Nahrung entziehst, wird all dies geschehen. Und ferner gehört dazu, daß du nicht aufhörst, dich vom Licht deiner wahren und innersten Natur erwärmen zu lassen. Und bedenke, daß es nicht dein Leben ist, das du lebst, sondern daß das Leben dich lebt.

Barbara

Ich traf Barbara in Key West, Florida, wo ich mich eine Weile vom Lehren und Unterrichten erholen wollte. Sie war mit ihrer Tochter dorthin gereist, um Freunde zu besuchen. Vom ersten Augenblick an sind wir uns sofort nahegekommen, und noch im gleichen Frühling besuchte ich sie und ihren Mann in ihrem ländlichen Wohnsitz in Tennessee. Sie ermöglichten mir, auf ihrem Grundstück einige Workshops zu halten, und auch in den folgenden Jahren bin ich noch mehrere Male bei ihnen gewesen. Seitdem habe ich Barbara fast zwei Jahre lang nicht mehr gesehen. Sie hat zwei oder jetzt sogar drei weitere Kinder, hat trotzdem ihre Ausbildung fortgesetzt und praktiziert Augendiagnostik und Naturheilkunde. Ihr Mann Doug hat nach Beendigung seines Studiums eine Stelle als Literaturprofessor übernommen. In einem Brief an die beiden erwähnte ich mein Buch, an dem ich arbeitete, und fragte Barbara, ob sie Lust zu einem Life-Reading hätte.

C: Kükenmutter – das ist das Wort, das mir einfällt, um die Qualität deiner Seele zu umschreiben. In deiner Vorliebe für mütterliche Aktivitäten und deinem Umgang mit Kindern entdecke ich etwas, das mich irritiert. Auf jeden Fall spüre ich eine Angst, die du mit dieser Aufgabe verbindest. Laß mich sehen, ob die Geschichte deiner früheren Existenzen mir diesen Eindruck bestätigen kann.

Das erste Leben, in dem ich dich erkenne, gehört in eine vorgeschichtliche Epoche. Du hältst ein Baby in deinem Arm, und hockst zusammengekauert in einer Höhle. Du bist ganz allein, und irgendeine Naturkatastrophe – ein Erdbeben –

bahnt sich an. Als die Höhlenwände zu schwanken beginnen, stürzt du hastig ins Freie. Der Boden bebt und bricht ringsherum auf. Du bist zu Tode erschrocken und weißt nicht, was sich hier abspielt, weißt nicht, ob du stehenbleiben oder fortlaufen sollst. Schließlich beginnst du zu rennen. Als der Grund unter deinen Füßen erneut in Bewegung gerät, stolperst du und fällst hin. Das Kind wird dir aus den Armen gerissen, und gleichzeitig bricht neben dir eine Felswand zusammen. Du kannst dich noch gerade in Sicherheit bringen, aber dein Kind wird vom herabfallenden Geröll erfaßt und erschlagen.

Nachdem das Unheil vorüber ist, kannst du dich tagelang von dem Schock nicht erholen. Deine Höhle ist zerstört, dein Kind dir entrissen, und die schreckliche Gewalt dieses mysteriösen Ereignisses hat tiefe Spuren in deiner Seele hinterlassen. Zudem plagt dich ein ständiges Schuldgefühl, weil du überlebt hast, dein Kind aber sterben mußte. Und unter den primitiven Voraussetzungen damaliger Lebensweisen hast du nie gelernt, damit umzugehen. Die Folgen dieses Unvermögens – deine Hilflosigkeit – stigmatisieren dein Unbewußtes seither über lange Zeiten hinweg. Deine irrationale Logik lautet nunmehr: »Eine Mutter muß ihren Nachwuchs hegen und pflegen und vor Unheil bewahren. Mein Kind starb, und ich überlebte. Und ich habe es nicht beschützt. Deshalb habe ich ein Unrecht begangen.«

Wie ich schon sagte, war dieses Ereignis von äußerster Brisanz, zumal du deiner inneren Logik samt den daraus resultierenden (und für primitive Kulturen so typischen) Ängsten und abergläubischen Vorstellungen völlig ausgeliefert warst. Ist es verwunderlich, wenn derartige Anstürme auf dein Bewußtsein sich im Laufe der Zeit zu prägenden Faktoren deiner Psychostruktur herausbilden? Du warst so benommen und desorientiert, daß du pausenlos in der Umgebung umherirrtest, und es schien, als ob du dich strafen wolltest, indem du Hunger und andere physische Bedürfnisse überhaupt nicht mehr wahrnahmst. Unter diesen Bedingungen starbst du natürlich innerhalb weniger Tage.

In deinem nächsten Leben trittst du mir nochmals als junge Mutter entgegen, die ein Kind an sich drückt. Noch weiß ich nicht, wo dieses Leben sich abspielt. Du bist in einem großen Zelt, einem Nomandenzelt. Wieder dreht sich alles um das kleine Wesen auf deinem Arm – in einem Maße, daß dir alle übrigen Dinge unwichtig erscheinen, selbst deine Pflichten gegenüber dem Lebensgefährten und dem Stammesverband. Die Sonne geht auf und unter, als hätte sie nur für dich und das Kind und ihr lebensspendendes Werk zu verrichten. Bald bringst du ein zweites zur Welt, und weitere folgen. Du vernachlässigst alles, was außerhalb deines Bereichs der mütterlichen Fürsorge liegt. Eine große Familie zu haben ist in dieser Kultur ein Zeichen von Wohlstand, und dein Gatte ist stolz auf die Kinder, selbst wenn eure Beziehung darunter zu leiden hat. Er ist ebenso stolz, wie du glücklich bist, dein einstiges Versagen wiedergutmachen zu können ...

Ich habe den Eindruck, als ob sich dieses Muster durch all deine Lebenszeiten bis in die gegenwärtige hindurchzieht. Anstatt es jedoch weiterzuverfolgen, halte ich es für ergiebiger, uns nun anderen Themen zuzuwenden. Bevor wir den Gegenstand wechseln, möchte ich indes nicht versäumen, dir gewisse Fortschritte zu bescheinigen. Immerhin warst du in der Lage, über deine Mutterrolle hinauszuwachsen und dich auch auf anderen Gebieten nützlich zu machen, obwohl diese Umorientierung dir allerhand abverlangte.

Ich erblicke dich inmitten einer tropischen und ziemlich primitiven Szenerie. Offenbar ein Alltag im Stammesleben. Ich sehe ein offenes Feuer, über dem du einen Brei aus zerstampften Knollen kochst. Du bist kinderlos und eifersüchtig auf die jungen Mütter. Dein Fürsorgetrieb hat eine gewisse Sublimierung in deinen Aktivitäten als Medizinfrau erfahren. Ich sehe, daß du im Dschungel jagst, natürlich auch Pflanzen und andere Substanzen sammelst, die du zum Heilen benötigst. Obgleich du von deiner Berufung durchdrungen bist, hegst du wegen deiner Kinderlosigkeit eine ganze Menge ungeklärter Ressentiments und ziehst dich ostentativ von deinem Mann zurück. Später verfährst du mit anderen Männern auf ähnliche Weise. Auch mit der eigenen Sippe willst du gefühlsmäßig nichts mehr zu tun haben.

In dieser Hinsicht kann ich dein damaliges Verhalten sehr gut nachvollziehen. In meiner jetzigen Existenz habe ich ganz ähnliche Vorbehalte entwickelt – ich meine gegenüber dem Leben schlechthin. Es hat mir die Erfüllung so vieler spezieller Wünsche verweigert – so konnte ich zum Beispiel meinen Hang nach Romantik nicht ausleben. Dein Leben aus jener Zeit macht mir die ganze Sinnlosigkeit meines eigenen halsstarrigen, ja selbstgefährdenden Verhaltens gegenüber dem Leben deutlich. Diese selbstauferlegte Entfremdung hat keinerlei Einfluß auf jene ewigen Kräfte, die gnadenlos darauf dringen, daß unsere Seelen den vorgeschriebenen Weg der Entwicklung und Vervollkommnung einhalten. Indessen erkenne ich, daß deine Geistführer – nachdem du deinen damaligen Körper verlassen hast – dir nichts in den Weg legen, wenn du auf den alten Mustern beharrst; unter diesen Bedingungen sind sie jedoch nicht gewillt, dich in günstigere Situationen zu versetzen, die dir den Weg zu anderen Bereichen der (spirituellen) Entfaltung erleichtern. Ihr diesbezüglicher Versuch, dir in deinem letzten Leben zu helfen, war offensichtlich vergeblich; er hat die Widersprüche zwischen deinen und ihren Vorstellungen nur noch verschärft. Und mehr als zuvor bist du darauf erpicht, an deiner mütterlichen Rolle festzuhalten.

Es wundert mich nicht, daß ich dich nochmals mit einem Kind an der Brust erblicke. In dieser Inkarnation bist du mit einem Fischer verheiratet. Ihr lebt in einem Küstenort an der Südsee, der zum polynesischen Kulturkreis gehört. Ich bemerke in dir eine Art Triumphgefühl über deine gelungene Rückkehr in die so heißbegehrte Rolle. Im Verlauf dieses Lebens hast du noch weitere Kinder und stellst hohe Ansprüche an deinen Mann. Er muß dir in allem willfährig sein und dich in deinem Selbstverständnis unterstützen. Er ist nicht mehr als eine Schachfigur in deiner Hand, mit der du nach Gutdünken umspringen kannst, nicht jemand, dem du Respekt oder gar Liebe entgegenbringst. Im Grunde brauchst du ihn nur, um dein Verlangen nach Kindern befriedigen zu können …

Eigentlich wollte ich ja zu anderen Themen übergehen. Es sieht ganz so aus, als ob deine Schuldgefühle zum treibenden Motor deiner Entscheidungen geworden sind – zu einer Art Dämon. Psychologen würden sagen, daß du von dem archetypischen Muster der Großen Mutter besessen seist. Jedenfalls läßt sich für deine bis hierhin verfolgten Lebensgeschichten feststellen, daß dieser Archetypus fast ausschließlich deine Entscheidungen bestimmt, und zwar auf Kosten deiner Individualität. So bist du zum Opfer deiner eigenen Schuldgefühle und Ängste geworden.

Dein Triumphgefühl ist ungeschmälert, auch als du ein weiteres Mal deinen Geistführern auf den inneren Ebenen gegenüberstehst. Es gefällt dir sogar, dich ihnen zu widersetzen und deinen einspurigen Kurs behaupten zu können. Zwar versuchen sie, dir die Notwendigkeit einer Weiterentwicklung durch entsprechende Konzepte begreiflich zu machen, doch deine Selbstgefälligkeit hindert dich, darauf einzugehen.

Der Ort deiner nächsten Inkarnation ist – so scheint mir – das römische Imperium. Als junge Frau schaust du dich sehr genau in deiner sozialen Umgebung um, ehe du dich für einen Mann entscheidest, der deinen Vorstellungen entspricht. Schließlich fällt deine Wahl auf einen jungen, ehrgeizigen Krieger. Unter den römischen Männern galt es als höchst erstrebenswert, der kaiserlichen Armee anzugehören, und dieser von dir erkorene Mann ist bereits im Begriff, dort eine Karriere zu machen. So kannst du sicher sein, daß für das Auskommen deiner zukünftigen Familie gesorgt ist.

Sobald dein Entschluß feststeht, beginnst du auch schon, dir diesen jungen, robusten Offizier zu ködern. Eine leichte Aufgabe ist es nicht, denn der Auserwählte ist früher dein polynesischer Lebensgefährte gewesen. Er fühlt sich von dir angezogen. Die Erinnerung an die einstige große Liebe ist, wenn auch unbewußt, noch lebendig in ihm. Doch deine vorrangigen Beweggründe scheinen ihn abzuschrecken. Als du nicht nachgibst, folgt er der Stimme seines Herzens. Du bist noch genauso dominierend wie früher. Nicht, daß du keine echten Gefühle für ihn hättest, doch unbewußt hast du in dir einen Schutzwall errichtet, der es dir nicht gestattet, dein einziges Ziel – sprich, die Verwirklichung deiner Mutterrolle – in Frage zu stellen. So mußt du hart bleiben, um nicht jene latente Kraft in dir – deine Liebe zu ihm – zu provozieren, die sich am Ende mächtiger als dein Mutter-Ego erweisen könnte. Denn dieses ist der eiserne Hüter deines Herzens, der nur darauf bedacht ist, daß keine andere Macht den Sieg davonträgt. Wenn nun zum Beispiel deine Gattenliebe zu dominant wird, ist es seine Aufgabe, dies prompt und zuverlässig zu verhindern …

Nachdem deine Kinder – wie ich jetzt sehe – herangereift sind und ihr bisheriges Zuhause verlassen, beginnt für dich eine schlimme Zeit. Da dein Ego den Auftrag erfüllt hat, weißt du mit dir selbst nichts mehr anzufangen. Du wirst in zunehmendem Maße nervös und rastlos und bist dem starken

Drang ausgesetzt, dich irgendwie nützlich zu machen. In der Tat machst du dich wegen ein bißchen Hausarbeit völlig verrückt und beginnst deine Dienerinnen zu tyrannisieren. Dich selbst machst du dabei am meisten fertig. Du bist so zerrissen, daß du darüber krank wirst und stirbst. Nicht nur deine Hausgenossen sind über dein Dahinscheiden erleichtert, auch du kannst endlich nach Erreichen der jenseitigen Ebene wieder tief Atem holen. Du begreifst immer noch nicht, daß es deine außerordentliche Fixiertheit auf die Mutterrolle war, mit der du dir all die Probleme selbst eingehandelt hast. Man kann es dir anmerken, wie froh du jetzt bist, erlöst zu sein.

Deine Seelenführer ergreifen die günstige Gelegenheit, um dir die ganze Tragweite deiner Misere verständlich zu machen. Doch dieses Thema ist für dich noch immer zu sakrosankt, als daß du gelassen darauf reagieren könntest. Sobald dir klar ist, worauf sie hinauswollen, kapselst du dich ab und läßt sie nicht an dich herankommen. Du verbringst eine ganze Weile in dieser selbstauferlegten Isolation, bis dein besseres Selbst wieder Oberhand gewinnt und du ihre Ratschläge ohne Wenn und Aber akzeptierst. An diesem Punkt bist du noch nicht so weit, um bewußt über dein nächstes Leben oder dessen Bedingungen zu entscheiden. Dein blinder Impuls, nur Mutter und nichts als Mutter zu sein, hat eine gewisse Eigendynamik entwickelt. Das eigentliche Kriterium für Seelenverwandtschaft hat etwas mit ständiger Wiederaufnahme einstiger Beziehungen zu tun – zum Beispiel mit Seelen, die in früheren Existenzen zu deiner Nachkommenschaft gehörten, oder mit jemandem, der schon mal dein Lebensgefährte war, wie es in deinem nächsten Leben der Fall zu sein scheint. In einer byzantinischen Kultur des östlichen Mittelmeers erblicke ich dich als Familienmutter und Gattin eines Bürgers vornehmer Herkunft, die euren gemeinsamen Kindern und dir alle Vorzüge eines gehobenen Daseins garantiert. Schon lange vor deiner Heirat hegst du große Erwartungen in deine zukünftige Rolle als Mutter. Dein Mann, der ein hohes Staatsamt bekleidet, war der römische Soldat deines vorhergehenden Lebens. Bei eurer ersten Begegnung ist euch schon klar, wie euer gemeinsamer Alltag aussehen wird, dessen Formen sich inzwischen zu einem festen Ritual entwickelt haben. Dasselbe gilt auch für deine Mutterrolle, die dir, gleich einer geübten Tänzerin, in Fleisch und Blut übergegangen ist, ohne daß du jeden Schritt von neuem bedenken mußt.

Am Ende nennst du vier Kinder dein eigen und fühlst dich auf dem Höhepunkt deines Mutterglücks. Du hast einen Sohn, den du besonders liebst und auf den sich all deine Erwartungen richten. Er ist hoch entwickelt, sehr intelligent und von erstaunlicher geistiger Flexibilität. Er ist dein ganzer Stolz.

Dein kulturelles Milieu – für mich ein wenig zu steif und überladen – ist im großen und ganzen erfreulich und stabil, deine Ehe weit weniger spannungsgeladen als jede bis dahin erlebte Beziehung. Ihre Rituale sind ein wenig verknöchert und starr, entsprechend den überlieferten Konventionen, deren repressive Moralvorstellungen die Geschlechterliebe in Grenzen hält, so daß deine »primären Interessen« an der Ehe nicht gefährdet sind.

Wenn ich versuche, mir deine weitere Entwicklung zu vergegenwärtigen, sehe ich, daß eine deiner Töchter unter einer schweren Behinderung leidet. Ich sehe auch Gründe, weshalb dies so ist. Sie ist in dein Leben gekommen, damit du auch weiterhin deine mütterlichen Instinkte befriedigen kannst – ja, bis an dein Lebensende wird diese gegenseitige Abhängigkeit auf psychischer Ebene einem erneuten Rückzug in die Isolation entgegenwirken, der in deiner vorherigen Existenz zu so ernsthaften Veränderungen deiner Psyche geführt hatte.

Dein Lieblingssohn ist nunmehr auf dem besten Weg, sich auf politischem Parkett zu einer geachteten und einflußreichen Persönlichkeit zu entwickeln. Das erfüllt dich mit großem Stolz und tiefer Befriedigung.

Somit endet diesmal dein Leben in dem erhabenen Gefühl, in jeder Hinsicht gute Arbeit geleistet zu haben. Es ist, als ob du nach des Tages langen Mühen endlich nach Hause kommst, um dich einmal wieder richtig entspannen zu können. Noch einmal blickst du zurück, und schon stehen deine Geistführer neben dir. Doch du schenkst ihnen kein Gehör. Du verläßt dich ganz auf die innere Dynamik deiner Instinkte, und wenn deine Zeit als gekommen erscheint, kehrst du zur Erde zurück.

Doch wie ich sehe, haben deine Seelenführer bereits Vorsorge getroffen, denn plötzlich befindest du dich in einem männlichen Körper. Deine Eltern leben inmitten von Europa, vermutlich in Deutschland. Du bist das einzige Kind dieser Familie. Deine Seele hadert noch immer mit den Geistführern wegen ihrer ständigen Einmischung in deine Angelegenheiten, so glaubst du. Aber deine reinkarnierte Persönlichkeit genießt bereits die Tatsache, als Mann wiedergeboren zu sein, und diesmal in einer ländlichen Szenerie. Dein Vater ist Bauer, und die körperliche Arbeit in der Landwirtschaft ist eine neue, befriedigende Erfahrung für dich. Du liebst den Geruch der Erde, der Gräser und der Tiere – vor allem den Wechsel der Jahreszeiten, die Weite des Himmels und darunter die ausgedehnten Wiesen und Felder. Du frohlockst über deine Männlichkeit und die gesamte Fülle des Lebens. Die Abwesenheit mütterlicher Instinkte ist eine ganz neue Erfahrung für dich, die dir völlig unbekannte Dimensionen erschließt. In der Tat, als Mann bist du ein unbeschriebenes

Blatt und kannst es kaum erwarten, diese neue Welt zu erobern. Je mehr du heranreifst, desto heftiger entflammt in dir die Wanderlust, du möchtest sehen, was hinter den Hügeln liegt. Doch dies führt zu ernsthaften Problemen mit deinen Eltern, die auf deine Hilfe in der Landwirtschaft angewiesen sind, vor allem mit deinem Vater. Denn er hätte die ganze Last der Hofführung alleine zu tragen, falls du ihm den Rücken kehrtest. Anders deine Mutter, die deinen Sehnsüchten und Wünschen großes Verständnis entgegenbringt. Dank ihrer eher heimlichen Unterstützung kannst du eines Tages auch ohne den zu befürchtenden Eklat das Elternhaus verlassen.

Wie ich dich so auf der Landstraße dahinschreiten sehe, muß ich unwillkürlich an das Bild jenes Narren denken, der mir von den Tarotkarten her vertraut ist. Als ein von Sorgen und Nöten noch unbelasteter Wanderer – so erscheinst du mir vor meinem inneren Auge. Du bist nie in einer größeren Stadt gewesen, und deine erste Konfrontation mit ihr ist für dich fast ein Schock. Nachdem sich dein Erschrecken gelegt hat, bist du über so viel Schmutz und menschenverachtende Unwirtlichkeit noch lange Zeit fassungslos. Da du völlig mittellos bist, gerätst du sehr schnell in eine zwielichtige Gesellschaft aus Bettlern und Dieben, von denen keiner über eine feste Bleibe verfügt. Ihre moralischen Vorstellungen und undurchsichtigen Geschäfte versetzen dich in große Verwirrung. In diesem Milieu fehlt es dir an jeglicher Erfahrung, es erscheint dir unwirklich wie ein böser Traum, und fluchtartig verläßt du die Stadt. Es dauert viele Tage, ehe du – nun wieder in freier Natur – mit all diesen Eindrücken klarkommst. Deine Unbefangenheit ist erschüttert. Du verstehst die Welt nicht mehr, und mit gedämpften Gefühlen siehst du deiner Zukunft entgegen.

Die darauffolgende Nacht verbringst du hungernd und frierend in einem Heuhaufen. Nach unruhigem Schlaf und einer weiteren Wegstrecke erreichst du gegen Mittag eine kleine Ortschaft. Du mußt jetzt etwas zu essen finden, aber die Leute im Dorf betrachten den einsamen Wanderer mit argwöhnischen Augen. Endlich, in einem Gasthof findest du jemanden, der dir eine Mahlzeit in Aussicht stellt, falls du bereit bist, den Stall zu reinigen. Du hast Glück, denn die Wirtsleute brauchen in der Tat eine geübte Kraft, die ihnen gegen Kost und Logis die Pflege der Zug- und Reittiere der Reisenden abnimmt, aber auch sonstige Handlangerdienste wie Holzhacken leistet. Für eine Weile bist du von deinen Sorgen befreit. Das ältere Ehepaar ist sehr freundlich zu dir. Im übrigen triffst du auf interessante Leute, die sich vorübergehend im Gasthaus einmieten. Inzwischen ist es Winter geworden, und da dir deine Arbeit gefällt, beschließt du, zumindest während der kalten Monate bei deinen Wirtsleuten zu bleiben.

Im Frühjahr befällt dich von neuem die Wanderlust. Ein reisender Händler, der im Wirtshaus übernachtet, scheint dir eine Möglichkeit zu bieten. Obwohl er, wie alle Geschäftsleute, zunächst nur an seine Vorteile denkt, werdet ihr euch dennoch nach dem üblichen Für und Wider handelseinig. Du bist ein zäher und energischer Bursche und reichlich naiv. Und er ist nicht mehr der Jüngste. Da könnte es sich lohnen, auf dein Gesuch einzugehen. Des Morgens packst du die wenigen Habseligkeiten, die du inzwischen erworben hast, zusammen und steigst auf das Gefährt deines neuen Dienstherren zu einer Fahrt in die ungewisse Zukunft eines reisenden Händlers.

Zu deinem gelinden Entsetzen führt euch der Weg zunächst in jene größere Stadt, die du so fluchtartig verlassen hast. Du kannst deine Ängste kaum vor dem scharfen Blick deines Begleiters verbergen, so daß er ein wenig mißtrauisch wird.

Glücklicherweise setzt er dich samt Pferd und Wagen an einer Kutschenstation ab, um allein seinen Geschäften nachzugehen, und überträgt dir die Bewachung seiner Güter vor möglichen Übergriffen von Unbefugten. Dies kostet dich etliche Nerven, da du recht gut weißt, wie gerissen und ruchlos Diebe zu sein pflegen.

Zu deiner Erleichterung läßt er nicht allzulange auf sich warten, da er nur wenige Besorgungen zu erledigen hat, und weiter geht eure Reise. Doch ehe meine Beobachtungen sich in zu viele Details verstricken, laß mich dir nur noch das Wichtigste sagen: Du wirst dich noch viele Jahre auf Reisen finden, bis ins südliche Frankreich und an die Küsten des Mittelmeers, aber dein Hunger auf Abenteuer nimmt immer mehr ab. Bald befällt dich ein heftiges Verlangen, zu deinen Eltern zurückzukehren.

Bei deiner Ankunft in den heimatlichen Gefilden ist dein Vater ernstlich erkrankt, und du kannst dir die Freude deiner Mutter sicherlich vorstellen, als sie dich wieder in ihre Arme schließt. Du bist froh, endlich zu Hause am Ort deiner Kindheit zu sein, und glücklich über deine neuen Pflichten als angehender Bauer. Als der Vater stirbt, verbringst du noch viele Jahre zusammen mit deiner Mutter auf eigenem Grund und Boden – doch nach ihrem Tod bist du völlig auf dich gestellt.

Dein ganzes Leben hindurch hast du dich nie ernsthaft für Frauen interessiert. Du bist sehr scheu, ja sogar unbeholfen, vor allem im Umgang mit deiner eigenen Sexualität. Es gibt auch zu wenig Gelegenheiten, diese Hemmnisse überwinden zu können. Zuweilen überkommt dich das nebelhafte Gefühl einer dir selbst unerklärlichen Leere, das du sofort von dir weist, denn die Arbeit auf dem Hof nimmt all deine Kräfte in Anspruch.

Als deine Seele die Erde verläßt und der nächsthöheren Ebene zustrebt, befällt dich zum ersten Mal ein leichtes Befremden über die seltsame Tatsache, deine Emotionen so lange zurückgehalten zu haben. Und dann – beim Eintauchen in deine ursprüngliche Identität – hast du den Eindruck, als sei dies alles nicht mehr als ein Traum gewesen. Du hörst dir die Meinung deiner Geistführer an und weißt wieder nicht, ob du dich darüber ärgern oder gar freuen sollst. So vergeblich kann dein Leben als Mann ja gar nicht gewesen sein. Es hat dir zumindest dein Blickfeld erweitert. Nichtsdestoweniger erwacht auch die Große Mutter in dir von neuem, doch deine jüngste Erfahrung als Mann hat deine Autonomie ihr gegenüber gestärkt und dir eine eigenständigere Identität eingebracht. Nun können die Geistführer ruhig kommen – du wirst es ihnen schon beibringen!

Erneut zeigen sie dir all die Muster deiner vergangenen Inkarnationen, in denen der Mutteraspekt deines Selbst stets dominant war. Sie wollen, daß du auch andere Möglichkeiten, zu leben und dir eine Identität zu geben, in Betracht ziehst und verwirklichst. Du erklärst dich nunmehr bereit, in deiner nächsten irdischen Phase ihre Anweisungen zu beherzigen.

Mit ihrem Einverständnis darfst du nun wieder als Frau zur Erde zurück, um in dieser Gestalt an deiner Vervollkommnung zu arbeiten. Ich erblicke dich jetzt im Nordwesten Italiens. Du hast sehr jung geheiratet und nach alter Manier gleich mehrere Kinder geboren. Aber dein Mann erweist sich als schlechter Ernährer seiner Familie. Er ist ein ziemlicher Trottel und du eine heißblütige Italienerin, die das nicht ohne weiteres hinnimmt. Die Tatsache, daß er sich überhaupt nicht veranlaßt sieht, dir im Haushalt zu helfen und sich auch noch bedienen läßt, macht dich so wütend, daß du eines Tages deine gesamte Familie einschließlich der Kinder im Stich läßt und dich kurzerhand auf und davon machst. Es ist dir eine große Genugtuung zu wissen, daß er nun die Kinder versorgen muß.

Bei deiner Schwester, die an der Küste lebt, findest du offene Türen und bleibst bei ihr, bis du in einem Strandcafé einen Job gefunden hast, der dir ein Auskommen ermöglicht. Deine Handlungsweise als verheiratete Frau ist für die damalige Zeit – gegen Ende des 19. Jahrhunderts – eine unerhörte Herausforderung, über die sogar deine Schwester erstaunt ist. Doch was andere vielleicht nie gewagt hätten, war für dich die einzig mögliche Alternative, selbst wenn die Kinder am meisten darunter litten. Und du willst soviel Geld sparen, daß du sie eines Tages zu dir nehmen und aus eigener Kraft ernähren kannst.

Die Zeit eilt dahin, ohne daß du deine Pläne verwirklichen kannst. Die Sorge um deine Kinder ist größer, als du es dir zugeben willst. Noch kann ich nicht sehen, was wirklich dahintersteckt, und will es weiterverfolgen. Doch plötzlich scheint sich alles zu ändern. Ein Mann tritt in dein Leben, der dich unwiderstehlich findet. Er kommt Tag für Tag ins Café und versucht, dich zu umgarnen. Er hat eine große Jacht und möchte, daß du ihn auf einer Segeltour begleitest. Der Mann gefällt dir, und du fühlst dich offensichtlich geschmeichelt. Und obwohl dich der Gedanke an deine Kinder weiterhin quält, willigst du schließlich ein.

Die Stunden auf dieser Luxusjacht erscheinen dir wie ein Märchen. Am Abend, nach einer fantastischen Mahlzeit, versucht er dich zu verführen. Darüber bist du so aufgebracht, daß du ihm förmlich befiehlst, Kurs auf die Küste zu nehmen und dich dort abzusetzen. Kaum bist du wieder an Land, eilst du schnurstracks davon, ohne dich umzusehen.

Du fühlst dich danach erniedrigt, und der Gedanke an deine Kinder macht die Sache noch schlimmer. Du willst sie jetzt wiedersehen und packst ein paar Sachen zusammen, um loszufahren und sie zu besuchen. Als du den Zug verläßt, weißt du nicht mehr weiter. Du hast plötzlich Angst und bildest dir ein, daß sie dich verstoßen könnten. Es fällt dir nichts anderes ein, als dir in einem Hotel ein Zimmer zu nehmen.

Als du dann kurz entschlossen dennoch ins Dorf gehst, mußt du feststellen, daß sie und dein Mann umgezogen sind, angeblich zu deiner Schwiegermutter nach Mailand. Du bist jetzt doppelt unschlüssig, aber nachdem du den ersten Schritt schon getan hast, willst du nicht aufgeben, und bist ganz versessen darauf, dir die Kinder aus Mailand zu holen.

Du ahnst nicht, was auf dich zukommt. Deine Schwiegermutter hat dir niemals verziehen und verweigert dir den Zutritt zu ihrem Haus. Mehrere Male stehst du davor und klopfst an die Tür und schreist so laut, wie du kannst, und sie schreit zurück. Die Kinder weinen, und du wirst immer wütender auf die alte Frau. Nach einer Woche erkennst du, wie zwecklos es ist. Es bleibt dir nichts übrig, als zu deiner Schwester zu fahren und deine Arbeit im Strandcafé wiederaufzunehmen. Dein Leben wird unsäglich traurig, dein Beruf zur bloßen Routine, und von Männern willst du überhaupt nichts mehr wissen. Es ist eine Qual, den eigenen Kindern entfremdet zu werden. Du siehst die Zeit verstreichen, Woche um Woche, Monat um Monat.

Nach ungefähr einem Jahr kehrst du nach Mailand zurück, noch immer in der Hoffnung, die Kinder sehen zu können. Du versteckst dich in einer Straßenecke in der Nähe ihres Hauses und läßt die Tür nicht mehr aus den Augen. Plötzlich kommt deine älteste Tochter heraus. Du rennst ihr nach und holst sie ein. Aber deine Schwiegermutter hat dich bereits erspäht. Es kommt zu einer handgreiflichen Auseinandersetzung zwischen euch beiden mit dem Ergebnis, daß sie das Kind wieder ins Haus zurückzerrt. Du bist verzweifelt, aber gibst noch nicht auf. Nach ein paar Tagen mußt du feststellen, daß deine Schwiegermutter die Kinder nicht mehr allein aus dem Haus läßt. Mehrere Male siehst du deinen Mann ein und aus gehen, und der alte Haß bricht erneut in dir auf. Es bleibt dir nichts übrig, als dich geschlagen zu geben und die Stadt zu verlassen.

Mit einem Mann zusammenzuleben bedeutet, Kinder zu haben. Das kannst du dir nicht mehr leisten und weichst daher jedem aus, der sich dir zu nähern versucht. Die Jahre gehen dahin, und du wirst immer älter und einsamer. In emotionaler Hinsicht befindest du dich mehr oder weniger in einem Vakuum. Schließlich ergibst du dich deinem Geschick, wohl wissend, daß dein jetziges Leben zum Teil auch die Folge deines eigenen, unüberlegten Handelns ist, auch wenn die Schuld nicht nur dir allein zuzuschreiben ist. Es gelingt dir, deine inneren Wunden zu heilen und deine letzten Jahre in relativer Ausgeglichenheit zu verbringen.

Als dein Geist den Körper verläßt und du noch einmal zurückblickst, plagen dich einige Zweifel. Von großen Abenteuern oder einem gewaltigen Durchbruch hast du in diesem Leben nicht viel zu spüren bekommen. Es war eher langweilig. Dennoch bist du dir selbst ein Stück nähergekommen, und auch deine Geistführer zeigen sich grundsätzlich erfreut über die Art und Weise, wie du mit deinen Problemen fertig geworden bist. Jetzt bist du auch fähig, mit ihnen über deine nächste Inkarnation zu sprechen. Ihr seid euch einig darüber, daß du nunmehr versuchen solltest, deine Rolle als Familienmutter noch besser als bisher mit deinen persönlichen Interessen in Einklang zu bringen. Zunächst jedoch bist du für eine Weile in einem der Meditationstempel auf den inneren Ebenen und beteiligst dich am metaphysischen Unterricht, wobei sich dir ganz neue Welten eröffnen, so daß du all diese spirituellen Dinge auch in deinem nächsten Leben weiterverfolgen möchtest. Du machst sogar Pläne, dich dort mit bestimmten Personen zu treffen, die dir bei deiner ferneren Entwicklung behilflich sein können. Dein gegenwärtiges Leben ist das Resultat all dieser Bestrebungen, und wie ich sehe, hast du dich an deine Vorsätze gehalten und beträchtliche Fortschritte gemacht.

Doch rate ich dir, dich mehr zu entspannen – sowohl bei deinen häuslichen Aktivitäten als auch in deiner spirituellen Arbeit. Du überfordest dich ständig. Statt dich auf eine Sache zu konzentrieren, willst du überall gleichzeitig erfolgreich sein. Doch das Gegenteil ist der Fall. Beschränke dich auf ein paar wichtige Dinge, hole tief Atem, und richte deine ganze Aufmerksamkeit auf die jeweils anstehende Aufgabe. Laß die Energie langsam kommen und immer im richtigen Augenblick. Und sei unbesorgt. Es wird alles gut. Vor allem, wenn du dich jeder Anforderung oder Situation mit ganzer Hingabe und Liebe widmest – zu deinem eigenen Besten und dem Wohl derer, die dich umgeben.

Tom

Tom ist in seinen mittleren Jahren und geschieden. Er hat ein eigenes Architekturbüro, er bemüht sich um die schönen Künste, spielt Gitarre und übt sich in fernöstlicher Selbstverteidigung. Seine robuste Körperlichkeit steht in seltsamem Kontrast zur Farbe seines Haupthaares, die eher weiß als grau erscheint. Während er lässig in einem Lehnstuhl mir gegenübersitzt, habe ich das Gefühl, einen Landedelmann vor mir zu haben oder einen Plantagenbesitzer aus den amerikanischen Südstaaten.

C: Zunächst eine Frage: Gibt es irgend etwas, worauf ich mein besonderes Augenmerk richten sollte?
T: Berufliches Engagement und schöpferische Selbstverwirklichung. Und vielleicht jene Dinge, die mir im Wege stehen, die meine Loslösung vom Rad der Wiedergeburten verhindern. Ferner, was ich selbst zu meiner Befreiung, in der ich mein höchstes Ziel sehe, beitragen kann.
C: Gestatte mir, daß ich mich einer Metapher bediene, um mich besser auf deine Seele einzustimmen. Ich habe das Bild eines alten Mannes mit einem Spazierstock vor mir – eines tiefsinnigen und etwas starren Denkers. Es liegt ihm sehr viel daran, die Wirklichkeit auf den Begriff zu bringen und ihre Geheimnisse zu ergründen. Wo es um philosophische Erkenntnisse geht, scheut er keine Mühe, nimmt jede Anstrengung in Kauf. Die Kehrseite der Münze ist freilich, daß er sich viel zu ernst nimmt und zu hohe Erwartungen hat.
Es ist auch dein Ideal, diesen hohen Grad an Perfektion und Erkenntnis – oder nennen wir es Erleuchtung – zu erreichen, und ständig neigst du dazu, dich an diesem Ideal zu messen.

Geht deine Rechnung nicht auf, bist du sofort entmutigt und beginnst an dir selber zu zweifeln, ja, mehr noch, dich dafür zu bestrafen, indem du immer höhere Anforderungen an dich selbst stellst. Diesem Prozeß liegt eine Dynamik zugrunde, die es dir unmöglich macht, dein Ziel zu erreichen. Kannst du mir insoweit zustimmen?

T: Ja ... nur was du über das Alter gesagt hast ... ich meine, das betrifft ja nicht meinen Körper, sondern die Summe meiner Inkarnationen in ihren zeitlichen Abfolgen.

C: Also den alten Mann, der auf viele Lebenszeiten zurückblickt.

T: Nein. Meine alte Seele. Mal Mann und mal Frau.

C: Mit meiner Metapher vom alten Mann will ich gleichzeitig die markante Anwesenheit weiblicher Qualitäten andeuten – wie zum Beispiel emotionaler Reichtum oder emotionale Erfüllung.

T: Aber das stimmt überhaupt nicht. Ich bin sehr emotional.

C: Sprichst du von Emotionen oder emotionaler Erfüllung?

T: Ich glaube nicht, daß Emotionen sich erfüllen müssen. Gemäß ihrer Eigenart handelt es sich um Faktoren, die auf ein Echo warten.

C: Kannst du dir zwei Menschen vorstellen: Der eine hat emotionale Erfüllung gefunden, der andere hat vielleicht eine Menge Gefühle, aber nicht das Empfinden, mit ihnen identisch zu sein.

(An dieser Stelle fühlte sich Tom von mir in die Ecke gedrängt und war ziemlich gereizt. Ich hatte versucht, ihn auf einen wunden Punkt hinzuweisen, den er offensichtlich nicht wahrhaben wollte. Seine Definition von emotionaler Erfüllung bezog sich auf einzelne, objektbezogene Gefühle, wie ich sie ihm bereits näher charakterisiert hatte. Ich beließ es dabei, um ihn nicht unnötig zu provozieren. Ich hatte den Eindruck, daß ich sein Verständnis von yogischer Leidenschaftslosigkeit ohnehin schon zu sehr strapaziert hatte. Natürlich war es meine Absicht, ihm die Haupthindernisse auf dem Weg zur »ersehnten« Befreiung bewußt zu machen.)

C: Um diesen Gedanken zu Ende zu führen, möchte ich nur kurz auf die zwei Extremformen des alten Mannes zu sprechen kommen. Der eine ist durchaus seriös. Er beruft sich auf seine Bücher und ist aufrichtig bestrebt, den Dingen auf den Grund zu gehen. Allerdings ist er wenig flexibel und von seinen philosophischen Ideen besessen. Der andere ist sozusagen zu seiner Kindheit zurückgekehrt. Er ist ungeheuer spontan und läßt sich nicht so leicht aus der Fassung bringen. Er ist für jedermann da und stets zu Späßen bereit – kurzum, in dieses Leben verliebt …

T: Ich dachte, du wolltest dich mit meinen früheren Existenzen befassen.

C: Das wollte ich ja eigentlich von Anfang an. Laß mich also beginnen.

Ich erblicke dich in Ägypten, es ist die Zeit um etwa 2000 v. Chr. Du bist einer der Schreiber des Pharaos und sehr sorgfältig in der Erfüllung deiner Pflichten, nicht anders, als wenn du dich heute mit Holzhacken beschäftigst, stets in dem Bestreben, alles sehr exakt und peinlich genau auszuführen. Dein ganzes Interesse gilt der detaillierten Aufzeichnung von allem, was sich im Königreich ereignet, sowie dem Kopieren heiliger Texte aus der ägyptischen Vergangenheit. Wenn ich dieses Leben auf seine wichtigsten Merkmale hin überprüfe, entdecke ich bei dir einen ausgesprochenen Hang, dich eng an den Buchstaben des Gesetzes zu halten und nichts zu unternehmen, was sich im Widerspruch zu deiner sozialen und religiösen Umgebung befinden könnte.

Neben all diesen Beschäftigungen erhältst du auch eine Einführung in die spirituellen Lehren dieser Zeit. Du bist nicht nur ein Schreiber oder Kopist, sondern auch einer der Initianden des Tempels und mußt dich den relativ rigorosen Vorschriften der religiösen und moralischen Erziehung, wie zum Beispiel dem Zölibat, unterwerfen. Dies bestärkt natürlich die ohnehin vorhandene Neigung zu strenger Pflichterfüllung – zwei Faktoren, die die Entwicklung deines Charakters ganz wesentlich mit bestimmt haben.

Mit dem Ende dieser irdischen Phase erhoffst du dir eine lange Reise im Sinne der ägyptischen Vorstellungen vom Leben nach dem Tode und bist voller Erwartung. Deinem Bewußtsein scheinen sich ganz neue Dimensionen zu erschließen. Dieser Höhenflug hat ein jähes Ende, als dir die Rückreise auf den Planeten zur weiteren karmischen Bewährung nahegelegt wird. Ich habe den Eindruck, daß du dich zu dieser Zeit noch inmitten eines Gruppenkarmas bewegst, anstatt an deinem eigenen Karma zu arbeiten. Ich höre die Stimmen einiger Geistführer, und sie sagen: »Okay, diese Gruppe ist als nächste dran.«

Jetzt strömen Bilder aus dem prähistorischen Peru auf mich zu, Bilder von spirituellen Gemeinschaften, wie sie zum Beispiel in Machu Picchu gelebt haben könnten. Zweifellos handelt es sich hier um die Überbleibsel einer sehr alten, esoterischen Kultur, einem Außenposten des legendären Lemuria. Ich sehe hier Zusammenhänge mit deinem Leben als Schreiber, und es hat etwas mit deiner Integrität – sprich: Fähigkeit, alte Weisheiten weiterzugeben – zu tun. Gewissermaßen bist du ein Medium, in dem diese ältesten Lehren gespeichert sind, und stehst hier – wie auch als ägyptischer Chronist – im Dienst eines höheren Geschehens, einer dramatischen Entwicklung, die nicht unmittelbar deine Person betrifft. Wiederum handelt es sich hier um eine klösterliche Gemeinschaft, mit besonderer Betonung ihres moralischen Charakters und ihrer spirituellen Ideale. Ich sehe, daß du und die anderen Seelen dieser Gruppe bereits mehrere irdische

Erfahrungen hinter sich haben, stets in der gleichen hier beschriebenen Funktion, und daß in all diesen Lebenszeiten keine bemerkenswerte Entwicklung in bezug auf die individuelle Identität oder das individuelle Karma stattfindet.

Bevor du nach all diesen Erfahrungen ein weiteres Mal in einen Körper zurückkehrst, informieren dich deine Geistführer, daß es nun an der Zeit sei, dich auf eine höhere Entwicklungsebene zuzubewegen. Du denkst dabei gleich an eine höhere Form von Spiritualität, während sie lediglich von der Notwendigkeit sprechen, deine individuellen, rein menschlichen Fähigkeiten zur Entfaltung zu bringen. Das will dir nicht einleuchten.

Ich sehe dich in einer sehr primitiven Umgebung, möglicherweise in Afrika, und erkenne schwarzhäutige Menschen in Lehmhütten mit Schilfdächern. Doch du bist kein Schwarzer, du hast eine braune Haut ...

Okay, du kommst von einer Insel, und deine Stammesverwandten aus jener Zeit pflegten mit ihren Booten neue Länder zu erkunden. Ich sehe dich an der Südostküste Afrikas an Land gehen. Zuvor warst du irgendwo in der Südsee beheimatet. Deine Leute übernehmen die Lebensweise der afrikanischen Eingeborenen. Was mir an dir auffällt, ist eine gewisse Verwirrung, nämlich dann, wenn du versuchst, dich den Moralvorstellungen und Gepflogenheiten der fremden Kultur anzupassen und sie zu verstehen. Du befindest dich in einer Situation, die dich zwingt, dein bisheriges Weltverständnis zu erweitern. Darin liegt der tiefere Sinn dieser Daseinserfahrung. Dadurch wird dein Charakter als Individuum hervorgehoben, denn nun ist das Zentrum der Transformation in dich verlegt. Nun bist du selbst der Angelpunkt im Wirbel zweier unterschiedlicher Realitäten.

Auch sehe ich dich in diesem Leben zum ersten Mal außerhalb einer klösterlichen Gemeinschaft, und zum ersten Mal hast du eine Frau und hast Kinder. Sie ist eine Schwarze aus der neuen Kultur – für dich eine gute Gelegenheit, dort heimisch zu werden, und zugleich der Auslöser einer interessanten emotionalen Dynamik. Deine Frau ist eine willensstarke Persönlichkeit, du hingegen ziehst dich eher zurück, ja, unterdrückst deine emotionalen Bedürfnisse und mischst dich nicht in ihre Angelegenheiten ein. Das ist eines der entscheidendsten Ergebnisse dieses Lebens, ein ganz neues emotionales Muster, gekennzeichnet durch den Verzicht auf die eigenen emotionalen Bedürfnisse. Andererseits ist die Tatsache, eigene Kinder zu haben, eine sehr positive Erfahrung. Ich sehe, daß du eine ausgesprochen gute Beziehung zu deinem Sohn hast. Und damit sind auch die wichtigsten Aspekte dieses Lebens beschrieben. Im übrigen sehe ich nichts, was von Bedeutung wäre …

Nach deiner Entmaterialisierung fühlst du dich rundum zufrieden, nur fragst du dich manchmal, wie deine letzten Erfahrungen mit deinen bisherigen Idealen und spirituellen Bestrebungen zu vereinbaren wären. Doch deine Geistführer reden dir gut zu und sagen, daß du dies eines Tages verstehen wirst.

T: Wer sind diese Geistführer?

C: Sie sind Wesenheiten der inneren Sphären, deren Rolle es ist, dich mit dem nötigen Wissen auszustatten. Es ist, als ob du hier auf dem Planeten zur Schule gingst und sie deine Lehrer wären.

T: Wo kommen sie her? Sind es alte Seelen, die ihre Schule als Menschen absolviert haben? Kommen sie von der Venus oder irgendeinem anderen Sonnensystem? Oder handelt es sich um göttliche Wesen?

C: Je nachdem. In deinem Fall handelt es sich nicht um Absolventen irgendeiner irdischen Schule. Die Geistführer, die deine Seelengruppe betreuen, könnte man eher als engelhafte Wesen bezeichnen, als weise Seelen, die sich bereits in anderen Dimensionen bewährt haben.

Ich habe den Eindruck, daß du für ein besonderes Experiment ausersehen bist, als Mitglied einer Gruppe menschlicher Seelen, die speziellen Bedingungen ausgesetzt werden. Nur so ließe sich der klösterliche oder spirituelle Charakter deiner ersten Lebenszeiten erklären, in denen du – wie auch die meisten Seelen deiner Gruppe – von der Außenwelt weitgehend abgeschirmt und sehr primitiven Bedingungen unterworfen warst, andererseits gut behütet und zugleich ständig beobachtet wurdest.

Für dein afrikanisches Leben erhältst du von deinen Geistführern eine gute Note. Sie haben noch viel mit dir vor. Ich habe das sichere Gefühl, daß sie einen Plan für dich ausgearbeitet haben. In deinem nächsten Leben wirst du aus deiner Seelengruppe herauskommen und bist fortan auf dich selbst gestellt. In diesem Leben sehe ich dich als Junge in einem kleinen indischen Ort aufwachsen. Dein Vater ist Händler und hat sich einen Laden vor eurem Haus eingerichtet, wo er die selbstangefertigten Sandalen zum Verkauf anbietet. So wächst du in einer sehr belebten Geschäftsstraße des Dorfes auf, wo sich alle Verkehrswege kreuzen. Besonders faszinieren dich jene heiligen Männer, die hinduistischen Sadhus, die als Bettler an eurem Haus vorbeiziehen und in den Straßen ihre Heilslehren verkündigen. Sie rufen in dir Erinnerungen an weit zurückliegende spirituelle Erlebnisse als Schüler eines Gurus während eines früheren Lebens wach. Zu ihren wichtigsten Botschaften gehört die Lehre von der Befreiung (des Individuums) und der Erreichung der höchsten Ebene des Bewußtseins durch Meditation, auf die sie größten Wert legen.

In den darauffolgenden Jahren lernst du einige dieser heiligen Männer noch näher kennen, die dich zu ihren Lehrern im indischen Dschungel mitnehmen. Dort kehrst du in den Ashram zurück und unterwirfst dich den strengen Vorschriften der klösterlichen Lebensweise, das heißt dem absoluten Gebot der Transzendierung aller natürlichen Instinkte und Wünsche. Den Mittelpunkt deines Alltags bilden nun die Reinigungs- und Meditationsriten, die bei dir fast zwanghafte Formen annehmen.

Während die meisten Sadhus ständig unterwegs sind, ziehst du es vor, in der Nähe deines Lehrers zu bleiben und dich in fast manischer Besessenheit den Läuterungspraktiken hinzugeben. Dabei gelingt es dir immer besser, dich in tiefere Bewußtseinszustände und meditative Trance zu versetzen. Da du jedoch deine Fortschritte ausschließlich an dem höchsten Ziel mißt, dem Brahman (das mehr ist als Gott und als Geist), bist du ständig unzufrieden. Du meinst, noch mehr tun und dich noch strengeren Übungen unterwerfen zu müssen. Am Ende deines Lebens bist du zutiefst enttäuscht, da du das Brahman, die höchste Wirklichkeit, nicht erreicht hast.

Sobald du deinen Körper verlassen hast, versuchst du dir ein klares Konzept zu erarbeiten. Du bist überzeugt, auf dem richtigen Weg zu sein, und hast bereits eine genaue Vorstellung, was du in Zukunft zu tun hast, und gerade das macht jede weitere Kommunikation mit deinen Geistführern unmöglich. Du bist entschlossen, ihren Vorschlägen für dein nächstes Leben nicht Folge zu leisten. Statt dessen kehrst du noch einmal in die Hindukultur zurück. Dieses Mal kommst du in eine Familie, die den höheren Kasten angehört, wodurch dir das Privileg einer spirituellen Ausbildung gewährleistet ist. Die vedische Religion ist ziemlich orthodox, und du versuchst, ihr möglichst gerecht zu werden, indem du dein Leben buchstabengetreu nach ihren Gesetzen gestaltest – mit anderen Worten, dich zu ihren orthodoxen Formen bekennst. So ist es dir schon von Kind an möglich, eine religiöse Ausbildung zu erhalten, ja sogar an den religiösen Ritualen teilzunehmen, die dir als kleiner Junge bereits von größter Wichtigkeit sind.

Anstatt dich jedoch für ein Leben im Dschungel, wie es für Yogis erstrebenswert ist, zu entscheiden, wirst du zum Priester erzogen und genießt die gesellschaftlichen Vorzüge dieses Berufsstandes, als ob dadurch der Mangel, dem du in deinem letzten Leben ausgesetzt warst, kompensiert werden müßte. Über kurz oder lang bist du jedoch über den gesamten Verlauf der Dinge reichlich desillusioniert. Es kommt dir nicht so vor, als ob du deinem Ziel auch nur einen Schritt näher gekommen wärst. Trotzdem verrichtest du nach außen hin alles, was man von dir erwartet, aber im Inneren fühlst du dich leer und ausgehöhlt. Der nächste Konflikt ist somit vorprogrammiert, denn dein Glaube sagt dir, daß dies nicht der richtige Weg sei.

Verzweifelt versuchst du, diesen inneren Teil deines Selbst, der so enttäuscht ist, zu unterdrücken und nur deinem anerzogenen Glauben zu leben. Du hörst nicht auf deine inneren Stimmen und setzt all deine yogischen Kräfte ein, sie zum Schweigen zu bringen, denn du kannst und darfst solchen Aufruhr deiner Gefühle nicht dulden, da sie nach deinem Verständnis etwas Teuflisches an sich haben.

Als deine Seele dann endlich ihre irdische Hülle verläßt, kannst du dieses Dilemma in dir nicht länger verleugnen. Du bist verwundbar geworden und kannst deiner selbst nicht mehr sicher sein und dir andererseits dein irdisches Versagen niemals verzeihen. Dein Ärger beginnt sich gegen die Geistführer zu richten. Sie sollen dir sagen, was du zu tun hast, und du willst sofort auf die Erde zurück, um es besser zu machen. Sie reden dir zu, dich zunächst einmal zu entspannen und dann die Dinge etwas gemächlicher anzugehen. Doch du kannst dich nicht länger bezähmen und bestehst auf einer sofortigen Antwort.

T: Sind diese Geistführer immer dieselben?

C: Bis zu diesem Zeitpunkt – ja. Ich muß dir dazu erklären, daß sie jede deiner Inkarnationen wie auf einem Bildschirm ständig beobachten.

T: Aha … du meinst, weil es völlig verschiedene Zeiträume sind.

C: Unter anderen Bedingungen haben wir zuweilen auch andere Lehrer, je nachdem, wie wir uns entwickeln. Aber da du einer bestimmten »Interessengruppe« angehörst, wie ich schon vorher erwähnt habe, begleiten dich vorerst auch dieselben Führer.

Du versuchst jetzt tatsächlich, sie in die Enge zu treiben, so daß sie im Moment um eine Antwort verlegen sind. Du willst auf der Stelle eine radikale Lösung für deine Probleme finden, um dein Versagen sofort wiedergutzumachen. Schließlich bleibt ihnen nichts anderes übrig, als dir verschiedene Angebote zu machen, unter denen du auswählen kannst. Du wirst immer hartnäckiger und willst genau wissen, wie jedes einzelne beschaffen und ob es geeignet ist, dich an dein Ziel zu bringen. Für sie ist es gar nicht einfach, dir klarzumachen, daß dies nur über viele kleine Schritte erfolgen kann. Da nichts anderes mehr hilft, beenden sie das Gespräch und sagen: »Hier hast du unsere Vorschläge. Und nun entscheide dich.« Jetzt bist du zutiefst verletzt und denkst nicht daran, auch nur einen davon in Erwägung zu ziehen, da dir keiner als angemessen erscheint.

Es dauert noch lange, ehe du dich endlich bequemst, auf ihre Bedingungen einzugehen. Du entschließt dich für eines der Angebote, in welchem du eine Art Kompromiß zu erkennen glaubst.

Wieder befindest du dich in einer völlig neuen Umgebung,

denn du hast dich für das Leben eines japanischen Samurais entschieden. Der Gedanke, ein spiritueller Krieger zu sein, kommt deinen derzeitigen ethischen und moralischen Vorstellungen noch am weitesten entgegen, und anders als in deiner vorangegangenen Existenz kannst du hier durch den Einsatz von Leib und Leben in einem heiligen Krieg all deine aufgestauten Frustrationen voll ausagieren, und dies im Dienste einer göttlichen Mission, die ganz im Sinne deiner innersten Bedürfnisse dir selbst höchste Disziplin abverlangt. Gerade hierin erkennst du eine weitere Parallele zu deinem Hinduleben, das auf der Verpflichtung beruhte, allen niedrigen Instinkten und Wünschen deiner menschlichen Natur den Kampf anzusagen. So finden deine inneren Kämpfe ihr symbolisches Gegenstück in der Auseinandersetzung mit dem äußeren Feind. Die Samurais waren die braven Soldaten, die das Volk vor den Überfällen der Banditen schützten. Sie waren dem Kaiser direkt unterstellt.

Ich erkenne, daß du dich in diesem Leben in eine ernsthafte Liebesbeziehung verstrickst, die dir große Probleme bereitet. Als Krieger bist du gewohnt, alle Konflikte mit brachialer Gewalt aus der Welt zu schaffen, doch diese Haltung funktioniert nicht in emotionalen Angelegenheiten, zumal nicht gegenüber einer Frau. In allen anderen Bereichen bist du dir deiner Überlegenheit als Krieger gewiß, doch wo es um deine intimsten Gefühle geht, kommst du dir ziemlich hilflos vor. Dein Selbstverständnis als Macho ist plötzlich in Frage gestellt. Sich entblößt und machtlos zu wissen ist dir ein unerträglicher Gedanke.

Deine Geliebte entspricht allen Klischees einer orientalischen Frau: Sie ist empfindsam, ergeben und zurückhaltend bis zur Selbstverleugnung, so daß die Ursache für deine Schwierigkeiten anderswo liegen muß und natürlich in deinem eigenen Engagement. Denn wie kannst du ein großer Krieger sein, wenn dein Denken und Fühlen sich auf ganz anderen Ebenen bewegt? In der Tat ist deine Liebe so übermächtig, daß du dir die Konsequenzen gar nicht auszumalen wagst. Es ist die Furcht, die jede große Liebe begleitet, und du bist ihr hilflos ausgeliefert.

Zum Glück, könnte man sagen, findet dein Leben ein ehrenvolles Ende auf dem Schlachtfeld. Einem Krieger wie dir ist dies die höchste Erfüllung. Du hast getan, was dir zu tun bestimmt war. Und dennoch, nach einer Weile beginnt deine Seele zu fragen, was du nun wirklich in diesem Leben erreicht hast. Als die »Zeit« so dahinstreicht, versuchst du deine Taten mit den Ergebnissen aus früheren Erfahrungen zu vergleichen und glaubst, deinem Ziel näher gekommen zu sein. Das ist für dich ein faszinierender Gedanke, der dich neugierig macht.

Deine Geistführer mischen sich diesmal nicht ein. Sie freuen sich über deine Nachdenklichkeit, die sie als Anfang einer positiven Entwicklung betrachten. Auf einmal erscheint dir dein Leben wie ein großes Geheimnis, fast schon wie dein Zen-Koan[1]

Endlich ist deine Seele so weit, in Zukunft selbst über ihre Rolle im nächsten Erdenleben zu entscheiden. Da dir dein letztes Leben noch immer Rätsel aufgibt, willst du noch einmal etwas Ähnliches versuchen und äußerst den Wunsch, als Ritter geboren zu werden. Dies geschieht im mittelalterlichen England, und wenn mich mein Eindruck nicht trügt, gehörst du tatsächlich zur Tafelrunde des König Artus. Wieder orientierst du dich an den Idealen des spirituellen Kriegers. Auch das Gesetz des Königs, dem die Ritter verpflichtet sind, ist von spirituellen Vorstellungen geprägt. Dies war

---

1 Koan: im Zen-Buddhismus ein rätselhafter Spruch, der auf die letzte Wahrheit hindeutet (Anm. d. Übers.).

ganz im Sinne des Zeitgeistes jener frühmittelalterlichen Epoche, als die Christenheit sich daranmachte, die restliche heidnische Welt zu erobern.

Als loyaler Untertan deines Königs begeistert dich alles, was mit seiner Hofhaltung in Camelot zu tun hat. Nur in einem Punkt bist du bitter von ihm enttäuscht. Nach deiner Ansicht hätte es nie zu dem Skandal im Zusammenhang mit seiner Ehe kommen dürfen. Er hat nicht nur sich selbst erniedrigt, sondern dem Königtum großen Schaden zugefügt. Du bist sehr zornig auf ihn, denn er hat seinen spirituellen Auftrag verraten. In ihn hattest du große Hoffnungen gesetzt und die Erreichung deiner höchsten Vervollkommnung quasi von ihm abhängig gemacht. Diese Enttäuschung ist ein weiteres Glied in der Kette deiner negativen Erfahrungen. Dennoch bleibst du bis zum Ende dieses Lebens deinen Vorsätzen treu, doch die wachsende Hoffnungslosigkeit und dein Zorn auf den König machen dir schwer zu schaffen.

Dein Tod ist überschattet von Bitterkeit und dem ohnmächtigen Gefühl, auch in diesem Leben dein Ziel nicht erreicht zu haben. Am liebsten möchtest du nicht mehr geboren werden. Du hattest hohe Erwartungen in dieses Leben gesetzt. Du wolltest deine positiven Erfahrungen als Samurai noch einmal bestätigt haben, doch nun sind all deine Hoffnungen enttäuscht worden. Auch mit den Geistführern willst du nichts mehr zu tun haben. Du verstrickst dich immer tiefer in deinen Pessimismus. Das macht die Sache nicht besser. Schließlich versuchst du, die Vorschläge deiner Geistführer noch einmal zu überprüfen. Trotz deiner Frustrationen mußt du zugeben, daß das Leben sich ständig weiterentwickelt und du dich diesem Prozeß nicht entziehen kannst. Glaub mir, es gibt viele Seelen, die das nicht einsehen wollen und zahlreiche Leben in dieser rebellischen Haltung verbringen. Du kannst glücklich sein, daß du zu jenen gehörst, die ihre Aufgabe innerhalb dieser Entwicklung erkannt haben. Fast möchte ich sagen, daß du die Dinge zu ernst nimmst, und das könnte die Ursache deiner Versagungen sein.

Nun aber hast du dich entschieden, als Frau wiederzukehren. Du hast deine Bedenken zurückgestellt und willst diesmal etwas ganz anderes ausprobieren. Wieder befindest du dich in England, doch inzwischen sind einige Jahrhunderte vergangen. Es ist die Zeit der Frührenaissance. Ich sehe dich als junge blonde Frau die Stufen einer Schloßtreppe hinabschreiten. Du bist mit dem Schloßherren verheiratet und lebst in relativ luxuriösen Verhältnissen, aber bist nicht der Typ einer Frau, die auf sich aufmerksam macht, noch ziehst du dich vollständig zurück. Du bist ganz einfach neutral, mit einem gewissen Gespür für deine Abhängigkeit, jedoch stets auf der Hut. Dich beseelt noch immer derselbe wachsame und von philosophischer Neugier geprägte Geist. Er ist nicht unbedingt dominant, doch unterschwellig bestimmt er dein ganzes Verhalten und ist insofern bedeutsam, weil dein Mann jenen Macho-Typus verkörpert, der dich im letzten Leben geprägt hat. Ich möchte jedoch noch hinzufügen, daß du dies durchaus tolerierst.

Ein Kind zu gebären ist eine völlig neue Erfahrung für dich, ist die erste Begegnung mit dem Mysterium des Lebens, jener naturhaft-mystischen Nähe zu den Ursprüngen des Seins. Du mußt dich erst daran gewöhnen, es ist alles zu nah, zu real für jemanden, der sich mehr mit spirituellen Dingen befaßt und die praktischen stets vernachlässigt hat. Du mußt erst den richtigen Abstand gewinnen. Später gelingt es dir besser, zwischen deinem eigenen Selbst und der Unmittelbarkeit des Alltags zu unterscheiden. Der Abstand zu deinen Kindern wird dann größer, und du wirst unempfindlicher gegenüber ihren Ansprüchen.

Als Frau hast du eine ganz andere Einstellung zu all den

Brutalitäten und barbarischen Aspekten der modernen Zivilisation. Du fühlst dich nicht unmittelbar bedroht, bist aber froh, dich in den behüteten Bereich deiner herrschaftlichen Umgebung zurückziehen zu können, sozusagen in die Weltfremdheit deines »Elfenbeinturms«.

Nach diesem Leben wird dir erst richtig bewußt, welche Konsequenzen sich aus diesem Prozeß, den deine Seele durchschreitet, für dein eigenes Ego ergeben. Nach und nach schwindet deine frühere Ängstlichkeit, und die ungeheuere Komplexität des gesamten Seins beginnt, deine Aufmerksamkeit zu erregen. Sie erscheint dir eher als ein Puzzlespiel, so daß du dich nicht mehr als jener heilige Krieger begreifst, der die Welt missionieren soll. Du verspürst neue Lust, auf die Erde zurückzukehren, und diesmal als männliches Wesen, um den Unterschied der Geschlechterrollen auszukosten. Wieder findet kaum ein Gespräch mit deinen Geistführern statt. Sie haben bereits erkannt, wie gut du gelernt hast, mit dir selbst umzugehen.

Ich sehe dich mit einem Hund spielen. In der Nähe ist ein See, ein Wald und eine Blockhütte. Man wird unwillkürlich an die Schweizer Alpen erinnert, doch deine Mutter ist blond und sieht eher wie eine Skandinavierin aus. Sie ist sehr lebhaft, mütterlich und gutherzig, und du verstehst dich immer besser mit ihr, je älter du wirst. Infolge deiner eigenen Erfahrungen mit der weiblichen Mentalität hast du dir deine Mutter selbst ausgesucht. Als Heranwachsender verbringst du eine sehr glückliche Zeit mit ihr, später erscheint es dir wichtiger, deinen Vater auf der Jagd zu begleiten. Das erinnert dich ein wenig an deine früheren Erlebnisse als Krieger, und du wirst ein sehr guter Jäger.

Mit fortschreitendem Lebensalter wächst das Bedürfnis, deine sozialen Beziehungen zu erweitern. Du gehst häufiger in das nahegelegene Dorf, um der Frau nahe zu sein, der deine

Liebe gehört, obwohl dir das dörfliche Leben im Vergleich mit der natürlichen Welt deiner Kindheit sehr fremd erscheint. Als Holzfäller, der mit breiter Axt die Baumstämme spaltet, hast du ohnehin wenig mit der übrigen Menschheit zu tun. Doch deine Liebe zu dieser Frau, die einst deine Gefährtin in deinem Leben als Samurai gewesen ist, ist sehr tief und erfüllt dein ganzes Wesen. Damals war es dir nicht möglich, diese Liebe voll auszuleben, doch nun befindest du dich in einem Überschwang deiner Gefühle, der deine Geliebte in der Tat überfordert, da in ihrem Unterbewußtsein noch immer ein Rest jener frühen Verbitterung aus eurer ehemaligen Beziehung zurückgeblieben ist.

Keiner von euch ist in der Lage, deren innere Dynamik richtig zu verstehen. Je mehr Liebe du dieser Frau entgegenbringst, um so abweisender ist ihre Reaktion. Und weil du besonders nett zu ihr bist, nimmst du ihr jede Möglichkeit, den so tiefsitzenden Groll aus früheren Zeiten an dir auszulassen. Das macht eure Beziehung so schwierig, und du begreifst nicht, was mit ihr los ist, und bist völlig verunsichert. Sie verletzt deine heiligsten Gefühle, und du weißt nicht, warum. Du begehrst diese Frau und möchtest mit ihr zusammenleben, doch der Wunsch allein bringt dich nicht weiter. Dies ruft den Krieger in dir erneut auf den Plan. Du mußt stärkere Waffen einsetzen und dir erobern, was du auf andere Weise nicht haben kannst. Je forscher du nun zu Werke gehst, desto mehr zieht sich deine Geliebte zurück. Dies ist tragisch, weil keiner von euch sich seiner Liebe erfreuen kann.

Und als ihr vorzeitiger Tod euren Schattenkämpfen ein Ende macht, überkommt dich ein unsäglicher Schmerz, dem du nicht mehr entrinnen kannst, weil du ihn selbst zu deinem Todesengel erkoren hast. Das einzige Interesse dieses Lebens lag für dich in der Erfüllung eurer Liebe, und nun wird dir klar, daß du dein Ziel nicht erreicht und auch diesmal deine

Aufgabe nicht erfüllt hast. Zu deiner Ohnmacht kommt ein weiteres Element hinzu: Es ist der uralte Wunsch, nun endlich die Waffen zu strecken und nicht mehr kämpfen zu müssen. Negative Gedanken wie »Es ist ja egal, was ich tue …« nehmen dich ganz in Besitz. Es ist das Gefühl, nicht mehr Herr der Lage zu sein, dich in deine eigene Falle verstrickt zu haben, ohne die geringste Hoffnung, je wieder zu deinen ursprünglichen Idealen zurückzufinden. Du fragst dich vergeblich, wie du aus diesem Dilemma je wieder herauskommen könntest. Und dennoch verspürst du in dir ein unterschwelliges Interesse an diesem ganzen Geschehen. So schwer die Vergangenheit auch auf dir lastet, sie zieht dich unweigerlich zurück auf die Erde.

Du befindest dich nun inmitten der goldenen zwanziger Jahre – und diesmal als Frau – auf dem amerikanischen Kontinent. Das Leben gleicht einer einzigen rauschenden Party, einer gewaltigen Orgie des Überflusses, und ist gleichsam eine Antwort auf dein ungestilltes Verlangen nach völliger Selbstaufgabe und Freiheit von jeglicher Verpflichtung oder dem Zwang zur Selbstkontrolle. Endlich kannst du deinen Frustrationen und dem Gefühl »Es hat ja doch keinen Sinn« freien Lauf lassen.

Ich sehe dich in Kneipen buchstäblich herumhängen und einer eigenen Wirklichkeit, deinem metaphysischen Dilemma auf der Suche nach Wahrheit entfliehen. Es ist dir alles egal, wenn es dir nur gelingt, dich von deinen Frustrationen, inneren Qualen und deiner Trauer zu befreien, kein Mittel kommt dir ungelegen – sei es Alkohol oder Sex oder andere Lustbarkeiten; deine niederen Triebe voll auszukosten, auch auf die Gefahr hin, dich selbst zugrunde zu richten. Und in der Tat stirbst du sehr früh. Und nun frage ich dich: Hast du in diesem gegenwärtigen Leben irgendwelche Probleme mit deiner Lunge gehabt?

T: Ja. Ich leide an Asthma. Es ist nicht mehr so schlimm wie früher, aber ich muß mich noch immer in acht nehmen.

C: Ich frage dich deshalb, weil du in jenem Leben eine starke Raucherin warst. Als du dann auch noch zu trinken begannst, wurdest du immer unleidlicher und sogar schwermütig. Im Grunde ist es der Gram, der dir am meisten zugesetzt hat. Und dann kam es zu einer Lungenentzündung. Die hat dir vollends den Rest gegeben. Ich weiß nicht, ob dir bekannt ist, daß die orientalische Medizin gewisse Zusammenhänge zwischen Lungenerkrankungen und Gefühlsleiden entdeckt hat. Es ist kein Wunder, wenn deine Lungen auch jetzt noch geschädigt sind.

Mit dem Zeitpunkt deines letzten Todes beginnt ein langer Prozeß. Du möchtest zunächst in deinem betäubten Zustand verharren und gar nicht mehr aufwachen müssen. Du sehnst dich förmlich nach diesen trüben und rauchigen Kneipen zurück, wo du weder zu denken noch zu fühlen brauchst. Genauso hängst du dann auf der Astralebene herum und möchtest dich am liebsten verstecken. Die Geistführer sind bereits da und trösten dich und reden dir zu, dich aus dieser Erstarrung zu befreien. Sie versuchen dir klarzumachen, daß deine Realität ausschließlich ein Produkt deines Denkens und Fühlens ist.

Ganz allmählich findest du wieder zurück und kannst einen Blick in die Vergangenheit wagen, der dir eine ganz andere Perspektive eröffnet. Zu deiner Überraschung erkennst du, daß eine Subperson deines Selbst die Hauptrolle im letzten Leben übernommen hatte, und das führt dich zu einem tieferen Verständnis deiner gesamten Persönlichkeit, so daß du auch ihre anderen Teile zu würdigen und mit ihnen umzugehen lernst. In deinen früheren Leben hattest du dich fast nur mit jenem einen, dem yogischen Aspekt beschäftigt, der es dir versagte, deine Gefühle und Leidenschaften auszuagieren. Doch in den späteren Inkarnationen hast du die Folgen dieser permanenten Verdrängung erfahren.

Nach all diesen Mühen möchtest du jetzt eine Ruhepause einlegen. Du hast einen Einblick in die Komplexität deines Selbst gewonnen und auch seine subpersonalen Aspekte, die unter dem strengen Regime deiner alten Ideale tabuisiert waren, richtig einschätzen gelernt. Damit war die Voraussetzung für deine innere Heilung gegeben. Die Geistführer stellten dir frei, dich einer Schulung im Tempel der Weisheit zu unterziehen, was du bereitwillig akzeptiertest.

Du fühlst dich wie neu geboren und bist begeistert über die Möglichkeit, noch einmal hinzuzulernen und dich weiterentwickeln zu können. Geheimnisse tun sich dir auf, von denen du in der Begrenztheit deines bisherigen Weltbildes nie zu träumen gewagt hast.

In der Tat, ich habe ein sehr gutes Gefühl in bezug auf deine zukünftige Entwicklung. Verglichen mit anderen Readings möchte ich sagen, daß ich fast nirgendwo ein so beständiges Wachstum wie in deinem Fall beobachten konnte. In jedem deiner irdischen Aufenthalte bist du Schritt für Schritt ein Stück weitergekommen und hast hart an dir selbst gearbeitet, manchmal zu hart. Nachdem du im Tempel der Weisheit nun zu ganz neuen Einsichten gelangt bist, entschließt du dich für ein weiteres – dein gegenwärtiges – Leben, um all diese Dinge, die du hinzugelernt hast, in die Tat umzusetzen. Es ist kein Zufall, daß du gerade zu diesem Zeitpunkt in eine Epoche des allgemeinen spirituellen Aufbruchs versetzt wirst, in der sich viele engagierte Seelen gemeinsam bemühen, der Menschheit ein höheres Bewußtsein ihres irdischen Auftrags zu vermitteln und sie auf ihrem Weg zur nächsten Stufe der Evolution zu begleiten. Auch du bist Teil dieser Entwicklung, eine spezielle Rolle ist dir dabei nicht zugedacht. Denn noch immer bist du von den alten karmischen Mustern und Frustrationen geprägt, doch kannst du deine jüngsten Erkenntnisse aus dem Tempel der Weisheit dagegenhalten, so daß dir eine Versöhnung mit deinem alten Ego gelingt.

Was deine Fragen hinsichtlich deiner äußeren Daseinsgestaltung und Selbstverwirklichung betrifft, messe ich diesen keine besondere Bedeutung zu. Wichtiger ist es, dich im Meditieren zu üben – in einer speziellen Art des Meditierens, die dem Tai-Chi nahekommt und dir deine Gegenwärtigkeit, dein Jetzt und Hier, bewußter macht. Dies erfordert deine absolute Konzentration, ohne daß du dabei versuchst, auf »Kriegerart« die Energie herbeizuzwingen. Laß sie ganz von allein kommen, und konzentriere dich auf ihr Fließen.

Deine Beschäftigung mit der Architektur erscheint mir eine Metapher für deinen Intellekt und dein Interesse an der Funktionalität der Dinge zu sein. Die Architektur hat sowohl eine wissenschaftliche wie auch eine künstlerische Seite, und es ist die Aufgabe des Architekten, das der jeweiligen Realität entsprechende Grundraster eines Gebäudes zu entwerfen. Daraus erkenne ich deine Faszination für die Gesetze und Wirkungsweisen der Schöpfung. Aufgrund deiner Aktivitäten im Tempel der Weisheit hast du ein spezielles Interesse für die Vollkommenheit der physischen Realität entwickelt, hinter der du das Walten eines höheren Wesens vermutest. Das Entwerfen von Wohnstätten ist eine Metapher für das Bedürfnis des Menschen, sich ein Zuhause als Lebensgrundlage zu schaffen. Dir geht es in deiner Arbeit vor allem um die Frage, wie du deine psychischen Energien artikulieren und dir Daseinsbedingungen schaffen kannst, die den Gesamtkontext deines Menschseins widerspiegeln – mit anderen Worten: deiner Seele eine irdische Heimat geben …

Doch diese Äußerlichkeiten erscheinen mir nicht so wichtig wie die Notwendigkeit, eine gesunde Beziehung zu deiner eigenen Gefühlswelt zu entwickeln. Du bist mit derselben

Frau verheiratet, auf die ich so häufig in diesen Readings zu sprechen kam, und immer noch habt ihr die gleichen emotionalen Probleme. Die anderen Beziehungen, die du hattest oder noch haben wirst, können als Maßstäbe für deine emotionale Heilung dienen, genauso wie dein Verhältnis zu deinen Sub-Egos im Fall, daß du keine äußeren Beziehungen unterhältst. Dies ist deine vordringlichste Aufgabe im gegenwärtigen Leben, und könnte möglicherweise auch das Thema weiterer Sitzungen sein …

Andrea

Andrea ist 37 Jahre alt und arbeitet als Therapeutin in einer psychiatrischen Klinik. Außerdem schreibt sie Gutachten und entwirft spezielle Erziehungsprogramme für jugendliche Delinquenten. Sie suchte mich wegen zwei persönlichen Problemen auf, um mit mir daran zu arbeiten: zunächst wegen Asthma und außerdem wegen Schwierigkeiten in ihren Beziehungen. Sie hatte schon eine Menge wegen ihres Asthmas unternommen unter Anwendung sowohl konventioneller als auch alternativer Methoden, die kaum eine Besserung ihres Zustandes bewirkt hatten. Im Zusammenhang mit diesem Leiden klagte sie über ständige Depressionen, über ihre Einsamkeit und ein allgemeines Unwohlsein. Es stellte sich bald heraus, daß verschiedene leidvolle Lebenszeiten als Ursache für ihre Schwierigkeiten gelten können. In diesem Reading beschränken wir uns jedoch auf ihre Beziehungsprobleme.

C: Könntest du mir beschreiben, was deine Beziehungen so schwierig macht? Was könnte der eigentliche Auslöser sein?
A: Da bin ich mir selbst nicht so sicher, und das ist ein Teil des Problems. Über das Ende bin ich mir stets klar, aber nicht über die Einzelheiten, wenn es anfängt, kritisch zu werden.
C: Und wie sieht dieses Ende aus?
A: Ich laufe davon, weil ich das Gefühl habe, daß meine emotionalen Bedürfnisse zu kurz kommen. Ich scheine stets auf Leute zu stoßen, die das Bedürfnis haben, sich anzuklammern.
C: Und du glaubst, daß du dich um sie kümmern mußt?
A: Ja.

C: Ist es so eine Art gegenseitige Abhängigkeit? Und du bist der Retter oder Erlöser?

A: Ja, in gewisser Hinsicht. Teilweise zumindest und teilweise auch nicht. Die Männer, mit denen ich es zu tun habe, sind generell nicht in der Lage, mir meine Gefühle zu erwidern. Und am Ende denke ich dann immer: »Das ist nicht fair«, und ziehe mich zurück. Auf diese Weise habe ich seit etwa fünf Jahren keine wirklich intime Beziehung gehabt. Manchmal habe ich es auch so gewollt.

C: Okay. Laß mal sehen, was mir dabei auffällt. Zunächst einmal bemerke ich ein gewisses Unbehagen, das aus den tiefsten Bereichen deines Wesens zu kommen scheint und das du vielleicht als Angst bezeichnest. Ich nenne es eher einen Mangel an innerer Geborgenheit. Irgendwie scheinst du in dir selbst nicht verwurzelt zu sein. Versuch doch mal, in dich selbst einzutauchen und eine Verbindung zu diesem innersten Kern aufzunehmen. Wenn du da drinnen stets nur diese Leere verspürst, überträgt sich dieses Gefühl von einer Inkarnation auf die nächste.

Soweit ich zurückschauen kann, erscheint mir, metaphorisch gesprochen, deine Seele wie eine noch sehr junge Erwachsene. Es ist, als ob du gerade erst die Schule verlassen hättest und dich nun plötzlich dem Zwang ausgesetzt siehst, dich selbst ernähren zu müssen, um überleben zu können. Doch wir sollten noch weiter zurückgehen, um die eigentliche Quelle deines Unbehagens zu finden – das heißt bis zur Geburt deiner Seele.

Ich erkenne eine riesige Verwirrung. Du verstehst nicht, was mit dir geschieht. Es wäre wirklich gut, wenn du jetzt selbst den Wunsch hättest, dich zurückführen zu lassen, um all diese Vorgänge noch einmal mitzuerleben. Es fängt damit an, daß du plötzlich allein bist, losgelöst von den übrigen Seelen und der großen Harmonie und einer fragwürdigen Existenz

92

ausgeliefert. Du verstehst nicht, weshalb man dich fortgeschickt hat, und nun ergreift dich dieses schreckliche Gefühl der Verlassenheit. Du verstehst nicht, warum du allein bist. Und dies ist das herrschende Grundgefühl – diese Angst, jegliche Bindungen und Wurzeln verloren zu haben und nicht mehr Teil eines größeren Ganzen zu sein. Herausgerissen zu sein, und deshalb nicht mehr vollkommen – das erzeugt eine tiefe Verunsicherung.

Diese Einsamkeit begleitet dich durch alle Entwicklungsphasen deiner jungen und heranreifenden Seele. Doch es scheint, als ob du von diesem Prozeß gänzlich unberührt bleibst. Du bist zwar in ihn verstrickt, aber nimmst nicht daran teil, fühlst dich nicht zugehörig. Du läßt dich von diesen neuen Erfahrungen treiben, aber nichts davon bleibt an dir hängen, da du selbst nicht einmal weißt, wer du bist. Es ist, als ob in dir keine Mitte, kein Gefühl für dein eigenes Selbst wäre, an dem deine Erfahrungen einen Halt finden und sich ausrichten könnten. Was immer geschieht, es geht an dir vorbei, und du kannst die Erfahrungen nicht einordnen und nichts damit anfangen.

Ich sehe dich in den Tagen der Höhlenmenschen erneut die Erde betreten – ein kleines Mädchen, das sich völlig verloren vorkommt und wieder einmal von den Ereignissen treiben läßt. Es fehlt dir noch immer an jeglichem Selbstgefühl. Du tust nur das, was die anderen auch machen, und dein Stamm ist dir Richtschnur und Rahmen für dein eigenes Leben, in dem es keine persönlichen Wünsche oder gar Ziele gibt, es sei denn das Bedürfnis nach Sicherheit vor wilden Tieren und anderen Gefahren. Ich würde dieses Leben als eine typische Ausdrucksform des ersten Chakras[1] bezeichnen, wo es nur

---

1 Die sieben Chakras sind die spirituellen oder feinstofflichen Nervenzentren entlang der Zentralnervenbahn der Wirbelsäule, durch die die (spirituelle)

darum geht, sich vor den vielfältigen Gefahren der Wildnis zu schützen. Es ist zwar ein Leben ohne irgendein individuelles Trauma, aber es hat etwas von jener physischen Ruhelosigkeit, die du jetzt noch zu spüren vermeinst, jenes ständigen Bedrohtseins und der Notwendigkeit, »wachsam« zu sein und notfalls in Deckung zu gehen oder davonlaufen.

Dein Tod erfolgt allerdings auf traumatische Weise. Ich sehe dich einem wilden Tier, vermutlich einem Berglöwen, gegenüberstehen. Für einen Moment habt ihr Augenkontakt, und du weißt, dieses Wesen ist stärker als du, und so stirbst du im Gefühl deiner Machtlosigkeit. Ich bin überzeugt, daß hier die Angst der entscheidende Faktor war, denn dein Ohnmachtsbewußtsein war unverkennbar und läßt dich über den Tod hinaus erstarren.

Dieser Zustand hält auch weiterhin an, so daß deine Geistführer jede Einmischung für zwecklos halten. Es scheint noch eine Weile zu dauern, ehe du auf den Planeten zurückkehrst, und selbst dann hat sich an deinen Ängsten grundsätzlich nichts geändert.

Im nächsten Leben erblicke ich dich auf afrikanischem Boden, und diesmal als Jungen. Eine traumatische Erfahrung steht dir bevor, als deine Initiation auf dich zukommt. Ein Ritual findet statt, ein Übergangsritus, der deine Mannheit einleitet. Du mußt bestimmte Aufgaben erfüllen und weißt nicht, ob du deine Furcht bezwingen kannst. Dein Vater ist ein starker Mann, ein Jäger von kräftiger Gestalt. Er ist dein großes Vorbild und du möchtest ihm ähnlich sein und ihn nicht enttäuschen. Auch generell erwartet man von jedem Initianden, daß er die Einweihungsriten ohne Schande durchläuft. Doch die Ängste aus deinen vorgeburtlichen Erfahrun-

Kundalina-Energie mit Hilfe bestimmter Yogatechniken nach oben zum Kopfscheitelpunkt gelenkt werden kann (Anm. d. Übers.).

gen sind ein erhebliches Hindernis, und du versuchst, sie zu kompensieren, indem du übertriebene Anforderungen an dich stellst. Du glaubst, dir selbst etwas beweisen zu müssen, und unter Aufbietung all deiner Kräfte gelingt es dir tatsächlich, dieses Abenteuer zu bestehen und ein Jäger zu werden. In diesem Handwerk mußt du all deinen Mut und deine ganze Persönlichkeit einsetzen, um nicht deine Identität und deine Selbstachtung einzubüßen. Denn als »der Jäger« zu gelten ist ein großer Erfolg, der dir viel Würde verleiht.

In deinen persönlichen Beziehungen zeigst du dich ziemlich verunsichert. Ich kann nicht erkennen, ob du eine Lebensgefährtin hast. Das Jagen scheint dein einziger Lebensinhalt zu sein. Eine schwere innere Erkrankung, die du nicht akzeptieren willst und der du dennoch unterliegst, läßt erneut Zweifel an deiner Stärke aufkommen. Dein ganzes Leben lang hast du dich erfolgreich gegen die Gefahren der Wildnis behauptet, doch nun an einem Versagen deiner körperlichen Funktionen zu sterben bedroht dein so mühsam erworbenes Selbstwertgefühl, denn deine physische Überlegenheit war alles, an das du dich klammern konntest.

Nach deinem Tod, als es zu einem Gespräch mit deinen Geistführern kommt, bist du nicht bereit, diese starre Haltung aufzugeben. Du möchtest im nächsten Leben unter ähnlichen Bedingungen fortfahren und deine bisherigen Erfolge bestätigt wissen. Doch deine Geistführer möchten, daß du neue Versuche unternimmst. Du bist ganz auf dein Macho/Jäger-Bewußtsein fixiert und willst ihnen nicht zuhören. Andererseits ist dir nicht klar, daß sie im Grunde keine Macht haben, dich zu irgend etwas zu zwingen, und glaubst daher, ihnen gehorchen zu müssen. Nur sehr widerwillig und mit zweischneidigen Gefühlen gibst du ihrem Verlangen nach.

Deine nächste Inkarnation findet in China statt. Es ist eine ländliche Umgebung, und dein Leben als Tochter eines Bauern ist geprägt von den sich allmählich entwickelnden feudalen Strukturen einer frühen Ackerbaukultur. Die Welt erscheint noch wie eine große Familie mit starker Betonung der sozialen Komponente. Als Frau bist du deiner Identität als ehemaliger Macho/Jäger weitgehend beraubt und fügst dich auf weibliche Art den strengen Vorstellungen deiner bäuerlichen Umwelt über die spezifischen Rollen der Geschlechter. Mit Bewährung in der Wildnis hat dein Leben nichts mehr zu tun. Es war ja die Absicht deiner Geistführer, deine feminine Seite zu stärken, indem sie dir dank dieser neuen Situation das Gefühl sozialer Geborgenheit ermöglichten.

Und trotzdem muß ich erkennen, daß du auch jetzt noch nicht in der Lage bist, dich innerlich zu entspannen. Nach wie vor unterliegst du dem Zwang, deinen (hier weiblichen) Pflichten, die in dieser Kultur eine Art Ritual darstellen, so gut wie möglich nachzukommen, wobei du inzwischen deine alten Ängste aufgrund dieses Eingebundenseins in die Sippe besser ertragen kannst. Unter anderen Vorzeichen – so könnte man sagen – bist du dennoch der überperfekte Jäger geblieben, motiviert nunmehr von der Furcht, dich bei Nichterfüllung deiner weiblichen Obliegenheiten der allgemeinen Schande auszusetzen. Es handelt sich dabei um eine allgegenwärtige, aber kaum definierbare Angst, die auf deinem mangelnden Selbstwertgefühl basiert, ein Manko, das du nur durch genaue Beachtung deiner ritualisierten Pflichten ein wenig zu kompensieren vermagst.

Du bist verheiratet, aber deine Aufmerksamkeit ist nicht auf emotionale Dinge gerichtet, und schon gar nicht auf ein gefühlsmäßig intaktes Familienleben. In dieser Hinsicht erkenne ich keine besonderen Empfindlichkeiten. Auch deine Kinder leitest du frühzeitig zu gewissenhafter Pflichterfüllung an, ganz im Sinne der sozialen Rollenerwartung.

Als du noch relativ jung bist, erleidet dein Mann einen

gewaltsamen Tod. Banditen oder Räuber habe ihm die Brust durchstochen – für dich kein Anlaß zu großer Trauer. Dieser vermeintliche Stoizismus verbirgt jedoch nur deine Angst vor Gefühlen, deren Preisgabe dir als unverzeihliche Schwäche erscheint. Um dir ja keine Blöße zu geben, orientierst du dich lieber an den rein äußerlichen Verhaltensnormen.

Nach deinem Tod kannst du dir mit gutem Gewissen sagen: »Ich habe durchgehalten; es war schwer, aber ich habe es geschafft« – freilich nur aufgrund einer gewissen gefühlsmäßigen Verhärtung. Deine Geistführer zeigen sich anerkennend, und nun glaubst du erst recht, ein gutes Stück vorangekommen zu sein. Sofort werden neue Pläne gemacht. Da deine maskuline Identität nach ihrer Meinung noch große Härten und Unebenheiten aufweist, versuchen sie dir klarzumachen, daß du dein Leben etwas lockerer angehen und mehr Wert auf Entspannung legen solltest. Aber du bist zu erschöpft und verstehst nicht, worauf sie hinauswollen.

Nach einer längeren Pause bist du wieder bereit, auf die Erde zurückgehen. Du bist nun ein indischer Bauer, dessen Wesensart sich kaum mit deiner einstigen afrikanischen vergleichen läßt. Obwohl du eine große Familie hast, bist du sehr introvertiert und ziehst dich weitgehend zurück. Deine Frau ist eine starke Persönlichkeit und führt ein strenges häusliches Regiment. Du aber verbringst die meiste Zeit auf den Feldern und kümmerst dich kaum um deine Familie.

Ohne das Macho/Jäger-Image hast du keine Machtposition in diesem Leben. Dein Vater war eine von männlicher Energie strotzende Persönlichkeit, du hingegen bist schon von Kindheit an ein typischer Einzelgänger, der sich inmitten der Vielzahl seiner Geschwister sehr verloren vorkommt und sich selbst nicht sehr wichtig nimmt. Etwas an deinem Vater macht dir ziemlich zu schaffen. Du würdest dich gerne mit ihm identifizieren, denn er ist dir ein großes Vorbild (was deine Geistführer auch beabsichtigt hatten), aber du fühlst dich ihm nicht adäquat. Sein Sinn für Moral ist sehr ausgeprägt, ebenso auch seine inneren Qualitäten, und du weißt nicht, wie du ihm gleichkommen könntest. Denn es handelt sich ja nicht um die physischen Fähigkeiten eines Jägers. Da bleibt dir nichts, als zu resignieren und dich irgendwie durchs Dasein zu schlagen. Auch deine Frau ist dir auf ähnliche Weise überlegen. Dies alles nimmst du stillschweigend hin und beschränkst dich darauf, die Felder zu bearbeiten und dich einer Art Melancholie zu überlassen, die einer Depression nicht unähnlich ist. Doch dein Rückzug sorgt andererseits dafür, daß du dich mit niemandem mehr zu messen brauchst und dir dadurch weitere Frustrationen und Demütigungen erspart bleiben.

Mit dem Älterwerden verstärkt sich diese Tendenz, und generell siehst du keinerlei Möglichkeit, dich irgendwo in diesem Leben hervortun zu können, um dein angeschlagenes Selbstwertgefühl zu kurieren. Deine Frau ist zuweilen zornig auf dich, weil du ihre Zuneigung und unentwegte Fürsorge mit keiner Miene zu würdigen weißt, geschweige denn eigene Gefühle entwickelst. Bei deinem Tod fällt es ihr schwer, all diese Ressentiments zu verbergen. Mehr als sie ahnen kann, ist es ein Mangel an Lebenswillen, der deine Kräfte gelähmt und somit dein Ende bewirkt hat.

In diesem lethargischen Zustand findest du dich erneut mit deinen Geistführern konfrontiert und machst sie für dein freudloses Dasein verantwortlich. Du benimmst dich sehr trotzig und kindisch, und dies alles wegen der eigenen Unfähigkeit, mit deinen Problemen zurechtzukommen. Du zeigst keinerlei Bereitschaft, dich auf die Ratschläge deiner Geistführer einzulassen, und eines Tages siehst du dich mit all deinen Frustrationen wieder auf die Erde zurückversetzt.

Nun steht dir ein ziemlich harter Existenzkampf als Frau im

Norden Europas bevor. Du bist Angehörige eines sehr kriegerischen Volkes – vermutlich Sachsen oder Goten –, dessen Lebensweisen von männlichen Vorstellungen geprägt sind, eine Art Mischkultur aus spätem Nomadentum und früher Seßhaftigkeit mit etwas Viehzucht und Ackerbau, wobei die Hauptbeschäftigung der männlichen Stammesmitglieder im Jagen wilder Tiere besteht. Ich sehe, daß du die Frau eines Häuptlings bist. Er möchte sich an dem Beutezug einer benachbarten Sippe beteiligen. Offenbar geht es um einen Racheakt gegen fremde Eindringlinge in die Jagdgründe des Stammesverbandes. Er möchte die Feinde töten, das scheint ihm wichtiger als alles andere zu sein. Du bewunderst ihn sehr, weil er der Mann ist, der du eigentlich sein möchtest, und siehst in ihm deinen Herrn und Beschützer, dem du dich völlig unterwirfst. Eure Beziehung gründet sich weniger auf Liebe als auf die gegenseitige Gewährung lebensnotwendiger Bedürfnisse und erlaubt nur gelegentliche emotionale Äußerungen. In kriegerischen Zeiten mußt du sehr um dein rein physisches Überleben bangen. Dein Mann geht hart mit dir um, falls er sich in seinem Rollenverständnis bedroht sieht. Du bist jetzt auf dem Niveau deines zweiten Chakras und daher auch im emotionalen Bereich auf die Präsenz deines Beschützers angewiesen. Es ist diese Art von psychischer Abhängigkeit, aber nicht wirkliche Liebe, die dich bei dem Gedanken, ihn verlieren zu können, mit großen Ängsten erfüllt.

Deine Befürchtungen bestätigen sich auf tragische Weise, als dein Mann tatsächlich getötet wird und du als Gefangene in die Hände der Feinde gerätst. Eine schreckliche Orgie beendet das Schlachtengetümmel. Du wirst gequält, geschlagen, vergewaltigt und stirbst an den Folgen dieser hemmungslosen Demonstration männlichen Triumphgebarens. Als deine Seele dem Körper entweicht, ist der maskuline Aspekt deines

Selbst nur noch auf Rache bedacht, und du wirst dir der ursprünglichen Motivation deiner Inkarnationswünsche wieder bewußt. Ein Gespräch mit den Geistführern lehnst du strikt ab. Dein ganzes Denken und Fühlen ist auf Vergeltung gerichtet. Zu diesem Zeitpunkt bist du von deiner roten Aura umhüllt.

Dein nächster – und folgerichtiger – Auftritt ist der eines berittenen mongolischen Kriegers in einer rauschhaften Atmosphäre aus Blut und Gemetzel und du mittendrin als treibende Kraft. Deine Argumentation ist Mord um des Mordes willen. Das gibt deinen Machtgelüsten die ersehnte Befriedigung. Ich kann nicht erkennen, ob du eine feste Beziehung hast. Jede Frau aus der Gruppe der umzingelten Opfer ist dir recht, wenn sie deinen momentanen Gelüsten entspricht. Es macht dir nichts aus, sie nach vollzogener Vergewaltigung zu erschlagen.

Du stirbst unter den Säbelhieben einiger feindlicher Krieger – eine buchstäblich niederschmetternde Erfahrung, nachdem du dich fast schon auf dem Gipfel deiner Machtfülle als Krieger glaubtest. Dein Dahinscheiden ist von höchster Verzweiflung begleitet. Nunmehr bist du bereit, auf deine Geistführer zu hören. Sie machen dir klar, welche Unmengen an negativem Karma du in diesem Leben erzeugt hast und wie unproduktiv all deine Aktivitäten waren. Nachdem dir dein Männlichkeitswahn erstmals richtig bewußt wird, ist dir ein erster Schritt zu deiner Befreiung gelungen, auch wenn du nicht weißt, wie es weitergeht. Du bist jetzt sehr empfänglich für die Ratschläge deiner Geistführer und überläßt ihnen die Planung deines nächsten Lebens.

Du kommst als Frau zurück und lebst an der griechischen Mittelmeerküste. Du liebst dieses milde Seeklima, das einen beruhigenden Einfluß auf deine Psyche ausübt. Du hast einen Fischer geheiratet, und ihr habt einen gemeinsamen Sohn, dem all deine Liebe und Sorge gilt. Dein Mann ist auf See, und wenn er zu Hause ist, bringst du ihm viel Wärme entgegen; die er dir dankbar erwidert. Wegen deiner negativen Erfahrungen als chinesische und germanische Ehefrau zögerst du dennoch, ihm deine Gefühle ungehemmt preiszugeben. Andererseits hast du große Angst, daß auch er wie so viele andere Seeleute zum Opfer seines Berufs werden könnte. Er ist ein sehr unabhängiger Mensch von großer Charakterstärke, gutmütig und anerkennend, und versucht nicht, dich irgendwie auszunützen.

Als Mutter hast du viel Freude, deinen Sohn gesund und unbeschwert heranwachsen zu sehen, wenngleich du voll Sorge den Tag herannahen siehst, an dem auch er sich für den Beruf eines Seemanns entscheiden wird. Zu den anderen Leuten im Dorf hast du wenig Kontakt. Dein Sohn ist der wichtigste Faktor in deinem Leben.

Als er zehn Jahre alt ist, trifft dich die Nachricht, daß dein Mann verschollen ist. Es wird dir plötzlich bewußt, daß du als Gattin in den wenigen gemeinsamen Stunden ihm nie deine ganze Liebe gezeigt hast, und dieser Gedanke läßt dich von nun an nicht mehr zur Ruhe zu kommen. Da deine Nachbarn wenig Anteil an deinem Leid nehmen, spürst du erst richtig, wie sehr er dein Denken und Handeln bestimmt hat und wie einsam dein Leben geworden ist. Selbst dein Sohn kann dir diesen Verlust nicht ersetzen. Du ziehst dich immer mehr in dich selbst zurück. Mit deinem Kummer gräbst du dir buchstäblich dein eigenes Grab. Eine schwere Krankheit befällt deine Lungen, und schließlich stirbst du an Tuberkulose.

Inzwischen hat dieses Schmerzgefühl die tiefsten Ebenen deines Seins erreicht, und sosehr auch die jüngste Vergangenheit dir echte Liebe beschert hat, vermag sie dieses Leid nicht aufzuwiegen. Auch deinen Geistführern gelingt es nur teilweise, deine positiven Erfahrungen zum Tragen zu bringen – die negativen geben den Ausschlag und ziehen dich bald wieder zur Erde zurück.

Dein neues Umfeld – diesmal in Italien – ist von ähnlichen Bildern geprägt. Ich sehe kopfsteingepflasterte Straßen, glitzernde Ziegeldächer und kleine Lastkarren. Du bist eine ältere, etwas korpulente Frau, etwa Mitte Vierzig. Dein Vater ist ein Fischer gewesen, und nun lebst du alleine.

Du scheinst ganz deiner verstorbenen Mutter, einer in materiellen und emotionalen Angelegenheiten überforderten, aber stets geschäftigen Frau, zu gleichen. Als Heranwachsende hattest du nicht viel für deine kleineren Geschwister übrig. Du warst ziemlich melancholisch und verbrachtest viele Stunden mit einsamen Spaziergängen am Meer. Vielleicht hat das Meer dich unbewußt an den tragischen Tod deines einstigen Mannes erinnert.

Auch von jungen Männern wolltest du wenig wissen. Ihre romantischen und erotischen Vorstellungen rührten an eine alte Wunde in deinem Inneren. In dieser Hinsicht war deine Mutter weniger empfindlich und ein gutes Vorbild für dich. Je älter du wurdest, desto mehr begannst du, dich aus deiner Umgebung zurückzuziehen. Ich sehe dich jetzt auf dem Marktplatz ländliche Produkte verkaufen.

Wieder stirbst du an einer Lungenerkrankung. Wenn du von der nächsten Ebene aus auf dieses Leben zurückblickst, ist es dir, als ob du die Geschichte einer einsamen und unglücklichen Frau gleich zweimal erlebt hättest, und hast Angst, es könnte dir noch einmal genauso ergehen. Deine Geistführer versuchen, dir deine irdischen Erfahrungen verständlicher zu machen. Die Ursache all deiner Ängste und Nöte – so sagen sie – liegt in dir selbst. Was dir geschieht, rufst du unbewußt selber herbei, und es ist somit das Produkt deines eigenen Denkens und Fühlens. Doch all diese Erklärungen erscheinen dir reichlich abstrakt, und du weißt immer noch nicht, wie du die alten emotionalen Muster in dir überwinden und dich von ihnen loslösen könntest.

In deinem nächsten Leben erblicke ich dich ein weiteres Mal in Europa. Es ist die frühchristliche Ära des achten Jahrhunderts und du wächst als Mann in einer ländlichen Gegend des damaligen Deutschland auf. Du hast dich entschlossen, ein Mönch zu werden und all das zu beherzigen, was deine Geistführer dir klarzumachen versuchten. Unglücklicherweise bist du erneut von jenem Perfektionismus besessen, der dich in weit zurückliegenden Zeiten zum großen Jäger gemacht hatte, aber jetzt unter den Vorzeichen einer strengen christlichen Moral, die dich dazu führt, dich selbst zu züchtigen, ja zu verdammen. Du fühlst dich von der »Erbsünde« belastet und möchtest dich ein für allemal davon reinigen. So erscheint dir dieses Leben als eine Art Kur, und du glaubst fest an die Erlösung von allem Übel, falls es dir wirklich gelingt, ein gottgefälliges Leben zu führen, das heißt, dich buchstabengetreu an die Zehn Gebote zu halten.

Das an sich schon strenge System der christlichen Lehre wird nach damaligem deutschen Verständnis noch engherziger interpretiert, und diese Tatsache bewirkt in dir fast dieselben Zwänge, die du dir vormals in deinem Jäger- und Krieger-dasein auferlegt hattest. Du wirst außerordentlich hart zu dir selbst und deiner menschlichen Umgebung.

Nach deinem Tod hoffst du, in den Himmel einzugehen, weil du als Christ ein so strenges Leben geführt hattest, und erwartest, daß du von Engeln empfangen wirst. Dein ganzes Leben lang hat dir diese Vision vorgeschwebt. Als sich deine Vorstellungen als völlig irrig erweisen, bist du zornig und fühlst dich betrogen und an der Nase herumgeführt. Deine Geistführer erklären dir unmißverständlich, daß du dir dies alles nur eingeredet hast und die Dinge ganz anders sind. Nun bist du gänzlich aus der Fassung gebracht und kommst mir vor wie an dem Tag, als deine Seele geboren wurde. Es ist die gleiche Ratlosigkeit und Verunsicherung. Ein ganzes Leben lang hast du dich angestrengt in dem Glauben, das einzig Richtige zu tun, und nun war alles umsonst. Und wieder steigen die alten Frustrationen in dir auf, und es ist immer wieder dasselbe.

In diesem Zustand der Hoffnungslosigkeit bist du bereit, auf die Vorschläge deiner Geistführer einzugehen. Sie wollen es dir bei deiner nächsten Wiedergeburt leichter machen. Und so findest du dich bald in einer ländlichen Umgebung in der Nähe des Schwarzes Meeres wieder. Sie erscheint dir stabil und sicher und erinnert dich an dein Leben in China. Ich sehe dich auf den Feldern die Heuhaufen errichten, und wie du versuchst, ein Fahrrad instand zu setzen. Du arbeitest mit mehreren Leuten auf dem ländlichen Anwesen zusammen – aber du bist einer, der sich ein wenig abseits hält. Du bist ein ehrlicher und tüchtiger Arbeiter und außerdem ein sehr nachdenklicher Mensch.

Zum ersten Mal habe ich den Eindruck, daß du ein positives Gefühl für deine eigene Individualität entwickelst. Die Arbeit auf dem Land bringt dich in engen Kontakt mit der Natur, so daß es dir leichter fällt, in dieser neuen Existenz Wurzeln zu schlagen. Schwieriger scheint es jedoch, an Bücher heranzukommen, da es dir sehr darum geht, das Lesen zu erlernen, was dir eines Tages aus eigener Kraft gelingt. Es sind religiöse und philosophische Werke, die dich am meisten interessieren und mit denen du dich stundenlang beschäftigen kannst. Du versuchst, den Mysterien des Lebens auf die Spur zu kommen, aber da sich kein anderer unter deinen Arbeitskollegen für derartige Dinge interessiert, geschweige denn zu lesen versteht, bist du in deinen Bemühungen allein gelassen. Deine kleine geistige Welt erscheint dir wie ein sicherer Zufluchtort. Auf der anderen Seite verdrängst du dadurch alle emotionalen Regungen.

Nach deinem Tod machen dich deine Führer auf diese Einseitigkeit, diese Gefühlsleere, aufmerksam. Sie reden dir gut zu, im nächsten Leben mehr auf deine emotionalen Bedürfnisse zu achten. In Anbetracht deines Karmas erinnern sie dich an jene Frau, mit der du in deinem indischen Leben verbunden warst. Jetzt wird es dir klar, daß noch allerhand Schwierigkeiten auf dich zukommen, aber dennoch bist du bereit hinzuzulernen.

Ich sehe dich jetzt als einen holländischen Schiffsmann, der sein Boot mit einer Stake durch die Grachten manövriert. Du bist ein kräftiger junger Mann, der sich seiner physischen Stärke bewußt ist, und hast dich soeben in eine Frau verliebt. Noch wohnt sie bei ihrer Familie, und um sie heiraten zu können, mußt du zunächst beweisen, daß du sie auch ernähren kannst. Sie ist jung und schüchtern und möchte vor allem sicher sein, daß du sie wirklich liebst. Da es ihr schwerfällt, ihre Ansprüche an dich zu artikulieren, kommt es zu Mißverständnissen, und du ärgerst dich, weil du wirklich bereit bist, für sie zu sorgen.

Ganz abgesehen von ihren weiblichen Komplexen hast auch du erhebliche Probleme mit deiner männlichen Emotionalität, die du bisher ständig verdrängt hattest. Hinzu kommt bei ihr ein unterschwelliger Groll, den sie seit ihren schlimmen Erfahrungen aus eurer Ehe in Indien nie ganz verwunden hat. Sie glaubt, daß sie dir damals ihre ganze Liebe gegeben, aber von dir nie etwas zurückbekommen hat. Diese Versagung ist Teil ihres Karmas geworden, und nun stehst du vor der fast unlösbaren Aufgabe, die emotionalen Bedürfnisse einer Frau zu befriedigen, die dir die Fähigkeit, ihren Ansprüchen gerecht zu werden, von vornherein abspricht. Und in der Tat: Je mehr du versuchst, sie versöhnlich zu stimmen, desto widerspenstiger wird ihr Verhalten. Mit anderen Worten: Die Vergeblichkeit deiner Bemühungen ist für sie der beste Beweis, daß du nicht in der Lage bist, ihre Liebe zu gewinnen – ein wahrer Teufelskreis, der dich oft wahnsinnig macht, so daß du dich zeitweise zurückziehst. Das einzig Gute an diesem Prozeß ist der damit verbundene Zwang, dich mit deiner eigenen Gefühlswelt auseinandersetzen zu müssen.

Dennoch bleibt ihr fürs ganze Leben zusammen. Dabei stellt sich heraus, daß ihr euch beide im innersten Kern, allem Anschein zum Trotz, durch reine Liebe verbunden fühlt, selbst wenn dies nie zu einer echten Kommunikation, einem wirklichen Geben und Nehmen führt. So kannst du trotz aller Frustrationen die Erde mit dem befriedigenden Gefühl verlassen, dein Bestes getan zu haben, ohne dich als Versager bezeichnen zu müssen. Deine Geistführer bestätigen dir einen guten Umgang mit deinem Karma bei all den Schwierigkeiten im Verhältnis mit deiner Frau, und ermutigen dich, auch weiterhin daran zu arbeiten. Dieses Lob verhilft dir zu größerer Selbstsicherheit, so daß du aufhörst, dich zu sehr um die Einzelheiten deines nächsten Lebens zu sorgen, das deine Geistführer bereits für dich geplant haben.

Ich sehe dich als Angehörigen der SS im Nazideutschland. Du bist eigentlich gegen jede Gewalt und jegliches Feinddenken in deinem gesellschaftlichen Umfeld, aber hast Angst, deine Meinung zu äußern, um nicht dein Leben aufs Spiel zu setzen. Du wirst als Bewacher in ein Konzentrationslager abkommandiert. Es ist schrecklich für dich, all diese Verbrechen mit ansehen zu müssen und dich dadurch auch selbst schuldig zu machen. Schließlich verliebst du dich in eine der dort inhaftierten Jüdinnen. Sie war einst jener griechische Fischer, mit dem du in einem deiner früheren Leben als Frau verheiratet warst. Es ist eine tiefe Liebe, und dein ganzes Mitgefühl für die Leiden des jüdischen Volkes projizierst du auf diese Geliebte. Als die Lage sich zuspitzt und du ihr zur Flucht verhilfst, wirst du ertappt und natürlich exekutiert. Diesmal ist es dein Karma aus den monologischen Erfahrungen – geprägt von ähnlichem Terror und Blutvergießen –, dem du dich hier erneut ausgesetzt siehst. Du hast dich entschieden, dein mögliches zu tun, um die Dinge zu ändern, und hast dies mit deinem Leben bezahlt. Dieser Schock begleitet dich über dein Sterben hinaus. Das Ausmaß des Schrecklichen, in das du verstrickt warst, übersteigt alles, was du bisher gesehen und mitgemacht hast. Beim Wiedersehen mit deinen Führern gelobst du, von nun an dein Bestes zu tun, um eine nochmalige Herrschaft dieser dunklen Mächte zu verhindern. Ich spüre bereits, wie du dein gegenwärtiges Leben ganz in den Dienst der heilenden Kräfte stellst und sie an jenen Menschen erprobst, die in ihren früheren Existenzen entweder Opfer oder Täter innerhalb solcher Schreckenssysteme waren.

Wenn wir noch einmal auf deine unterschiedlichen Daseinsformen zurückblicken, erkennen wir ein äußerst komplexes Muster in deinen Beziehungen. Zu Anfang scheinst du im Hinblick auf dein Identitäts- und Sicherheitsstreben meist sehr abhängig von deinen Partnern zu sein. Da, wo dir dieses Verlangen erfüllt wurde, glaubtest du, dich erwartungsgemäß verhalten und ihnen jeden Wunsch erfüllen zu müssen, und es fiel dir nie ein, daß auch du, mit all deinen Vorzügen und Fehlern, die gleiche Liebe und Unterstützung verdienst. Deine Frustrationen sind eine ganz natürliche Folge dieses Ungleichgewichts, dieses einseitigen Gebens und Nehmens. So konntest du nie zu deiner eigenen Identität finden, weil du die Bedürfnisse deines jeweiligen Partners mit deinen eigenen gleichsetzt und dein Selbstgefühl von deiner Fähigkeit, ihn zu befriedigen, abhängig gemacht hast.

Daneben gab es das »Angstmuster«, weil du ständig fürchten

mußtest, den Menschen, den du liebtest, von dem du abhängig warst, durch irgendein schreckliches Ereignis oder auch einen ganz natürlichen Tod zu verlieren. Diese Erfahrungen waren ein schweres Trauma, das dir bis heute zu schaffen macht. Denn deine Asthmaanfälle, die – wie du selbst sagst – mit deinen Depressionen, deiner Einsamkeit und deinem Unbehagen zusammenhängen, sind typisch dafür, wie sich seelischer Kummer auch jetzt noch in deinem Körper manifestiert.

Zum Schluß möchte ich dich noch fragen, was du unter »emotionaler Nahrung« verstehst, die du in deinen gegenwärtigen Beziehungen zu entbehren glaubst. Geht es dir dabei nur um eine Bestätigung deiner Identität, die dir schon in deinen früheren Inkarnationen so wichtig erschien und dir dennoch versagt wurde?

A: Ja, eigentlich schon. Und daraus erklärt sich auch mein Verhalten. Denn ich werde ja meistens nach der Art, wie ich mich nach außen hin gebe, beurteilt. Das merke ich vor allem an meinem Arbeitsplatz. Und da fühle ich mich auch bestätigt. Aber nicht im persönlichen Bereich. Da kommt das nicht zum Ausdruck. Und darunter leidet mein Selbstbewußtsein.

C: Und du meinst, du vermißt das besonders in deinen persönlichen Beziehungen?

A: Nicht unbedingt. Mein erster Eindruck läuft meistens darauf hinaus, daß die andern noch weniger Selbstbewußtsein haben als ich. So bleibt mir zumindest diese kleine Genugtuung.

C: Das klingt aber sehr interessant. Hältst du es demnach für möglich, daß dir in diesem Leben bestimmt ist, keine Seele zu finden, an der du dein Selbstbewußtsein aufrichten kannst, und du auf dich zurückgeworfen bist, um deine Identität aus dir selbst heraus zu entwickeln?

A: Ja. Ja, so könnte es sein. Aber vielleicht müßte ich erst noch weitere, zukünftige Lebenserfahrungen machen, um das herauszubekommen.

C: Laß uns die Sache doch einmal von der karmischen Seite betrachten. In der Vergangenheit, so könnte man sagen, warst du auf die Bestätigung durch andere angewiesen, um dein Selbstbewußtsein aufbauen zu können. Jetzt hat sich das Blatt gewendet. Jetzt erwarten andere von dir, daß du die Starke bist.

A: Ich bin dieses Problem immer nur negativ angegangen, indem ich nach Menschen gesucht habe, denen ich mich überlegen fühlte, etwa nach der Devise: »Ich habe nicht viel zu bieten, aber wenigstens mehr als du.« Es war ein ständiges Auf und Ab. Etwas Positives habe ich darin nicht erkannt.

C: Ja. Eigentlich wolltest du jemanden finden, zu dem du aufblicken und an dem du dich festklammern kannst, besonders in deinen weiblichen Inkarnationen. Doch wenn sich deine Partner als schwächer erwiesen, warst du frustriert. Dir widerstrebt es, die Stärkere zu sein, weil du sonst um deine innere und äußere Sicherheit fürchten müßtest. Und als Mann hast du deine Gefühle stets unterdrückt – mit Ausnahme der letzten zwei männlichen Inkarnationen.

Zu Beginn unserer heutigen Sitzung hast du dich über die Gefühlskälte deiner jetzigen männlichen Partner beklagt. In Anbetracht deines gegenwärtigen Entwicklungsstadiums: Glaubst du, daß du nunmehr in der Lage bist, deine weiblichen und männlichen Komponenten miteinander zu versöhnen? Dann erst wirst du dein eigenes männliches Selbst auch als Wesensbestandteil jener Männer erkennen, die deine weiblichen Instinkte ansprechen.

Ich fürchte, daß all die traumatischen Liebeserfahrungen deiner männlichen und weiblichen Vergangenheiten es dir immer noch schwermachen, dich einem Menschen wirklich zu öffnen. Statt dessen ziehst du es vor, dich in eine Partnerschaft zu flüchten, die dir als sicher erscheint, dich jedoch abhängig macht. Mit großem Geschick verbaust du dir selbst jede noch so attraktive Beziehung, falls sie deinem Schutzbedürfnis nicht entgegenkommt. Es wäre wirklich gut, wenn du dir diese Zusammenhänge einmal klarmachen würdest, um herauszufinden, ob nicht doch ein Fünkchen Wahrheit in dem, was ich dir sage, enthalten sein könnte. Einen Einblick in deine Ängste zu gewinnen und über die nächsten Schritte auf dem Weg zu einer echten Partnerschaft nachzudenken wäre eine gute Grundlage für eine weitere Sitzung.

Dan

Dan ist 41 Jahre alt. Er ist ein erfahrener und auf exakte Arbeit bedachter Möbelschreiner, ist seit zwölf Jahren verheiratet und hat drei Kinder. Wie er so vor mir sitzt, macht er einen recht kläglichen Eindruck und kommt mir eher wie ein gescholtenes Hündchen vor. Seine Frau macht ihm das Zusammenleben mit ihr keineswegs leicht, und sie war es auch, auf deren Geheiß er sich diesem Reading unterziehen mußte. Ich habe fast den Verdacht, daß sie ihm regelmäßig die Leviten liest. Wahrscheinlich hatte sie ganz andere Vorstellungen von einem Ehemann und Liebhaber.

C: Bevor ich dich in deine früheren Leben zurückführe – könntest du mir eine kurze Selbsteinschätzung geben? Und hast du irgendwelche Fragen zu diesem Thema – ich meine, gibt es etwas in deiner Vergangenheit, das dich besonders interessiert oder beschäftigt?
D: Ja. Was meine diesbezüglichen Träume betrifft, da gab es Mönche und andererseits Krieger. Das ist alles sehr widersprüchlich. Ich habe auch ziemlich genaue geographische Hinweise. Mir wäre es lieber, zunächst deine Eindrücke zu erfahren ...
C: Nun gut – ich weiß nicht, ob deine Mönche und Krieger mich zu der Metapher geführt haben, die mir für die zwei Teile deines Wesens als stellvertretend erscheint. Ich sehe dich auf einem Schlachtfeld, nachdem die Kämpfe vorbei sind, und du bist noch ganz benommen von dem schrecklichen Getümmel, in das du verwickelt warst. Und jetzt, wo die Hitze des Gefechts allmählich abklingt, scheinst du dir allerhand Gedanken über das Geschehen zu machen. Die

Zerstörung ist noch sichtbar, aber die Emotionen haben sich gelegt, und an deren Stelle ist eine seltsame Ruhe und Nachdenklichkeit getreten. Es ist, als ob du von einem Hügel aus die ganze Szenerie überblickst. Dich überkommt eine Art Ekel – nein, kein richtiger Ekel, eher ein stiller Zynismus in Anbetracht all der Wahnsinnstaten, an denen du selbst auch beteiligt warst, aber auch eine gewisse Erleichterung. Denn irgendwie fühltest du dich berechtigt, deine aufgestauten Aggressionen und Haßgefühle auszuagieren, gäbe es nicht noch diese andere Stimme in deinem Inneren. In der Tat, ich sehe einen enormen Konflikt zwischen den zwei gegensätzlichen Teilen deines Wesens in dir aufsteigen. Einerseits treibt dich der scheinbar berechtigte Zorn eines Kriegers in das Schlachtengetümmel, andererseits verabscheust du diese irrsinnige Vergeudung menschlichen Lebens, den unbegreiflichen Blutrausch und die unheimlich düsteren, barbarischen Kräfte der Natur, die offensichtlich im Menschen selbst verankert sind …

Ich gehe noch ein ganzes Stück weiter zurück und versuche, in deine frühesten menschlichen Existenzen einzutauchen. Ich entdecke dich auf einer ganz primitiven Stufe deines ursprünglichsten Seins. Du bist fast noch ein Tier mit den wachsamen Augen eines animalischen Wesens, ständig auf der Hut und auf jegliche Gefahr gefaßt, die aus der Umwelt auf dich lauert. Dein ganzes Denken ist ausschließlich aufs Überleben ausgerichtet. Es gibt räuberische Tiere, aber auch andere Menschen, mit denen du dich in einem dauernden Kampf um das beste Revier befindest, einem Kampf, der dein Wesen von vornherein geprägt hat, mit dem du dich identifizierst. Es ist das Bewußtsein, daß du es mit völlig realen und ernstzunehmenden Feinden zu tun hast.

Daneben gibt es nichts, was von besonderer Relevanz wäre, kein irgendwie geartetes Trauma. Allein der Gedanke, überleben zu müssen, ist das einzige, was diesem Dasein den Stempel aufprägt.

Nun steigt ein neues Bild von einem weiteren Leben in mir auf (nicht im Sinne einer chronologischen Aufeinanderfolge). Ich sehe dich wandern ... als Angehörigen des fahrenden Volkes – offensichtlich zu einer viel späteren Zeit. Ich sehe einen von Pferden gezogenen Zigeunerwagen. Ein Rad ist gebrochen. Neben dir sind deine Frau und zwei Kinder, die du jetzt im Stich lassen mußt, um Hilfe zu finden, jemanden, der dir das Rad repariert. Das bringt dich völlig durcheinander. Du willst deine Familie keiner Gefahr aussetzen. Die Wachsamkeit aus deinem früheren Leben tritt hier wieder zutage und beherrscht dein Denken, während du dich auf den Weg machst. Es ist eine europäische, ländliche Szenerie. Du gehst weiter und weiter und hältst jeden, der dir begegnet, um Hilfe an. Aber niemand will mit einem Fremden etwas zu tun haben. Irgendwo mußt du ja jemanden finden, da dies ein besiedeltes Ackerbaugebiet ist. In einem Dorf hast du endlich Erfolg. Doch für dich war es eine Suche voller Angst, weil du ständig an deine hilflose Familie denken mußtest.

Ich möchte mich noch ein wenig mit diesem Wanderleben befassen, um herauszufinden, was dich auf die Landstraße trieb. Ich glaube, daß du aus einer Region kamst, deren Anbauflächen infolge von Überkultivierung keinen Ertrag mehr einbrachten, so daß deiner Familie die Existenzgrundlage entzogen war. Aus diesen Gründen hast du dich mit all deiner Habe auf die Suche nach einem besseren Ort begeben, was in jenem postfeudalen Europa eine riskante Angelegenheiten war.

Okay, was mir hier wichtig erscheint, ist die existentielle Bedrängnis, die dein ganzes Denken und Trachten beherrscht und in dir erneut das Bewußtsein bestärkt, daß das Leben eine verdammt harte Sache ist. Es war wirklich schwer, sich behaupten zu müssen, und sicher noch schwerer, wieder von vorne anzufangen. So steht auch diese Inkarnation ganz im Zeichen des Kampfes ums Überleben. Deine Gegner sind jetzt nicht mehr die wilden Tiere, sondern die harten Bedingungen des ökonomischen Systems.

Ich sehe dich in einem Zustand tiefer Bedrückung aus diesem Dasein scheiden, das dir nur Sorgen und unsägliche Mühen beschert hat.

Ich möchte mich jetzt einer weiteren irdischen Erfahrung, die du als Krieger gemacht hast, zuwenden. Es ist die Epoche des römischen Imperiums. Es war eine große Ehre, ein römischer Soldat zu sein, und eine Entscheidung von ziemlicher Tragweite, da sie deinem Selbstwertgefühl einen mächtigen Auftrieb gab. Deine Position in der Prätorianergarde ist der eines Feldwebels vergleichbar, mit Vorgesetzten und Untergebenen. Du erweist dich als sehr vertrauenswürdig und verantwortungsbewußt und bist ein guter Soldat. Es ist ein aufregendes Dasein, das deinen Horizont erweitert, vor allem, wenn du an der Eroberung neuer Gebiete für das römische Weltreich beteiligt bist, für dich ein wahrhaft episches Abenteuer. Der gemeinsame Kampf, der Geist, der die Truppe beseelt, und die fantastische Präzision der militärischen Einsätze begeistern dich und verschaffen dir große Befriedigung.

Es gelingt dir recht gut, über all dies Blutvergießen und die Grausamkeiten des Kampfes hinwegzusehen und sie als gerechtfertigtes Mittel für ein ideales Ziel anzusehen. Du bist durchaus fähig, dich über längere Zeiten hinweg davor zu verschließen. Dann aber kommt es zu Situationen, wo du einer plötzlichen Melancholie und tiefen Trauer über diese schrecklichen Erfahrungen auf den Schlachtfeldern verfällst. So gibt es zwei Aspekte im Leben eines Soldaten, die notwendigerweise zu einer Spaltung seines Bewußtseins führen müssen. Es erscheint dir unmöglich, die beiden miteinander zu vereinen, und schließlich gerätst du in ein echtes Dilemma. Du hast in der Tat nicht die geringste Chance, dein Leben noch einmal zu ändern oder einen neuen Anfang zu machen. Es bleibt dir nichts übrig, als die negativen Seiten deines Berufes schlechthin zu ignorieren.

Ich erblicke dich als gealterten Krieger kurz vor dem Sterben. Du liegst auf einer Granitplatte vor einem steinernen Monument und weißt, daß dein Ende naht. Du bist noch immer in deine Uniform gehüllt. Deine Gedanken wandern zurück auf ein Leben voll kriegerischer Abenteuer, und dir wird klar, wie wenig es dir gebracht hat. Du kannst keinen Sinn mehr in all diesen zweifelhaften Siegen erkennen. Du hattest einmal geglaubt, daß das Römische Reich die Aufgabe hätte, mit seiner fortschrittlichen Kultur die übrige Menschheit zu beglücken, und nun siehst du, daß all dein Tun barbarisch, ja verbrecherisch war, daß es den anderen Völkern nur Unheil und Unterdrückung gebracht hat. Du fühlst dich von deiner Regierung betrogen und bist von dir und der Welt enttäuscht.

In dieser Erkenntnis zu sterben bedeutet einen Wendepunkt in deinem spirituellen Sein. Im nächsten Zwischenleben auf der astralen Ebene sucht deine Seele nach einem tieferen Sinn hinter all diesen Erfahrungen. Danach erkenne ich dich als Kreuzritter wieder. Du bist von den christlichen Idealen begeistert und nimmst an den Kreuzzügen teil. Zuvor gab es noch einige andere Inkarnationen, aber diese fällt mir besonders auf. Mit dem gleichen Eifer wie einstmals als römischer Soldat stürzt du dich in den Heiligen Krieg gegen die Ungläubigen. Wieder ist es der tapfere, edle Krieger in dir, der aus philosophischen Einsichten heraus den Kampf gegen das Übel in der Welt aufnimmt und keine Mühe scheut, um seinen Idealen zum Sieg zu verhelfen.

Ich sehe dich auf einer Landstraße inmitten einer Schar von Leuten, deren Führer du bist, das treibende Element sozusagen, das sich in ständiger Bewegung hält und zu immer neuen Taten anspornt. Ja, du erkennst dich selbst als den Ritter in glänzender Rüstung im Dienst einer heiligen Mission. Du wirst aber auch Zeuge eines unendlichen Leids, blutiger Gemetzel und eines blinden Fanatismus von Volksmassen, die sich im Namen ihres jeweiligen Gottes gegenseitig zerfleischen. Was dir heilig erschien, entpuppt sich als sündhafter Wahnwitz.

Dein Idealismus hat sich in blankes Entsetzen gewendet. Wieder einmal bist du völlig desillusioniert. Du glaubtest, für eine edle Sache zu kämpfen, die sich als gräßliche Barbarei erwies. Mit einigen wenigen Männern kehrst du in tiefer Verwirrung nach Hause zurück und bist überzeugt, daß Gott dich verlassen hat. Um überleben zu können, versuchst du, dir als Landmann eine Existenz aufzubauen.

Dein nächstes Zwischenleben ist nicht so total von Verzweiflung erfüllt, wie man nach solchen Erfahrungen annehmen könnte. Deine Intuition sagt dir, daß diesem Leben noch eine tiefere, spirituelle Bedeutung zugrunde liegen muß, und dies ist mehr als eine bloße Vermutung. Du ahnst, daß dir eine Aufgabe gestellt ist, die mit der äußeren Realität wenig zu tun hat. Und somit reift eine ganz neue Gewißheit in dir heran.

In deinem nächsten Leben erkenne ich dich als Yogi in Indien wieder, wo du diese religiösen Ansätze weiterentwickelst. Die Kriegerenergie, die dich auch jetzt noch beseelt, hat sich inzwischen nach innen gekehrt. Fasziniert von der Hinduphilosophie, begibst du dich auf die Suche nach dem Brahman, der absoluten Wahrheit und höchsten Realität – und das mit dem ganzen Eifer eines fanatischen Kreuzfahrers, nur daß du dabei viel nüchterner geworden bist und deine Ziele mit selbstauferlegter Disziplin angehst. Manchmal pilgerst du als Sadhu (Wandermönch) betend und um Nahrung bettelnd im Land umher. Am liebsten hältst du dich jedoch im Dschungel auf, wo du von Kräutern und Beeren lebst oder dich im Fasten übst.

Trotz aller Anstrengungen mußt du bald einsehen, daß du auf deinem Weg zur erhofften Verwirklichung deines spirituellen Selbst nicht vorankommst. Du erscheinst mir wie jener verzweifelte römische Krieger, der du einst warst, der keinen Ausweg mehr sah und sich auch nicht mehr darum bemühte. Und je unzufriedener du bist, desto eigensinniger verfolgst du den einmal eingeschlagenen Pfad. Es kommt mir fast masochistisch vor, denn du sonderst dich nun völlig von deiner Umgebung ab und hast kein Gefühl mehr für das, was in dir und deiner Umwelt geschieht.

Ich hätte das selbst nicht erwartet, daß alles so kommen mußte, nach den vielen Einblicken in deine anderen Leben. Das Motiv des Kämpfenmüssens um jeden Preis scheint stärker zu sein als das Interesse an deinen emotionalen Bedürfnissen nach Liebe und Geborgenheit. Ich erkenne nur diese Yang-Qualitäten, diese typisch männlichen Triebstrukturen – ganz gleich, ob es um reale oder spirituelle Dinge geht. Es ist offensichtlich, daß du dem feminen Teil deines Selbst keine Beachtung schenkst und erst recht keinerlei Chance zur Entfaltung gewährst.

Gegen Ende dieses Lebens hast du eine gewisse Fertigkeit erworben, deinen Geist und deine Sinne so weitgehend zu kontrollieren, daß du dich in perfekte Trance-Zustände versetzen kannst, doch andererseits wird dir dabei immer bewußter, daß auch dies kein Heilmittel gegen deine beständige innere Unruhe ist, im Gegenteil, die Spannungen werden immer stärker.

Okay. Soweit wir bis hierhin deine früheren Inkarnationen

betrachtet haben, fanden sie alle in einem männlichen Körper statt. Laß uns nun sehen, wie es dir als weiblichem Individuum ergangen ist. Vor mir taucht das Bild einer schwarzhaarigen und sehr attraktiven Frau auf. Ich sehe dich in einem glatten Kleid, das am unteren Saum mit Rüschen besetzt ist, ganz im Stil der zwanziger Jahre hier in den Staaten. Doch du fühlst dich in deiner weiblichen Haut nicht sehr wohl, sie scheint dir zu »dünn«, zu verletzlich zu sein. Es ist zwar nicht dein erstes Leben als Frau, doch dein männliches Selbst empfindet diesen zerbrechlichen Körper und das gesellschaftliche Milieu jener Zeit als zu unangemessen für dein unterschwelliges Verlangen, sich als Mann darstellen zu dürfen. Was für eine seltsame Erfahrung für dich! Es fällt dir sehr schwer, einen Zugang zum anderen Geschlecht zu finden, und so hältst du dich zurück und umgibst dich mit einer psychischen Barriere. Ich gehe etwas zurück und sehe dich zusammen mit einem Piloten des Ersten Weltkriegs, einem sehr empfindsamen Menschen, der dir mit viel Geduld und großem Verständnis entgegenkommt, aber der Gedanke an eine intime Beziehung läßt dich zurückschrecken, so daß es zu einigen Verstimmungen kommt.

Er wird zum Fronteinsatz abkommandiert, und du wartest auf ihn. Während seiner mehrjährigen Abwesenheit findet ein reger Briefwechsel zwischen euch statt. Aus der Distanz kannst du dich viel besser artikulieren und hast weniger Schwierigkeiten, dich ihm zu öffnen. Doch nach seiner Rückkehr steigen die alten Ängste erneut in dir hoch, und du bist so verwundbar wie zuvor. Du hängst dich wie eine Klette an ihn und machst dich ganz von ihm abhängig. Ich sehe, daß ihr ein oder zwei Kinder habt, und besonders deinem Sohn bist du eine sehr liebevolle Mutter. Für dich ist das eine unproblematische Beziehung, die dir deine Rolle als Frau erleichtert und dich selbstsicherer macht.

Auch die Beziehung zu deinem Mann, der dein einziger Partner bleibt, ist relativ gefestigt und glücklich, was in jenen Tagen nicht mehr so selbstverständlich ist. Doch gehörst du keineswegs zu den »emanzipierten Frauen«. Ich sehe, daß du eine Menge Zeit mit Lesen verbringst. Die Bücher werden dir zu einer Art zweiten Wirklichkeit. Hier kannst du deine abenteuerlichen Träume ausleben und deinem sehr konventionellen, ja festgefahrenen Dasein als Hausmutter den nötigen Ausgleich verschaffen. Und so seltsam es klingt, bist du – was die Entfaltung deiner Seele betrifft – ein großes Stück vorangekommen. Soweit wir aufgrund des heutigen Readings deine gesamte Entwicklung zu überblicken vermögen, ist das Leben, das wir gerade betrachten, dein bisher größter Erfolg. Du bist jetzt weitgehend mit dir selbst versöhnt, und es fehlt dir auch nicht an tieferen Einsichten. Du hast viel gelesen und dich mit vielen Dingen ernsthaft auseinandergesetzt. Der Krieger und auch der Mönch in dir sind zwar immer noch präsent, aber beherrschen dich nicht mehr so ausschließlich. Ich nehme an, daß diese Inkarnation die letzte vor deiner gegenwärtigen war.

Als du diesmal den Körper verläßt, scheinst du viel friedlicher und ruhiger zu sein. Was du im jetzigen Dasein noch lernen mußt, ist meines Erachtens die Fähigkeit, auch als Mann zu einer ähnlichen inneren Balance und emotionalem Reichtum zu gelangen. Denn jedesmal, wenn du glaubst, dich auf deine Männlichkeit berufen zu müssen, kommen diese alte Rivalenaspekte, dein Krieger-Ego, wieder zum Vorschein. Die Frage ist: Wie kannst du dies alles mit der anderen Seite deines Wesens vereinen: dem reinen Gefühl, nur dazusein, Zeit für dich selber zu haben, dich aus dem alltäglichen Kampf um Erfolg herauszuhalten, dich selbst zu erfahren und dich auf einer zeitlosen, irrationalen und rein gefühlsmäßigen Ebene zu bewegen? Ich denke, daß dir dies manchmal recht gut gelingt, zum Beispiel, wenn du mit deinen Kindern spielst ...

Ich werde mich jetzt noch einmal in deine Vergangenheit zurückversetzen. Irgend etwas scheint mich zu rufen. Es ist ein Dorf in Afrika mit den typischen Rundhütten aus luftgetrocknetem Lehm. Ich erkenne dich als hochgewachsenen, dunkelhäutigen Mann, dessen selbstbewußtes, würdevolles Auftreten mir besonders auffällt. Du bist sehr stolz darauf, ein Jäger und Krieger zu sein, und man merkt es dir an, daß du dein Handwerk beherrschst. Es sind dieselben Qualitäten, die dich bereits in einem früheren Leben geprägt haben: deine Wachsamkeit in der Wildnis, verbunden mit einer nahezu außersinnlichen Fähigkeit, den Tieren aufzulauern inmitten einer unberührten, natürlichen Umgebung – eine fast paranormale Situation. Das Aufstöbern wilder Tiere setzt eine Art Samadhi-Bewußtsein[1] voraus, und das ist es, was dich so auszeichnet. Du bist völlig im Einklang mit deiner jeweiligen Beute. Es ist eine unglaubliche Angelegenheit, und auch als Krieger leiten dich dieselben Instinkte. Der Kampf mit anderen Stämmen erfordert deine höchste Konzentration oder, genauer gesagt, die Fähigkeit, dich in Trance zu versetzen.

All diese Qualitäten, dein Stolz und deine Würde als Jäger und Krieger, umgeben dich mit einer besonderen Aura, die dich sogar in den Augen deiner Familie zur Respektsperson macht und deine Gefühlsäußerungen zuläßt. Deine Haltung gegenüber Frau und Kindern erinnert mich sehr an dein Leben und Wirken als Oberhaupt jener umherziehenden Familie im postfeudalen Europa. Für sie zu sorgen war die eine Sache, doch der Kämpfer zu sein, der die ganze Last familiärer Nöte auf seine Schultern nimmt und sich als alleiniger Beschützer der rauhen Wirklichkeit stellt, die an-

1 Samadhi: die höchste Stufe des Yoga (Anm. d. Übers.).

dere. In dieser einsamen Aufgabe lag eine gewisse Würde, die dir große Genugtuung verschaffte, aber auf Kosten deiner emotionalen Verwirklichung ging. Du warst somit ausgeschlossen aus dem symbiotischen Miteinander des Gebens und Nehmens und hast auch in deiner afrikanischen Existenz weder das eine noch das andere gelernt. Deine soziale Rolle beschränkte sich darauf, in einem rein materiellen Sinne der Ernährer deiner Familie zu sein.

Nun will ich versuchen, deine früheren Leben nach weiteren Verhaltensmustern zu überprüfen, denn bisher haben wir uns nur mit diesem einen beschäftigt. Doch ich merke schon jetzt, daß es sich bei allem, was da kommt, um bloße Wiederholungen handelt. Bei dem Versuch, eine imaginäre Lebenslinie durch all die Jahrhunderte deiner irdischen Erfahrungen zurückzuverfolgen, stoße ich irgendwann auf eine sehr düstere Epoche, die sich etwa ins frühe Mittelalter einordnen läßt, in der Tat, auf einige Beispiele großer Mühsal. Ich sehe dich einmal in einem Schloß Fußböden schrubben, als Dienerin der Adelsfamilie; ein andermal bist du eine häßliche Alte, hager und abgehärmt durch harte Arbeit und leidvolle Jahre. Ich erkenne dich aber auch in der Rolle eines Hufschmieds mit Frau und Kindern unter ähnlich mühseligen Bedingungen. Und trotzdem zeigt sich in all diesen Wesen eine gewisse Lebensklugheit, die freilich nicht ausreicht, um ihnen den Zugang zu den wirklichen Werten dieses Daseins und einem tieferen Glücksgefühl zu ermöglichen.

Nun, am Schluß meines Readings, das soviel bedrückende Tatsachen ans Licht brachte, kann ich dir dennoch eine erstaunliche Lebensenergie bescheinigen; denn trotz aller Mühsale und Nöte, Sorgen und endlosen Kämpfe hat sich im Kern deines Wesens ein unzerstörbarer Rest von Optimismus und Freude erhalten, ein Funke, der nie wirklich getrübt oder unterdrückt werden konnte. Nur hast du, als Seele, keine

Möglichkeit gesehen, ihm mehr Nahrung zu verschaffen, ihn zu einer Kraft werden zu lassen, die sich spürbar auf dein Leben ausgewirkt hätte. In deiner Vision war er immer vorhanden. Für dich war er, wenn man so will, das »Licht am Ende des Tunnels«, das nie erlosch und an dessen Existenz du auch nicht gezweifelt hast. Es waren die Widerwärtigkeiten des Lebens, die vielen Hindernisse bis zum Ende dieses Tunnels, deren Anblick dich erschreckte und dich fast resignieren ließ. Im Kern deines Wesens ist der Funke nicht erloschen, rein intuitiv bist du dir deiner Kräfte und deines spirituellen Potentials bewußt, nur gelang es dir nie, jenen Geheimcode zu finden, mit dem es dir möglich gewesen wäre, es zu erschließen.

Die Voraussetzungen hierfür wären gegeben, wenn du der weiblichen Seite deines Wesens eine Chance zur freien Entfaltung gewährtest und dich zu seinen Gefühlen bekennst. Laß sie ungehemmt fließen, um die Saat, die in dich gelegt ist, zum Keimen zu bringen. Laß ab von deinem männlich-intellektuellen Gebaren, dem strengen, verletzenden Stolz auf deine vermeintliche Unangreiflichkeit, und lerne, den spontanen, dunkleren, den chthonischen Mächten in dir zu vertrauen. Befreunde dich mit deinen Gefühlen, und akzeptiere sie als lebendigen Teil deines Selbst. Auf jeden Fall solltest du all diese Dinge bei der zukünftigen Gestaltung deines Lebens beherzigen ...

Hast du noch irgend etwas hinzuzufügen oder irgendwelche Fragen? Von mir aus können wir die Sitzung beenden ...

D: Das waren ja allerhand dicke Brocken – nein, ich weiß wirklich nicht, wie ich das alles verdauen soll (Gelächter). Und vielen Dank! Vielleicht hatte Emerson gar nicht so unrecht, als er sagte: »Die meisten Menschen verbringen ihr Leben in stiller Verzweiflung.«

C: Da fällt mir noch etwas ein, um noch einmal auf das

Wirken des Karmas in unserem Leben zurückzukommen. Denn wir kriegen nur, was wir begreifen. Vorgestern gab ich einem meiner Freude ein Reading und versuchte, seine verschiedenen Leben unter die Lupe zu nehmen. Es wird mir jetzt immer klarer, wieviel von unserer persönlichen Entscheidung, von unserem Glauben abhängt und davon, wie wir die Dinge wahrnehmen. Denn das bestimmt auch unsere zukünftige Entwicklung. Und ich frage mich: Wie können wir unsere Wahrnehmungen vertiefen? Das beschäftigt mich ständig, weil das, was mir das Leben enthüllt, gar nicht so rosig ist.

Irgendwie bleibt uns nichts anderes übrig, als unseren Blickwinkel zu erweitern – wenn wir aus unseren Träumen lernen. Es wäre falsch, uns aus dem Leben zurückzuziehen, indem wir uns auf gewisse Patentrezepte verlassen, die uns spirituelle Erleuchtung verheißen, oder zu glauben, mit einem Ego-Trip die erhoffte Bestätigung zu erlangen. Wir müssen die Dinge so sehen, wie sie sind. Und das ist das Schwierige an der Sache – wir können nicht einfach sagen: »Das ist gut, und das ist schlecht, das ist realistisch, und das ist unrealistisch, und das hat geistiges Format, und jenes andere ist von Übel«; es steht uns nicht an, über Wert oder Unwert zu entscheiden. Statt dessen sollten wir lernen, unser Bewußtsein wie einen klaren Spiegel zu gebrauchen und uns nicht zu sehr auf unsere Gefühle zu verlassen, die nie diesen Grad an Klarheit erreichen. Wir können mit dem, was wir wahrnehmen, nie völlig identisch sein. Und keine Glaubenslehre kann uns genau sagen, wer wir sind und wie die Welt auf uns einwirkt. Denn sie ist nur eine Projektion unserer Erfahrungen. Auf diese Weise können wir kein Karma hervorbringen.

Für meine Arbeit gebrauche ich folgende Hypothese: Sobald wir aufhören, unsere Projektionen für die reine Wahrheit zu halten, und uns nicht mehr auf unsere fragwürdigen Werturteile versteifen (die ja nur das Ergebnis unserer irregeleiteten Wahrnehmungen sind), wird deren Einfluß auf unser Denken und Fühlen allmählich nachlassen. Unser Bild von der Wirklichkeit hat mit der Wirklichkeit als solcher wenig zu tun; es ist nur eine Manifestation dessen, was wir zu sehen wünschen oder zu sehen vermeinen.

Vielleicht kann ich dir in einem späteren Leben bei einer Tasse Tee darüber berichten, ob sich die Hoffnungen, die ich an meine Theorie knüpfe, erfüllt haben.

Diana

Diana war zu der Zeit, als dieses Reading stattfand, noch mit Dan, der mich erst kurz zuvor aufgesucht hatte, verheiratet. Wenige Wochen danach waren sie bereits geschieden.

Als ich Diana das erste Mal traf, kochte sie förmlich vor Wut auf ihren damaligen Ehemann, und dieses Unbehagen hatte ihr schon viele Jahre zu schaffen gemacht und war vermutlich der Auslöser ihrer schmerzhaften Arthritis. Als die beiden sich kennenlernten – und das liegt nun schon dreizehn Jahre zurück –, war Diana mit größtem Eifer dabei, ein hölzernes Segelboot älterer Bauart zu restaurieren und hat diese recht schwierige Arbeit fast ohne fremde Hilfe geschafft. Danach taufte sie es auf den Namen »Tantra«.

Sie war viel zu eigenständig, um sich je ernsthaft mit dem Gedanken an eine engere Beziehung zu befassen, bis sie plötzlich feststellen mußte, daß sie in anderen Umständen war. Von diesem Zeitpunkt an begann Dan, ihr mit großer Begeisterung bei der Arbeit am Boot zu helfen, das etwa gleichzeitig mit der Geburt ihres gemeinsamen Sohnes fertig war. Nach einer weiteren Schwangerschaft stellten die beiden fest, daß sie unmöglich noch weiterhin mit ihrem Segelboot in See stechen konnten, und beschlossen, das Prachtstück zu verkaufen und ein Haus in den Bergen West Virginias zu erwerben. Dort wurde ihr zweites Kind geboren. Doch mit dem Verzicht auf ihr geliebtes Boot und dem Verlust der ursprünglichen sexuellen Attraktivität ihrer Beziehung machte sich Diana kaum noch Illusionen über eine gemeinsame glückliche Zukunft. Ihr Groll gegenüber Dan wuchs von Tag zu Tag.

Kurz nach meinem Reading für Dan hatte sich Diana Hals

über Kopf in einen anderen Mann verliebt (in die »große Liebe ihres Lebens«, wie sie es nannte), der aber kein Verhältnis mit einer verheirateten Frau eingehen wollte. Da sie wegen ihrer langjährigen Ehe in Gewissenskonflikte geriet, bat sie mich um ein Reading über ihre Beziehungen in früheren Inkarnationen, um daraus Rückschlüsse für ihre gegenwärtige schwierige Situation zu ziehen. Das etwas boshafte, aber doch so feurige Gefunkel ihrer Augen verriet mir ihre innere Erregung, aber auch die Entschlossenheit, diesen Kampf durchzustehen. Es ging ja um mehr als ihr nur mütterliches Interesse an Dan; sie wußte zu gut, wie unwiderruflich ihre tiefe Liebe zu Robert war. Aber sie hatte drei Kinder und kein ausreichendes Einkommen. Und an die Reaktion ihrer Eltern und Schwiegereltern wagte sie überhaupt nicht zu denken. Ich habe Diana noch nie so verzweifelt gesehen wie an diesem Tag, als wir uns fluchtartig in das obere Stockwerk ihres Haus zurückzogen, um dem Lärm der spielenden Kinder zu entgehen. Obwohl meine etwa vierzigjährige Freundin vor der wahrscheinlich folgenreichsten Entscheidung ihres Lebens stand, glaube ich doch sagen zu können, daß dieses Reading sie mit dem Mut und der Einsicht versah, die allein es ihr möglich machten, der Stimme ihres Herzens zu folgen.

C: Laß uns gleich zu Beginn in jene frühe Lebenszeit zurückblicken, in der du zum ersten Mal mit Dan verbunden warst. In einer matriarchalischen Kultur bist du die Frau, und Dan ist der männliche Gefährte. Als Führerin in dieser sehr frühen Gesellschaft sind dir eine ganze Anzahl von Männern unterstellt, für deren Wirken und Tun du verantwortlich bist. Drei oder vier davon sind zu deiner persönlichen Verfügung – man könnte sagen zu Dienern – ausersehen. Auch Dan gehört zu ihnen, und er ist fast wie ein kleines Hündchen, das gehätschelt werden will und dich nicht aus den Augen läßt. Du findest Gefallen an seiner treuen Ergebenheit und seinem liebenswerten Charakter, denn deine anderen Männer gebärden sich oft als sehr aufsässig und lassen sich nichts gefallen. Aber Dan ist stets für dich da, und irgendwie bist du auf seine bedingungslose Zuneigung angewiesen.

Dein damaliges Selbst ist deinem jetzigen in vieler Hinsicht vergleichbar. Du hast tausend Dinge im Kopf und befindest dich ständig im Streß, weil du glaubst, alles auf einmal erledigen zu müssen. Und wiederum ist es Dan, der dich zu trösten vermag und deine innere Unruhe besänftigt.

Da ist noch ein anderes wesentliches Moment, das deine Beziehung zu ihm verständlicher macht. Hierzu muß ich noch ein wenig weiter in deine Vergangenheit zurückgehen. Denn deine Seele kommt aus einer anderen Dimension und hatte ursprünglich den Auftrag, den Zustrom der Seelen während der atlantischen Epoche zu koordinieren. Aber Dan war bereits ein irdisches Wesen und erweckte sofort deine mütterlichen Instinkte, und dies wurde zum bestimmenden Faktor in deinem matriarchalischen Leben. Ihr wart damals auch kein Liebespaar – Dan war lediglich einer deiner Wächter, und an diesem spezifischen Verhältnis hat sich zwischen euch auch später nichts mehr geändert.

Okay, gehen wir jetzt noch ein Stück weiter voran in dein nächstes Leben mit Dan. Hier erblicke ich dich als eine Lehrerin in Indien. Es handelt sich auch hier um eine matriarchalische Gesellschaft, die von alten tantrischen Vorstellungen geprägt ist. Auch deine geistigen Wurzeln sind tief darin verankert und verleihen dir eine weitgehende emotionale Unabhängigkeit. Als Seele neigtest du einst dazu, dich für deine Wächter, mehr als vielleicht notwendig war, verantwortlich zu fühlen, und warst ausschließlich auf die Ergebnisse deines Wirkens bedacht. Doch hier, unter tantrischen Bedingungen, zentrierst du dich ganz auf die inneren Energien, und allein schon von deinem philosophischen Ansatz her geht es dir weniger um den äußeren Erfolg.

Dan ist einer deiner begeisterten Anhänger, und du hast ihn in die tantrischen Lehren eingeweiht, die ihn nicht sonderlich interessieren. Ihm genügt es schon, dein Diener zu sein. Er trägt noch immer das Karma aus eurer früheren Beziehung mit sich und engagiert sich nicht wirklich für spirituelle Dinge; er möchte nur an deinen Rockzipfeln hängen. Darüber bist du ziemlich verärgert, was zu ernsthaften Spannungen zwischen euch beiden führt. Je mehr du dich ihm verweigerst, desto mehr versteift er sich auf seine vermeintlichen Rechte, genauso wie einst in Atlantis dein Vertrauter zu sein, und klammert sich immer mehr an dir fest, bis es schließlich zu einem Machtkampf zwischen euch beiden kommt, und du ihm voll Zorn dein Haus verbietest. Schon bald aber steigen die alten mütterlichen Gefühle wieder in dir auf, und du machst dir bittere Vorwürfe. Dein Karma aus atlantischen Zeiten kommt wieder zum Tragen, und du sorgst dich um ihn und läßt ihn durch deine Agenten beobachten, bis du ihn eines Tages aus den Augen verlierst. Doch deine Schuldgefühle wirst du nie ganz los und fragst dich ständig, ob es richtig war, einen so hilflosen Menschen seinem ungewissen Schicksal zu überlassen.

Dieses bedrückende Gefühl beherrscht dich auch weiterhin bis ans Ende deines damaligen Lebens. Obwohl du dich in deiner tantrischen Philosophie so geborgen fühlst, läßt dich dein Unterbewußtsein nicht zur Ruhe kommen. Die alten Muster einer gegenseitigen Abhängigkeit, die du offensichtlich mißachtet hast, sind tief in dir eingeprägt, auch wenn sie in Wirklichkeit nur eine Randerscheinung darstellen.

Dan hingegen fühlt sich von dir verstoßen und in seinen Gefühlen zutiefst verletzt. Er kann sich überhaupt nicht erklären, was in dir vorgegangen ist. Um weiterleben zu können, muß er versuchen, die Vergangenheit zu verdrängen und sich als emotionaler Krüppel irgendwie durchzubeißen.

In einer späteren Inkarnation sehe ich euch beide erneut vereint, allerdings mit vertauschten Rollen. Du bist der Mann, und er ist die Frau. Hoch aufgeschossen und etwas schlaksig erblicke ich dich in einer Blockhütte an einer Art Werkbank sitzend. Du bist kaum älter als zwanzig, und wahrscheinlich ein Uhrmachergeselle. Als solcher schraubst du an irgendeinem Werkstück herum. Die Arbeit ist so eintönig und mühsam und macht dich ziemlich nervös.

D: Mir kommt das alles unheimlich bekannt vor. Ich habe ständig mit Uhren zu tun und habe dabei das Gefühl, als ob mein Dasein von einer Macht beherrscht wäre, die ich nicht anwenden kann. Das versetzt mich in Angst und Schrecken. Und ich weiß, daß mein Leben zu Ende geht. Ich sehe meine Ausbeuter vor mir. Es sind Holzfäller, eine ganze Armee von Holzfällern, die auf mich zukommen. Zunächst sind sie noch weit entfernt, noch hinter den nächstliegenden Hügelketten, doch ich sehe sie schon. Und dann kommen sie immer näher, so nah, daß ich genau erkenne, was vor sich geht. Sie haben etwas Grobes, etwas Ungezügeltes an sich, was ich an Männern noch nie erlebt habe. Ich weiß nicht, wer sie wirklich sind, sie sind aber aus dieser Gegend. Es sind keine Fremden, keine Ausländer, doch sie sind nicht die Sorte von Männern, wie ich sie gewohnt bin. Sie haben etwas Ordinäres, das mich in Panik versetzt.

Es hat auch mit den Uhren zu tun. Ich versuche, eine Taschenuhr zu reparieren, doch es gelingt mir nicht, und ich bin völlig entnervt. Ich habe eine schlimme Vorahnung. Eine ganze Weile beobachte ich diese Männer und gehe ihnen immer weiter entgegen. Auf einmal bin ich mitten unter ihnen (dies ist mir nicht im Moment eingefallen, es beschäftigt mich schon sehr lang); ich merke nur noch, wie ein Baum auf mich zustürzt und daß ich ihm nicht mehr entkommen kann. Als ich bereits tot bin, höre ich mich noch sagen: »Gott sei Dank, daß ich dieses Leben hinter mir habe, ohne mich schuldig gemacht zu haben.« Ich dachte noch an Dan (er war ja die Frau, mit der ich damals verheiratet war) und besonders an meine Kinder, aber hatte nicht das Gefühl, für sie verantwortlich zu sein. Sie würden schon ohne mich auskommen. Ich empfand überhaupt keine Schuld, sie verlassen zu haben. Der Tod war eine große Erleichterung nach all dem, was mir in diesem Leben widerfahren war.

C: Hast du noch Erinnerungen an jene Ehe mit Dan?

D: Es war eine schöne und eine glückliche Zeit, ganz ohne Spannungen. Wir haben uns wirklich geliebt. Dan war sehr fürsorglich. Es gab keine Probleme in unserer Beziehung. Ein einfaches, aber behagliches Leben in einem bescheidenen Blockhaus. Es war alles so ruhig um uns, bis dann eines Tages diese fremden Leute aufkreuzten. Du weißt ja, ich konnte nicht herauszufinden, worum es eigentlich ging. War es eine Straße oder nur eine Schneise, die sie durch den dichten Wald schlugen? Da waren viele Lastwagen und das Bauholz, und dann das Eisen, aus dem sie eine riesige Maschine errichtet haben – viel zu groß für ein landwirtschaftliches Gerät. Ich habe den Verdacht, daß sie ein neues Terrain für ein Industrieunternehmen vorbereiten wollten. Und wir konnten nichts dagegen tun, es war ein so bedrückendes Gefühl. Und daß ich in diesem Moment den Körper verlassen durfte, war ungeheuer wichtig für mich, weil ich bis zum Ende ein ungetrübtes Dasein geführt hatte, ein ganz einfaches Leben, das nur meiner Familie gehörte, ganz ohne besondere Ausbildung, ohne Schulen, ohne höhere Weihen und auch nicht im Dienst irgendeiner Hierarchie.

C: Es ist interessant, daß dein Bericht über die damalige Beziehung zu Dan mit meinen eigenen Wahrnehmungen so genau übereinstimmt. Ich sehe, daß du dich ganz deiner Familie gewidmet hast, und auch Dan war eine gute Familienmutter. Er war wirklich sehr uneigennützig und war nur für dich und die Kinder da.

D: Bis jetzt wußte ich gar nicht, daß Dan meine damalige Frau war. Ich habe es erst von dir erfahren.

C: Sollen wir weitermachen? Ich sehe euch noch einmal verheiratet, doch diesmal andersherum. Jetzt bist du die Frau. Ich weiß nicht genau, wo sich das abspielt. Ich habe den Eindruck, daß ihr um euer Leben zu kämpfen habt. Ich sehe euch Sandsäcke herbeischleppen, es ist eine große Überschwemmung, und ihr müßt das Land vor der Flut verteidigen. Du bist besonders aktiv, und es scheint mir, als ob du die Lage besser im Griff hättest. Du gibst Dan ständig Anweisungen, damit er nicht schlappmacht. Aber es widerstrebt dir, daß er sich seiner männlichen Verantwortung entzieht. Ich erkenne noch immer nicht, wo das wirklich geschieht. Ich glaube, es ist in Australien, im australischen Busch, und es geht um Leben und Tod. Ich sehe viele Zäune und Viehweiden, und niemand ist da, der sich wirklich verantwortlich fühlt. Dan ist so ungeschickt, es ist unglaublich, wie er sich verhält. Es kommt mir so vor, als ob ihr die Rollen vertauscht hättet und du sein Vorarbeiter wärst. Ihr seid Eheleute, aber er ist dir nicht ebenbürtig – im Gegenteil, er ist völlig abhängig von dir, vor allem in emotionaler Hinsicht. Er ist fast wie ein Kind.

Im Verlauf der Jahre hat sich in dir aus all diesen Gründen eine Menge Groll aufgestaut. Dir ist aber auch klar, daß du an dieser mißlichen Lage nichts ändern kannst, und so setzt du voller Unmut dein Leben nach diesem Schema fort. Im damaligen Australien gab es für dich gar keine Alternative.

Es war eine ganz andere Zeit. Die Menschen waren sehr ortsgebunden, das Leben war hart, und Freiheit im heutigen Sinne gab es noch nicht. Und auf den Gedanken, Dan zu verlassen oder ihn irgendwie loszuwerden, wärst du erst gar nicht gekommen. Du weißt, was ich meine – du warst buchstäblich eingesperrt.

Eine Menge dieser negativen Energien hat sich auf dein heutiges Leben mit Dan übertragen, und so gibt es eine verblüffende Ähnlichkeit zwischen eurer damaligen und eurer gegenwärtigen Beziehung, obgleich ich den Eindruck habe, daß Dan etliche Fortschritte gemacht hat und sich inzwischen – zumindest auf physischer Ebene – mehr Mühe gibt, dir bei der Arbeit zu helfen. Denn besonders in diesem Punkt bestand ja die Unausgewogenheit in eurer australischen Beziehung. Emotionale Probleme spielten noch gar keine Rolle, wo es allein ums nackte Überleben ging und du die Hauptlast zu tragen hattest. Und das war es ja schließlich, was dich so zornig machte. In eurem gegenwärtigen Leben hat sich die Unausgeglichenheit eher auf eine emotionale und spirituelle Ebene verlagert.

Eure australische Beziehung ist noch durch das uralte Muster der Abhängigkeit bestimmt: Wie in matriarchalischen Zeiten fühlte sich Dan unter deiner Vorherrschaft geborgen, und so hast du ihn auch letztendlich benutzt; du brauchtest jemanden, der dir zur Seite stand, und er war da. Auf diese symbiotische Weise entwickelte sich zwischen euch eine ganz spezifische Form des Zusammenlebens.

Nun erscheint mir ein weiteres Bild vor meinem inneren Auge. Ich sehe dich in einer weiblichen Existenz mit ganz ähnlichen Mustern. Ich sehe einen Bach von den Bergen herabkommen – es könnten die Ozarks sein oder andere Hügelketten Virginias. Es ist kein großes Gebirge. Du befindest dich inmitten von Cowboys und Autos, und trägst einen langen Rock und die typischen Arbeitsstiefel. Ringsum sind die Höfe von Farmern, aber mir scheint, daß du nicht zu den Reichen zählst und einen harten Kampf ums Dasein zu führen hast. Du wohnst in einem weißen Haus mit Wänden aus Profilholz, keine Blockhütte wie damals. Du lebst ganz allein, und ich vermute, daß du dieses Anwesen von deinen Eltern geerbt hast und nun niemand mehr da ist, der es dir bewirtschaften hilft. Ich sehe Hühner herumlaufen, und mir ahnt, daß du eine Schwarzbrennerei betreibst, um dein schmales Einkommen aufzustocken. Du bist eine rauhe Frauensperson und machst es den Jungs in der Stadt nicht leicht. Du hast Pferd und Wagen, und ich sehe, wie du den »Moonshine« (den heimlich gebrannten Schnaps) zu deinen städtischen Kunden bringst.

Ich nehme an, daß Dan auch dazugehört. Er ist einer der Männer, die sich überall herumtreiben und den Mund vollnehmen, sobald sie dich in der Stadt erblicken. Du weißt, wie schwer es ist, so ganz allein auf der Farm zurechtzukommen, und wie schön es wäre, einen Mann an der Seite zu haben. Aber diese Jungs in der Stadt sind rassistische Machotypen, wie sie überall in den Südstaaten zu finden sind, auch wenn Dan nicht zu den ganz Üblen gehört. Er hat noch immer diese Hündchenmentalität und ist relativ harmlos. Du versuchst, ihn ein wenig um deine Finger zu wickeln, ehe du dich ernsthaft auf seine unverhohlenen Absichten einläßt.

Am Ende sehe ich euch beide gemeinsam auf der Ranch arbeiten. Aus eurer oberflächlichen Bekanntschaft ist eine intime Beziehung geworden, und dennoch bist du nicht mit deinem Herzen dabei. Du nimmst seine Dienste in Anspruch, hältst dich aber weitgehend zurück. Du läßt ihn spüren, daß du die »Matriarchin« bist.

Ihr habt bald gemeinsame Kinder, die dir im Grunde gar nicht willkommen sind, weil sie eine zusätzliche, dir allein aufgebürdete Verantwortung darstellen. Du mußt nicht nur für ihr leibliches Wohl sorgen, sondern auch Dan bei der Stange halten, obwohl es ihm überhaupt nicht behagt, noch weitere Aufgaben, die du wegen der Kinder nicht bewältigen kannst, zu übernehmen. Die Situation spitzt sich immer mehr zu, und du hättest nie gedacht, daß es je zu so einer Entwicklung, die du nie beabsichtigt hattest, kommen würde.

Glaubst du, daß die Muster, in die du noch heute mit Dan verstrickt bist, dir etwas klarer geworden sind? Sollen wir jetzt zu einem anderen Thema übergehen?

D: Mir klingt das alles sehr vertraut. Ich würde jetzt gern mehr über Robert und mich erfahren.

C: Was mir an deinem Verhältnis zu Robert besonders auffällt, ist die Bereitschaft, mit der du auf ihn und seine spirituellen Neigungen reagierst. Es ist dieselbe geistige Frequenz, so daß ich vermute, daß ihr beide in einer völlig anderen Dimension beheimatet seid.

Ich bin fast überzeugt, daß ihr euch schon lange vor diesem Leben gekannt habt oder sogar aus der gleichen Seelenfamilie gekommen seid und die gleichen Lehrer gehabt habt. Auf jeden Fall verbindet euch eine gemeinsame Vergangenheit, so daß Robert gewissermaßen dein großer Bruder ist. Soweit ich erkennen kann, hast du stets zu ihm aufgeblickt und warst in dieser vorirdischen Beziehung sehr abhängig von ihm. Er war viel mehr auf sich selbst bezogen – nicht in einem egoistischen Sinne, er war einfach eigenständiger, eine in sich abgerundete Persönlichkeit. Er hat ein sehr ausgeglichenes Wesen und hat es nicht nötig, viel nach außen zu blicken. Gefühlsmäßig ist er von anderen überhaupt nicht abhängig – so etwas wäre bei ihm nicht denkbar. Und obwohl er dich mag und du dies auch weißt, hattest du dir mehr persönliche Zuwendung von ihm erhofft. Und dieser Mangel bringt dich ein wenig aus deinem inneren Gleichgewicht.

Es scheint, als ob du in deinem frühen Seelentraining kein wirkliches Selbstwertgefühl entwickelt hättest. Stets glaubtest du, den Anforderungen, die man an dich stellte, nicht gerecht zu werden, und jede Aufgabe schien dir zu schwer. Es fehlte dir einfach an Selbstvertrauen. Ich erkenne darin die Wurzeln deiner noch immer andauernden Zerstreutheit, deiner Unfähigkeit, dich auf etwas zu konzentrieren. Stets hast du Angst, deine Aufgaben nicht richtig zu erfüllen, und springst von einer Sache zur anderen, weil du glaubst, du hättest so viel zu tun, daß du alles auf einmal anpacken mußt, und du verzettelst dich um so mehr. Du konzentrierst dich nicht auf deine Arbeit, sondern auf deine Ängste.

Als du mit Robert auf den inneren Ebenen zusammenwarst, hast du ihn wegen seiner Ausgeglichenheit fast wie ein höheres Wesen betrachtet. Du hast in ihn all die Erwartungen gesetzt, die du in dich selbst hättest setzen müssen. Du meintest, er müßte dir all dies geben, was du in dir nicht zu finden glaubtest – aber ist dir damit geholfen?

D: Ich glaube nicht, daß dies alles so auf mich zutrifft, aber ich kann mir vorstellen, was du damit sagen willst. Jedenfalls sollte ich in diesem Punkt mehr auf mich achtgeben, obwohl es mir nicht hundertprozentig einleuchtet. Ich muß erst mal darüber nachdenken ...

Was meine gegenwärtigen Beziehungen – zum Beispiel mit Robert – betrifft ... ich meine, was ich Robert gesagt habe, als wir uns gerade erst kennengelernt hatten ... ich sagte: »Ich bewundere deine Gelassenheit.« Diese Gelassenheit, die mir so erstaunlich erschien, die gab mir gleich ein so gutes Gefühl, eine innere Sicherheit. In einem anderen Menschen so etwas zu finden, das erzeugt ein Gefühl der Geborgenheit. Es ist einfach schön.

C: Und was verstehst du unter »Gelassenheit«?

D: Gelassenheit? Na ja ... Ausgeglichenheit. Ein ausgeglichenes Gemüt und ein ausgeglichener Geist. Ungestört, in sich ruhend und auf alles gefaßt.

C: Wenn ich es genauer betrachte, dann erkenne ich in den Gefühlen, die sich hinter deinen Worten verbergen, einen sicheren Hinweis auf etwas, das du in deinen anderen Beziehungen mit Männern vermißt hast. Durch deine frühere Begegnung mit Robert – ich meine, bevor du auf diese Erde gekommen bist – warst du mit ihm bereits so vertraut – ich will nicht sagen »abhängig« von ihm –, daß dies einen Einfluß auf all deine Beziehungen mit Männern gehabt hat. Du hast dir mehr von ihnen erwartet und warst plötzlich gezwungen, die Stärkere zu sein, und die Männer, denen du hier auf Erden begegnet bist, verfügten eben nicht über diese Stärke oder Gelassenheit. Um so mehr hat dir dies gefehlt. Verstehst du, worauf ich hinauswill?

D: Ich muß ja zugeben, daß ich im Moment ziemlich frustriert bin, aus völlig ersichtlichen Gründen. Und ich bin jetzt dabei, mich nach jemandem umzusehen, der ein bißchen älter und ein bißchen weiser ist, und zwar deshalb, weil ich dadurch auch ein wenig vorankomme. Ich habe es allmählich satt, stets auf dem Sprung sein zu müssen, wenn andere mich brauchen, oder meinen männlichen Partnern ständig als Blitzableiter zu dienen. Ich habe genug für andere getan, und in Wirklichkeit ist ihnen ja gar nicht geholfen, wenn sie von mir so bemuttert werden. Und du weißt ja, wie lange das schon so geht. Es ist immer das gleiche Spiel, ein Schema, das sich schon immer festgefressen hat. Es ist höchste Zeit, daß ich mich mit einigem Anstand aus der Sache herausziehe. Was will ich nun eigentlich? Ich habe siebzehn glanzlose Jahre mit Dan verbracht. Es war keine Spannung mehr in unserer Beziehung. Ich möchte, daß es mal wieder so richtig funkt. Ich warte darauf, und ich habe es mir verdient. Wenn ich es nur einmal wieder erleben könnte, das würde mir für die nächsten Jahrzehnte genügen ... Ich war immer so umgänglich, so entgegenkommend, all die langen Jahre.

C: Was deine Gefühle für Robert betrifft – ich denke, sie sind wirklich authentisch und kommen aus deinem tiefsten Inneren. Drum laß uns jetzt in deinem irdischen Leben nach jenen Erfahrungen suchen, die euch beide in früheren Existenzen vereint haben.

Eine solche Gemeinschaft zwischen Robert und dir kann ich im antiken Griechenland erkennen. Er ist der Aktivere von euch beiden und ganz seinen Aufgaben als Priester zugewandt. Obwohl auch du eine Priesterin bist, kreist dein Denken und Fühlen nur um seine Person. Er spürt diese Energien in dir, aber reagiert nicht darauf. Er nimmt sie stillschweigend hin, aber unterstützt sie nicht. Es ist eine großartige Haltung, die er da einnimmt: Er weist dich nicht ab, noch zieht er dich zu sich hinüber. Es ist seine Gelassenheit, die hier zum Ausdruck kommt. »Gelassenheit« ist eine sehr zutreffende Bezeichnung.

Die Tempelszenerie ist sehr idyllisch. In dieser Umgebung empfindest du eine tiefe Liebe für Robert und sehnst dich nach seiner persönlichen Nähe, aber der gesellschaftliche Kontext läßt keine intime Beziehung zwischen Priester und Priesterin zu, und Robert ist sehr darauf bedacht, diese Gebote einzuhalten. Alles, was du erreichen kannst, ist eine Tochter-Vater- oder auch Schwester-Bruder-Beziehung, und du machst ihn zu deinem großen Idol und suchst seine Anerkennung. Dieses Muster scheint sich ziemlich konstant bis zum Ende eures priesterlichen Lebens – und ohne Zwang und Verstellung – zu bewähren.

Doch laß uns noch ein anderes Leben näher betrachten. Es führt uns weit bis nach Atlantis zurück. Bereits in Atlantis findet eure erste Begegnung statt. Es ist keine enge Beziehung, es ist eine deiner frühesten Erdenerfahrungen, die deine volle

Konzentration und deinen ganzen Einsatz verlangt, denn du hast hier eine bestimmte Aufgabe zu erfüllen. Wahrscheinlich hast du dich mehr engagiert, als man von dir erwartete, und dir keine Zeit für persönliche Angelegenheiten gegönnt. So bestand auch kein Anlaß für emotionale Abenteuer. Die damaligen Wesen waren die erste Saat für spätere menschliche Manifestationen, und es bedurfte noch vieler Erdenreisen, um sie voll zu entwickeln. Die Erfüllung dieser Aufgabe war dein einziges Interesse, da war für Gefühle kein Platz. So hat sich zwischen dir und Robert fast nichts ereignet – es sei denn, das gemeinsame Bestreben, zusammen mit vielen anderen Seelen an den euch gesetzten Zielen zu arbeiten. Allein die Tatsache seiner bloßen Präsenz verlieh dir die Sicherheit, die du zuvor schon auf den inneren Ebenen in seiner Nähe verspürt hast, als eure Seelen Teil einer einzigen spirituellen Energie waren. Es genügte, daß er da war, und bedurfte daher keiner besonderen Bestätigung – verstehst du, was ich meine? Es ist wichtig zu wissen, daß seine Präsenz das allein Ausschlaggebende war, denn dies ist der eigentliche Kernpunkt unseres heutigen Gesprächs.

Okay, laß uns sehen, inwiefern dieser spirituelle Aspekt auch für eure anderen gemeinsamen Existenzen maßgebend war. Ich sehe ein weiteres Leben voll geistiger Energie. Kannst du dir vorstellen, einmal als Nonne auf Erden gewesen zu sein? Ich sehe Robert als katholischen Geistlichen in einer ziemlich gehobenen Position, vermutlich ein Bischof – und ein Medium von unglaublicher spiritueller Energie. Hingegen kommt mir dein irdischer Auftritt eher wie eine emotionale Bruchlandung vor. Schon zu Beginn vergräbst du dich förmlich in all die Versagungen und Frustrationen, die du aus vielen vorangegangenen Existenzen auf dieses Leben überträgst, und projizierst sie in deine Gottesvorstellung. In Gott glaubst du deine Wunschträume von jenem idealen Mann realisiert zu sehen, der sich dir in deinen vielen Lebenszeiten auf der Erde hartnäckig entzogen hat: den perfekten Vater, Liebhaber und männlichen Partner autoritativer Prägung.

Die patriarchalischen Strukturen der Kirche machen dir wegen deines matriarchalischen Hintergrunds ziemlich zu schaffen. Die sich daraus ergebenden Einschränkungen und Gebote widersprechen deinem tieferen Verständnis von Spiritualität. Es ist wie ein Double-bind für dich, eine wahre Tortur, und endet damit, daß du dich selbst für all diese unkontrollierten Wünsche, Gedanken und Gefühle verantwortlich machst und in Schuldgefühle verstrickst. Zur Buße erlegst du dir noch härtere religiöse Exerzitien auf.

Der Höhepunkt dieses krankhaften Szenariums ist Roberts Erscheinen auf dieser Lebensbühne – jenes Roberts, in dem du damals das Muster tiefster menschlicher Spiritualität erblickst und den du in seiner kirchlichen Machtposition zu verehren, aber auch zu lieben beginnst. Somit vereinen sich in dir all die Ungereimtheiten der christlichen Moral. Nunmehr hast du dieses herrliche Idol vor Augen, das du zur Idealfigur deines spirituellen Strebens und zur labenden Quelle deiner ungestillten Sehnsüchte machst. Auf persönlicher Ebene ist Robert dort ferner denn je. Anders als im griechischen Leben stellt er strenge Bedingungen an euer Zusammensein, falls er es überhaupt zuläßt, denn ihn erstrecken deine irrationalen Gefühlsansprüche. Es ist nicht einfach für ihn, die strengen Gebote der Kirche, denen er sich unterwirft, einzuhalten. Auf diese Weise wirst du ihm ein Hindernis auf seinem geistlichen Pfad.

In deinem Gefühlstumult versuchst du, bei ihm Trost und Unterstützung zu erhalten, aber die Unterschiede eurer sozialen Positionen durchkreuzen deine hohen Erwartungen und auch deine noch so ehrlichen Absichten. Dennoch, auf eine eher hinterlistige Art gelingt es dir, ihn psychisch zu beeindrucken mit dem Erfolg, daß du dich in plötzlicher Reue einer nahezu sadomasochistischen Selbstzüchtigung aussetzt, wovon auch Roberts Unterbewußtsein nicht unberührt bleibt. Doch auf rationaler Ebene ist ihm dein Verhalten höchst unerklärlich. Eine offene, persönliche Aussprache ist euch verwehrt; du kannst nicht einfach hingehen und dich mit ihm über deine Probleme unterhalten, noch kann er dich auf die alltäglich-unverfängliche Art fragen: »Geht es dir gut? Wie fühlst du dich heute?« Euer Milieu ist von gesellschaftlichen Zwängen geprägt. Einem Priester ist es nicht erlaubt, mit einer Nonne x-beliebige Gespräche zu führen. Das würde ihn vor der Obrigkeit suspekt machen.

Es gibt eine lange Liste von Gegenständen, die schlechthin tabu sind, und die meisten von ihnen betreffen Dinge, mit denen du dich auseinanderzusetzen hast. Doch unbeschadet all dieser äußeren Auflagen, die eine Unterdrückung deiner Gefühle verlangen, besteht nach wie vor die unumstößliche Tatsache eurer Integrität als zwei verwandte menschliche Wesen, und das hat letztendlich positive Auswirkungen auf eure weitere Entwicklung. Die etwas verquere Qualität eurer gemeinsamen Erfahrungen war euch nicht wirklich bewußt, sie gehörte fast in den Bereich des Übersinnlichen.

Robert verlor nie seine spirituelle Mitte, und trotz aller Traditionen hielt er an seinen Gefühlen für dich fest. Das Erstaunliche war, daß selbst dich deine Frustrationen nicht daran hinderten, nach jenem Teil deines Selbst zu suchen, dessen Entfaltung das christliche Dogma eher im Wege stand. Letztendlich erschien es dir unumgänglich, deine innere Gelassenheit und spirituelle Verwurzelung zurückzugewinnen. Dies war dein tiefstes Anliegen, das sich wie ein roter Faden durch all deine Bemühungen zog. Sagte ich nicht bereits, daß dieses Leben von starken Energien geprägt war? Deine eigentliche Stärke manifestierte sich in deiner ungeheuren Anstrengung, zur spirituellen Mitte deines Wesens zurückzufinden. Diese Qualitäten mußtest du nun in dich selbst introjizieren, so, wie du sie vorher auf Robert projiziert hattest.

Die Bilder von all diesen Existenzen erreichen mich nicht in chronologischer Abfolge, vielmehr nach der Vorrangigkeit bestimmter Lebensmuster. Nun erkenne ich eine Existenz, in der deine Beziehungsprobleme eine vordringliche Rolle spielen. Es hat den Anschein, als ob du und Robert in Japan verheiratet wäret. Er ist Mitglied des kaiserlichen Hofstaates im Rang eines hohen Regierungsbeamten und hat sich durch seine Tüchtigkeit und Integrität ein beträchtliches Ansehen erworben. Und wieder repräsentiert er jene Gelassenheit und Zurückhaltung, die schon in anderen Lebenszeiten für ihn so kennzeichnend waren. Als seine Ehefrau hast du dich gemäß dem japanischen Sittenkodex ihm völlig zu unterwerfen, obwohl Robert nie auf seinen männlichen Vorrechten besteht. Im großen und ganzen fügt er sich den kulturellen Gepflogenheiten, aber läßt sich nie zu einem Mißbrauch seiner Privilegien verleiten – wie gesagt, er akzeptiert auf seine gelassene Art die bestehenden Fakten, mit denen du dich jedoch nicht ohne weiteres abfinden kannst, und schon gar nicht mit der Tatsache, daß Robert zu den höchsten Repräsentanten dieses streng patriarchalischen Systems gehört. Dennoch läßt du deinen Unmut nicht an ihm persönlich aus. Es ist interessant, diese Widersprüche in dir zu beobachten: einerseits die große Liebe und Ergebenheit, die du Robert erweist, andererseits dein Zorn auf die gesellschaftlichen Normen, die dir als Frau keine Rechte zuerkennen. Für dich ist dies ein echter Konflikt, in dem sich die Intensität deiner positiven Gefühle für Robert und die deiner negativen Einstellung zur äußeren Umwelt die Waage halten.

Es gibt Augenblicke, in denen dein Groll – gemessen an den Frustrationen deines früheren Nonnendaseins – auch für

Robert zur Herausforderung wird, wobei der viel engere, alltägliche Kontakt zwischen euch beiden ebenfalls seine Wirkung zeigt. Robert bleibt verhalten und versucht nie, dir deinen Unmut heimzuzahlen. Zuweilen verläßt er mit zusammengepreßten Lippen die gemeinsame Wohnung, bis der häusliche Friede wieder eingekehrt ist. Hierin erkenne ich eines deiner hervorstechendsten Verhaltensmuster; offenbar kannst du nicht anders, als deinen Zorn an denen auszulassen, die nach deiner Meinung für die repressiven Normen dieses Systems mitverantwortlich sind. Für dich steht mehr auf dem Spiel als diese äußeren Konflikte, denn durch sie ist auch deine Liebe gefährdet. Für euch beide ist dieses Leben – die Bewältigung eurer Probleme – von ungeheurer Tragweite. Doch rückblickend würde ich sagen, daß es im Endergebnis sehr positiv war. Die Stimme deines Herzens gewinnt jedesmal von neuem die Oberhand über deine negativen Gefühle, und am Ende gehen eure tiefe, gegenseitige Liebe und der große Respekt füreinander als Sieger aus all diesen Kämpfen hervor. Roberts Gefühle für dich sind persönlicher geworden. Es ist unübersehbar, wie sehr er deine Nähe sucht, wie er dir zugetan ist und dich umsorgt. Andererseits hat deine Liebe eine ganze neue Intensität erlangt, da es dir erlaubt war, sie völlig frei strömen zu lassen. In der Beseitigung aller aufgestauten Energien liegt die große Genugtuung. Nun hast du endlich jene Zweisamkeit erreicht, nach der du dich früher so vergeblich gesehnt hattest.

Schon wieder enthüllt sich mir ein weiteres Leben, in dem ich dich als polynesischen Seemann wiedererkenne. Diesmal bist du als Mann geboren. Robert ist der Häuptling oder Älteste eines Dorfes oder einer Stammesgemeinschaft. Ich sehe, daß viele Bootsreisen zu anderen Inseln stattfinden, wobei Handelsgüter ausgetauscht werden, die aber offensichtlich auch eine gewisse spirituelle Bedeutung haben. Du bist nicht der erste unter deinesgleichen, es gibt andere Bootsführer, die einen höheren Rang einnehmen, aber irgendwie kommt dir – wahrscheinlich als Sohn des Häuptlings – eine besondere Rolle zu. Ich bemerke diese enge, ja, intime Beziehung zu deinem Vater, die mir nicht ganz verständlich ist, aber du bist ja Roberts Sohn.

Dein Vater ist sehr weise und gesteht dir keine Vorrechte zu. Du mußt dir genau wie die anderen Leute deinen Rang innerhalb des sozialen Gefüges erkämpfen. Robert hat für dich all die Eigenschaften einer starken Vaterfigur, und in seiner Person respektierst du zugleich den weisen Häuptling. Es findet eine Art spiritueller Austausch zwischen euch beiden statt, wodurch sich eine viel stärkere Affinität als die rein biologische entwickelt. Was die spirituelle Bedeutung der Seereisen sein könnte, ist mir noch nicht klar. Sie muß etwas mit den Meeresströmungen und dem Gang der Gestirne zu tun haben. Offenbar besteht eine Übereinstimmung, eine Gleichzeitigkeit von menschlichem Handeln und kosmischem Geschehen. Diese Seereisen führen möglicherweise zu prophetischen Einsichten. Gewisse Fakten, wie die Anzahl und Art der gefangenen Fische, werden dabei als gutes beziehungsweise böses Omen betrachtet. Tatsächlich bemerke ich, daß zuweilen bestimmte Meeresgegenden oder Inseln gemieden werden, und je nach den sich ergebenden Anzeichen sehe ich dich manchmal bis in die Mitte der Gewässer hinausfahren und plötzlich kehrtmachen, um zur angemessenen Zeit wieder im Hafen zu sein. Die geheime Übereinkunft mit den kosmischen Kräften darf auf keinen Fall verletzt werden. Es gibt spirituelle Wesen sowohl unter als auch über der Wasserfläche, und die Menschen vertrauen sich ganz ihrer Führung an. Auch du übermittelst deinem Vater ihre prophetischen Botschaften, die für seine Entscheidungen als Häuptling maßgebend sind. Eure Zusammenarbeit hat einen symbiotischen Charakter und dient einem höheren, einem spirituellen Ziel. So entwickelst du dich im Verlauf der Jahre zu einer Art Medizinmann beziehungsweise Schamane, was du im späteren Leben als deine Berufung erkennst. Du und dein Vater bilden ein gutes Team. Dabei obliegt dir eher die weibliche Rolle, indem du die Botschaften der Geister entgegennimmst und er der männliche Organisator ist, der deine Einsichten durch vernünftiges Handeln in die Realität umsetzt. So kommt es zu einem wirklich gelungenen Ausgleich eurer jeweiligen Begabungen.

Sein Tod ist für dich und den gesamten Stamm eine einschneidene Erfahrung, denn der Häuptling symbolisiert den Geist der jeweiligen sozialen Gruppe. Im Moment seines Hinscheidens wird er zu einer Gottheit, mit der du weiterhin in engem Kontakt verbleibst. Das hilft dir, den schmerzlichen Verlust zu ertragen. Die Aufrechterhaltung dieser spirituellen Verbindung gehört aber auch zu deinen gesellschaftlichen Aufgaben innerhalb der Stammesgemeinschaft. Für dich persönlich ist der Geist eurer fortbestehenden Beziehung nach wie vor ein Stück lebendige Realität.

Ich habe noch eine Vision von einem Leben, das sich irgendwo am anderen Ende der Welt ereignet – ich glaube, es ist in Neuseeland. Es ist wirklich sehr leicht, Roberts Energien aufzuspüren – wie immer ist er sofort greifbar. Er ist mit einem Khakihemd bekleidet. Das scheint mir ein Hinweis auf seine Tätigkeit als Naturschützer im Dienst der neuseeländischen Regierung zu sein. Wir wollen sehen, was sich daraus noch ergibt.

Ich kann seine Frau nicht erkennen – ich habe das Gefühl, daß er nicht sehr glücklich verheiratet ist. Ja, nun erkenne ich dich als diejenige, die seine Ehe zum Scheitern brachte. Du arbeitest in einer Art Umweltbehörde, und dort seid ihr euch zunächst als Berufskollegen begegnet.

Sehr bald verliebt ihr euch ineinander. Das bringt Robert in große Konflikte. Seine Integrität als Ehemann ist in Frage gestellt. Er möchte seiner Frau nicht weh tun. Es ist das erste Mal, daß ich ihn wirklich »schwitzen« sehe. Doch eure Zusammengehörigkeit erscheint euch so unwiderruflich, daß er beschließt, mit dir zusammenzuleben. Eure gegenseitige Liebe übersteigt alles, was ich bisher erlebt habe, doch so etwas kann sogar ganz gewöhnlichen Leuten widerfahren. Du erlebst aber auch Zeiten, die von großer Unruhe geprägt sind, aber Robert ist immer bei dir. Dein Engagement für die Umwelt, dein ständiger Kampf gegen die zerstörerischen Übergriffe durch die moderne Zivilisation kostet dich viel Energie. Dieses Leben scheint deiner jetzigen irdischen Erfahrung unmittelbar vorauszugehen.

Diese Geschichte hatte noch einen glücklichen Ausgang. Dianas Ehemann Dan hat inzwischen eine andere Lebensgefährtin gefunden. Diana selbst ist mit ihren Kindern zu Robert gezogen, und sie alle haben sich sein Segelboot zum Wohnsitz auserkoren. Wie der Zufall es will, erhielt das glückliche Paar ein Angebot, wonach es gegen entsprechendes Entgelt ein Segelschiff von den Fudschi-Inseln nach den Staaten überführen soll. Auf diese Weise bringt das Schicksal die beiden noch einmal in die tropischen Gewässer der Südsee zurück, wo sie diesmal als Mann und Frau ihre »Flitterwochen« genießen.

Terry

Terry ist Mutter von zwei Teenagern und wurde vor vier Jahren geschieden. Seitdem nimmt sie an einem College-Programm teil und möchte trotz ihrer 43 Jahre noch ihren Master degree als medizinische Beraterin machen. Die meiste Zeit ihres Erwachsenendaseins hat sie als Krankenpflegerin gearbeitet und glaubt, aufgrund dieser Ausbildung ihren häufig schwerkranken Patienten noch wirksamer helfen zu können. Sie selbst hat sich wegen ihrer ständigen Beziehungsprobleme mit verschiedenen Männern bereits einer Gruppentherapie unterzogen.

Da sie nun frei ist von den krankmachenden Zwängen ihrer Ehe mit einem sehr strenggläubigen Arzt und im intellektuellen Milieu ihrer Universität neuen Auftrieb erhält, kann sie sich endlich ihren eigenen religiösen Vorstellungen jenseits der christlichen Lehre zuwenden oder – wie sie es nennt – auf die Suche nach der »absoluten Wahrheit« begeben. Als Kind wollte sie eigentlich Nonne werden und in ein Kloster eintreten; diese langjährigen Pläne wurden ihr plötzlich vereitelt, als sie und einige ihrer Schulfreunde wegen Nichteinhaltung der strikten Kleiderordnung von der kirchlichen High-School entlassen wurden. Für Terry war das ein traumatisches Erlebnis, eine vernichtende Attacke auf ihr Selbstverständnis als vorbildliche Christin. Sie empfand diese Entlassung als grausame und durch nichts zu rechtfertigende Maßnahme ihrer Schulleiterin und wollte jahrelang nichts mehr mit der Kirche zu tun haben.

An einem bestimmten Punkt in ihrer vierzehnjährigen Ehe erlebte sie eine Art »spirituelle Wiedergeburt«, wie sie es zu nennen pflegt. In einem Zustand der Verzückung hörte sie eine Stimme sagen: »Ich bin der Weg, die Wahrheit und das Licht« und wurde aufgefordert, alles liegenzulassen und nur diesem Ruf zu folgen.

Aufgrund ihrer religiösen Erziehung glaubte sie natürlich, daß Jesus selbst zu ihr gesprochen habe, und kehrte in den Schoß der Kirche zurück. Sie schloß sich der charismatischen Bewegung an und setzte sich so fanatisch für deren Ziele ein, daß es sogar ihrem Mann zuviel wurde. Er bekniete sie förmlich, davon abzulassen, um der wachsenden Entfremdung zwischen ihnen ein Ende zu setzen. Und sie gab seinen Wünschen nach, um die Ehe in einem letzten Versuch noch einmal zu retten.

Terry hatte mehr als ein Leben in dem Glauben verbracht, daß Gott sie eines Tages retten würde. Sie brauchte nur gut, das heißt möglichst vollkommen, zu sein und würde dann auf magische Weise in den Himmel gelangen. Nach meinem ersten Besuch lieh ich ihr ein Buch von Ruth Montgomery in der Hoffnung, daß die darin enthaltenen Botschaften des verstorbenen Arthur Ford, der zu Lebzeiten ein christlicher Geistlicher gewesen war, sie von den bedrückenden Aspekten des christlichen Dogmas befreien würde.

Als sie später wegen eines Readings zu mir kam, berichtete sie mir über ihre Erfahrungen mit dieser Lektüre. Sie sagte, wie schrecklich für sie die Vorstellung sei, zu keinem persönlichen Gott beten zu können, der über sie wacht und sie nach einem gottgefälligen Leben zu sich in den Himmel aufnimmt. Noch entsetzlicher dünkte ihr die Idee, sich selbst um ihre Erlösung kümmern zu müssen. Sie brach förmlich in Tränen aus und beklagte sich laut, daß es nicht fair sei, für Verhaltensmuster gestraft zu werden, die uns noch nicht mal bewußt sind.

Ich versuchte, sie mit einigen Berichten von meinen Rückführungserfahrungen mit verschiedenen Klienten zu beruhigen und ihr dabei klarzumachen, welchen Einfluß unsere religiösen Vorstellungen und emotionalen Muster aus vergangenen Existenzen auf unser gegenwärtiges Leben haben. Es ging mir vor allem darum, ihr den Blick für ihre eigene spirituelle Herkunft und die wahren Ursachen ihrer Ängste zu öffnen.

C: Kannst du mir einige Punkte nennen, die wir in diesem Reading besonders beachten sollten?

T: Ja, es gibt Leute, die ganz schreckliche Dinge tun, und ich kann mir nicht vorstellen, daß sie sich ihrer Handlungsweise wirklich bewußt sind. Ich kann das einfach nicht glauben.

C: Willst du damit andeuten, daß es ganz okay wäre, etwas Schlimmes zu tun, falls man sich dessen nicht bewußt ist?

T: Nicht in Anbetracht der Folgen, die sich daraus ergeben ... Doch wie verhält es sich wirklich mit der Seele und mit der Verantwortlichkeit? Wie kann man mich für unbewußte Motive zur Rechenschaft ziehen? Das ist nicht fair. Ständig höre ich dich sagen, daß unser Unbewußtes der eigentliche Motor unseres Handelns ist. Wie kann ich mich da überhaupt noch entsprechend verhalten?

C: Du glaubst also, du hättest immer dein Bestes getan, ganz so, wie man es von dir erwartet, und für deine unbewußten Motive könntest du nicht verantwortlich gemacht werden und findest es unfair, wenn du keine Anerkennung erhältst?

T: Ich wünschte mir, mehr über diese unbewußten Dinge zu wissen, um es besser zu machen und mich so zu verändern, wie es notwendig wäre. Ich habe mir wirklich viel Mühe gegeben – was um alles in der Welt kann ich denn sonst noch tun?

C: Lassen wir's gut sein, und versuchen wir jetzt, ein vollständigeres Bild von deiner Persönlichkeit und den Ursachen deiner Schwierigkeiten zu erhalten. Ich will dir zunächst eine Beschreibung deiner Seele geben, so, wie sie beschaffen war, bevor du auf die Erde kamst. Ich sehe ein kleines Mädchen in einer riesigen Welt und von mächtigen Wesen umgeben. Es ist deine Seele, die sich so winzig und unbedeutend vorkommt. Du kannst dir einfach nicht vorstellen, auch einmal so groß wie die anderen zu werden, genauso wichtige Dinge zu tun wie sie und dabei so perfekt zu sein, wie die anderen nach *deiner* Meinung dich haben möchten.

Ich sehe, wie deine Seele allmählich heranwächst und sozusagen ein Teenager wird, mit all der typischen Naivität und auch gewissen Idealvorstellungen, an denen du dich selber beständig mißt.

Du befindest dich in einer himmlischen Szenerie, die von strahlenden, engelhaften Gestalten bevölkert ist, und du bist wie sie ein Lichtwesen, auch wenn eine gewisse Ängstlichkeit sich wie ein undurchsichtiger Schleier um deinen Körper legt, denn immer noch bist du geneigt, dich an den älteren und höherentwickelten Wesen zu messen. Du hast das Gefühl, es nie mit ihnen aufnehmen zu können, und fragst dich ständig, was du noch tun mußt oder nicht tun darfst, um so zu werden wie sie. Kurzum, du bist dir selbst dein schlimmster Kritiker. Dabei hast du Angst, deine eigenen negativen Seiten bloßzustellen, und legst dir selbst ein bestimmtes seelisches Grundmuster auf, das dich daran hindert, die in dir liegenden Kräfte und Qualitäten frei zu entwickeln. Du bist bereits von der fixen Idee beherrscht, viel zu klein und unbedeutend zu sein, um all die spirituelle Arbeit zu leisten, die angeblich von dir erwartet wird.

T: War das alles meine eigene Entscheidung?

C: Ja, das war deine persönliche Reaktion auf die Umgebung, so, wie du glaubtest, sie interpretieren zu müssen. Der Gedanke, daß deine Befürchtungen sich bewahrheiten könnten, erschreckte dich so sehr, daß die freie Entfaltung deines Wesens dadurch weitgehend blockiert wurde. Du wirst dir selbst zur strafenden Instanz und neigst inzwischen dazu, mit

Männern – gleich, ob Vater oder Partner – genauso streng und gnadenlos zu verfahren.

Ich glaube, all diese Muster lassen sich sehr weit zurückverfolgen. In dem Moment, in dem du als Einzelseele aus dem großen Geist hervorgingst, warst du von diesem gewaltigen Ereignis wie betäubt. Die Kraft, die deine Geburt in Gang setzte, ließ tiefe Spuren in dir zurück. Du fühltest dich überwältigt, verletzt und verwirrt. In diese Schocksituation prägte sich deinem jungfräulichen Bewußtsein die unausgesprochene Frage ein: »Warum bin ich aus diesem allumfassenden Sein ausgestoßen?«

So ungefähr war deine Gefühlslage. Du fühltest dich unfair behandelt. Oder hattest du ein Unrecht begangen? Deine Zweifel hatten ein Schuldbewußtsein zur Folge, das sich tief in deiner Identität einnistete und das du nicht anrühren willst. Falls du wirklich schuldig geworden bist – so sagt dir deine innere Logik –, was kannst du dann überhaupt noch vom Leben erwarten? Die Folgen deiner Handlungsweise erscheinen dir so schrecklich – wie eine ewige Verdammnis –, daß du nicht wagst, sie dir auszumalen. Dieser ganze Komplex in dir wird zu einer generellen Lebensangst, deren Ursachen du nicht wahrhaben willst und – koste es, was es wolle – verdrängen mußt. Das also war das Ausgangsstadium deiner Identität als Seele.

Dies alles zu wissen macht deine Reaktionen und Verhaltensweisen gegenüber den anderen Menschen, denen du dich ohnehin nicht gewachsen glaubst, schon verständlicher. Wie kannst du nur hoffen, so engelhaft zu werden, wie es dir eigentlich bestimmt war, wenn du das Gefühl hast, dich schon zu Beginn deines Seins versündigt zu haben, auch wenn du nicht weißt, womit, und keinerlei Anhaltspunkte hast. Diese Art von Schuldbewußtsein hat sehr viel mit dem christlichen Begriff der Erbsünde zu tun. Es hat von Anfang an deine Seele geprägt, und tief im Unterbewußtsein existiert so eine Vorstellung, als ob du den Makel, der zu dieser negativen Grundhaltung gegenüber deiner eigenen Identität geführt hat, nie wieder los würdest. Du fühlst dich ständig herausgefordert, mehr als perfekt zu sein, um der Erbsünde in dir etwas entgegenzusetzen, und wo dir das nicht gelingt, dieses schlechte Gewissen wegen eines mysteriösen, vorgeburtlichen Vergehens gegen den Schöpfer zu beschwichtigen, wirst du weiterhin mit diesem aus deiner inneren Logik geborenen Frustrationsschema leben müssen, und all dein Streben nach spiritueller Liebe und Schönheit bleibt auf halber Strecke liegen und kommt über ein gewisses infantiles Stadium nicht hinaus. Es ist gekennzeichnet von Ohnmacht und Abhängigkeit.

Dein »inneres Kind« ist deiner strafenden Selbstjustiz ohne jede Unterstützung ausgeliefert. Es ist zu keiner Selbstachtung fähig, noch glaubt es, irgend etwas ändern zu können. Die auf diese Weise verkrüppelte Seele wird dir in deiner weiteren Entwicklung zum größten Hindernis und macht es dir unmöglich, noch länger mit deinen Seelengeschwistern auf den inneren Ebenen auszuharren. Deine Geistführer müssen schließlich einsehen, daß ein Verbleiben in diesen, von so perfekten, engelhaften Wesen bevölkerten himmlischen Sphären deine Lage nur noch verschlimmert. Es ist keiner da, der dir wirklich helfen könnte, solange du dich von deinen fixen Ideen nicht selbst befreist. Keine noch so himmlische Weisheit vermag dich zur Einsicht zu bringen. Du wirst auf die Erde geschickt, um mit den Konsequenzen deiner irrigen Vorstellungen, die einer Vervollkommnung deiner Seele im Wege stehen, selbst fertig zu werden. Doch gerade dies erscheint dir als ein weiterer Hinweis auf deine Sündhaftigkeit – für mich ein typisches Beispiel für einen ganz bestimmten psychologischen Mechanismus. Denn haben wir uns erst einmal auf eine Identität versteift, befinden wir uns bereits in der Zwangslage, diese Identität – gleich, ob sie positiv oder negativ ist – stets von neuem beweisen zu müssen. Obwohl deine Geistführer versuchten, dir die Vorzüge eines irdischen Daseins ohne den ständigen psychischen Druck, dem deine Seele sich auf den höheren Ebenen ausgesetzt glaubte, zu vermitteln, mißtrautest du ihren ehrlichen Absichten und erkanntest nicht, wie hilfreich es sein könnte, auf der Erde gewisse Erfahrungen zu machen, die dich am Ende von deinen Zwangsvorstellungen kurieren würden. Sie meinten, falls du dich erst einmal in kleinen Dingen bewährt hättest, würde dein Selbstvertrauen mit der Zeit wieder wachsen. Das, und nichts anderes, bewog sie, dich auf die Erde zu schicken.

Mir wird jetzt klar, weshalb der christliche Mythos von der Erbsünde für dich so maßgebend wurde. Er bestätigte ein weiteres Mal dein eigenes Seelentrauma, so, wie auch die strafende Autorität des männlichen Gottes deinem inneren strafenden Kritiker entspricht. Von Anfang an warst du von der Vorstellung besessen, daß deine Erlösung nur möglich ist, wenn du dich dessem strengen Diktat beugst. Auf ähnliche Weise muß sich ein Christ, um seine Seele vor der Verdammnis zu retten, den Zehn Geboten seines Herrn unterwerfen.

Laß uns nun fortfahren und sehen, wie es dir auf dem Planeten ergangen ist. Bevor es zu deiner ersten Inkarnation kam, haben dich deine Geistführer mit den irdischen Verhältnissen vertraut gemacht. Du bist wie ein kleines Mädchen, das zum ersten Mal mit dem Großstadtleben konfrontiert wird. Du bist zunächst von den neuen Erfahrungen überwältigt und – bleiben wir ein wenig bei dieser Metapher – von all den Geschäftsstraßen, den Märkten, den kleinen Läden und Verkaufsbuden verwirrt. Gemeinsam findet ihr einen Ort, der dein spezielles Interesse erweckt. Es überkommt dich das Gefühl, diesen irdischen Kreaturen helfen zu müssen. Daraufhin arbeitest du mit deinem Geistführer einen Plan über dein bevorstehendes Abenteuer aus.

Kurz vor dem Start in das neue Leben steigen die alten Ängste erneut in dir hoch. Du hast Zweifel, ob deine Fähigkeiten ausreichen, um dem Auftrag gerecht zu werden. Dann erkenne ich dich in einem weiblichen Körper als Angehörige einer primitiven Kultur. Ich sehe, wie du ein Baby badest, dessen Mutter dir dabei zuschaut. Du bist eine Schamanin, die nur mit einem Lendenschurz bekleidet ist. Du hast eine schwarze Haut. Ich sehe kreisrunde Lehmhütten, die mit Riedgras bedeckt sind.

Deine Mutter war die Medizinfrau des Dorfes. Du hast sie dir selbst ausgesucht, um nach alter Stammestradition ihre Nachfolgerin zu werden. Deine fürsorgerischen und heilerischen Qualitäten sind nicht zu übersehen. Ich muß an dieser Stelle hinzufügen, daß der kosmische Plan jedem Individuum ganz spezifische Aufgaben zuteilt. Die Haupteigenschaften, die du als kosmisches Wesen in diesem Leben verkörperst, sind Liebe und Mitleid. Dein Entschluß, eine Medizinfrau zu werden, ist bezeichnend für die dir angeborenen Qualitäten.

Um so schmerzlicher erlebst du den Tod jenes Babys, das du so fürsorglich gepflegt hast. Sofort glaubst du, etwas falsch gemacht zu haben, denn es wäre ja deine Aufgabe gewesen, das Baby zu heilen. Gleich zu Anfang deiner Erdenerfahrung kommt somit dein negatives Selbstverständnis auf traumatische Weise erneut zum Ausbruch. Es ist dieselbe Pein wie bei der Geburt deiner Seele. Du beginnst, dir sinnlose Fragen zu stellen. Du kannst nicht verstehen, weshalb solche Qualen sein müssen, warum dieses kleine Wesen hat sterben und seine Mutter diesen Verlust hat erleiden müssen und du selbst die Qual, ihm nicht helfen zu können.

T: Du meinst, anstatt das Leid in der Welt zu akzeptieren, hätte ich mich selbst dafür verantwortlich gemacht?
C: Ja. Es scheint, daß Leid ein kosmisches Übel ist und wir keine Macht haben, es zu verhindern.
Bei deinen weiteren heilerischen Aktivitäten beherrscht dich fortan die Furcht, daß noch mehr Menschen unter deiner Hand sterben oder leiden könnten, obwohl du als Medizinfrau fähig sein müßtest, ihnen zu helfen. Wo es dir nicht gelingt, schiebst du dir selbst die Schuld zu. So kannst du aufgrund deiner fixen Ideen nie ein wirkliches Selbstbewußtsein entwickeln. Noch im Tod betrachtest du dich als Versager und vermeidest jede Begegnung mit deinen Geistführern. Du hast Angst, sie könnten mit dir genauso streng verfahren, wie du es mit dir selbst tust. Der einzige Ausweg aus diesem Dilemma, so glaubst du, wäre es, so bald wie möglich zur Erde zurückzukehren, um es diesmal besser zu machen, bevor du dich deinen angeblichen Kritikern stellst. Du setzt dir noch strengere Maßstäbe, um deinen inneren Kritiker zu besänftigen. Danach erst willst du dich dem Rat und der Hilfe deiner Geistführer anvertrauen.
Jeder Rückblick auf dein mißlungenes Leben läßt neue Zweifel an deinen Fähigkeiten aufkommen. Um so mehr bist du entschlossen, es mit mehr Härte noch einmal zu versuchen.
Nun erblicke ich dich als hochgewachsene Afrikanerin vor einer Art Kultstätte, in der irgendein Zeremoniell stattfindet, wahrscheinlich ein Heilungsritual. Es sieht so aus, als ob du den Eingang bewachen müßtest, damit keine bösen Geister hineingelangen. Die Patientin überlebt den Prozeß nicht, und du glaubst, es wäre dein Fehler gewesen, weil du die Geister nicht in Schach gehalten hättest. Doch niemand macht dir einen Vorwurf, und auch du schweigst, aber kannst dich von deinen Schuldgefühlen nicht befreien.
Deine eigenen Ängste, die in enger Verbindung mit dem

Geisterglauben dieser frühen Stammeskultur stehen, haben mit dazu beigetragen, daß du dich für dieses von kollektiver Magie geprägte Leben entschieden hast. Diese Alptraum-Atmosphäre, in der du dich gegen die bösen Mächte des Daseins zu wehren hast, um deine heilerischen Fähigkeiten bestätigt zu sehen, entspricht ganz deinem negativen Verständnis vom Dasein. Du verstrickst dich noch tiefer in deine paranoiden Ängste, und von inneren Zwängen getrieben, entwickelst du ein geradezu neurotisches Interesse an den Geisterbeschwörungen.

Dieser Gemütszustand hält auch nach deinem Tod noch an. Du glaubst dich von bösen Geistern umgeben und verweigerst dich erneut den Ratschlägen deiner Seelenführer. Es zieht dich in jene undurchsichtigen Bereiche der Astralebene, den sich viele andere gestörte und gefährdete Wesen zum Tummelplatz gemacht haben. Es ist eine dämonische Szenerie, die dich innerlich so fertigmacht, daß du auf schnellstem Wege wieder auf die Erde zurückkehrst.

Es scheint, als ob du dich erneut in einem Eingeborenenmilieu befindest. In deinem Vater erkenne ich den Stammeshäuptling aus deinem vorangegangenen Leben wieder, einen Menschen, dem du vertraust und bei dem du Schutz findest. Er ist sehr gütig und liebevoll, und du fühlst dich sehr wohl und geborgen. Diese Stammesgesellschaft gehört noch der sogenannten »Traumzeit« an, einer frühen Kultur mit einem hochentwickelten Sinn für veränderte Bewußtseinszustände sowie speziellen Methoden der Vorausschau. Als männliches Medium erwirbst du dir ein beträchtliches Ansehen und bringst es mit Hilfe deines Vaters zu einem recht positiven Selbstverständnis.

Als du die Erde hinter dir läßt, kannst du auf ein erfolgreiches Leben zurückblicken. Es fällt dir nicht schwer, mit deinen Geistführern zu reden und weitere Instruktionen entgegenzunehmen. Es sind zwei Wesen, mit denen du zusammenarbeitest und ganz neue Pläne für das nächste Leben entwickelst.

Ich sehe dich bereits als kleines Mädchen, das seine Mutter ängstlich beobachtet. Sie ist eine amerikanische Indianerin. Deine Eltern nehmen dich schon sehr früh auf ihre zahlreichen Wanderungen mit. Sie gehören zu einer kleinen Indianergruppe. Ich sehe, wie deine Mutter dich als Baby auf dem Rücken trägt, während die Sippe sich auf den Weg ins Winterlager begibt. Als du heranwächst, weist dich dein Vater mit großer Geduld in das geheime Wissen über die Kräfte der Natur ein, mit denen er sich in engem Kontakt befindet. Er hätte so gerne einen Sohn gehabt, an dessen Stelle bringt er nun dir all die Dinge bei – wie zum Beispiel die verschiedenen Arten und Eigenschaften der Hölzer –, die sonst für Frauen tabu sind. Es liegt dir viel daran, ihn zufriedenzustellen, und so ähnelst du bald dem von ihm ersehnten männlichen Statthalter.

Deine Geistführer waren sehr darauf bedacht, dich mit ganz neuen Erfahrungen zu konfrontieren, besonders, was Liebe und Partnerschaft betrifft. Als du alt genug bist, lernst du einen Mann kennen, der sehr um dich wirbt. Anfangs bist du noch scheu, aber es gelingt ihm, dein Herz zu gewinnen. Es fällt dir nicht leicht, dich von deinen Eltern zu trennen, denn in deinen früheren Leben hast du – so weit wir es zurückverfolgen konnten – nie den angestammten Familienverband verlassen. Es ist ungewohnt und verwirrend für dich, auf eigenen Füßen zu stehen.

Nach der Geburt deines ersten Kindes, das all deine Liebe und Aufmerksamkeit auf sich zieht, gewinnst du ein neues Gefühl der Sicherheit. Da dein Mann nur seinen ehrgeizigen Interessen als Jäger und Krieger lebt, bleibt euch wenig Zeit für ein herzliches Miteinander. Andererseits gehst auch du völlig in deiner dienenden Rolle als Mutter und Gattin auf und begnügst dich damit, Mann und Kind zufriedenzustellen. Dies klingt nicht sehr positiv, doch vielleicht erinnerst du dich, daß du stets ein großes Bedürfnis nach Anerkennung von Seiten einer übergeordneten Autorität hattest. Dieses alte Muster überträgst du nun auf deine Beziehung zum Lebensgefährten. So besehen, ist dieses Leben für dich ein gewisser Erfolg, da es deinen langgehegten, unterschwelligen Wünschen die ersehnte Erfüllung bringt.

Dein zweites Kind ist ein Mädchen, und ihm fühlst du dich bald näher verbunden als deinem Sohn, der ganz in die Fußstapfen seines Vaters tritt und sich dir dabei emotional entfremdet. Als angehender Mann könnte er sich in dieser Gesellschaft auch gar nicht anders verhalten. Doch ehe er noch richtig erwachsen ist, wird dein Lebensgefährte in einer kriegerischen Auseinandersetzung mit einem benachbarten Stamm getötet. Du weißt nicht recht, wie du darauf reagieren sollst, denn da ihr euch gefühlsmäßig nie sehr nahegestanden habt, empfindest du seinen Tod nicht als wirklichen Verlust. Dich beschäftigt viel eher die Frage, wie du dich als Witwe zu verhalten hast, um den Erwartungen deiner sozialen Umwelt gerecht zu werden, und wie deine neue Rolle aussehen könnte. Deine Tochter ist nunmehr für dich das einzige, was deinem Leben noch Inhalt verleiht, du lebst nur noch durch sie. Du bist emotional völlig von ihr abhängig, und – ob Zufall oder nicht – auch in deinem gegenwärtigen Dasein ist sie dir als solche wiedergeboren. Als sie sich damals einem Mann zugetan fühlt und ihm als Lebensgefährtin folgt, nimmt sie dich in ihre junge Familie auf, doch emotional ist sie ihm näher als dir. Du fühlst dich verraten, aber kannst dich von ihr nicht lösen. Nun bist du der zwei wichtigsten Stützen deines schwachen Selbst beraubt und weißt mit dem Rest deiner Tage nichts mehr anzufangen.

Am Ende deines Lebens erwarten dich neue Ängste und Schrecken. Der überlieferte Glaube deines Stammes besagt, daß du nach deinem Tod eine Reise antreten mußt, die du dir ohne Begleitung nicht zutraust. Du bist so abhängig von deiner Tochter, daß derartige Vorstellungen dich an den Rand der Verzweiflung bringen.

Doch als das gefürchtete Ereignis eintritt, bist du von der plötzlichen Anwesenheit deiner Geistführer angenehm überrascht. Langsam beginnst du, dich zu erinnern, und fühlst dich erleichtert, daß sich deine schrecklichen Erwartungen nicht erfüllt haben. Deine diesbezüglichen Aussagen versetzen deine Helfer in Verwunderung, doch deine emotionalen Verstrickungen machen ihnen noch mehr Kopfzerbrechen. Nach dieser Erdenerfahrung bist zu zerrissener als zuvor und akzeptierst alles, was sie dir für dein nächstes Leben vorschlagen.

Diesmal haben sie sich entschlossen, dich nach Europa zu versetzen. Ich entdecke dich in der Nähe eines reißenden Gewässers. Das Land ist wild und zerklüftet – es könnte irgendwo in Rußland sein. Du bist ein Junge und befindest dich inmitten einer umherziehenden Gruppe von Leuten, die sich in dicke Pelze gehüllt haben. Dein Vater ist ein großer und grobschlächtiger Mann, offenbar ein Fallensteller, und deine Mutter ist von ähnlich derbem und bäuerlichem Zuschnitt. Um so zerbrechlicher, ja anfälliger erscheinst du mir. Dein Zuhause ist eine Art Blockhütte, die aus einem einzigen großen Raum mit einer Feuerstelle und einem aus rauhen Hölzern zusammengefügten Tisch besteht.

Noch kaum erwachsen, mußt du mit deinem Vater auf Pelztierjagd gehen. Du bist sehr ängstlich und immer darauf bedacht, ihm, der keineswegs sanft mit dir umgeht, nur ja alles recht zu machen. Da deine Eltern ziemlich schweigsam, ja finster und humorlos sind, bleibt für Herzlichkeit und

Liebe wenig Platz. Ihr ganzes Denken ist nur aufs Überleben gerichtet. Über viele Jahre hinweg teilst du mit ihnen die enge Behausung.

In der Nähe gibt es ein Dorf, wo dein Vater seine Pelze gegen die wichtigsten Versorgungsgüter eintauscht. Ihn zu begleiten ist für dich fast die einzige Möglichkeit, auch einmal mit anderen Menschen zusammenzukommen. Eines Tages triffst du dort eine Frau, die dir gefällt, aber zunächst beobachtest du sie nur aus der Ferne. Als du ihr wieder, zusammen mit deinem Vater, im Laden begegnest, fehlt dir der Mut, sie anzusprechen, weil du nicht weißt, wie er darauf reagieren könnte.

Allmählich bahnt sich jedoch eine Beziehung zwischen euch an, und nachdem du einen Job im Laden gefunden und deinen Wohnsitz ins Dorf verlegt hast, steht eurer Heirat nichts mehr im Wege.

Doch selbst dann wirst du das Gefühl nicht mehr los, deinen Vater, der einen Trapper aus dir machen wollte, hintergangen zu haben, und fürchtest seine regelmäßigen Auftritte im Laden.

Trotz alledem hast du in diesem Leben die Erwartungen deiner Geistführer erfüllt. Durch ihre Entscheidung wollten sie dir die Möglichkeit geben, ein Stück selbständiger zu werden, und du hast dich allen Drohungen deiner Eltern widersetzt. Dies war ein gewaltiger Schritt nach vorne. Mit deiner Frau hast du eine sehr glückliche Wahl getroffen. Sie ist eine fürsorgliche Partnerin. Leider stirbt sie sehr früh, nachdem euch mehrere Kinder geschenkt wurden. Du kannst diesen Schicksalsschlag kaum verwinden und bleibst für den Rest deines Lebens emotional von ihr abhängig. In dieser Hinsicht hast du deine Geistführer enttäuscht, denn sie hofften, daß du nach dem Verlust deiner Frau eines Tages zu dir selbst zurückfinden würdest. Dein Schmerz ist so groß, daß du dich sogar deinen Kindern entziehst, die dich ja doch nur an die Verstorbene erinnern. Es ist dieses alte Muster, das dir nicht erlaubt, ein als unfair empfundenes Schicksal zu akzeptieren. Statt dessen überläßt du dich deinen wehleidigen Gefühlen, die von starkem Groll auf die Ungerechtigkeit dieses Daseins begleitet sind und letzten Endes in eine blinde Aggressivität münden.

Als du deinen irdischen Leib verläßt, trittst du deinen Geistführern sehr mißtrauisch gegenüber und willst von einer neuen Inkarnation nichts mehr wissen. Du benimmst dich wie ein kleines Kind, das sich schmollend in sein Zimmer einschließt. Als du dieser selbstverhängten Isolierung überdrüssig wirst, bleibt dir nichts übrig, als deine Niederlage einzugestehen. Doch zeigst du dich kein bißchen lernwilliger als zuvor, sondern gibst lediglich deine Hoffnungslosigkeit zu erkennen. Du nimmst daher auch keinen positiven Anteil an der weiteren Planung deines Geschicks. Du bist überzeugt, daß es ganz unbeeinflußbare karmische Kräfte sind, die über deine Zukunft entscheiden.

Das nächste Leben findet in Europa statt. Schon als Baby bist du sehr unglücklich und schreist manchmal stundenlang. Deine Mutter versucht ohne Erfolg, dich zu beruhigen. Dein Vater ist Bergmann, der unter menschenunwürdigen Bedingungen für geringen Lohn arbeitet. So kommt alles zusammen, was das Dasein an Härten, Sorgen und Elend zu bieten hat, und du bist völlig machtlos dagegen. Deine Grundeinstellung ist von Anfang an negativ, und du machst dir die unmöglichsten Gedanken, wie du diesem Schicksal entgehen könntest. Als einziger Ausweg erscheint dir die Flucht in den Schoß der Kirche. Schon in sehr jungen Jahren entschließt du dich, eine Nonne zu werden.

Innerhalb der klösterlichen Mauern findest du Ruhe und Geborgenheit. Gleich einem traumatisierten oder autistischen Kind ziehst du dich in eine von außerirdischen Wesen bewohnte Fantasiewelt zurück. Das alte Muster deiner emotionalen Abhängigkeit manifestiert sich erneut in deiner Liebe zu Jesus; für einen Psychologen ist dies nichts anders als die religiöse Verbrämung deines Verlangens, dich jeder Selbstverantwortlichkeit zu entziehen. Ich habe an anderer Stelle bereits darauf hingewiesen, wie sehr das christliche Dogma deiner Grundeinstellung zum Leben entgegenkommt, und möchte noch einmal betonen, daß du deine Erlösungswünsche auch hier wieder auf eine Idealgestalt – in diesem Fall Jesus – projizierst. Du weist all deine Frustrationen und Probleme weit von dir und bist überzeugt, daß er, an den sich all deine Hoffnungen klammern, es schon irgendwie regeln wird.

Ich möchte der christlichen Religion durchaus kein schlechtes Zeugnis ausstellen. Sie hat sehr positive Aspekte, die auch dich zu Recht faszinieren, und ist für die westliche Welt eines der bestgeeigneten Vehikel zur Übermittlung der spirituellen Wahrheit. Obwohl die Lehren des Evangeliums im Verlauf der Jahrhunderte immer wieder entstellt und mißbraucht wurden, ist in ihnen die Botschaft enthalten, daß auch dir eine lebendige Seele innewohnt, die für dein Schicksal bestimmend ist. Selbst deine neurotische Beziehung zu einem Erlöser, den du in die Welt des Magischen verweist, schließt deine Teilhabe an der spirituellen Liebe nicht aus.

Aufgrund deiner psychologischen Strukturen – und unter dem Einfluß eines dualistischen Gottesverständnisses – erhält dein Streben nach spiritueller Reinheit etwas geradezu Zwanghaftes. Somit kommt dein Selbst nie voll zur Entfaltung, denn bei Strafe deiner ewigen Verdammnis darfst du keinen Teil deines Ichs akzeptieren, der nach deiner Meinung unchristlich oder gar sündig ist. Es kommt zu einer Kulmination jener inneren Konflikte, die du seit der Periode deiner vorirdischen Erfahrungen auf den inneren Ebenen ständig mit dir herumträgst. Du verläßt dieses Leben als Nonne mit sehr gespaltenen Gefühlen, denn deine wirklichen inneren Bedürfnisse und jene Aspekte deines Selbst, die deine Identität als Christin und somit deine Erlösung in Frage stellen, hast du in dein Unterbewußtsein verbannt.

Dein sehr früher Tod im Gefolge einer Lungenentzündung hat tiefere Ursachen als nur die unzuträglichen Bedingungen deines kärglichen Daseins in feuchten Klostermauern. Die sträfliche Vernachlässigung deines Körpers aufgrund deiner streng asketischen Lebensweise, aber auch die irregeleitete Hoffnung, nun endlich mit deinem himmlischen Bräutigam vereint zu werden, haben am meisten dazu beigetragen. Als du an seiner Statt seinen Geistführern begegnest, ist der Schock perfekt. Es wird dir nur langsam klar, daß du noch immer ans Rad der Wiedergeburten gekettet bist. Deine Geistführer haben es schwer, dich für ein Gespräch zu gewinnen, obwohl sie deinen Entschluß zu einem geistlichen Leben grundsätzlich gutheißen. Sie wollen mehr über deine Motivation zu diesem Schritt erfahren. Ihre Bemerkung, daß deine Jesusliebe nur ein Produkt deines Wunschdenkens war, macht dich nicht glücklich, und nur zögernd gehst du auf ihren Vorschlag, noch einmal zur Erde zurückzukehren, ein. Du hältst weiterhin an deinen christlichen Überzeugungen fest und entscheidest dich noch einmal für ein klösterliches Leben, mit dem Unterschied, daß du dich nun der karitativen Arbeit zuwendest, wie deine Geistführer es dir nahegelegt haben. Deine Zielpersonen sind Waisenkinder und Kranke. Du empfindest dies als eine befriedigende Tätigkeit, die deinen Einsatz lohnt und dir zugleich die Gewißheit gibt, ein Leben im Sinne der christlichen Moral zu führen.

Bis zu deinem Tod kannst du dich von der Vorstellung, daß Jesus dein himmlischer Bräutigam sei, nicht lösen. Du verläßt kaum noch die Klostermauern, in deren Stille du Schutz vor der rauhen und profanen Wirklichkeit findest. Die Verbindung von tätigem und beschaulichem Christentum hat sich positiv auf dein Selbstwertgefühl und dein Selbstvertrauen ausgewirkt. Im großen und ganzen ist dieses Leben viel ausgeglichener als alle vorangegangenen, soweit wir sie betrachtet haben.

Du erreichst ein hohes Alter und hast auch im Sterben nicht den geringsten Zweifel, daß du diesmal die himmlischen Gefilde erreichen wirst. Du hast dich strikt an die christlichen Gebote gehalten und deine Kräfte in den Dienst der Armen und Kranken gestellt. Nun weißt du, daß dein Erlöser dich an den Pforten des Jenseits erwarten wird. Mit dem Rosenkranz zwischen den Fingern hauchst du dein Leben aus.

Dein ganzes Sinnen und Trachten ist nur auf dieses Ziel gerichtet, und du schaust nicht einmal zurück, als deine Seele den Körper verläßt. Als deine Geistführer dir entgegenkommen und dich begrüßen, hältst du sie für Engel. Sie gratulieren dir zu den Fortschritten, die du in diesem Leben gemacht hast, und fangen schon an, das nächste mit dir zu besprechen. Da erst bemerkst du deinen Irrtum und bist ziemlich geschockt. Angst und Ärger steigen in dir hoch und lähmen dein Denken. Vergeblich versuchen deine Helfer, dir klarzumachen, weshalb deine Erdenreisen noch nicht beendet sind.

Sie weisen dich vor allem auf die Tatsache hin, daß du als Nonne dein emotionales Selbst völlig verdrängt hast, obwohl dir die Leiden des Daseins durch deine Patienten ständig vor Augen geführt wurden. Du hast dich einfach dagegen abgeschirmt und in eine vielgestaltige, von himmlischen Wesen bevölkerte Fantasiewelt zurückgezogen. In Wirklichkeit warst du taub für das Elend deiner Mitmenschen. Daraus wird ersichtlich, daß du noch immer nicht bereit bist, die negativen Aspekte des Daseins zu akzeptieren. Dein religiöser Fanatismus tat ein weiteres, um dir den Blick auf die rauhe Realität zu versperren und dich über deine Verantwortlichkeit hinwegzutäuschen. Du wolltest davon nichts hören noch wissen und willst es noch immer nicht. Deshalb verweigerst du dich jeder weiteren Inkarnation. Erst als du die Erde erneut betrittst, scheint sich eine Wandlung anzubahnen.

Es ist ein Thema, das sich durch all deine Leben hindurchzieht. Du hast ständig versucht, dich allen schmerzlichen Erkenntnissen zu verschließen. Doch in diesem gegenwärtigen Dasein ist dir ein großer Schritt nach vorne gelungen. Du hast dir einen Beruf erwählt, der sich mit dem Leiden des Menschen an seinen eigenen Schwierigkeiten und der Heilung seines inneren Kindes befaßt – eine gute Sache für dich, die deine Seele in ihrem Streben nach Vervollkommnung unterstützt.

T: Was für eine unglaubliche Illusion, der ich über so lange Zeiten hinweg erlegen bin! Wie konnte ich mir nur einbilden, von den negativen Seiten des Lebens verschont zu bleiben, ja, sie bewußt umgehen zu können. Und dann dieses ständige Gefühl, daß es nicht fair sei, was mit mir geschieht … meine Flucht in den Glauben, mir durch Selbstkasteiung ein Anrecht auf Erlösung durch einen strengen Gott einhandeln zu können. Es ist mir eine große Hilfe, nunmehr von dir zu erfahren, daß ich bereits Fortschritte gemacht habe. Was immer auch auf mich zukommt – und ich bin auf so ziemlich alles gefaßt –, das nächste Mal werde ich meinen Geistführern bestimmt besser zuhören und mir meine Entscheidungen sorgfältiger überlegen …

Ed

Ed ist 42 Jahre alt, geschieden und Besitzer eines Segelbootes im Gebiet der San Juan Islands. Als ziemlich erfahrene Wasserratte hat er sich dieses Vehikel zum Wohnsitz gemacht; er fotografiert gern und gut und ist nach eigener Aussage ein »Mann mittleren Alters, der sich auf der Suche nach seinem Selbst befindet«. Während er meinen Worten lauscht, verzieht sich sein Gesicht zu einem etwas affektierten Lächeln.

C: Ich möchte zu Anfang ein Bild entwerfen, das mir für deine verschiedenen Lebenssituationen als typisch erscheint. Ich sehe dich ohne Begleitung an einer Küste entlangwandern. Es ist ein milder, nebliger und grauer Tag. Eine trübe See von undefinierbarer Farbe plätschert gemächlich in verhaltener Dünung gegen die Ufer. Ein Hauch von Traurigkeit umgibt den einsamen Wanderer, es ist die Traurigkeit eines Herzens, das die Schönheit und süße Verheißung des Lebens zu schätzen vermag, aber sich gleichzeitig mit der Gehässigkeit und dem Unverständnis, das diesen Planeten regiert, auseinandersetzt.
Ein Gefühl sanfter Melancholie scheint sich wie ein Schleier über dein Wachbewußtsein zu legen. In diesem entrückten Zustand bist du dir selber fremd. Es steigen Traumbilder in dir auf und unbeantwortete Fragen, wie es sein könnte, wenn du dich in völliger Harmonie mit deinem wahren und spirituellen Selbst befändest. Es ist, als ob dir die Liebe einer wundervollen Frau für immer entzogen wäre. Sie ist deinen Augen entschwunden, und du weißt nicht, wo und wie du sie je wiederfinden könntest. Ja, du zweifelst sogar, ob dies überhaupt möglich ist.

Wenn ich deine vergangenen Leben bis zu den Anfängen zurückverfolge, erkenne ich, daß du aus einer anderen Dimension auf diesen Planeten kamst. Du warst eine weise, erfahrene Seele, die in Frieden und Harmonie ihr urzeitliches Dasein in einer nichtphysischen Realität – der siebten Dimension – verbrachte. Man könnte diese Dimension am besten mit der gängigen Vorstellung des himmlischen Königreiches vergleichen, um zu wissen, was ich damit andeuten will.

Um das Gespräch auf deine atlantischen Erfahrungen zu lenken, muß ich zunächst vorausschicken, daß diese Epoche von großen Unruhen geprägt war. Es gab eine beträchtliche Anzahl von Wesenheiten, die von den inneren Ebenen herbeieilten, um die aus den Fugen geratene Erde wieder auf den richtigen Kurs zu bringen. Auch deine Seele befand sich bereits auf einer höheren Entwicklungsstufe, so daß dein Interesse an den irdischen Problemen der Menschheit nicht sehr groß war. Doch irgendwelche überirdischen Kräfte, die auf das sich anbahnende Unheil auf dem Planeten reagierten, zogen dich automatisch nach unten.

Du und die anderen Wesenheiten, die sich zu einer Hilfsexpedition zusammengefunden hatten, brachten eine Menge spiritueller Energie und technologisches Wissen mit hinab auf die Erde. Unter Ausnutzung der magnetischen Kraftlinien setztet ihr Kristalle und Pyramiden ein, um durch eine Art »interdimensionaler Akupunktur« die bereits entstandenen Schäden zu kurieren. Gleichzeitig wart ihr darauf bedacht, neue geistige Konzepte einzuführen, die der Menschheit als Modell für ihr zukünftige Entwicklung dienen sollten.

Doch die Ergebnisse all eurer Bemühungen waren niederschmetternd. Ihr hattet nicht mit den Machtgelüsten der herrschenden Cliquen, aber auch einiger gewissenloser Mitglieder eurer eigenen Gruppe gerechnet, die sich der neuen Technologien bemächtigten, um mit Hilfe dieses gewaltigen

Potentials den von euch errichteten Gottesstaat zu stürzen. Doch in Unkenntnis der verheerenden Folgen der als Waffe mißbrauchten Energien wurde nicht nur dieser vernichtet, sondern die gesamte Zivilisation von Atlantis buchstäblich ausradiert.

So sah deine erste Erdenerfahrung aus, die auch deinen physischen Leib zerstörte. Du warst danach völlig verwirrt und wußtest nicht, wie dir geschehen war. Es kamen große Zweifel an deiner eigenen Integrität in dir auf, denn irgendwie fühltest du dich an dem Geschehen mitschuldig.

Das Konzept, das ihr für Atlantis entwickelt hattet, wurde schließlich auf Ägypten übertragen und dort in einem kleineren Maßstab realisiert. Ich erkenne dich als einen der Oberpriester wieder. Du sorgst dafür, daß sich die Fehler von Atlantis nicht wiederholen. Die anfänglichen Geheimhaltungsmaßnahmen sind äußerst rigide. Doch deine Zweifel an der Menschheit haben dich innerlich zermürbt. Du bist nicht mehr mit ganzem Herzen dabei und nicht mehr so brillant, so intuitiv und einsatzfreudig wie in Atlantis, ja, du mißtraust jenen kosmischen Energien, deren du selbst teilhaftig bist und daher weißt, welches Unheil sie anrichten können, falls sie nicht einer strengen Kontrolle unterstellt werden. Diese Verantwortung wird dir zu einer schier unerträglichen Bürde.

Es ist interessant, in diesem Stadium den Prozeß deiner fortschreitenden Individuation, deiner Identitätsbildung, zu beobachten. Es geschieht, ohne daß du dir dessen bewußt bist, in dem Moment, als du zu denken beginnst und aus deiner irdischen Perspektive zu ganz neuen Einschätzungen kommst.

Inzwischen hast du ein sehr hohes Alter erreicht. Verschiedene Faktoren spielten dabei eine Rolle: zunächst die dir innewohnenden kosmischen Energien (Pyramidenkräfte) und dazu eine Kombination aus spezieller Ernährung auf

Kräuterbasis und der priesterlich-mönchischen Lebensweise. Doch trotz deiner geistigen Frische ist dein Körper immer weniger in der Lage, den starken Schwingungen deines Bewußtseins standzuhalten. Er hat ausgedient.

Ich sehe deine Seele dem Körper entweichen und bemerke zugleich eine seltsame Schwere, die diesen Prozeß begleitet, als ob eine ungelöschte Schuld deinen Geist belastet. Mir scheint, daß du dich immer noch für die Ereignisse in Atlantis verantwortlich fühlst. Kannst du dich mit dieser Wahrnehmung identifizieren? Sicherlich quälte dich der Gedanke, nicht mehr getan zu haben, um das Unheil abzuwenden.

E: Das ist wahr. Ich werfe mir ständig vor, mich nicht genügend zu engagieren.

C: Du fühlst dich immer wieder in jene Zeiten zurückversetzt. Es hätte nach deiner Meinung nie zu diesen schrecklichen Ereignissen kommen müssen, wenn du sie besser unter Kontrolle gehabt hättest. Und seither beschäftigt dich die Vorstellung, wie du dein Versagen wiedergutmachen könntest. Auch bist du über deine Aktivitäten in Ägypten nicht sehr befriedigt. Der gegebene Rahmen war viel zu klein im Vergleich zu dem, was zu tun notwendig war. So warst du ständig frustriert und fühltest dich genötigt, noch viel, viel mehr zu unternehmen.

Es kommt mir so vor, als ob du dich in einem endlosen Hin und Her zwischen deinen verschiedenen Existenzen befändest. Schließlich schlüpfst du wieder in einen Körper hinein, um eine neue Strategie auszuprobieren. Du bist so sehr in dein Dilemma verstrickt, daß du dich ganz automatisch jener Seelengruppe zugesellst, mit der du einst zusammengearbeitet hast. Ich sehe dich nun inmitten einer Gemeinschaft von idealistisch gesinnten Leuten, die sich in das Hochland der Anden zurückgezogen haben, als ob sie eine göttliche Mission zu erfüllen hätten. Statt sich sozialen Aufgaben zu widmen, befassen sie sich vorrangig mit einem Projekt, das die Neustrukturierung der subtilen kosmischen Energien auf dem Planeten zum Ziel hat. Die Jahre, die du in dieser Umgebung verbringst, erscheinen dir wie ein Urlaub oder eine Reise in die heimatlichen Dimensionen. Doch deine Schuldgefühle werden dir dadurch nicht erleichtert. Noch immer hast du schwer daran zu tragen.

E: Ja, ich merke, daß sie irgendwie schon zu einem Teil meines Wesens geworden sind.

C: Was in Atlantis geschah, war das Werk vieler Kräfte und Wesenheiten, und auch du bist nicht allgewaltig. Es war nicht dein Fehler allein. Ich würde sogar sagen, daß es nichts gibt, weshalb du dich schuldig zu fühlen brauchst. Es gab noch ein anderes, dir sehr ähnliches Wesen, das die Entwicklung der Dinge zu schnell vorantreiben wollte. Du aber warst viel passiver und nahmst dies stillschweigend hin. Wenn du dich gegenüber dieser Person durchgesetzt hättest, wäre vielleicht manches anders gekommen. Du wärst viel sorgfältiger an die Sache herangegangen, Schritt für Schritt, wenn du nur deinen Instinkten gefolgt wärst. Nun verdammst du dich quasi, weil du dich mit deinen richtigen Ansichten nicht durchgesetzt hast.

Aufgrund deiner Qualitäten glaubst du, dir keine Fehler leisten zu können. Allein schon der Gedanke, einen Auftrag nicht entsprechend perfekt ausgeführt zu haben, bringt dein Selbstverständnis in Schwanken.

E: Schließlich bin ich ja in diesem Leben von zwei sehr perfekten Wesen großgezogen worden.

C: Okay. Genug nun über diese strafende Instanz, die du in dir selbst aufgebaut hast. Jetzt will ich versuchen, dir aufzuzeigen, wie du perfekt sein und trotzdem Fehler machen kannst. Es ist dein zentrales Problem oder, wie es in Japan heißt, dein Zen-Koan, an dem du arbeiten mußt.

Nach deinem Ausflug in die Anden wird es Zeit für dich, eine neue Aufgabe in Angriff zu nehmen. Ich sehe dich an verschiedenen Orten rings um das Mittelmeer, zum Beispiel in Mesopotamien und auch in Etrurien. Es sind viele Leben, die du in diesen Gegenden verbringst. Überall beteiligst du dich an der Entwicklung dieser alten Kulturen. Es hat dich nicht sehr befriedigt, weil es dort keine spirituellen Systeme gab, die dir als Vehikel zur Verwirklichung deiner eigenen Vorstellungen hätten dienen können.

So sehe ich dich einmal als Politiker, als lokalen Machthaber oder etwas Ähnliches. Es herrschen dort babylonische Zustände, und du bist buchstäblich am Ende deiner Weisheit. Vergeblich versuchst du, ein bißchen Ordnung in dieses Chaos aus Habgier, Engstirnigkeit und Ausschweifung zu bringen. Du bist mit einer sehr anspruchsvollen und eigennützigen Frau verheiratet. Kurz und gut: Die Situation ist so verfahren, daß selbst du als der Machtbefugte nichts mehr dagegen tun kannst. Sie ist ein Gleichnis für die Grenzen, die deinen Bestrebungen, die Welt zu verändern, gesetzt sind.

Laß mich an dieser Stelle ein wenig verweilen. Ich sehe ein weiteres Muster hinsichtlich deiner Erfahrungen mit Frauen. Ich frage mich, was dich als Mann so sehr an dieser herrschsüchtigen Frau fasziniert? Um dies zu erkennen, muß ich ein Stück weiter in deine Vergangenheit zurückgehen, in eine ziemlich kriegerische und zugleich matriarchalische Kultur, die mich an die der Amazonen erinnert, so wie die frühen Griechen sie uns beschrieben haben. Die Ehe, die du dort führst, ist dem absoluten Diktat deiner Frau unterworfen, deren Feindseligkeiten und Schmähungen du als tiefe Verletzung deiner männlichen Würde empfindest. So entwickelt sich in deinem Unterbewußtsein ein extrem negatives Bild vom weiblichen Geschlecht ...

Erst in einer späteren Existenz, die dich ins klassische Griechenland versetzt, nimmt deine Grundhaltung zum Dasein wieder positive Züge an. Deine Erfahrungen mit dem Mysterienkult dieser antiken Kultur verschaffen dir die langersehnte Befriedigung und den verdienten Ausgleich für all deine bisherigen, fehlgeschlagenen Bemühungen. Endlich kannst du wieder tief durchatmen und dich entspannen. Dein Streben nach Schönheit und Harmonie, nach geistiger Ausgeglichenheit und physischer Verwirklichung – all die Dinge, zu deren Realisierung du in Griechenland beigetragen hast – hat seine Erfüllung gefunden. Nachdem dir noch mehrere glückbringende Existenzen in diesen so reich gesegneten Kulturkreisen vergönnt waren, mußt du mit eigenen Augen deren Zerstörung durch sogenannte christliche Völker mit ansehen.

Diese furchtbare Erfahrung versetzt dich in große Ratlosigkeit. Du kannst es nicht begreifen, was Menschen, die sich auf Jesus berufen, aus seiner Botschaft gemacht haben. Zuerst bist du wie gelähmt, und dann überkommt dich eine ohnmächtige Wut, die darauf hinausläuft, daß du deine geballten Fäuste tief in die Taschen vergräbst. Du tust einen Schwur, auf die Erde zurückzukommen und noch härter an der Verwirklichung deiner Ideale zu arbeiten.

Am wenigsten will dir in den Sinn, daß ein Wesen wie Jesus nicht in der Lage war, die Welt so zu verändern, wie du selbst glaubst, sie verändern zu müssen. Deine feste Entschlossenheit schlägt sich schließlich in ein Gefühl der Verzweiflung um, nachdem du erkennen mußt, daß es dir auch nicht besser gelingt. Noch immer beherrscht dich der Zwang, ein großes Werk vollbringen zu müssen, um dein Versagen in Atlantis zu kompensieren. Die Spannungen in dir werden von Tag zu Tag unerträglicher, und du fragst dich: »Was muß ich denn tun, um die Dinge so in den Griff zu bekommen, daß ich meinem irdischen Auftrag gerecht werden kann?« In Ermangelung einer Lösung dieses Problems bleibt dir nichts anderes übrig, als dich auf die Suche nach der Wahrheit zu begeben. Diese Suche erhält eine besondere Qualität, als du dich in einem noch späteren Leben am Hofe des König Artus befindest. Diese historische Epoche war durch eine große, gemeinsame Anstrengung christlicher Kämpfer geprägt, die es ernst meinten mit ihrem Glauben, und du hast dich ihnen sofort angeschlossen. Der Ritter in seiner glänzenden Rüstung wird zum Symbol deines Verlangens, der Wahrheit und Reinheit deiner Seele ein äußeres Zeichen zu setzen. Dein geradezu magischer Enthusiasmus für die edlen Pläne der Camelot-Ritter beweist ein weiteres Mal deine Besessenheit, die Welt aus ihrer Umklammerung durch das Böse zu befreien. Hier zeigt sich eine gewisse Naivität deiner Seele, die noch fähig ist, sich für Mythen und Märchen zu begeistern, sozusagen die kindliche Komponente deiner Wahrheitssuche.

Du bist einer der Ritter aus König Artus' Hofstaat, zuverlässig und loyal und vor allem stolz darauf, den Anspruch »Alle Macht für die Sache der Gerechten« nach außen zu vertreten. Denn auch in diesem Leben erlebst du – ähnlich wie in der matriarchalischen Amazonenkultur – eine heftige Auseinandersetzung zwischen den Geschlechtern, wobei die Männer letztendlich den Sieg davontragen. Für dich ist das wie eine Art karmisches Wiederholungsspiel. Die von den Druiden und ihrer Naturverehrung getragene matriarchalische Tradition befand sich im Krieg mit dem bereits patriarchalisch geprägten Christentum – zumindest in jenem Teil der damaligen Welt.

Karmische Muster zeigen sich auch in deiner Einstellung zur Frauenliebe. Ich sehe zwei Beziehungen zu Frauen, eine davon ist weniger nennenswert, aber beide enden in der Erkenntnis, daß dir mehr an der Wahrheitssuche und deinen Pflichten als Ritter gelegen ist als an emotionalen Abenteuern.

E: Das kommt mir sehr bekannt vor. Das ist mir in diesem Leben x-mal passiert.

C: Mir scheint, daß du eine bewußte Trennung zwischen persönlicher und universeller Liebe vollziehst und dich nur für die eine *oder* die andere entscheiden kannst. Und die letztere zu wählen ersparte dir damals eine Menge Kummer.

E: Hmm, nun wird es aber spannend.

C: Schließlich stirbst du in einem blutigen Gemetzel. Deine entkörperte Seele betrachtet diese ganze Szenerie aus ihrer neuen Perspektive. Eine große Ernüchterung kehrt in dir ein. Der Anblick widert dich an und noch mehr der Gedanke, daß auch du an diesem grausamen Drama beteiligt warst. Du begreifst nicht, daß du dich jemals zu solchen Entscheidungen hast hinreißen lassen. Dein Eifer, die Welt verbessern zu wollen, schlägt um in tiefe Melancholie. Sogar deine Wahrheitssuche erscheint dir immer mehr als ein höchst fragwürdiges Unternehmen. Du willst dieses Spiel nicht noch mal von vorne beginnen – mit anderen Worten: dir nicht schon wieder die Finger dabei verbrennen.

In deinen nächsten Existenzen ziehst du dich merklich zurück und nimmst den Platz eines Beobachters ein. Du wirst zum Philosophen, der die Dinge von Ferne betrachtet, ohne sich einzumischen. Deine Suche erhält eine neue Qualität, sie befaßt sich mit transzendenten Wahrheiten. Daraus wird ersichtlich, wie weit du dich bereits von deiner eigenen Natur und den Einsichten entfernt hast, die dich vor deinem erstmaligen irdischen Auftritt bewegt haben. Diese neuen Qualitäten deiner Suche kaschieren auf subtile Art deinen unterschwelligen Wunsch, von dem Chaos auf der Erde und dem Dilemma, das du dir selbst eingebrockt hast (in der Absicht, die Welt zu verändern), fortan verschont zu bleiben.

Ich sehe deine Seele nunmehr in Europa – der Schweiz oder Deutschland – erneut reinkarnieren. Du hast eine Position in der Kirche, bist aber kein Priester, vielmehr ein Finanzberater oder Verwaltungsbeamter. Dies zeigt, daß du den christlichen Kräften noch immer eine Chance gibst. Du wüßtest auch gar nicht, mit welchen anderen Idealen du dich sonst identifizieren solltest, zumal du eine karmische Beziehung zur Kirche hast.

Dennoch bist du sehr kritisch und hältst deine Augen offen, denn die Art, wie sie nach außen hin auftritt und dabei die biblischen Wahrheiten entstellt, ja, wie sie in sich selbst korrupt ist, erregt einen großen Unwillen in dir. Deine Suche nach Wahrheit erfolgt auf einer viel tieferen Ebene, und mit der Zeit distanzierst du dich immer mehr von ihren Dogmen. Du hast eine Familie, aber deiner Beziehung zu Frau und Kindern fehlt die gefühlsmäßige Grundlage. Du ziehst dich ganz in deine eigene geistige Welt zurück. Je älter du wirst, desto mehr fühlst du dich von deiner Umgebung entfremdet, von der du kein Feedback erhältst, zumindest nicht, was dein Verständnis von Wahrheit betrifft. Es findet aber auch in dir selbst, in deiner karmischen Struktur, eine Veränderung statt – mit anderen Worten: Du verschließt dich vor den Bedürfnissen deiner eigenen Seele. Du bist innerlich so gespalten, so mutlos geworden, daß du eines Tages daran zugrunde gehst. Nach deinem Tod gibt es nichts mehr, was dich noch ans Christentum bindet. Du wendest dich nun den tibetischen Religionen zu. Einige der Wesenheiten, mit denen du in Atlantis und Ägypten gewesen bist, befinden sich zu dieser Zeit im Ursprungsland dieses Glaubens und haben dort ein geistiges Zentrum von ungeheurer Ausstrahlung geschaffen. Für dich sind die tibetischen Erfahrungen wie eine Rettung aus höchster Not. Du verbringst dort drei oder vier Leben unmittelbar hintereinander, und deiner Suche nach höheren Wahrheiten und dem verlorenen Selbst ist endlich ein gewisser Erfolg beschieden. All diese neuen Existenzen sind durch tiefe Religiosität gekennzeichnet, mit der Einschränkung, daß auch sie wieder eine Flucht vor der harten irdischen Realität und deren ungelösten Problemen darstellen. Du hast dir dieses Eremitendasein schon lange herbeigesehnt und findest es ganz in Ordnung, daß du nicht zu den aktiven Mitgliedern der buddhistischen Glaubensgemeinschaft gehörst, ja, zu einem weltfremden Einsiedler, einem mönchischen Höhlenbewohner geworden bist.

Es kommt eine Zeit, wo du diese Art zu leben nicht mehr erträgst und deine Entscheidung bereust, vor allem, nachdem dir klar wurde, daß du deinem eigenen Karma dadurch nicht entfliehen kannst. Du hast das Gefühl, daß es irgendwo draußen in der Welt auf dich wartet. Die Tatsache, daß kein Mensch seinem Karma entkommen kann – auch nicht durch noch so intensive Anstrengungen spiritueller Art –, wird hier sehr deutlich demonstriert.

Es wundert mich nicht, dich plötzlich als hochaufgeschossenen Burschen irgendwo in der amerikanischen Prärie wiederzufinden. Du hast eine Frau, die dir das Leben nicht leichtmacht. Ihr liegt euch ständig in den Haaren, und sie setzt alles daran, dich aus deiner Traumwelt herauszureißen und dir das Meditieren zu vermiesen – schließlich habt ihr drei Kinder, zwei Jungen und ein Mädchen. Ihr bewohnt eine schlichte Hütte aus Lehm und Stroh, und deine Aufgabe ist es, Schafe zu züchten und dich mit den Ranchern herumzuschlagen, Stunde um Stunde nur Mühe und Arbeit, ein Konglomerat all der Dinge, die du bisher auf Erden verschmäht hast.

Nach dem vorzeitigen Tod deiner Frau wird alles noch schlimmer, zumal du erkennst, wieviel unnötige Kraft euch die alltäglichen Streitereien gekostet haben, denn ihr hattet euch wirklich geliebt. Du kennst dich selbst nicht mehr. Von deiner einstigen Identität ist wenig übriggeblieben.

Dein nächstes Leben spielt sich noch einmal in einer ländlichen Umgebung – genauer gesagt, im südlichen Frankreich – ab. Es ist mehr Wärme in dir, sogar ein gewisser Humor mit leicht sarkastischem Einschlag, denn du hast die Härten und Qualen deines letzten Daseins in der Prärie noch nicht verwunden. Du bleibst auf der Hut und hältst dich aus allem heraus. Eine Ehe kommt für dich nicht in Frage, und du findest Vergnügen daran, die Leute ein wenig hinters Licht zu führen. Doch hinter dieser Maske bist du sehr einsam und unglücklich. Im Dorf betrachtet man dich als einen »vieux garcon« – einen alten Knaben, einen Sonderling, den man lieber in Ruhe läßt. Es bereitet dir teuflische Freude, die weltlichen Autoritäten zu provozieren. Am Ende bist du ein plumper, fettleibiger Greis. Noch im Sterben empfindest du eine gewisse Genugtuung darüber, das Leben auf deine Art gemeistert zu haben, ohne daß dir jemand zu nahe treten oder dich gar verletzen konnte. Du hast sie alle ausgetrickst und bist immer der Sieger geblieben.

E: Ist es nicht sonderbar – ich bin mehrere Male in Frankreich gewesen, und vor bereits zwanzig Jahren ist es mir irgendwie klargeworden, daß ich mein letztes Leben dort verbracht haben muß. Und gerade im südlichen Frankreich habe ich mich besonders zu Hause gefühlt.

C: Du könntest durchaus recht haben. Denn mir scheint, daß all das, was du in Frankreich verdrängt und kaschiert hast, nun gewaltsam nach oben kommt, als ob die Widersprüche von damals sich nicht mehr verleugnen lassen und dich zum Handeln zwingen. Du bist viel ernsthafter geworden und ziemlich trübsinnig. Deine Beziehungen zu Frauen waren ja auch nicht sehr positiv.

E: Es stimmt. Ich bin oft sehr nachdenklich.

C: Und das hat seine Gründe. Denn du mußt dich ständig mit deinen alten karmischen Mustern herumschlagen.

E: Und wie gelingt mir das?

C: Ich muß sagen, du machst es recht gut. Du schiebst sie nicht mehr vor dir her, sondern nimmst eins nach dem andern in Angriff. Du bist sehr fair, in dem Sinn, daß du dir selber nichts vormachst, daß du genau hinsiehst, dich den veränderten Tatsachen stellst und dein Leben danach ausrichtest. Aber ... kannst du dieses »Aber« schon selbst erraten?

E: Moment mal, das geht mir alles ein bißchen zu schnell. Ich glaube schon, daß du recht hast. Und was ist mit dem »Aber«?

C: Du bist nicht mit ganzem Herzen dabei. Du bist ziemlich sauer auf dich und fühlst dich in deinem Stolz verletzt. Was dir noch fehlt – und das ist der entscheidende Faktor –, ist, daß du dein Inneres noch immer verschließt und noch immer versuchst, dich vor dir selbst zu rechtfertigen. Du weißt, daß du an den Härten dieses Lebens nicht vorbeikommst, aber im Grunde willst du es nicht wahrhaben. Ich sehe, wie unerläßlich es ist, unsere Herzen zu öffnen und unser ganzes Wesen in diese Erfahrungen einzubringen. Nur so können wir uns von unserem Karma befreien und unsere Heilung herbeiführen, nur wenn wir fähig sind, uns ohne Wenn und Aber zu akzeptieren ...

E: Da du dem »Herzen« soviel Bedeutung beimißt, muß ich zugeben, daß ich ein ziemlicher Verstandesmensch bin. Jedesmal, wenn ich einer Frau mein Inneres öffne, fühle ich mich hinterher gedemütigt.

C: Hast du nicht gesagt, daß du häufig deine Beziehungen abbrichst, um dein verlorenes Selbst wiederzufinden?

E: Ja, das stimmt. Aber ich bin auch so oft schon gedemütigt worden.

C: Du mußt eben noch lernen, durch diese Demütigungen hindurchzugehen, und trotzdem dein Herz offenzuhalten. Es wird mir jetzt immer klarer, wie wichtig gerade diese Erfahrung ist, um jene Vorstellungen zu überwinden, die uns immer wieder in solche Situationen hineinreißen.

E: Es fällt mir manchmal sehr schwer, mein Herz zu öffnen, und ich weiß, daß das nicht richtig ist.

C: Aha ...

E: Ich kann mir schon denken, worauf du hinauswillst – Schuldgefühle, oder?

C: Ja, eine ziemlich vertrackte Sache.

E: Aber warum ist es so schwer?

C: Ich vermute, weil wir uns selbst nicht gut waren, weil wir einen Groll auf uns hatten. Sobald wir darüber hinwegkommen, ist alles viel leichter, und es ist dann ein gutes Gefühl, sich einem anderen öffnen zu können. Wir sind es ja selbst, die sich abkapseln, die vor Selbstmitleid zergehen und auch noch glauben, mit Recht beleidigt zu sein.

E: Aber ich bin ja gar nicht so wehleidig, aber, na ja, vielleicht bin ich es doch.

C: Wer denn sonst, wenn nicht du?

E: Schon gut. Okay ...

C: Hör zu, Ed. Dieses Reading hat doch eindeutig bewiesen, wie mächtig unsere Gedanken und Vorstellungen sind. Ich möchte dich zum Schluß also bitten, über folgendes nachzudenken:

Wie würde dein Leben aussehen, wenn du dich von den traumatischen Erfahrungen, die du in Atlantis gemacht hast, endlich loslösen könntest, wenn du dir nicht ständig einreden würdest, daß du allein für die Rettung des Planeten verantwortlich bist? Mit anderen Worten: Welche Möglichkeiten wären dir dadurch gegeben, dein »wahres Selbst« frei zu entfalten? Und ferner: Welcher Voraussetzungen oder Fähigkeiten bedarf es, damit du dein Herz wirklich öffnen kannst? Über diese Fragen solltest du eine Weile nachdenken, und wenn du die Antworten hast, dir ein genaues Bild über dein zukünftiges Selbst machen. Du wirst sehen, wie positiv sich das auf deine Gefühle auswirken würde. Dann nämlich könntest du getrost zurückblicken und all die Veränderungen, die dich zu diesem neuen Selbstverständnis gebracht haben, noch einmal nachvollziehen ...

Amy

Amy ist Mitarbeiterin eines gemeinnützigen Umweltschutzverbandes in Harpers Ferry, West Virginia, wo sie auch ihren Wohnsitz hat. Sie ist eine attraktive Frau Ende der Dreißig mit langem kastanienbraunem Haar. Ihr äußeres Auftreten gleicht eher dem Hollywood-Image einer renommierten Anwältin in New York City. Seit zehn Jahren ist sie verheiratet und führt – wie sie selber hervorhebt – eine »bemerkenswert glückliche Ehe«.

Unsere erste Begegnung fand in meinem eigenen ländlichen Wohnzimmer statt, in dessen Nähe das Ehepaar seinen Urlaub verbrachte. Amy hatte rein zufällig meinen Namen von gemeinsamen Freunden aus der Nachbarschaft erfahren, und da ich zu dieser Zeit kein Telefon hatte, machte sie sich trotz des winterlichen Schneematsches auf den Weg zu meinem etwas abgelegenen Domizil, um mich um ein Reading zu bitten. Sobald wir in der Stube zusammensaßen, hatte ich plötzlich das Gefühl, als ob sie und ich durch eine Erfahrung verknüpft wären, die umfassender war als unser derzeitiges Leben. Die Wände des kleinen Raumes schienen den Energieströmen zwischen uns beiden kaum standhalten zu können. Ich verspürte Schwingungen bis tief in die letzten Fasern, während Amy ihr Äußerstes tat, sie zu ignorieren. Wir kamen überein, daß ich die beiden sowie meine Freunde zu einem gemeinsamen Abendessen besuchen würde, so daß im Anschluß daran das Reading stattfinden konnte.

Während dieses Dinners hatte ich meinen Platz an ihrer Seite und nahm jeden Anlaß wahr, ihr in die Augen zu blicken, zum Beispiel, wenn über irgendeine spaßige Bemerkung gelacht wurde.

Ich war es auch, der sich ständig um ein Gespräch mit ihr bemühte. Ich hatte einfach das Bedürfnis, mich ihr zu öffnen. Als wir dann in einem der oberen Zimmer das Reading begannen, merkte ich, daß sie sich kaum dem Einfluß unserer gegenseitigen Empfindungen, die sie als sexuelle Attraktion mißdeutete, entziehen konnte und immer unruhiger wurde. Sie tat alles, um diese Gefühle vor sich selbst und ihrem Mann zu verbergen. Da ich um ihre Ängste wußte, war auch mir daran gelegen, den beiden nichts über unsere gemeinsamen Erfahrungen in früheren Leben zu enthüllen, bis ich auf eine ihrer früheren Existenzen in Griechenland stieß und ganz am Rande erwähnte, daß die Person, der sie jetzt gegenübersaß, auch in ihrem damaligen Leben eine gewisse Rolle gespielt hatte.

Nachdem Amy und ihr Mann den gemeinsamen Urlaub beendet und wieder nach West Virginia zurückgekehrt waren, befanden wir uns noch eine Weile im brieflichen Kontakt. Im großen und ganzen war sie mit dem Reading nicht sehr zufrieden und hatte den Verdacht, daß sich möglicherweise meine eigenen Empfindungen mit den einströmenden Informationen vermengt haben könnten. Um also meine eigene Neugierde befriedigen und unser gemeinsames Karma aufarbeiten zu können, fragte ich sie, ob sie an einem weiteren Reading, das ein bißchen Licht in diese Angelegenheit brächte, interessiert sei. Sie war dazu bereit, aber gab deutlich genug zu erkennen, daß sie meine Aussagen nicht in jedem Fall für bare Münze nehmen würde.

Das folgende Protokoll ist eine Zusammenfassung der Ergebnisse beider Readings, wobei es mir im letzteren hauptsächlich um unsere gemeinsame Vergangenheit ging.

C: Ich habe herausgefunden, daß eine gewisse Anzahl von irdischen Wesenheiten sich nicht nahtlos in den Gesamtprozeß der Entwicklung auf dem Planeten einordnen läßt. Die Seelen vieler meiner Klienten sind aus anderen Dimensionen auf die Erde gekommen, denn der kosmische Organismus setzt sich aus verschiedenen Ebenen zusammen. Es gibt auch nichtphysische Dimensionen, die von körperlosen Wesen bevölkert sind, und auch deine Seele hat dort ihren Ursprung. Dieser Ursprungsort ist ausschlaggebend für die jeweiligen Erfahrungen auf der irdischen Ebene. Deshalb unterscheiden sich deine Erfahrungen hier von denen jener anderen Wesen, die von Anfang an in den Prozeß der irdischen Entwicklung integriert waren.

Als Metapher für deine Seele könnte ich mir einen Geschäftsmann in seinem Büro vorstellen. Der dazu passende Wahlspruch könnte so ähnlich lauten wie »Volle Kraft voraus«. Ich sehe unzählige Schriftstücke und höre das ständige Klingeln der Telefone. Du hast alle Hände voll zu tun, bist völlig von deinen Aufgaben in Anspruch genommen, immer auf Trab. Und ich frage mich: Was treibt dich so an, welcher Art sind deine Motivationen? Jedenfalls bist du ein Wesen, das – aus welchen Gründen auch immer – alle möglichen Verantwortlichkeiten übernimmt.

Ich weiß nicht, ob dir das weiterhilft – aber von einigen Leuten habe ich den Eindruck, als ob es sich bei ihnen um »alte Seelen« handelt. Du jedoch kommst mir eher wie eine »junge Erwachsene« vor, voller Ambitionen, voller Elan und ständig aktiv.

Kannst du dir etwas unter den sogenannten »sieben Strahlen« vorstellen – ein Begriff aus der theosophischen Literatur?

A: Die Chakras?

C: Nein. Man könnte sie zwar mit den sieben Strahlen in Verbindung bringen, indem man jedes einzelne Chakra – ohne den Begriff zu sehr zu strapazieren – als ein Vehikel für jeweils einen der sieben Strahlen betrachtet; gemäß der Theorie handelt es sich um die sieben grundlegenden Ausdrucksformen der Primärenergie des Kosmos. Ihre verschiedenen Interaktionen sind letzten Endes für alle Phänomene der Welt als Gesamtorganismus verantwortlich. Daher ist jede Seele aus allen sieben Strahlen zusammengesetzt, doch einer von ihnen ist der jeweils dominierende. In deinem Fall wäre das der »Strahl des Schöpfungswillens«, der sich in gewisser Weise in deiner Seele zu erkennen gibt. Er ist wie eine Gehirnzelle im kosmischen Organismus.

Alle Seelen lassen sich als Zellen mit ganz unterschiedlichen Funktionen verstehen, und jeder einzelnen sind ganz spezifische Fähigkeiten und Aufgaben zugeordnet, die aufeinander abgestimmt sind. Das also ist der eigentlich maßgebende, der aktive Teil und zugleich Ausgangspunkt deines Wesens. Am Ende unseres Readings wirst du vielleicht besser verstehen, worauf ich hinauswill, wenn ich dir nahelege, deine Betriebsamkeit etwas zu zügeln. Diese Willensenergie läßt sich auch auf bedachtsamere Art einsetzen und lenken. Es ist nicht nötig, daß du dich so verausgabst. Du könntest ein bißchen mehr über den Dingen stehen, sie geschehen lassen, statt dich mit der ganzen Hast und Unruhe der alltäglichen Vorgänge zu identifizieren und dir stets deine Verantwortung vor Augen zu halten. Kannst du mir soweit folgen?

A: Mmh, ja.

C: Es ist interessant – ich habe mit einer ganzen Reihe von Leuten gearbeitet, Seelen aus anderen Dimensionen, die unter gewissen Hemmungen litten und zum Beispiel Lernschwierigkeiten oder Probleme mit Autoritätspersonen hatten und deshalb auf die Erde geschickt wurden. Dich hingegen möchte ich mit einer Person vergleichen, der ich erst kürzlich ein Reading gegeben habe. Der (kosmische) »Arbeitsvertrag« war quasi schon ausgestellt, du brauchtest nur zu unterzeichnen, und schon konntest du deinen »Dienst« auf der Erde antreten!

Es ist mir inzwischen klar, daß du und ich derselben Seelengruppe angehören – metaphorisch gesehen, Schüler derselben Klasse oder Schule sind. Du warst eine sehr aufgeweckte Schülerin, die sich streng an die Regeln hielt. Mich könnte man eher als exzentrisch und gelangweilt beschreiben, frustriert von den allzu begrenzten Lehrplänen. Mir stand der Sinn vor allem nach kreativer Arbeit, einem weitgefächerten Ausbildungsprogramm. Ich war ein Träumer, ein Romantiker, der sich nicht gerne mit Details oder gar Unterrichtsprotokollen befaßte. Daran hast du dich ständig gestoßen. Mein respektloses Eintreten für Freiheit und Kreativität hat dich irritiert, und ich bin mir nicht sicher, ob sich deine Meinung inzwischen geändert hat. Vielleicht warst du auch ein wenig neidisch auf mich. Manchmal spüre ich etwas in dir, daß sich gerne von all den inneren Zwängen befreien und ungehemmt ausleben möchte. Wahrscheinlich habe ich dich ständig herausgefordert, ein bißchen lockerer zu werden …

Ist dir überhaupt schon bekannt, was sich damals in Atlantis ereignet hat? Es gab zwei große Gruppen von Seelen, die zu jener Zeit auf die Erde geschickt wurden. Die eine setzte sich aus Wesenheiten wie du und ich zusammen, die andere bestand aus Mitgliedern, die durchweg mit Lernschwierigkeiten und Autoritätskonflikten zu kämpfen hatten. Es war ein sehr vielschichtiges Projekt. Gewisse Kräfte auf dem Planeten hatten sich schon längere Zeit störend bemerkbar gemacht und die Entwicklung der menschlichen Rasse behindert. Die aus den inneren Dimensionen einströmenden Seelen waren ganz auf ihre individuellen Muster fixiert, die ihrem Selbst wenig Freiraum zur Entfaltung boten, ihren Aktivitäten jedoch ein realeres Feedback erlaubten. Natürlich erzielten sie aufgrund ihres ständigen Fehlverhaltens nicht so weitreichende Wirkungen wie »zu Hause« in ihren heimischen Dimensionen, hatten jedoch die Möglichkeit, sowohl an ihren individuellen Problemen zu arbeiten als auch den bereits ansässigen Bewohnern von Atlantis zu helfen. Für dich und die anderen Seelen unserer Gruppe war dies der erste Auftrag – ein »spezifisches Feldtraining«, wenn man so will.

Drei Wesenheiten – darunter du und ich – waren dazu ausersehen, das atlantische Projekt zu überwachen. Von Anfang an warst du mit großem Eifer dabei, während mir diese Mission nicht besonders behagte. Ich sah darin eher eine Art Strafexpedition, die unsere Mentoren sich für uns ausgedacht hatten. Ich hätte mich viel lieber an ganz tollen und grandiosen Aufgaben beteiligt. Für mich war die Erde etwas Rückständiges, ein gräßlicher Ort. Ich war ziemlich unbekümmert und arrogant, um so kritischer und unnachsichtiger war deine Einstellung mir und meiner Arbeit gegenüber.

Kannst du dich an all diese Ereignisse erinnern?

A: Nun, zunächst habe ich noch einige Fragen. Wenn sich wirklich so viele hochbegabte Leute für Atlantis engagierten – weshalb mußte dieses Projekt dennoch scheitern?

C: Ich denke, wir hatten zu wenig Kenntnis von den Schwächen der menschlichen Natur. Da, wo wir herkamen, waren die Dinge so, wie sie eigentlich sein sollten, und wir wußten nicht, wie primitiv es auf der Erde tatsächlich zuging. Deshalb hatten wir auch keine Konzepte gegen Habgier, Betrug und Aggressionen entwickelt. In unserer Naivität fingen wir sofort damit an, den Gottesstaat mit seinen Erziehungssystemen aufzubauen und die spirituellen Weisheiten zu verbreiten, obwohl die geistigen Voraussetzungen dafür noch gar nicht geschaffen waren. Wir verfügten über ein ziemlich ausgeklügeltes Instrumentarium, um den Bewußtseinsstand

der Atlanter zu heben. Dazu gehörte nicht nur die Rundfunk-
oder Fernsehtechnik. Wir arbeiteten mit bestimmten Kristal-
len, Pyramiden und erdmagnetischen Netzwerken. Damit
konnten wir Gedanken aussäen, um die kollektive Psyche
neu zu strukturieren. All diese Technologien hatten wir aus
den höheren Dimensionen importiert, wobei unser eigenes
Selbst als »Zapfstelle« für die neuen Gedankenmuster diente.
Auch benutzten wir die erdmagnetischen Kraftlinien als Trä-
gerwellen und schufen somit neue Energiefelder. Wir luden
Pyramiden und Kristalle mit allen möglichen Energien auf,
was wiederum der Verbreitung von Informationen diente.
Dies waren die Aufgaben, mit denen du hauptsächlich betraut warst.
A: Ja, ich war in Atlantis so eine Art Kommunikationschef –
das hat mir schon mal jemand gesagt.
C: Du hast dich sehr energisch dafür eingesetzt. Wir beide
haben von Anfang an zusammengearbeitet. Es war ein riesiges Projekt. Sobald ich mich in meinem neuen Körper befand,
fühlte ich, wie meine kreativen Kräfte von Tag zu Tag
anwuchsen, und trotz meiner anfänglichen Unlust begann
mich die Sache mehr und mehr zu interessieren, und ich fand
Gefallen an meiner doch immerhin wichtigen Funktion. Im
übrigen entwickelte sich auch zwischen uns beiden eine recht
gute Beziehung auf der Basis von gegenseitigem Respekt und
ehrlicher Anerkennung. In einigen Punkten konnten wir uns
allerdings nie ganz einig werden, nämlich da, wo es um das
Ausmaß einer Freigabe geheimer Informationen ging und um
die Frage, wieviel der neuen Energien wir bereits einsetzen
durften, um unserem Auftrag gerecht zu werden. Ich muß
gestehen, daß ich oft viel zu voreilig war. Ich wollte die
Angelegenheit hinter mir haben, um möglichst bald auf die
inneren Ebenen zurückkehren zu können.
Trotzdem waren wir beide sehr optimistisch, um nicht zu

sagen naiv, denn keiner von uns hatte damit gerechnet, daß ein Teil unserer eigenen Gruppe eine Rebellion vorbereitete, noch hatten wir die Gefährlichkeit jener Lemuren, die damals in Atlantis reinkarnierten und sich von unserem Projekt bedroht fühlten, richtig eingeschätzt. Die Aufständischen aus unseren eigenen Reihen hatten uns bereits vor unserem Eintreffen in Atlantis Schwierigkeiten gemacht. Schon damals widersetzten sie sich unserer Autorität. In den lemurischen Verschwörern fanden sie willkommene Bundesgenossen und bemächtigten sich unserer Informationen und spirituellen Technologien, die ja ursprünglich zu ihrem Nutzen gedacht waren. Es kam zu einer unvorstellbaren Auseinandersetzung mit paranormalen Waffen. Sie mißbrauchten die Macht der Kristalle im Sinne einer Schwarzen Magie und versuchten auf diese Weise, unseren Willen zu manipulieren. Damit waren unsere Fähigkeiten außer Kraft gesetzt und unsere Pläne blockiert. Sie bedienten sich auch der magnetischen Felder, und die Wirkung war so gewaltig, daß das ohnehin empfindliche Energienetz der Erde zusammenbrach. Dies führte zu mächtigen magnetischen Stürmen und verheerenden Erdbeben, bis schließlich der gesamte atlantische Kontinent auseinanderbrach.

Zwischen den Ursachen der Katastrophe und deinen spezifischen Aktivitäten bestand somit kein direkter Zusammenhang. Dennoch fühltest du dich für das schreckliche Geschehen mitverantwortlich und machtest dir bittere Vorwürfe. Dein Zorn auf die Verräter richtete sich immer mehr gegen dich selbst, aber auch ich bekam ihn zu spüren, eben weil du davon ausgingst, daß wir beide unserer Aufsichtspflicht nicht nachgekommen wären.

Kein Wunder, daß du dich von da ab genötigt sahst, noch härter und noch engagierter zu arbeiten.

A: Ich kann dir zwar nicht in allem beipflichten, aber es

würde mich doch interessieren, was die Lemuren letzten Endes mit dieser Sache zu tun haben.

C: Ganz zu Beginn der Entstehung des Lebens auf unserem Planeten wurden Wesenheiten aus den inneren Dimensionen herabgesandt, um dessen Entwicklung in Gang zu setzen. Es gab dort auch Seelen, die sich in einem anderen Existenzbereich als sehr rebellisch erwiesen hatten und nunmehr hierher beordert wurden, um sich in ihren Aktivitäten zu mäßigen. Man wollte ihnen eine Möglichkeit bieten, ihr Betragen zu korrigieren. Aufgrund ihres fortwährenden Grolls hielt man es offenbar für zweckdienlich, sie in tierischer Gestalt inkarnieren zu lassen. Im Verlauf der Zeit wurden sie Teil des irdischen Menschengeschlechts. Doch waren ihre Frustrationen über das ihnen zugemutete Los inzwischen so angewachsen, daß sie sich an der übrigen Tierwelt rächten, zuweilen mit einer Grausamkeit, wie man sie höchstens noch bei den volkstümlichen Hahnenkampfritualen beobachten kann. Es war Teil ihres karmischen Auftrags, sich aus der niederen animalischen Form zu einer höheren, menschlichen zu entwickeln. Ich könnte mir vorstellen, daß es auf ähnliche Weise zur Entstehung der Cromagnonrasse gekommen ist.

Im biblischen Luzifer-Mythos stoßen wir auf die vielleicht ältesten Nachrichten über das Lemurengeschlecht. Diese Wesen der Frühzeit werden dort als »gefallene Engel« bezeichnet, als Geschöpfe Gottes aus den inneren Dimensionen, die sich seinen Plänen widersetzten und deshalb auf die Erde verbannt wurden, um noch einmal eine Chance zur Wiedergutmachung zu erhalten.

A: Du glaubst also, es war ihre Aufgabe, die Erde neu zu gestalten?

C: Zumindest nahmen sie die Verbindung zum ätherischen Körper des Planeten auf, um die Strukturen des sich neu entwickelnden Lebens vorzubereiten – das war ihr eigentlicher Job. Und immer noch sind etliche von ihnen entweder als reale Inkarnationen, die sich mit ihrem Karma auseinandersetzen, oder als spirituelle Wesen existent. Die letzteren sind auf den inneren Ebenen angesiedelt, wo sie sich mit den ätherischen Energien des Planeten befassen.

A: Was für ein Wahnsinn, sich einmal vorzustellen, welch ein Ausmaß an Liebe erforderlich war, um allein den Planeten zu erschaffen!

C: Bekanntlicherweise hat diese Geschichte ihre zwei Seiten. Es waren zwar »gefallene« Engel, gleichwohl gehörten auch sie zu den »Schöpfern«, selbst wenn sie sich zunächst den göttlichen Plänen widersetzt hatten. Mit ihrer Sünde haben sie uns allen und sich selbst einen guten Dienst erwiesen …

Laß uns nun zu unserem eigentlichen Thema zurückkehren. Nach Atlantis sehe ich dich in Ägypten in ähnlicher Betriebsamkeit verschiedene Dinge in einem neuen Büro organisieren. Ich versuche herauszufinden, welcher Art deine Beschäftigung sein könnte und ob du eine Frau oder ein Mann bist. Aber deine Energie ist so ausgeglichen, daß ich es nicht feststellen kann. Ich merke nur, daß du in verschiedenen Lebenszeiten mal eine weibliche und mal eine männliche Rolle bekleidest. Jetzt sehe ich dich als Frau, die mit anderen Frauen zusammenarbeitet. Ihr alle seid besser ausgebildet als die meisten Hellseher und empfangt soeben spirituelle Botschaften von den inneren Ebenen. Auch aus Atlantis bringt ihr eine Menge Informationen in eure Arbeit mit ein. Es muß sich um eine faszinierende Sache gehandelt haben, die du im Verlauf mehrerer Lebenszeiten zu deinem wichtigsten Anliegen gemacht hast und die dich auch weiterhin beschäftigen wird. Es gelingt dir, Methoden zu entwickeln, die es dir ermöglichen, das gesamte spirituelle Wissen in eine Symbolsprache umzusetzen. Kristalle und Edelsteine wurden als Werkzeug benutzt, um diesen Zeichen eine dauerhafte Form zu verleihen. Dieselben Werkzeuge dienten ferner dazu, den Menschen die tieferen Ebenen ihres Bewußtseins, wo das spirituelle Wissen gespeichert ist, zu erschließen.

In einem anderen Leben arbeiten wir beide als Männer zusammen. Gemeinsam leiten wir die Initiationsrituale, die im Innern der ägyptischen Pyramiden stattfinden. Während es deine Aufgabe ist, den Initianden das spirituelle Wissen zu vermitteln und es gut zu verschlüsseln, konzentriere ich mich auf Techniken, die das menschliche Nervensystem – den biopsychischen Mechanismus – zur Kanalisierung der unter Umständen lebensgefährlichen kosmischen Energien befähigen sollen. Die Initiationsrituale konnten nur auf der Grundlage einer guten Zusammenarbeit von uns beiden zum erwünschten Erfolg führen. Es durften keine Fehler gemacht werden, denn wir mußten stets damit rechnen, daß einige der jungen Leute diese Riten nicht überlebten oder dabei ihren Verstand verloren.

Für die Erfolgreichen war es sicher ein großer Schritt auf dem Weg zur spirituellen Vervollkommnung. Dank unserer Bemühungen konnten wir das wahrscheinlich fortschrittlichste und effektivste Ausbildungssystem im Bereich des Spirituellen verwirklichen, das je auf Erden zur Anwendung kam. Schließlich hatten wir aus den Fehlern unserer verrückten Zeit in Atlantis eine ganze Menge gelernt. Unsere ägyptischen Aktivitäten waren zwar nicht sehr umfangreich, dafür aber sehr intensiv. In einem gewissen Sinne waren sie vielleicht eine Überkompensierung alter atlantischer Komplexe. Ich sehe jetzt ein weiteres Leben vor mir, das sich in der offensichtlich sehr wichtigen Epoche zwischen Atlantis und Ägypten abspielt. Einen Teil dieser Zeit verbringst du als Schamanin in einer matriarchalischen Gesellschaft. Viele der machthungrigen Seelen aus Atlantis inkarnierten damals als Frauen in derartigen Gesellschaftsgefügen. Du jedoch warst von deinen Schuldgefühlen noch so belastet, daß du glaubtest, von nun an für eine gerechte Verteilung der Macht sorgen zu müssen. Zunächst warst du eine Schamanin, erkanntest aber bald, daß du auf diese Weise wohl kaum einen Einfluß auf die gesellschaftliche Entwicklung nehmen würdest. Deshalb kehrtest du in deinem nächsten Leben als Mann auf die Erde zurück und versuchtest, den Männern bei ihrer Entwicklung zu helfen.

A: Ich kann mich noch recht gut an dieses Leben erinnern, da ich damals durch einen Speer getötet wurde.

C: Du hattest dir wirklich sehr viel vorgenommen und auch eine gewisse Veränderung bewirkt. Doch als die Männer einen Aufstand machten und sich ihre alten Freiheiten zurückeroberten, brachen die relativ egalitären Strukturen dieser Kultur in sich zusammen. Schon bei deiner Ankunft ließen sich erste Anzeichen eines bevorstehenden Umschwungs der machthungrigen Seelen aus Atlantis erkennen. Es waren dieselben Leute, die bereits im damaligen Gottesstaat über die Schlüsselpositionen verfügt hatten und mit dir das gleiche Karma teilten. Du und ich waren in dieser und auch noch weiteren Lebenszeiten männlichen Geschlechts. Zusammen mit anderen Kräften versuchten wir, diese als Frauen inkarnierten ehemaligen Atlanter, die inzwischen die matriarchalische Hierarchie usurpiert hatten, zu vertreiben, und wie du schon sagtest, wurdest du bei diesem Unterfangen getötet. Es war dein erstes Leben als Mann, und du mußtest sterben, weil du dich als Mann gegen die Unterdrückung durch machthungrige Frauen gewehrt hattest.

Das nächste Leben, das ich erkennen kann, spielt sich im antiken Griechenland ab. Du warst Priesterin in einem Tempel, und dein Ziel war es, auf der Basis von Spiritualität einen Ausgleich von Mensch und Natur herbeizuführen. Wir befanden uns in einer wundervollen Umgebung. Harmonisch fügte sich der Tempel in eine gebirgige Landschaft ein und vermittelte das Gefühl jener geläuterten Heiterkeit, die Priester und Priesterinnen wie eine Aura zu umfluten schien. Es war eine Art Kloster, so daß sich unser Kontakt mit dem gewöhnlichen Volk auf religiöse Feste und Feiertage beschränkte. Du warst ziemlich rigide und streng, so ähnlich, wie ich dich bereits in Ägypten erlebt hatte. Ich war weniger priesterlich und ließ mich bereitwillig von der romantischen Schönheit der kulturellen Szenerie verzaubern. Ich forderte dich manchmal auf, doch ein bißchen lockerer zu sein, dich ein wenig der Welt zu öffnen. Obgleich wir dem Zölibat unterstellt waren, konnte ich nicht umhin, mich in dich zu verlieben, und versuchte deshalb, dich für eine spirituelle Liebe zu begeistern.

Je mehr ich jedoch auf dich zuging, desto abweisender und förmlicher wurde dein Verhalten. Dieses Wissen um die »verbotene Frucht« erzeugte zwischen uns eine Spannung, die meine Gefühle nur noch verstärkte. Aufgrund deiner umfassenden Erfahrungen mit verschiedenen religiösen Systemen hattest du dich längst daran gewöhnt, deine »menschlichen Instikte« zu unterdrücken, ja, diese Tendenz zu verinnerlichen und an deren Stelle eine emsige Betriebsamkeit an den Tag zu legen. Ich vermute, daß du deine Frustrationen in Atlantis noch nicht verwunden hattest, wo sich dir die destruktiven Folgen menschlichen Triebverhaltens so augenfällig zu erkennen gaben. Später, in Ägypten, in einer anderen religiösen Existenz, bist du sehr hart gegen dich selbst gewesen, um diese allzu menschlichen Qualitäten in dir zu bekämpfen. Ich hatte mich inzwischen mit den tantrischen Traditionen in Indien befreundet, wo Sexualität und »menschliche Gefühle« völlig in die religiösen Praktiken integriert sind.

Doch was sich mir jetzt in diesem Moment enthüllt, macht

mich ziemlich verlegen, und ich gebe zu, daß ich mich deswegen schäme. Ich sehe, wie mich die »Liebe« zu dir an einen Punkt bringt, an dem ich die gesamte priesterliche Tradition in Frage stelle. Ich glaubte mich auf die olympischen Götter berufen zu können, die – wie jeder weiß – ihre Geliebten und Gespielinnen hatten; warum sollte einem Priester verwehrt sein, sich unter gewissen Umständen und mit ihrem Segen eine Gefährtin zu nehmen, die auch eine Priesterin ist? In meiner Position stand mir genügend Macht zur Verfügung, um mir durch ein Opfer die Götter geneigt zu machen.

Ich sehe mich jetzt ein Ritual zelebrieren. Ich opfere eine Ziege und sehe dir dabei in die Augen – ein Unterfangen, das du mir nicht verzeihst. Ich habe dich damit in eine sehr peinliche Situation gebracht. Als das Zeremoniell fast beendet ist, überzieht sich der Himmel mit dunklen Wolken, und es beginnt zu donnern. Darin erblicken die Anwesenden ein Zeichen des Himmels – die Götter haben offensichtlich ihre Zustimmung gegeben. In den Augen der anderen ist unsere »Ehe« somit vollzogen. Sobald wir allein sind, widersetzt du dich mir, sowohl körperlich als auch emotional. Für mich ist das äußerst schmerzhaft. Abgesehen von der Schamlosigkeit meines egozentrischen Handelns, verspüre ich eine tiefe Liebe zu dir und hoffe noch immer, daß du dich mir öffnen würdest. Es ist, als ob die Strahlen meiner Liebe wie eine Frühlingssonne die Knospen eines wundervollen Blütenbaumes zum Aufblühen ermuntern wollen. Ich möchte an deiner jugendlichen Fülle teilhaben. Ich träume von jenen Zeiten auf den inneren Ebenen, wo wir uns auf spielerische Weise unserer Gemeinsamkeit erfreuten und ich dich »aufzuheitern« versuchte. Doch du kommst dir verraten und verkauft vor und beschuldigst mich insgeheim des Mißbrauchs meiner priesterlichen Macht. Den Rest unseres Lebens verbringen wir in einer Situation, die sich für uns beide als Sackgasse erweist.

Als du erneut reinkarnierst, siehst du dich in eine ländliche Szenerie versetzt. Du bist eine junge Erwachsene und hilfst, die Heuernte einzubringen. Neben dir ist Don, dein jetziger Ehemann und damals ein Bauernbursche, dem du sehr nahe stehst. Er liebt es, dich zu necken, und dir gefällt seine warmherzige und freundliche Art. Er versucht, dich zu einem kleinen Flirt im Heuhaufen zu verführen. Ich sehe, wie ihr beiden übermütig herumtollt.

Sein sanftes und zärtliches Werben läßt dich nicht unberührt; es ist deine freie Entscheidung, dich ihm hinzugeben, seine Frau und Mutter eurer gemeinsamen Kinder zu werden. Der Konflikt zwischen irdischer Vervollkommnung und der Verwirklichung deiner weiblichen Wünsche war es, der dich anfangs noch zögern ließ und auf den es hier ankommt. In all deinen vergangenen Existenzen hast du der weiblichen Seite deines Wesens nie wirklich Rechnung getragen, doch ich sehe, wie wohl du dich trotz allem in deiner neuen Rolle fühlst. Dennoch bleibt eine unausgesprochene Sehnsucht in dir, ein Drang, den du niemandem erklären kannst, weil sich deine geheimen Ziele in diesem gesellschaftlichen Milieu nicht verwirklichen lassen.

In deinem nächsten Leben bist du ein Mann und lebst irgendwo in Deutschland in einer kleinen Gemeinde, in der du das Amt eines Geistlichen übernimmst. Hier ändert sich dein Wesen, du wirst anmaßend und herrisch und kannst in deiner bescheidenen Aufgabe als Seelsorger keine Befriedigung finden. Sie steht in keinem Verhältnis zu deinen ursprünglichen Erwartungen und der spirituellen Botschaft, die du den Erdbewohnern zu bringen gedachtest. Durch das christliche Dogma ist deinem Wirken ein enger Rahmen gesteckt, der deinem Streben nach Spiritualität nicht gerecht wird.

Als Familienvater mit Frau, Sohn und Tochter ist dein Leben sehr reglementiert. Deine Frustrationen sind eine Folgeerscheinung deines inneren Gespaltenseins, des Widerspruchs zwischen deinem spirituellen und deinem physischen Selbst. Noch immer hast du diese negative Einstellung gegenüber deinen Gefühlen, die du nicht wirklich zulassen willst. Die andere, die strenge Seite deines Ego projizierst du in die strafenden Aspekte der christlichen Religion ...

Deine innere Situation spitzt sich noch weiter zu, als du in Holland eine neue Identität annimmst. Du bist wieder ein Mann. Nach konventionellem Verständnis mußt du als solcher deine Gefühle unter Kontrolle haben, während das weibliche Verhalten angeblich von Instinkten und Emotionen bestimmt wird. Dein Beruf hat etwas mit Büchern zu tun – mit einer Druckerei, die auch das »Wort Gottes« druckt. Du bist ein sehr religiöser Mensch, der seinen Glauben wirklich ernst nimmt. Ich sehe dich häufig beten, wenn auch mit einem Rest Skepsis wegen deiner Erfahrungen im vorausgegangenen Leben. Doch ohne jede echte Verantwortlichkeit fühlst du dich fehl am Platze. Wir haben bereits über ähnliche Situationen gesprochen, und wie gut sie in dein karmisches Muster passen. Du mußt immer die Bestätigung haben, ein enorm wichtiges Werk zu tun. Und das war weder in deinem Leben als Pfarrer der Fall, noch ist es hier der Fall. Das Drucken von Bibeln ist an sich eine Sache, gegen die du nichts einzuwenden hast. Dennoch bist du frustriert. Dies alles wird für dich zu einem echten Problem, das dich innerlich auffrißt. Ich sehe, wie du zur Flasche greifst, um mit Alkohol die Spannungen in dir zu lösen, was deine Lage nur noch verschlimmert. Ein wahrer Teufelskreis.

Wieder hast du eine Familie, aber bist so tief in dein Dilemma verstrickt, daß du ihr kaum Aufmerksamkeit schenkst.

Als du stirbst, machst du dir schwere Vorwürfe. Deine Frau

war dir sehr ergeben, und du bereust, ihr dein Herz nicht geöffnet zu haben. Es ist interessant, daß dich dies mehr bedrückt als die Tatsache, ein schlechter Vater gewesen zu sein.

Nach deinem Tod scheint etwas von deinem höheren Selbst in dir aufzubrechen. Ich sehe, wie du auf den inneren Ebenen dir bereits Gedanken über dein nächstes Leben machst. Es ist dir klargeworden, daß das christliche Dogma dir nicht weiterhelfen kann und du neue Schritte in eine andere Richtung unternehmen mußt. Du wendest dich den östlichen Religionen zu und reinkarnierst als Mann in Tibet. Sehr frühzeitig trittst du in ein buddhistisches Kloster ein und ziehst dich später als Einsiedler in eine Höhle zurück. In diesem Leben findet eine erneute Begegnung von uns beiden statt. Während deiner Klosterzeit bin ich dein Lehrer. Als solcher kann ich die Liebe, die ich für dich empfinde, auf »spirituelle« Weise zum Ausdruck bringen – für mich eine befriedigende Lösung, du jedoch reagierst mit gemischten Gefühlen. Die Liebe zwischen Lehrer und Schüler hat in der tibetischen Tradition eine wichtige Funktion bei der Vermittlung spiritueller Inhalte und ist von jeher integraler Bestandteil des buddhistischen Rituals und der tibetischen Mythen. So gerätst du ein weiteres Mal in die Situation, dich von mir »vergewaltigt« zu fühlen. Negative Erinnerungen aus der griechischen Zeit werden in dir aufgewühlt. Gegen »spirituelle Liebe« hast du grundsätzlich nichts einzuwenden, doch ist es dir unerträglich, sie in einen Zusammenhang mit unseren früheren Erfahrungen gebracht zu sehen, obwohl mir in diesem Fall die persönlichen Aspekte gar nicht so wichtig erschienen.

Sobald du das Kloster verlassen und dich für ein Einsiedlerdasein in der Höhle entschieden hast, verbringst du den Rest deiner Tage damit, in mönchischer Enthaltsamkeit zu deinem höheren Selbst zurückzufinden. Bei deinem Streben nach Erleuchtung folgst du dem Bodhisattva-Ideal. So fällt es dir leichter, auch anderen Menschen auf dem mühsamen Weg zu ihrer spirituellen Vervollkommnung ein guter Führer zu sein. Nach diesem erfolgreichen Leben kehrst du als Lehrer nochmals nach Tibet zurück. Nun bist du endlich von dem nagenden Bewußtsein befreit, dich einem Dogma wie dem christlichen beugen zu müssen. Die religiösen Strukturen des Buddhismus, die sich in ihrer unmißverständlichen Klarheit schon über viele Jahrhunderte hinweg bewährt haben, erinnern dich sehr an die Glaubensvorstellungen der alten Griechen und Ägypter. Doch noch immer ist eine Spaltung in dir zwischen deinem spirituellen und deinem emotionalen Ich, und auch dieses Leben ist nicht dazu angetan, dich deiner Gefühlswelt näherzubringen. Du empfindest dies eher als positiv und verbringst noch drei weitere Lebenszeiten in diesem Zustand.

Zumindest gelingt es dir, dein Selbst aus seiner schlimmsten karmischen Verstrickung zu lösen. Du hast das Gefühl, zum ersten Mal seit so vielen vergeblichen Versuchen wieder tief durchatmen zu können. Deine karmische Energie ist unverändert. Du brauchst nur zurückzukommen, und schon bist du erneut mit ihr konfrontiert.

Ich versuche soeben, den Ort deiner nächsten Inkarnation zu lokalisieren – es scheint Marokko zu sein – ziemlich nahe an Spanien, nordwestliches Afrika – ist es wirklich Marokko? Hm, nomadische Wüstenbewohner sind alles, was ich erkennen kann. Und du selbst – bist du Mann oder Frau? Ich sehe beides … Ich glaube, du kommst zuerst als Frau auf die Erde zurück. In deinem Zwischenleben bemerke ich eine Art telepathische Kontaktaufnahme mit beiden Möglichkeiten. Ich bin mir noch nicht sehr sicher, vielleicht wird alles klarer, wenn ich fortfahre.

Ja, nun erkenne ich dich als weibliches Wesen. Du befindest dich in einer Kultur, die bis in die alltäglichsten Verrichtungen von den Glaubensvorstellungen deines Stammes geprägt ist. Dein Leben selbst ist ein religiöses Ereignis. Was immer du tust – ob du Zelte zusammenpackst oder dich mit deiner Sippe unter dem gestirnten Himmel auf Wanderschaft begibst –, überall ist Harmonie, ist jene unverfälschte Ursprünglichkeit. Es ist ein sehr edles und unbeschreiblich schönes Dasein. Auch als Frau kannst du dich ganz deinen spirituellen Interessen widmen. Ich kann nicht erkennen, ob du in einem konventionellen Sinne verheiratet bist. Wie die anderen auch bist du Teil deiner sozialen Umwelt, und ich weiß nicht, ob du zu einem Harem gehörst, was durchaus der Fall sein könnte, obwohl die Sexualität dabei keine so wichtige Rolle spielt. Jedenfalls kannst du von deinem Partner erwarten, daß er deine spirituellen Qualitäten respektiert. Er ist wie ein Führer, und es ist keine Liebesbeziehung, die dich an ihn bindet. Er ist derjenige, der dich um Rat ersucht, und ist nicht irgendeiner unter den vielen anderen.

In deinem nächsten Leben fällt es dir schwerer, dich diesmal als Mann zurechtzufinden. Ich merke, daß du immer wieder auf dein vorangegangenes Leben zurückblickst, um aus deinen Erfahrungen als weibliches Wesen eine Orientierungshilfe zu erhalten. Es scheint, als ob zwischen dir und einem anderen Stammesgenossen eine Art Machtkampf im Gange wäre. Jetzt kann ich erkennen, daß es dein Vater ist, der eine sehr einflußreiche Position innerhalb des Stammesgefüges bekleidet. Ich sehe dich auf einem Pferd davonreiten, ohne daß du dir zuvor seine Erlaubnis oder seinen Segen eingeholt hättest. Ich vermute, daß du etwas im Sinn hast, was in den Augen deiner Sippe als ungebührlich erscheinen muß. Es ist ein langer Ritt durch die Wüste, und dein Ziel ist der europäische Kontinent. Eine gewisse Vornehmheit in deiner äu-

ßeren Erscheinung läßt mich befürchten, daß du den Widerwärtigkeiten deines Vorhabens nicht gewappnet sein könntest. Ich sehe dich harte Arbeit verrichten. Du schaufelst und
bewegst Steine und nimmst jeden Job an, um dir das Geld für
die weite Reise zu verdienen. Du mußt dich damit abfinden,
wie ein gewöhnlicher Arbeiter behandelt zu werden. Und
dennoch ist etwas in dir, das dir hilft, deine Integrität zu
bewahren.

Nach allerlei Abenteuern und ungewöhnlichen Erfahrungen
bist du im südlichen Frankreich gelandet. Irgendwie scheint
dir deine Familie etwas Geld nachgeschickt zu haben. Du
gehst jetzt auf eine Schule und möchtest dein Wissen erweitern. Ich sehe dich lesen und schreiben. Offenbar stehst du
im brieflichen Kontakt mit deiner Familie. Es sieht ganz so
aus, als ob sie doch nicht zu den ganz primitiven Nomaden-
völkern gehört.

Eines Tages kehrst du wieder nach Hause zurück. Du hast
nicht gefunden, wonach du gesucht hast. Deine Hoffnungen
auf eine umfassende Ausbildung als Wissenschaftler sind
enttäuscht worden, und dein Stolz ist empfindlich verletzt,
als dein Vater dich mit den Worten empfängt: »Das habe ich
ja schon vorher gewußt ...«

Nun ist das Dilemma komplett, und irgendwie mußt du dich
rechtfertigen, du mußt etwas *tun,* selbst wenn deine Familie
so reich ist, daß du es nicht nötig hättest, dich selbst zu
ernähren. Doch wo könntest du deine Energien auf sinnvolle
Weise einsetzen?

Ich habe den Eindruck, daß du den Rest deines Lebens recht
müßig dahinbringst ...

Nun versuche ich festzustellen, wie dein Schicksal sich weiterhin entwickelt. Es folgen noch mehrere Lebenszeiten, die
du in europäischen Ländern als Kirchenmann, aber auch als
Politiker verbringst. Es ist immer derselbe Ärger mit der

Bürokratie – auch in deinem gegenwärtigen Leben. Kannst du mir diesen Eindruck bestätigen?

A: Ich weiß nicht …

C: In Amerika finde ich dich als Indianerin wieder – irgendwo in Texas oder Neumexiko. Im gleichen Leben bin ich ein Trapper, der gerade nach Süden reitet, um dort zu überwintern. Ich sehe dich mit einem Baby auf dem Arm an einem Bach stehen. Als ich näher komme, weichst du ängstlich zurück. Ich bin mit Lederhosen und Mokassins bekleidet, denn ich habe selbst eine Weile mit Indianern zusammengelebt, ich verstehe ein bißchen von ihrer Sprache und kenne ihre Lebensgewohnheiten. Deine Leute oder die kleine Gruppe, zu der du einmal gehört hattest, sind von den Soldaten der weißen Siedler getötet worden. Nur du und dein Kind konnten dem Gemetzel entfliehen.

Als sich deine Furcht ein wenig gelegt hat und du mir aufgrund meiner Worte und meiner äußeren Erscheinung allmählich Vertrauen entgegenbringst, wird uns auf unterschwellige Weise klar, daß wir schon mehrere Leben miteinander verbracht haben. Unsere Gefühle füreinander entwickeln sich bald zu einer tiefen Liebe, ich nehme dich und das Kind mit auf mein Pferd, und zusammen reiten wir in den wärmeren Süden. Ich bin ein Weißer, und das wird dir immer wieder schmerzlich bewußt, denn die Verbindung mit einem Feind deines Volkes erscheint dir wie ein Verrat an der indianischen Sache. Du hast Angst, daß dein Stamm dich verstoßen könnte, falls unser Zusammenleben bekannt würde. Du bist mehr oder weniger gezwungen, bei mir zu bleiben – eine zwiespältige Situation, die dich an frühere, gemeinsame Zeiten erinnert und deinen Moralvorstellungen zuwiderläuft. Ich liebe dich sehr, ich bewundere dein Volk und wüßte nicht, welche Gefährtin mich glücklicher machen könnte als eine indianische Frau.

Wir sind sicher mehrere Jahre zusammengeblieben, denn dein kleiner, tapferer Sohn, der mich zuweilen beim Jagen oder Fallenstellen begleitete, muß mindestens drei oder vier Jahre gewesen sein, als das schreckliche Unglück geschah. Bei einem meiner Pirschgänge war er mir aus den Augen gekommen und von einer Klapperschlange gebissen worden.

Es war schrecklich, denn du hast mir den Tod deines Jungen niemals verziehen. Kurz darauf bist du zu deiner Sippe zurückgekehrt, während ich jahrelang durch die Wälder und über die Ebenen wanderte und mir die bittersten Vorwürfe machte. Dich und den kleinen Sohn zu verlieren war mehr, als ich verkraften konnte.

Nun sind wir uns ein weiteres Mal auf dieser Erde begegnet. Wir müssen gemeinsam versuchen, ein Stückchen weiterzukommen, denn diesmal brauchst du nicht zu fürchten, mir irgendwie ausgeliefert zu sein, selbst wenn du spürst, daß meine Liebe zu dir noch fortbesteht und ich dich noch immer bitte, ein bißchen »lockerer« zu sein. Das ist etwas, woran ich noch arbeiten muß.

Die Erde ist noch nicht so weit, um deine Vorschläge und Pläne akzeptieren zu können. Du siehst es ja selbst, daß auch dein persönliches Leben einem ständigen Auf und Ab unterworfen ist. So sind die Gesetze auf diesem Planeten – nur daß seine Entwicklung viel langsamer vonstatten geht. Auch ich habe mit ähnlichen Frustrationen und Zweifeln zu kämpfen, und solche Readings wie dieses zu geben hilft mir eine ganze Menge. Ich erkenne in den anderen soviel von meinem eigenen Ich. Es ist viel leichter, die Schwierigkeiten, die man selbst hat, in anderen gespiegelt zu sehen, als ob diese in der Tat dazu da wären, um uns wieder ins Gleichgewicht zu bringen, denn wir sind noch lange nicht so weit, daß wir uns selbst helfen können. Wir brauchen einander als ständige Richtungsweiser für unser eigenes Vorankommen. Unsere

Hauptaufgabe ist es, die spirituelle Mitte in uns zu nähren und zu pflegen. Sie ist unser einziger Halt und zugleich die stabilisierende Kraft, wenn unser Lebensschifflein von den wechselnden Winden des Daseins hin und her gestoßen wird. Denke immer daran, wer du wirklich bist, statt dich an deinen äußeren Erfolgen und den Reaktionen, die du in deinen Mitmenschen auslöst, zu messen. Es ist nicht dasselbe, ob du die anderen aufgrund deines reinen, geläuterten Seins oder nur deiner rastlosen Aktivitäten zum Aufhorchen zwingst. Denn diese bewirken nur neue Frustrationen in dir, falls der gewünschte Erfolg auf sich warten läßt. Verstehst du, was ich dir damit sagen will?

A: Wenn ich wirklich all diese spirituellen Erfahrungen in meinen vergangenen Existenzen gemacht habe – wie kommt es dann, daß ich in meinem gegenwärtigen Leben mit diesem Wissen gar nichts anfangen kann?

C: Ich habe den Eindruck, daß es deine Frustrationen sind, die dir dabei ständig im Wege stehen. Weil du glaubst, daß du nicht fähig bist, das zu tun, was du eigentlich möchtest – nämlich, deinem Wunsch nach spiritueller Vervollkommnung gerecht zu werden –, verleugnest du diesen Teil deines Selbst, du trennst ihn buchstäblich von dir ab ... Doch ich fürchte, daß meine Worte bei dir nicht ankommen.

Um es dir nochmals deutlich zu machen: Es sind deine spirituellen Frustrationen, die du so schwer verkraften kannst und deshalb verdrängen mußt. Wenn du wirklich bereit wärest, dich mit dieser inneren Dynamik auseinanderzusetzen, würden dir auch die Versagungen in deinen früheren Existenzen verständlicher werden, die ja mit deiner gegenwärtigen Situation und deiner Flucht vor dir selbst in einem engen Zusammenhang stehen. Aus deiner Ratlosigkeit erklärt sich dein Unwille, all das zu sein, was du sein könntest, und natürlich auch deine so typische Betriebsamkeit. Ich will damit nicht sagen, daß dein Engagement für die Familie etwas Negatives wäre. Hierin sehe ich keine direkte Verbindung zu deinen Problemen.

A: Vielleicht ist deshalb mein Interesse für die Familie so vorrangig, weil mir die Auseinandersetzung mit meinem spirituellen Selbst so schwierig erscheint ...

C: Ja, natürlich kannst du damit deine Ängste und Frustrationen in Schach halten. Ich bin mir schon im klaren, daß es nicht mehr so leicht ist, wie es früher mal war. Ich wünschte, dieses Reading könnte dir ein Ansporn sein, dich mit der spirituellen Dimension deines Ichs zu befreunden ...

Ruth

Ruth ist Operationsschwester, Mutter eines zehnjährigen Jungen und spielt Cello. Ihr Mann Joel, der Metallbildhauer ist, arbeitet die meiste Zeit zu Hause in seinem Atelier und ist sehr eifersüchtig auf Ruth, deren berufliche Aktivitäten in einer ihm unbekannten Umgebung seinen Blicken entzogen sind. Sie hingegen fühlt sich ständig von ihm kontrolliert und erpreßt. Das führte dazu, daß sie sich eine Affäre mit einem anderen Mann erlaubte, die sich über einen Zeitraum von vierzehn Jahren innerhalb ihrer zwanzigjährigen Ehe hinzog. Ruth hatte mich bereits mehrmals aus verschiedenen Anlässen wegen einer Heiltherapie aufgesucht, doch dieses Reading war auf meinen Vorschlag hin zustande gekommen. Sie hatte inzwischen ihre Liebesaffäre beendet und klammerte sich jetzt verzweifelt an ihre Ehe, die auseinanderzubrechen drohte. Sie litt unter einer ernsthaften Pilzinfektion, aus der sich bald eine unregelmäßige oder chronische Monatsblutung entwickelte. Nachdem sie aufgrund meiner Behandlung sowohl ihre noch unveränderten Gefühle für den verlorenen Liebhaber als auch ihren Groll gegen den Ehemann – oder korrekter gesagt: die aus ihrer Entscheidung resultierenden inneren Zwiespältigkeiten – besser zu integrieren verstand, ließen ihre Krankheitssymptome allmählich nach. Im Grunde waren diese nichts anderes als eine unbewußte Manifestation ihrer Rachegefühle gegen Joel, dem sie sich auf diese »legale« Weise sexuell entziehen konnte.

Nach einiger Zeit stellten sich jedoch neue Symptome ein. Die Ärzte konstatierten Knotenbildungen in ihren Brüsten, aus deren Warzen Blut auszutreten begann. Daraufhin bat mich Ruth um eine weitere Therapie. Wir arbeiteten gemeinsam an ihrem »blutendem Herzen« und der durch die emotionale Problematik ihrer Ehe und den Verlust ihres Liebhabers ausgelösten Bedrohung ihrer Weiblichkeit. Während der Sitzung wollte sie von mir eine Erklärung dafür haben, warum sie so sehr fasziniert war von einem indianischen Medizinmann und dessen Ritualen, von dem sie eine Art Unterricht erhielt. Ich konnte erkennen, daß sie sich völlig in seinem Bann befand. Indem sie sich mit ihm so sehr identifizierte, agierte sie stellvertretend ihre eigenen Machtwünsche aus. Mehr konnte ich im Moment auch nicht dazu sagen, aber schlug ihr vor, dieser Frage durch ein weiteres Reading nachzugehen und dabei gleichzeitig ihre Ehe unter die Lupe zu nehmen.

Als sie zum vereinbarten Termin dann vor mir saß, stellte sie, wie üblich, ihr arrogantes und nonchalantes Gebaren zur Schau und brach gelegentlich in ein ziemlich diabolisches Gelächter aus. Sie schien von meinen alarmierenden Enthüllungen über ihre früheren Existenzen völlig unberührt zu bleiben. Ich bin überzeugt, daß sie noch nicht einmal genau zugehört hat. Nach Beendigung unserer Sitzung verschmähte sie mein Angebot, ihr eine Kopie meiner Aufzeichnungen zu überlassen, und verabschiedete sich mit einem jovialen Lächeln, das ihre Ablehnung noch einmal unterstrich. Dieses Reading ist ein ausgezeichnetes Beispiel für die Geschichte einer machtgierigen Seele, die aus den höheren Dimensionen auf die Erde geschickt wurde, um eine Lektion über den Mißbrauch persönlicher Macht zu erhalten.

C: Zunächst möchte ich mich eine wenig auf dich einstimmen und dabei einen Einblick in deine Seelenmuster gewinnen. Danach will ich versuchen, deine Beziehungen zu Joel zu analysieren. Bist du mit diesem Vorgehen einverstanden?

R: Ja, das klingt gut.

C: Um deine Hauptmerkmale in eine Metapher zu kleiden, würde ich sagen, daß eine starke, aggressive Energie von dir ausgeht. Ich sehe einen Schild und einen Speer und spüre eine wirklich provozierende Energie sowie viel Wut und Ärger. Die herausfordernde Energie ist die Art, wie du deinen Zorn ausdrückst, Zorn darüber, daß du auf die Erde geschickt wurdest. Laß uns noch mal ein Stück zurückgehen, um die Gründe für deine Verbannung auf den Planeten herauszufinden.

R: Ach ja, bis zu den frühesten Anfängen? Haha! (Gelächter).

C: Ich erkenne dich als junge, heranwachsende Seele, die wenn man so will – soeben in das »Unternehmen« aufgenommen wurde. Du bist sehr aggressiv und verfügst über eine Menge Machoenergien. Am liebsten möchtest du die ganze Show an dich reißen, bist aber nur eine unbedeutende, angeheuerte Kraft innerhalb der gesamten Belegschaft. Du bist sehr von dir eingenommen und tust so, als ob du der Boß dieses Unternehmens wärst. Das erzeugt natürlich feindselige Gefühle, weil du die ganze »Hackordnung« und das System der gegenseitigen Kontrolle durcheinanderbringst. Um funktionieren zu können, braucht jede Gemeinschaft eine gewisse Hierachie aus Befehlenden und Gehorchenden, so wie der physische Körper auf sein Gehirn und sein Zentralnervensystem angewiesen ist. Wenn nur ein einziger Nervenkomplex sich den Befehlen der übergeordneten Zentrale, die das homöostatische System kontrolliert, widersetzt, ist das Gleichgewicht des gesamten Organismus gestört, und dies kann zu schweren Erkrankungen führen. Dasselbe geschah, als du dieser Seelengruppe deinen Willen aufzuzwingen versuchtest.

Jene übergeordneten Wesenheiten, die für deine Entwicklung und Erziehung verantwortlich sind, waren nunmehr entschlossen, dir eine bittere Lektion wegen deines unkooperativen Verhaltens zu erteilen.

R: Ich war ziemlich halsstarrig, haha! (Gelächter).

C: Leider ja. In der Überzeugung, einen gewissen Ausbildungsgrad erreicht zu haben, glaubst du dich in der Lage, nun auf eigenen Füßen stehen und den Stier bei den Hörnern packen zu können. Du hast nicht erkannt, daß es auch Autoritäten gibt und du nicht einfach deine Machtgelüste ausleben kannst.

Laß mich hier zur Erklärung einfügen, daß ich mir im Verlauf der Jahre eine eigene Sprache geschaffen habe, die mich befähigt, all meine Wahrnehmungen von den Vorgängen auf den inneren Ebenen zu umschreiben. Da meine Einblicke nur sehr begrenzt, jedoch ziemlich minuziös sind, haben sie eher einen symbolischen Charakter. Sie sind aber deutlich genug, um gewisse Unterschiede zwischen den einzelnen Ebenen der inneren Dimensionen und deren hierarchische Strukturen klar erkennen zu können. Ein Wesen wie du, von dem ich spüre, daß es von der sechsten Dimension – wie ich sie bezeichnen möchte – kommt (das ist fast schon die höchste Dimension), hat einen größeren Einfluß auf den kosmischen Gesamtorganismus als eines aus den unteren Dimensionen. Daher war die Art, auf der du dich deiner Macht bedient hattest – nämlich mit dem Ziel, dich selbst zu erhöhen – von unabsehbaren Auswirkungen, die nicht geduldet werden durften. Aus meiner eigenen Tätigkeit kenne ich mehrere dieser höheren Wesen, die aus ähnlichen Gründen auf die Erde geschickt wurden.

R: Ich weiß, daß viele von uns hier ihre Strafe absitzen oder noch einmal zur Schule gehen müssen.

C: Ja. Der Zurückversetzung ins körperliche Dasein liegt eine ganz konkrete Absicht zugrunde. Was immer du mit deinen Energien hier anfängst, fällt auf dich selbst zurück.

Dieser Ort hier ist also bestens geeignet, um dich mit den Resultaten deines Handelns zu konfrontieren, so daß du in Zukunft deine Kräfte besser einzusetzen lernst.

Jedenfalls warst du sehr ungehalten über diese dir auferlegte Strafe, die ein schwerer Schlag für dein übersteigertes Selbstgefühl war. »Krieg den himmlischen Mächten« – so ungefähr war deine Reaktion. Dein Zorn richtete sich vor allem gegen deine Mentoren auf den inneren Ebenen, deren Autorität du herausfordern wolltest, indem du dich ihren Plänen widersetztest.

Letztendlich hast du dadurch nur dein eigenes spirituelles Wachstum behindert, denn der Sinn ihrer Maßnahmen bestand ja darin, deine Entwicklung voranzubringen, damit du baldmöglichst in deine heimischen Dimensionen zurückkehren und dort deiner Arbeit nachgehen kannst. Ich hoffe, daß wir uns in diesem Punkt einig sind.

R: Nein! Ich weiß überhaupt nicht, was das heißen soll, weil ich ja gerade in dieser Richtung unbedingt vorankommen will. Warum sollte ich denn selber mein spirituelles Wachstum sabotieren wollen?

C: Vielleicht kann ich dir das verständlicher machen, sobald wir auf deine früheren Existenzen zu sprechen kommen. Ich nehme an, daß es sich bei deinem rebellischen Verhalten um einen unbewußten Prozeß handelte, um die Aktionen einer Schattenfigur deines Selbst, das in sich gespalten war: Der eine Teil war wütend, der andere sehnte sich zurück nach den heimatlichen Dimensionen.

Es gab eine seltsame Verknüpfung verschiedenartiger Wesen, die während der atlantischen Ära auf den Planeten kamen. Die einen waren bestrebt, ihm zu helfen, für die anderen, zu denen du gehörtest, war dies eine günstige Gelegenheit, sich auszutoben, das heißt, sich den Auflagen und Verpflichtungen in den höheren Dimensionen zu entziehen.

R: Heißt das, sie konnten nun selber entscheiden, was sie tun oder lassen wollten?

C: Im Prinzip nicht.Grundsätzlich hatten auch Wesen wie du eine Chance (Gelächter), sich der spirituellen Arbeit zu widmen, die auf dem Planeten getan werden mußte.

Zunächst einmal hast du dich deiner Inkarnation widersetzt. Du warst auf der Astralebene mit »Verwaltungsarbeiten« beauftragt, aber sobald du einmal auf die irdische Ebene versetzt warst, ging es mit dir ziemlich schnell bergab, und du konntest der Versuchung zu weiteren Inkarnationen nicht lange widerstehen. Dies alles geschah im letzten Abschnitt der atlantischen Epoche (lange Pause ...).

Es fällt mir sehr schwer, über meine nächsten Visionen zu reden. Falls es dir weiterhilft, dann nimm sie so, wie sie sind. Auf keinen Fall möchte ich dich zwingen, sie zu akzeptieren.

R: Okay.

C: Einmal an diesen irdischen Körper gebunden, beginnst du, rebellisch zu werden, und bist fest entschlossen, die gesamte spirituelle Arbeit, die in Atlantis getan werden muß-te, nach besten Kräften zu sabotieren. Zu diesem Zwecke hast du dich mit menschlichen Wesen, aber auch etlichen machthungrigen Seelen aus den inneren Dimensionen ver-bündet, um die Errichtung des Gottesstaates durch die Wesen aus den höheren Ebenen von vornherein zu verhindern. Unter Einsatz von parapsychischen Mitteln kommt es zu einem schrecklichen Krieg. Ich sehe, wie du dich hämisch an deinen Siegen über die spirituellen Kräfte weidest. Nebenbei gesagt, war ich eines jener Wesen, die die Theokratie unter allen Umständen durchzusetzen bereit waren.

Du und deine Kohorten waren letztendlich die Stärkeren, und somit war das atlantische Projekt gescheitert. Als du nach diesem Leben erneut deinen Mentoren auf den inneren Ebenen gegenübertratest, schwelgtest du förmlich im Gefühl deiner frisch errungenen Macht – ganz so, als ob sie dir nichts mehr anhaben könnten: »Versucht es doch, mir eure Moral beizubringen! Ich werde euch schon zeigen, wer die Stärkere ist.« Unter diesen Umständen hielten sie es für klüger, nicht noch mehr Öl auf dein Feuer zu gießen und dich vorerst in Ruhe zu lassen …

Du warst damals im Vollbesitz deiner nicht ungefährlichen Kräfte und tiefer denn je in dein irdisches Karma verstrickt. Laß uns nun sehen, wie sich deine weitere Entwicklung gestaltet.

Abgesehen von den verschiedenen kulturellen Zentren auf dem atlantischen Kontinent und einigen Außenposten im viel älteren Lemuria, die sich schon lange vor der Zerstörung im Verlauf einer nicht mehr bestimmbaren Zeitspanne in jener versunkenen Weltgegend entwickelt hatten, gab es auch in anderen Teilen der Erde vereinzelte Ansiedlungen matriarchalischer Stammesgemeinschaften, deren primitives Weltverständnis inmitten einer daseinsbedrohenden Umgebung durch die Verehrung der lebenserhaltenden und mütterlichen Aspekte der Natur geprägt war. Von Atlantis selbst existierten nur spärliche Überreste. Als Folge der Vernichtung so vieler Menschenleben kam es zu einem Überangebot körperloser Seelen, die nun gezwungen waren, sich unter den am Leben verbliebenen primitiven Stämmen nach einem mütterlichen »Vehikel« umzusehen, das ihnen eine Reinkarnation ermöglichte. Die Machtgierigsten unter ihnen versuchten natürlich zuerst, sich einen Platz auf der Erde zu erringen, um ihre Gelüste zu befriedigen.

Dieser Prozeß der Rückkehr derart beschaffener Individuen änderte zwangsweise die bis dahin rein matriarchalischen, oder genauer gesagt, egalitären Gesellschaftsstrukturen. Indem sich die machthungrigen Seelen für einen weiblichen Körper entschieden, konnten sie sich in den bestehenden

Matriarchaten leichter mit der Macht der Göttin identifizieren und den jeweiligen Kulturen und weiblichen Gottheiten ein militantes Image aufzwingen. Somit hatten sie es über kurz oder lang zu einer absoluten Vormachtstellung gegenüber den männlichen Mitgliedern der Gesellschaft gebracht – die Identifizierung mit der Göttin war der bequemste Weg, um an das Ziel ihrer rebellischen Absichten zu gelangen.

R: Die Männer waren demnach die Unterdrückten? Aber wie konnte ein Matriarchat je so militant werden? Gibt es so etwas wie matriarchalische Militanz?

C: Jene herrschsüchtigen Seelen manifestierten sich in weiblichen Körpern, und es ist auch kein Wunder, wenn sich ihr Machttrieb auf militante Weise Ausdruck verschaffte. Schon auf kosmischer Ebene stellte die Verbindung von maskuliner Energie und Autorität eine Bedrohung für diese Seelen dar, die – kaum auf der Erde angekommen – sich nun selbst mit der Macht und der Göttlichkeit der Großen Mutter identifizierten. Kulturell wirkte sich dies als Unterdrückung und Entwürdigung des männlichen Bevölkerungsanteils aus.

Du selbst befindest dich nach vollzogener Inkarnation bald auf dem Höhepunkt deines Ruhmes. Die veränderten gesellschaftlichen Strukturen sind die besten Garanten für den Erfolg deines Strebens nach Macht und den Genuß deines neuen sozialen Prestiges. Dennoch bemerke ich in dir eine unterschwellige – nun, Traurigkeit ist nicht das richtige Wort –, eine unterschwellige Reue. Auf einer tieferen Ebene deines Bewußtseins wird dir klar, daß du irgendwie nicht richtig gehandelt hast. Eine Weile macht dir dieser Gedanke zu schaffen, und obwohl du dich davon zu distanzieren versuchst, bleibt ein gewisses Unrechtsbewußtsein in dir zurück, auf das du sehr abweisend reagierst. Dadurch kommt es zu einer Spaltung deiner Identität. Der eine Teil deines Selbst fühlt sich deinem Gewissen und deiner ursprünglichen oder spirituellen Bestimmung verpflichtet, der andere verbündet sich mit deinem Zorn, deiner Arroganz und Bereitschaft zur Rebellion. Wie ich es erkenne, liegen hier bereits die Anfänge jener inneren Problematik, die für all deine weiteren Erdenerfahrungen so kennzeichnend ist.

R: Also die Loslösung jenes bewußten, machtlüsternen Teiles in mir von dem unbewußten, spirituellen Kern meines Selbst?

C: Ja, und je mehr sich dieses aufsässige Ego von deinem wahren, inneren Selbst distanziert, desto mehr fühlt es sich verunsichert und versucht sich daher zu rechtfertigen. Und selbst wenn es sich der Tatsache seiner Fragwürdigkeit verschließen könnte, muß es sich dennoch mit dem unterschwelligen Wissen, daß seine Tage gezählt sind, herumschlagen. Im Grunde ist es ihm klar, daß es den Pfad des Geistes oder des universellen Gesetzes verlassen hat. Es muß sich also gewaltig anstrengen und versuchen, sich selbst etwas vorzumachen, um seine Identität aufrechterhalten zu können, mit anderen Worten: Es muß seine Aggressivität und seine Abwehrmechanismen verstärken, um überleben zu können. Hieraus kannst du ersehen, wie mächtig in der Tat dieser Instinkt zu überleben ist, welcher Art auch immer die ihm zugrundeliegenden Motivationen sind.

Inzwischen werde ich gewahr, daß du mehrere Lebenszeiten in matriarchalischen Kulturen verbringst; du schließt dich förmlich darin ein, weil es dir als der angemessenste Weg erschien, deine augenblicklichen Bedürfnisse zu befriedigen.

R: Meinst du damit die ausschließliche Befriedigung meiner Machtgelüste?

C: Okay ... Verzeih mir, wenn ich die negativen Aspekte deiner Entwicklung so überbetont habe. Doch diese matriarchalischen Kulturen waren für dich die Gelegenheit, dein Leben so zu gestalten, wie du es dir als Frau vorgestellt hattest, weil du dich in einer Machtposition befandest. Deine Erfolge gaben dir ein neues Selbstwertgefühl, ohne daß dir irgendeine Autoritätsperson aus der spirituellen Sphäre dabei über die Schulter sah und dich bekrittelte. Nur aus unseren eigenen Erfahrungen können wir etwas hinzulernen. Und auch dein Gewissen ließ dich nie ganz zur Ruhe kommen. Trotzdem mußtest du deinen Wünschen und inneren Antrieben den Vorrang geben, um aus den Ergebnissen deines Handelns lernen zu können. Das war es ja, weshalb du auf den Planeten geschickt wurdest. Und das war das einzig Richtige, weil du diese Erfahrungen brauchtest.

Doch tief in deinem Inneren spürst du weiterhin diese heimliche Angst, daß deine Mentoren dich nach deinen Taten beurteilen könnten. Dein strengster Kritiker – und das möchte ich dir noch einmal ans Herz legen – warst und bist nur immer du selbst. Du bist es, die ständig mit ihrem Gewissen konfrontiert wird, und daraus erklären sich all diese Selbstrechtfertigungen und Selbstbeschönigungen – ein Zeichen, wie sehr du deinem rebellischen und machtorientierten Karma verhaftet bist. Es ist ein Krieg, der ausschließlich in dir selbst stattfindet und im Grunde nichts mit den spirituellen Autoritäten außerhalb deines Seins oder dem universellen Gesetz zu tun hat.

Und nun laß uns sehen, wie es weitergeht ...

Vor meinem inneren Auge erscheint eine Vision von dir und anderen Frauen, von wäschewaschenden Frauen an einem Fluß, der von Felsen gesäumt ist. Es scheint in Guatemala zu sein ... eine Mayakultur. Du hast einen schweren, untersetzten Körper mit kräftigen Armen. Du verabscheust diese Arbeit. In dieser Gesellschaft haben Frauen wenig zu sagen. Die wichtigsten Positionen, wie Priester und Astrologen, werden von Männern bekleidet, abgesehen von ein paar wenigen Seherinnen oder auch Priesterinnen. Dies alles macht dich sehr aggressiv, denn im Grunde möchtest du Macht ausüben und weigerst dich daher, an den gesellschaftlichen Ereignissen teilzunehmen. Dein ganzes Leben ist eine Rebellion gegen diese frauenfeindlichen sozialen Strukturen. Du verbaust dir selbst jede Möglichkeit zu einer spirituellen Entwicklung, die sogar unter widerwärtigsten Daseinsbedingungen gegeben wäre, und versuchst auch gar nicht, die dir auferlegten Einschränkungen abzuschütteln. Wie ich es sehe, sind deine Verhaltensweisen das Ergebnis deiner Erfahrungen in den vorausgegangenen matriarchalischen Kulturen.

R: Nichts als Frustrationen?

C: So könnte man sagen. Aber vielleicht ändert sich das noch in deinen weiteren Inkarnationen ...

Ich kann nicht erkennen, ob du diesmal als Mann oder Frau wiedergeboren wurdest .... Ach ja, du bist eine Frau, aber möchtest lieber ein Mann sein. Du bist noch nicht ganz zwanzig ... sehr jungenhaft, und fährst mit einem alten Ford-Lieferwagen über die Prärie ... ein weiblicher Cowboy. Ich sehe auch deinen Vater, mit dem du auf einer Viehranch zusammenlebst ... eine sehr konfliktreiche Situation. Er ist ein schweigsamer Mensch, ziemlich derb, wetterfest und entsprechend streng. Nicht, daß er versuchte, dir Vorschriften zu machen, aber du ziehst ihn förmlich in einen Machtkampf hinein. Du möchtest ihn beherrschen und forderst ihn ständig heraus. Er reagiert ziemlich gelassen, aber weicht keinen Schritt zurück.

Du bist eine attraktive junge Frau, der es Spaß macht, die Jungs in der Stadt an der Nase herumzuführen – man könnte sagen, eine hitzige junge Dame, die sich gerne mit dem anderen Geschlecht anlegt. Die jungen Männer sind ständig hinter dir her, aber du hältst sie alle zum Narren. Ja, es scheint, als ob du deine Attraktivität ausschließlich dazu benutzt, um sie zu quälen. Du siehst also, daß sogar die

Sexualität dir als geeignetes Mittel erscheint, um dir andere gefügig zu machen. Wann immer es dir gefällt, wählst du dir einen aus diesen geilen Burschen heraus, um dein Mütchen zu kühlen. Du benutzt sie lediglich, aber es kommt dir nie in den Sinn, dich auch nur einem von ihnen wirklich zu öffnen. Du genießt es, sie vor den Kopf zu stoßen, aber hast dich stets in Kontrolle.

Doch jetzt sehe ich, wie du eine Weile später deinem gegenwärtigen Mann Joel begegnest. Plötzlich bist du auf jemanden gestoßen, der genauso hartnäckig und stur wie dein eigener Vater ist, und irgendwie scheint es dir zu imponieren, daß es auch Männer gibt, denen du nicht auf der Nase herumtanzen kannst.

Joel ist ein Fremder, der erst seit kurzem in deinem Heimatort ansässig ist, doch deine Reaktionen auf ihn sind so stark, weil du ihm in einem früheren Leben schon einmal begegnet bist – für dich ein ernstzunehmender Partner, oder besser gesagt, ein tüchtiger Gegner in den Liebeskämpfen, die sich nun zwischen euch entfalten. Am Ende heiratest du ihn, aber während der ganzen Ehe kommt ihr nie auf einen gemeinsamen Nenner. Eure ständigen Querelen erinnern mich an die Auseinandersetzungen, die du zuvor mit deinem Vater gehabt hattest. Genauso wie ihn, möchtest du auch ihn deinem Willen unterwerfen.

Aber er ist wie ein Fels, der sich nicht vom Fleck rührt. Er gibt seine Trümpfe nicht aus der Hand. Seine Taktik erinnert mich an diejenige eines Aikido-Meisters. Hast du schon einmal derartigen Demonstrationen zugesehen, wenn eine Gruppe von Schülern vergeblich versucht, ihn in seinem tiefverwurzelten Gleichgewicht anzugreifen?

R: Ja, das habe ich schon mal gesehen.

C: Bei Joel ist es nicht anders. Er weicht keinen Zentimeter zurück. Du versuchst es auf eine andere Tour und unterhältst

Beziehungen mit verschiedenen Männern, um ihn aus der Reserve zu locken. Umsonst. Er gibt dich nicht frei, was immer du tust. Es ist wie ein Kampf bis aufs Messer, bis auf den letzten Blutstropfen. Ich bin mir sicher, daß du dieselben Muster auch in deiner jetzigen Ehe mit Joel wiedererkennst, denn diese beiden Existenzen folgen unmittelbar aufeinander. Ich will nun versuchen, deine lange Geschichte mit Joel bis in die Anfänge zurückzuverfolgen.

(Ich habe Ruth nicht alles erzählt, was ich in dem Augenblick wahrnehmen konnte. Tatsächlich hat der damalige Joel sie in einem Eifersuchtsanfall getötet, nachdem sie ihn zuvor mutwillig mit einem Liebhaber herausgefordert hatte. In ihrem gegenwärtigen Leben ist Joel in emotionaler Hinsicht völlig – um nicht zu sagen hoffnungslos – von ihr abhängig, und sie weiß das und nutzt es aus. Obwohl sie zuweilen bis an die Grenzen des gerade noch Erträglichen geht, empfindet sie eine unerklärliche Angst vor ihm und fürchtet tatsächlich, daß er sie (wieder) töten könnte, falls sie versuchen würde, ihn zu verlassen. Man sieht hier, daß das »Auge-um-Auge«-Prinzip, das oft mit dem Karma gleichgesetzt wird, hier gar nicht zutreffend ist. Denn Karma ist – wie ich es grundsätzlich verstehe – die ständige Wiederholung von Verhaltensweisen aus unseren früheren Leben, ein Festgefahrensein in alten Wahrnehmungs- und Handlungsnormen.)

R: Die Machtfrage hat ein Stadium erreicht, wo …

C: Ja, es kommt zu einer äußersten Zuspitzung – und gleichzeitig zu einer Art Pattsituation mit deinem Mann.

R: Ja, so kann man es nennen.

C: Nun laß uns mal bis in die matriarchalischen Zeiten zurückgehen, wo eure erste Begegnung stattfand. Joel war einer deiner männlichen Untergebenen, aber schon damals hat er sich dir widersetzt …. Wenn du mir gelegentlich die Erlaubnis zu einer Rückführung in diese frühe Existenz erteilen würdest, denke ich, daß du dein Verhältnis zu Joel viel besser verstehen könntest. Du müßtest dann zumindest nicht fürchten, daß ich dir all diese seltsamen Dinge unterstelle, von denen ich glaube, daß sie deiner weiblichen Psyche durchaus entsprachen. In der Tat wäre es viel vernünftiger, wenn du dies alles ohne meine Vermittlung erkennen könntest. Darum fasse ich mich jetzt so kurz wie möglich. Falls du es wünscht, können wir zu einem anderen Zeitpunkt eine diesbezügliche Rückführung machen.

Die Männer in jenem Leben waren dir absolut unterstellt und wurden teilweise wie gefangene Tiere gehalten. Sie mußten harte Arbeit verrichten, aber dienten auch deinen sexuellen Bedürfnissen.

R: Das erinnert mich sehr an die griechischen Berichte über die Amazonen.

C: Genau. Schließlich war das ja keine bloße Erfindung. Die Männer wurden je nach Laune sexuell und emotionell benutzt oder mißbraucht. Im übrigen bestand ein strenges Tabu, das einer Frau nicht erlaubte, sich ernsthaft in einen Mann zu verlieben. Du kannst dir sicherlich vorstellen, welch eine Bedrohung dies für die damaligen Gesellschaftsstrukturen gewesen wäre. Es würde unweigerlich zu einer Unterminierung der weiblichen Vorherrrschaft geführt haben. Es war einfach notwendig, daß die Frauen einen Teil ihrer femininen Natur unterdrückten, um die gebotene Distanz zum anderen Geschlecht unter allen Umständen zu wahren. Überschreitungen dieses Tabus wurden mit strengen Strafen belegt. Ich selbst habe in Workshops und privaten Sitzungen Frauen erlebt, die sich während ihrer Rückführung weigerten, über diese und ähnliche Erfahrungen in ihren früheren Leben zu berichten, weil sie sich nicht in der Lage sahen, nochmals mit diesen Grausamkeiten an Männern und Frauen konfrontiert zu werden. Unter anderem gehörten dazu sowohl Kastrationen als auch die operative Entfernung weiblicher Sexualorgane. Man könnte sagen, daß der Krieg der Geschlechter in diesen ältesten Kulturen seinen Ausgang nahm. Von daher ist es nur zu verständlich, daß die Unterdrückung der Frauen im späteren Patriarchat so extreme Formen annahm. Die Angst der Männer vor dem weiblichen Geschlecht, die im kollektiven Unbewußten der menschlichen Rasse noch immer lebendig ist, basiert in der Tat auf der realen Erinnerung an diese Schrecken einer längst vergangenen vorgeschichtlichen Epoche.

R: Dann verstehe ich auch, warum ich stets das Gefühl habe, als ob Joel und ich an einem Heilprogramm auf globaler Ebene arbeiten würden, um die Widersprüche zwischen den Geschlechtern auszugleichen. Und das ist auch der Grund, weshalb wir so sehr aufeinander angewiesen sind. Nur wußte ich nicht, daß die weibliche Energie der eigentliche Auslöser all dieser Konflikte war.

C: Da muß ich dich korrigieren. Denn was du als weibliche Energie bezeichnest, ist in Wirklichkeit das männliche Element im Wesen der Frau, deren feminine Seite sich damals nur schwach entwickeln konnte. Die Frauen hatten die Macht der Männer gestürzt und konnten ihre neue Position nur aufrechterhalten, indem sie selbst militant wurden. Dasselbe Phänomen können wir heute in der feministischen Bewegung beobachten. Obwohl deren erklärtes Ziel die legale Gleichstellung der Frauen in einer noch immer von Männern beherrschten Welt ist, geht dieser Kampf dennoch auf Kosten gewisser weiblicher Qualitäten. Aber laß uns jetzt wieder zu unserem eigentlichen Thema zurückkehren.

In deiner Beziehung mit Joel hattest du zwar die Kontrolle über seinen physischen Körper, doch nicht über sein emotionales und geistiges Selbst. Und das war der springende Punkt, die Herausforderung, die euch letztendlich in ein gemeinsames Karma verstrickt hat. Wie ein Boxer, der sich fast am Ziel seiner Karriere befindet, um dann plötzlich mit einem unschlagbaren Gegner konfrontiert zu werden, so bist du auf Joel gestoßen, und nun ging es auf Biegen oder Brechen, um dein Selbstwertgefühl zu retten. Deine Identität basierte auf dem Bewußtsein deiner unbesiegbaren Stärke als weibliches Wesen, und in Joel erstand dir ein Herausforderer, dem du nicht erliegen durftest, wenn du deine Identität wahren wolltest.

Ich sehe noch einen weiteren, wichtigen Aspekt deiner Beziehung zu Joel. Es ist ein sozialer Konflikt. Für die Tochter einer wohlhabenden Familie ist es nicht üblich, einen Mann aus den niederen Schichten zu heiraten. Es kommt noch hinzu, daß Joels Seele – anders als die deine – nicht in den inneren Dimensionen beheimatet ist – für dich ein gar nicht so unerwünschter Anlaß zur Rebellion gegen dein spirituelles Erbgut.

R: War mir die Erde lieber als meine spirituelle Heimat?

C: Ja. Deshalb auch deine große Faszination für Joel. Und vergiß nicht, daß du schon damals die typischen Merkmale deines erdgebundenen Wesens entwickelt hattest.

Andererseits blieb für Joel in dieser matriarchalischen Umgebung und für sein Verhalten zu dir – falls er überleben wollte – gar keine andere Wahl, als sich seinen Gefühlen und Anfälligkeiten gegenüber dem anderen Geschlecht zu verschließen. So scheint er nach außen hin ein sehr zäher Bursche zu sein, in seinem Innersten ist er jedoch wie ein kleiner Junge, der noch viel Zuwendung und Zärtlichkeit braucht. Dies alles hat seinen Charakter geprägt …

Ich erkenne ein weiteres Leben in Indien, das sich in einer sehr frauenfeindlichen Kultur abspielt. Für Joel, der als König in einem Schloß residiert, ist es eine wahrhaft glorreiche Zeit. Dir hingegen obliegt es, ihn zu bedienen und für sein leibliches Wohl zu sorgen, aber nie gibst du ihm deine Gefühle preis – im Gegenteil, er ist das Ziel all deiner Haßgefühle aufgrund deiner untergeordneten Rolle. Du läßt ihn auf hinterlistige Art deinen heimlichen Groll spüren. Für dich ist er nichts anderes als die Verkörperung all der unterdrückenden Aspekte dieser Kultur, die dir zuwider ist, so daß du dich ganz in dich selbst zurückziehst.

R: Wann – glaubst du – hat dieses Leben stattgefunden? Erst in jüngerer Zeit?

C: Nein. Es war im neunten Jahrhundert. Du mußt wissen, daß die karmischen Muster sich nicht an eine chronologische Abfolge halten. Es ist wie mit unseren Träumen. Es tauchen immer wieder ganz bestimmte Motive auf – mal aus älteren und mal aus neueren Zeiten, und ein für eure Beziehung ganz typisches Thema scheint dieser ständige Wechsel von Macht und Ohnmacht zu sein: Mal ist der eine und mal der andere der Unterdrücker. In diesem indischen Leben hattest du keine Möglichkeit, Joel zu verlassen. Denn so etwas wie Scheidung gab es damals noch nicht. Dir blieb nichts anderes übrig, als deine Zähne zusammenzubeißen und dich mit deinem Los abzufinden. In dieser Rolle warst du wie eine Gefangene, so wie Joel in eurem matriarchalischen Leben. In einem gewissen Sinne hast du sogar als Unterdrückte deine Stärke bewiesen, indem du nicht bereit warst, auch nur eine Handbreit des dir zugewiesenen Terrains preiszugeben, und diese unbeugsame und natürlich auch feindselige Haltung hat sich auf deine gegenwärtige Beziehung zu Joel übertragen. Obwohl du dich auch heute noch unterdrückt und in emotionaler Hinsicht frustriert fühlst, versuchst du, deine Überlegenheit durch zähes Festhalten an eurer Beziehung zu beweisen. Du bist entschlossen, diesen Kampf siegreich zu Ende zu führen – ich halte das für eine sehr fragwürdige Angelegenheit, denn keiner von euch ist an irgendeinen dieser längst überholten Rollenzwänge gebunden. Ihr hättet beide die Möglichkeit, diesen sinnlosen Machtkampf aufzugeben und euch nach einer neuen Beziehung umzusehen.

Die Kette eurer Gemeinsamkeiten scheint fast endlos zu sein, denn nun erblicke ich euch beide während der industriellen Revolution in Deutschland wieder, und auch diesmal bist du eine Frau. Joel hat einen Job als Metallarbeiter. Er ist sehr starr und unzugänglich. Du selbst lebst mit deinen Eltern, die ursprünglich in Brüssel oder sonstwo in Belgien ansässig waren und gar keine Deutschen sind, in einem kleinen Ort auf dem Lande. Du bist noch sehr jung – noch nicht einmal zwanzig – und studierst klassische Musik. Offenbar war dies der Grund, weshalb deine Eltern nach Deutschland gezogen sind. Doch ihre orthodoxe Haltung stößt bei dir auf heftigen Widerstand, und als du Joel, dem rebellischen Proletarier, begegnest, bist du sofort von ihm fasziniert.

Er ist älter als du, und du folgst ihm auf Schritt und Tritt. Ich sehe dich in Arbeiterkneipen herumhängen und dieses andere Leben in vollen Zügen genießen. Und wieder befindest du dich in einem Milieu, wo du nach Herzenslust die dir als Frau auferlegten Tabus mutwillig durchbrichst. Alkohol ist die eine Sache, aber auch in anderer Hinsicht hältst du dich nicht an die gebotenen Normen.

Als du später selbst Kinder hast, eröffnen sich dir ganz neue Aspekte deines eigenen Wesens. Es sind Dinge wie Liebe und Fürsorge, von denen in diesem Reading noch kaum die Rede war. Diese Erfahrungen sorgen dafür, daß auch die andere, die spirituelle Seite deines Selbst sich endlich entfalten kann.

R: Es ist seltsam – in meinem gegenwärtigen Leben habe ich all dies nicht gewollt.

C: Du meinst das mit deinem Sohn?

R: Ja. Noch bevor er geboren war, hätte ich mir nie vorstellen können, ein Kind zu kriegen. Ich habe es überhaupt nicht gewollt.

C: Und wie ich sehe, hat sich auch damals in Deutschland dein Freiheitssinn und dein Streben nach Macht aufs heftigste dagegen gewehrt. Obgleich du dich deinen Kindern sofort zugetan fühltest, war deine Vorstellung von der Mutterrolle noch immer mit orthodoxen Werten und der Furcht vor sozialen Einschränkungen verknüpft, Dinge, die dir als unerträglich erschienen. Und prompt hast du Joel für diese mißlichen Zustände verantwortlich gemacht. Auch wenn du mit ihm bis zum Ende jenes Leben verheiratet bleibst, denkst du nie wirklich daran, dich ihm zu öffnen, so daß ihr euch bis zuletzt die Köpfe einschlagt …

Es scheint, als ob wir uns noch weiter in die Vergangenheit zurückbegeben. Ich sehe dich als moslemische Frau mit einem Schleier, der nur deinen finsteren und alles durchdringenden Blick nicht verbergen kann. Offenbar lebst du in einem großen, mit Kuppeln gekrönten Palast und befindest dich in irgendeiner verwandtschaftlichen Beziehung zu dessen Bewohnern, einer königlichen Familie. Es ist ein klösterliches Leben, so wie es die herrschenden Sitten einer Frau deines Standes vorschreiben. Es ist dir noch nicht einmal gestattet, ohne Anstandsperson die Straße zu betreten – für dich eine Situation, die deine rebellischen Gefühle ein weiteres Mal herausfordert und bestärkt. Nach außen hin fügst du dich den gesellschaftlichen Normen, aber in deinem Inneren stehen die Zeichen schon lange auf Sturm.

Joel hingegen ist als Krieger und Reiter in einer etwas glücklicheren Lage. Ich sehe, daß er einen langen Säbel im Gürtel trägt und zudem als Waffenschmied eine ziemlich renommierte Position bekleidet. Somit verfügt er über ein gewisses gesellschaftliches Ansehen, auf das er sehr stolz ist. Da er offensichtlich zur Palastgarde gehört, ergibt sich für euch von

Zeit zu Zeit die Gelegenheit zu einem intensiven Augenkontakt, doch miteinander zu sprechen ist euch natürlich nicht möglich. Die stummen Blicke sind stellvertretend für die sexuellen Gefühle, die ihr füreinander hegt. Doch für eine Erfüllung eurer gegenseitigen Wünsche sind die gesellschaftlichen Strukturen viel zu repressiv, und die Realisierung eurer Liebe findet in der Tat nur im Bereich eurer Träume und Fantasien statt. Jahre der Leidenschaft und unausgesprochener Liebesbeteuerungen gehen dahin, ohne daß sich irgend etwas verändert. Doch deine unwirkliche Romanze dient dir zumindest als Ventil für all deine aufgestauten Frustrationen und verdrängten Sehnsüchte, bis der Augenblick kommt, in dem deine Eltern dich an einen fremden Mann verheiraten. Es ist eine erzwungene Ehe, und deine Gedanken verweilen auch weiterhin bei deinem Traumgeliebten. Ihr beiden liebt euch auf eine so intensive Weise, wie es in der Realität nie möglich wäre und auch in euren früheren Gemeinsamkeiten wegen der ständigen Machtkämpfe nie der Fall war. Wenn du auf eure allererste Beziehung in den matriarchalischen Kulturen zurückblickst, mußt du erkennen, wie verhängnisvoll sich gesellschaftliche Repressionen oder Tabus auf eine echte Beziehung auswirken können, indem es den Liebenden noch nicht einmal erlaubt wird, sich einander wirklich zu öffnen. Diese traumatischen Erfahrungen haben sich auf all eure weiteren Begegnungen ausgewirkt. Reale Liebe hast du im Grunde nie kennengelernt.

R: Glaubst du, daß Joel einen gewissen Anteil an der spirituellen »Sabotage« hatte, von der du zu Anfang gesprochen hast?

C: Falls wir uns darin einig sind, daß deiner mehrfachen »Verbannung« auf den Planeten keine andere Absicht zugrunde lag, als dich endlich von der Verderblichkeit deiner Machtgelüste und deines Widerstandes zu überzeugen und dir die Kultivierung deiner eigenen Spiritualität zu ermöglichen – und somit auch die Rückkehr in deine geistige Heimat –, wie würdest du unter dieser Voraussetzung deine Beziehungen zu Joel und die ihnen zugrundeliegenden Muster beurteilen? Sind sie diesem Ziel dienlich oder eher abträglich?

R: Na ja, ich war ja von diesem Machtkampf so sehr in Anspruch genommen, daß mir für die anderen Dinge keine Kraft mehr zur Verfügung stand. Ich habe dies rein intellektuell schon wahrgenommen.

C: Aber die Macht, die du ständig auf Joel ausgeübt hast, enthält gleichzeitig das Potential für eine liebende Beziehung.

R: Ja – aber ich ... ich ... ich weiß nicht ... Joel ist genauso in seine Emotionen verstrickt. Ich kann nicht erkennen, ob ... Du sprichst dauernd davon oder fragst mich, ob es mir nur um Macht oder auch um Liebe zu tun war. Ich denke, in diesem Punkt erging es Joel auch nicht anders.

C: Okay ... Darauf lief es letztendlich hinaus. Er will es vielleicht gar nicht anders, als von dir beherrscht zu werden. Doch laß uns die Sache mal aus einer anderen Perspektive betrachten. Deine Seele kommt aus einer höheren Dimension, und deshalb hast du eine gewisse Verantwortung oder verfügst über tiefere Einsichten, ein höheres spirituelles Bewußtsein. Und nun hast du es mit einer menschlichen Seele zu tun, die sich von deiner Ausstrahlung, deinem Charisma angezogen fühlt.

R: Ich verstehe ... Ich habe diesen gewissen Drang, mich zu vervollkommnen ...

C: Leider wirst du diesem Drang nicht gerecht und benützt deine Macht als eine Art Köder, wobei dir Joel selbst ziemlich gleichgültig ist. Du willst ihn nur an der Nase herumführen und spielst mit ihm. Du lockst ihn mit einem Zuckerstückchen, und wenn er danach schnappt, entziehst du's ihm wieder.

R: Ich denke schon, daß auch er dabei auf seine Kosten kommt. Seine Beziehung zu mir verschafft ihm eine große Wachstumschance.

C: Aber doch höchstens in einem rückläufigen Sinne.

R: Du meinst wegen der Kämpfe, und weil ich es ihm so schwer mache? Aber wenn ich an all die karmischen Dinge während der vielen Lebzeiten denke, glaube ich schon, daß unser Kampf nicht mehr ganz so verbissen ist. Daß wir beide ein Stück weitergekommen sind, das weiß Joel so gut wie ich. Es scheint, als ob sich uns ein neuer Weg auftut. Ich meine ...

C: Was aber wäre, wenn du dich schon zu Beginn deiner Beziehungen mit Joel, schon in matriarchalischen Zeiten, ein bißchen mehr verantwortlich gefühlt hättest – schließlich kommst du aus den höheren Dimensionen und hast einen ganz anderen Einblick in das kosmische Geschehen.

R: Ich war mir dessen überhaupt nicht bewußt.

C: Nicht bewußt? Auch nicht als Seele? Was aber, wenn du wirklich den Wunsch gehabt hättest, von deinem Wissen Gebrauch zu machen – würde deine Beziehung zu Joel dann nicht ganz anders aussehen? Du behauptest doch immer, daß er durch dich eine ganze Menge gelernt hat ...

R: Ach ja, dann wäre ich für ihn viel zugänglicher gewesen. Ich glaube schon ...

C: Und wie hätte sich das auf ihn ausgewirkt? Und auf seine Entwicklung?

R: Wahrscheinlich hätte er sich gar nichts daraus gemacht. Ich kann mir nicht vorstellen, daß er ... Ach, so genau weiß ich das nicht. Wenn ich mich mehr um ihn gekümmert hätte, dann wäre vielleicht so etwas wie Liebe möglich gewesen und nicht immer dieser ständige Kampf. Aber ich zweifle, ob er das wirklich gewollt hätte. Es könnte ja sein, daß er bewußt

Streit provoziert hat. Ach nein, das glaube ich doch nicht. Ich denke, er war schon bereit, seine Gefühle mit mir zu teilen.

C: Du glaubst also, daß ihr auf diese Weise mehr voneinander gelernt haben könntet? Weißt du, was ich mir wünschte? Ich würde dir so gerne eine Hausaufgabe geben!

R: (Diabolisches Gelächter).

C: Ich möchte, daß du eine Geschichte schreibst – und zwar zu dem Thema, wie eure Beziehung, eure vielen gemeinsamen Leben, verlaufen wären, wenn du dem spirituellen Teil deines Selbst eine Chance zur Entfaltung gegeben hättest, statt deine Aggressionen an Joel auszuagieren – wenn du dir deiner Verantwortlichkeit als eine Seele aus den höheren Dimensionen bewußt gewesen und den dir zugewiesenen Aufgaben nachgekommen wärest. Konzentriere dich dabei speziell auf die Frage, was Joel von dir gelernt haben könnte und wie sich das auf seine heutige Persönlichkeit ausgewirkt hätte. Beschreibe auch deine eigenen Gefühle, um schließlich erkennen zu können, daß eine auf Liebe gegründete Beziehung viel gewinnbringender ist als diese ewigen Machtkämpfe. Was hältst du von meinem Vorschlag – wäre das nicht eine gute Sache?

R: (Noch mehr diabolisches Gelächter).

C: Du sagst, daß ihr beiden eine Menge voneinander gelernt hättet. Und das will ich auch gar nicht bestreiten. Aber mußte das wirklich auf diese Weise geschehen? Hattest du es nötig, dich so rebellisch zu zeigen, um Joel auf dich aufmerksam zu machen? Mußte er erst in all diese Machtkämpfe hineingezogen werden, um ans Ziel seiner Wünsche, in den Besitz deiner Liebe, zu gelangen? Ob du es glaubst oder nicht – auch dir war sehr viel an seiner Liebe gelegen.

Bis jetzt haben wir uns nur mit Begegnungen befaßt, die von Machtkämpfen geprägt waren. Laß uns sehen, ob es auch Beziehungen gab, die dich von einer anderen Seite zeigen, in denen du es tatsächlich geschafft hast, dein Herz ein wenig zu öffnen.

Ich sehe dich als einen Soldaten, der den Ersten Weltkrieg unbeschadet überlebt hat und nun gedankenverloren am Ufer eines Gewässers steht und seine Blicke über den See gleiten läßt. Du bist noch in Uniform und denkst an eine Frau, die nun nicht mehr unter den Lebenden weilt. Der Krieg ist gerade zu Ende, aber sie starb, noch während du im Fronteinsatz warst. In deiner amerikanischen Heimat hattest du dich schon als Teenager in ein blondes Mädchen verliebt, und du hast in diesem Leben als Mann ein sehr ausgeprägtes Gefühlsleben. Mir fällt einiges an dir auf. Denn dein Selbstverständnis hat sich im wesentlichen in deinen früheren Inkarnationen herausgebildet, wo du als Frau zumeist eine dominante Rolle innehattest. Ich habe eine Vision, als ob dir in diesem Zusammenhang deine frühere Identität als Frau etliche Probleme bereitete: Was bedeutet es, mit dieser Psyche als Mann geboren zu werden? Müßtest du nicht notwendigerweise der Schwächere sein – der »schwache Mann« –, nach all diesen Erfahrungen in deinen früheren Existenzen? Und auf einmal hast du das Gefühl, von dieser verstorbenen Frau, die du noch immer liebst, völlig abhängig zu sein ...

R: So habe ich als Mann also keine Möglichkeit, mit meinen Gefühlen zurechtzukommen?

C: Welchen Gefühlen? Du meinst das Gefühl deiner weiblichen Power?

R: Jaja ...

C: Es geht hier doch allein um die Frage, weshalb du als Mann so verunsichert warst. In deinen weiblichen Existenzen erschien es dir als unumgänglich, die Männer beherrschen zu müssen; nach deinem Rollenwechsel war es daher kein Wunder, daß du dich so ohnmächtig fühltest. Und mir scheint, es war eine sehr gesunde Erfahrung. Nun weißt du wenigstens, was es heißt, einen Menschen zu lieben und, schlimmer noch: eine geliebte Frau zu verlieren. Als du in den Krieg nach Europa mußtest, war sie so um dein Leben besorgt, daß sie sehr krank wurde und schließlich an einer Lungenentzündung starb. Diese Nachricht war für dich wie ein tödlicher Schlag. Du wolltest nicht mehr in die Staaten zurück, um nicht von schmerzlichen Erinnerungen gepeinigt zu werden. Ich sehe dich in tiefster Verwirrung in einem Hotelzimmer, und du weißt nicht, wie du ohne sie auskommen sollst. Es bleibt dir nichts übrig, als ihr in den Tod zu folgen, und ich sehe noch, wie du dir die Pulsadern aufschneidest. Dein Schmerz ist so groß, daß du ihm auch im Jenseits nicht mehr entrinnen kannst und eiligst in einen neuen Körper auf die Erde zurückkehrst – als jene robuste Frau, die ihr Dasein als weiblicher Cowboy auf einer Ranch in der Prärie verbringt. Doch darüber haben wir bereits gesprochen.

Gemessen an der Tragik des soeben geschilderten Lebens wird mir klar, wieviel Leid sich hinter deinem so scheinbar unerschütterlichen Gebaren als Power-Frau verbirgt – ein Schmerz, den du nicht wahrhaben willst und deshalb tief in deinem Innersten verschließt. Er ist wie eine Perle, die …

R: Wer aber ist diese Frau, die ich damals geliebt habe?

C: Du kennst sie nicht, zumindest nicht in deinem jetzigen Leben. Doch du wirst ihr begegnen, sobald du bereit bist, dich mit deinem wahren Selbst zu versöhnen. Deine Liebe ist im Moment wie ein Sandkorn in einer Auster – etwas, das du in dir zu verbergen versuchst. In Wirklichkeit ist sie das Wertvollste, das du als Mensch besitzt. Es wird eine Zeit kommen, in der du diesen Schatz, diese kostbare Perle, in dir selbst entdeckst und dich nicht mehr fürchtest, daß er dich verwundbar machen könnte.

Christa

Ich begegnete Christa zum ersten Mal an einem phantastischen Spätsommertag hier im Nordwesten Amerikas. Ich hatte mich rasch entschlossen, noch einmal campen zu gehen, bevor die kalte Jahreszeit mit Regen und grauen Wolken ihren Einzug hielt. Als ich mich frühmorgens aufmachte, hatte ich den plötzlichen Impuls, einen nahegelegenen Küstenort aufzusuchen, der genau in der entgegengesetzten Richtung zu jenen Bergen lag, die das eigentliche Ziel meiner Reise sein sollten. Und an diesem Abend war es, daß ich Christa in der Nähe des Hafens dieses kleinen Städtchens am Strand sitzen sah.

Es dauerte nicht lange, da erzählte sie mir, daß sie sich auf dem Heimweg von einem Seminar befinde, in dem sie als Kursleiterin und Heilerin tätig gewesen war. Wir waren sehr bald in eine intensives Gespräch über unsere ähnlich gelagerten beruflichen Aktivitäten vertieft, wobei ich ihr von dem Buch berichtete, das ich gerade schrieb, aber auch mehr über ihre Arbeit erfahren wollte. Ihre Ausführungen waren von so großer Glaubwürdigkeit und ihre Ausdruckskraft so hinreißend, daß ich mich zutiefst angesprochen fühlte. Ihr Interesse galt vor allem gewissen Techniken der »fünften Dimension«, die ihr von Wesen aus dem Weltraum mitgeteilt waren und die sie unmittelbar zur Heilung dysfunktionaler Formen des genetischen Zellulargewebes einsetzen konnte. Auf ihre beredsame Art versuchte sie, mich von der Umständlichkeit jener Methode, durch Wiederbewußtmachung traumatischer Erfahrungen eine Heilung herbeizuführen, zu überzeugen und empfahl statt dessen ihre eigenen Versuche mit Licht- und Tonfrequenzen, die doch viel schneller eine Aufhebung derartiger Blockierungen bewirken würden – nicht zuletzt dank der göttlichen Gnade der Shekina (ein Begriff aus dem Alten Testament, der sich auf die weibliche Energie des Schöpfers bezieht).

Ferner berief sie sich auf ihre Fähigkeit, im menschlichen Bewußtsein Quantensprünge hervorzurufen, und erklärte mir, daß auf diesem Wege ein innerer Zustand der Gnade erreicht werden könnte, der das gequälte Individuum von allen karmisch bedingten Schuldgefühlen unter Vermeidung jeglicher seelischer Torturen befreite, und behauptete sogar, daß ihre Methoden zu einer planetarischen Umprogrammierung führen würden. Es fiel mir schwer, mir ein reales Bild über die Wirkungsweisen ihrer Techniken zu machen, und so konnte ich sie von der Notwendigkeit einer Fortsetzung unseres Gesprächs überzeugen. Wir kamen überein, uns gleich am nächsten Vormittag nach dem Frühstück zu treffen, wobei ich ihr vorschlug, unsere so verschiedenartigen Methoden in einer wechselseitigen Therapie an uns selbst zu erproben. Es dauerte Tage, ehe es zu der verabredeten Sitzung kam. Christa selbst befand sich in einer Phase äußerster Unruhe, die in einem krassen Widerspruch zu den von ihr behaupteten Ergebnissen ihrer Seminare und Therapien stand. Ich konnte an ihr nichts von jenem inneren Frieden und Wohlbehagen, von seelischer Gesundheit und geistiger Fülle bemerken, wie ich sie von einer Therapeutin ihres Formats hätte erwarten können. In einer Diskussion über weitere Details ihrer Methoden, die sie auch in einer Broschüre so lobend erwähnt hatte, begannen sich meine Zweifel immer mehr zu verstärken. Doch sobald ich sie etwas zu fragen versuchte oder ihr gar meine Bewunderung verweigerte, reagierte sie auffallend defensiv.

Als sich dann endlich für mich eine Chance ergab, von ihr therapiert zu werden, brach sie nach viel zu kurzer Zeit die kaum begonnene Sitzung mit der Bemerkung ab, daß sie unglücklicherweise gerade jetzt einen Termin bei ihrer Kosmetikerin hätte. Später am Tag fragte sie mich nach eventuellen Wirkungen dieser morgendlichen Bemühungen. Ich erklärte ihr, daß ich noch nichts wirklich Bemerkenswertes hätte erkennen können, vermied aber tunlichst, ihr meine Zweifel an ihrem höchst seltsamen Vorgehen darzulegen. Andererseits lag es mir fern, so zu tun, als ob ich irgendwelche Heileffekte verspürt hätte. Ihre gesamte Methodik erschien mir äußert gekünstelt und erinnerte mich an die schlimmsten Formen einer falschverstandenen Hypnotherapie. Als ich später versuchte, ihr dies nach und nach beizubringen, geriet sie fast außer sich und bedrängte mich noch mehr, ihr meine wahre Meinung zu sagen. Ich mußte all meine diplomatischen Fähigkeiten ins Spiel bringen, um ihr mögliche Änderungen oder Erweiterungen Ihrer Verfahrensweisen schmackhaft zu machen und sie nicht mehr als nötig zu beschämen. Es half nicht viel. Unsere Diskussion steigerte sich zu einer erhitzten Debatte über den generellen Wert oder Unwert einer Rückführung schlechthin. Mein Verdacht, daß sie spezielle, persönliche Gründe hatte, nicht mit ihrer Vergangenheit konfrontiert zu werden, bestätigte sich immer mehr. Und sie beharrte auf ihrer Überzeugung, daß sie aufgrund ihrer besonderen Techniken in der Lage sei, all diese Pastlife-Blockierungen hinwegzufegen und ein »Meister« zu sein.

Ich wartete geduldig noch einige Tage auf ihre Bereitschaft für das Reading. In der Zwischenzeit war sie allen möglichen familiären Zwistigkeiten und anderen unangenehmen Verpflichtungen ausgesetzt und erlitt mehrere Male einen Nervenzusammenbruch. Einmal begann sie, noch in meinem Auto zu weinen, bevor wir ausstiegen, und sich über die Schwierigkeiten zu beklagen, die sie angeblich seit unseren ersten Begegnungen hatte. Ich ermutigte sie, doch endlich über ihre Gefühle zu sprechen. Schließlich erklärte sie sich zu einer Therapiesitzung bereit, die sofort nach diesem Gespräch erfolgte. Offensichtlich war sie mit sich selbst so am Ende, daß sie mir freimütig das ganze Dilemma ihrer zwei gescheiterten Ehen und die daraus entstandenen Ängste und Verunsicherungen offenlegte. Schritt für Schritt konnte ich diese Gefühle mir ihr durcharbeiten und sie in die Zeit vor ihrer Inkarnation auf der Erde zurückversetzen, da hier sicherlich die Ursprünge ihrer negativen Gefühle zu suchen waren.

Sie konnte sich tatsächlich an die Erfahrung, daß sie gegen ihren Willen auf die Erde geschickt wurde, erinnern, und ich versuchte, sie bei der Bewältigung dieser Gefühle der Verlassenheit und des Ausgestoßenseins zu unterstützen und zu einer Akzeptanz ihrer Situation zu ermuntern. Aber dazu hätte es noch weiterer gemeinsamer Anstrengungen bedurft. Schon dieses Gespräch wurde viel zu früh beendet, da Christa ihre Kinder zu Bett bringen mußte. Nach meiner Meinung konnte sie nur dann zu einem tieferen Verständnis ihrer Situation gelangen, wenn sie sich gründlich mit ihren damaligen Reaktionen gegenüber ihren Geistführern, deren Absichten sie so mißtraut hatte, auseinandersetzte.

Am nächsten Tag klagte sie über schreckliche Kreuzschmerzen. Eine ihrer Bandscheiben hatte sich verschoben, aber leider gelang es mir nicht, sie auf die sanfte Art, wie ich es bevorzugte, wieder einzurenken. Daraufhin schlug ich Christa vor, uns mit den eigentlichen Ursachen ihres Leidens, nämlich ihren emotionalen Schwierigkeiten, zu befassen, was ihr gar nicht behagte. Sie beschwor mich in einem fort, ihre Wirbelsäule noch härter und effektiver zu traktieren.

Ich hatte den Eindruck, daß sie sich ihre vermeintliche Schwäche vom vorangegangenen Abend nicht verzeihen konnte und vor allem die unvermeidlichen Konsequenzen einer erneuten Rückführung fürchtete. Sie war geradezu besessen von der Vorstellung, daß sie es nicht nötig hatte, sich einer derartigen Therapie auszuliefern. Ich war nicht minder entschlossen, ihr die Zusammenhänge zwischen ihren körperlichen und seelischen Schwierigkeiten aufzudekken und sie zu weiteren Gesprächen zu ermuntern. Wir hatten uns ins Zimmer ihrer Tochter zurückgezogen, und ich sehe noch, wie sie dort auf dem Fußboden lag und sich ganz ihrem Schmerz überließ. Sie schluchzte und erklärte mir unter Tränen, wie sehr sie sich von allen verlassen fühlte und niemanden hätte, der sich um sie kümmern würde. Sie hätte sich bereits mit dem Gedanken getragen, ihrem Leben ein Ende zu setzen, wenn sie nur wüßte, was dann mit ihren Kindern geschähe ...

Die Kinder aber warteten bereits auf sie, um mit ihr einen Ausflug zu machen, und unsere Sitzung wurde auch diesmal unterbrochen. Es gab nie einen Augenblick, in dem ihre Muskeln sich genügend entspannten, so daß sie das Rückgrat ohne Schmerzen wieder aufrichten konnte.

In den folgenden Tagen fand sie stets einen Vorwand, das Reading hinauszuzögern. Sie war schon wieder dabei, eine neue Broschüre zu schreiben, und mußte sich auf ein weiteres Seminar vorbereiten. So fuhr ich frustriert nach Hause zurück und vertiefte mich ohne ihr Mitwirken in die lange Geschichte ihrer vergangenen Existenzen, allein schon aus Neugierde wegen unseres gemeinsamen Karmas. Ich wollte vor allem herausfinden, weshalb sich Christa in meiner Gegenwart so bedroht fühlte und so versessen auf meine Anerkennung ihrer spirituellen Tätigkeit war. Mein Erlebnis mit ihr ist ein gutes Beispiel für die Tatsache, daß Menschen mit einem gemeinsamen Karma sich nicht rein zufällig begegnen, und ein Beweis, daß das Charisma der atlantischen und lemurischen Seelen in der heutigen New-Age-Bewegung noch einmal wirksam wird. Deshalb halte ich es für gerechtfertigt, auch dieses hier vorliegende Reading in mein Buch einzubeziehen.

C: Ich erkenne dich als eine machtbesessene und halsstarrige Wesenheit, die aus einer ganz spezifischen himmlischen Sphäre kommt. In deiner heimatlichen Dimension warst du sehr von dir eingenommen und so widerspenstig und egozentrisch, daß deine Mentoren dich kurzerhand fortschickten wie so viele andere, die aus ähnlichen Gründen auf die Erde verbannt wurden. Nur durch Beobachtung und Überwachung der verschiedenen Lebensformen auf der Erde konntest du einen Einblick in den universellen Schöpfungsplan gewinnen und deine eigene Tätigkeit als kooperierenden Teil dieser Gesamtheit begreifen. Auf diese Weise wurdest du mit der antiken Zivilisation von Lemuria vertraut.

Doch deine Blindheit und Dünkelhaftigkeit waren so gewaltig, daß du zunächst glaubtest, einen besonders ehrenhaften Auftrag erhalten zu haben und daß du wie ein großer Held nur herabzusteigen brauchtest und schon läge dir die ganze Welt zu Füßen. Und tatsächlich gab es eine Gruppe von Seelen deiner heimatlichen Dimension, die eigens hierher geschickt waren, um den kaum flügge gewordenen menschlichen Wesen auf die Beine zu helfen. Diese noch unfertigen Kreaturen waren den damals herrschenden lemurischen »Schöpfergöttern« völlig ausgeliefert und mußten deren eigennützigen Plänen zur Errichtung eines ihnen genehmen Lebenssystems auf dem Planeten dienen. Obwohl du dank deiner angeborenen Fähigkeiten durchaus die Voraussetzungen für eine derartige Aufgabe hattest, ging es deinen Geistführern vor allem darum, dir die Grenzen deiner schier maßlosen Arroganz durch diesen schwierigen Auftrag bewußter zu machen.

Als die Stunde deines Abschieds aus der himmlischen Sphäre sich näherte, fühltest du dich plötzlich von deinen Mentoren verstoßen und verraten, da dein Hochmut es bisher nie zulassen konnte, dich den strikten Anweisungen anderer Wesen zu unterwerfen. Selbst wenn es eine wichtige Mission war, wie du in deiner Eitelkeit dir ständig einzureden versuchtest, war doch der bittere Geschmack des Ausgestoßenseins die vorherrschende Empfindung. Im Grunde waren deine Halsstarrigkeit und dein scheinbares Selbstwertgefühl nichts anderes als eine hilflose Reaktion gegen das traumatische Erlebnis, dem du bei deiner Geburt als Seele ausgesetzt warst und das du seither nie wirklich verwunden hast. Deine Arroganz war also nur die Kehrseite deiner ständigen Verdrängungsversuche. Deine Aussendung auf den Planeten wurde für dich zu einer Ausweisung mit all den dazugehörenden Ängsten und schrecklichen Gefühlen des Verlassenseins.

Hier haben wir eine gutes Beispiel, aus dem wir ersehen können, wie unsere Abwehrmechanismen in solchen Situationen funktionieren, besonders wenn es – wie in deinem Fall – sich um die schmerzliche Loslösung aus der großen Harmonie der kosmischen Einbindung handelt. Hinter deinem Eigensinn verbirgt sich der ohnmächtige Zorn einer Ausgestoßenen und wird zur geballten Willenskundgebung deiner angeborenen Abneigung, dich als Vehikel für den überpersönlichen Willen der Schöpfung begreifen zu müssen. Diese Abwehrmechanismen deiner Seele wurden schließlich so stark, daß sie deine Lernfähigkeit und Kooperationsbereitschaft mit anderen Seelen auf ein Minimum begrenzten. Es blieb deinen Geistführern nichts anderes übrig, als dich auf die Erde zu schicken, damit du am eigenen Leibe die Auswirkungen deines defensiven Verhaltens zu spüren bekamst. Deine erste Reaktion war es, dich so lange wie möglich ihren Anordnungen zu widersetzen. Auch als die anderen sich längst auf den Weg gemacht hatten, dachtest du nicht daran, ihnen zu folgen, bis dir klar wurde, daß dein Widerstand zwecklos war. Die Folge war, daß du diesen schweren Gang alleine antreten mußtest und deine tiefsitzenden Ängste sich aufs neue bestätigten.

Sobald du jedoch auf der Erde bist, machst du glänzende »Fortschritte« aufgrund deiner bewährten Taktik der Imagepflege und Unterdrückung aller negativen Gefühle. Das führt zu einer weiteren Entfremdung von den anderen Mitgliedern deiner Seelengruppe und natürlich auch deinen Mentoren in der heimatlichen Dimension. Du redest dir ein, daß du auf ihre Hilfe verzichten kannst, und unterwirfst dich damit dem ständigen Zwang, dich vor dir selbst rechtfertigen und beweisen zu müssen. Bald glaubst du es selbst nicht mehr, daß deine Verbannung aufgrund irgendeines unbotmäßigen Verhaltens erfolgt sein sollte. Da deine Abwehrmechanismen immer effizienter werden, steigert sich auch dein Bedürfnis, es deinen Mentoren zu »zeigen« und schließlich ihre Anerkennung zu erzwingen. Doch dieser Vorgang ist noch recht unterschwellig; nach außen hin spielst du die zu Unrecht Gestrafte und entfernst dich noch weiter von ihnen.

Als du auf dem alten Inselkontinent Mu eintriffst, verfügten die Lemurer bereits über eine hochentwickelte Zivilisation. Es gab zwei Gruppierungen innerhalb der Gesamtbevölkerung der eingewanderten Seelen: Die einen verharrten in maßloser Selbstüberschätzung, die anderen identifizierten sich ausschließlich mit ihrer spirituellen Mission. Die Anhänger des gestürzten Engels Luzifer, der als Anführer der Lemuren gilt, lebten in herrlichen Städten und frönten einem zügellosen Dasein in Hülle und Fülle. Sie waren es auch, die die menschliche Rasse zu ihren Zwecken mißbrauchten und zu Dienern und Sklaven machten. In der Tat hatten sie diese Spezies genetisch manipuliert und verstanden sich daher als

Schöpfergottheiten, die Anspruch auf göttliche Verehrung erhoben.

Ihre außergewöhnliche Körpergröße und die dunkle Hautfarbe waren die hervorstechendsten Merkmale dieser Wurzelrasse. Eine solche königliche Lemurin hast du dir als körperliche Hülle gewählt und bist nun Mitglied einer reichen und mächtigen Familie, so wie es deinem arroganten Selbstverständnis als angemessen erscheint. Schon in jungen Jahren bekniest du deinen Vater, dir ein eigenes Königreich zu schenken, was bei ihm auf Ablehnung stößt. Deiner Mutter gelingt es jedoch, ihn zu überreden, so daß du bald Herrin eines kleinen Inselreichs wirst mit all dem Luxus und Glanz, wie du ihn dir ersehnt hattest.

Du erhebst dich selbst zur Theokratin, Königin und spirituellen Führerin. Ich erblicke dich im Körper einer hochgewachsenen, dunkelhäutigen Frau. Du genießt diese Machtstellung über so zahlreiche Menschen; du behandelst sie in einem gewissen Sinne wie Schoßhündchen oder niedliche Kinder und herrschst in Anbetracht der viel kurzlebigeren menschlichen Rasse sogar noch über die Enkel und Urenkel deiner Untertanen. Dein Götterglaube fußt zum größten Teil auf der orthodox-lemurischen Lehre, in die du ein paar eigene metaphysische Gedanken eingeflochten hast. Aber wichtiger ist dir die Verehrung deiner Person als unverzichtbare Bestätigung deiner Macht.

Als dieses erste erfolgreiche Leben zu Ende geht, siehst du dich vor große Schwierigkeiten gestellt. Nicht nur daß der Tod für dich eine ganz neue Erfahrung ist – das Problem liegt eher darin, dich von der Machtposition zu trennen. Du machst dir Gedanken, wie es ohne dich weitergehen soll. Da du nie verheiratet warst und deshalb auch keine Nachkommen hast, mußt du dir Sorgen um die Thronfolge machen, denn irgendwie liegt dir das Wohl deiner Untertanen am

Herzen. Du kannst dich mit keiner Lösung wirklich zufriedengeben, da du dich selbst für ganz unentbehrlich hältst. Voller Stolz blickst du auf deine eigenen Leistungen zurück und bist fest entschlossen, in deinem nächsten Leben über ein noch viel größeres und reicheres Land zu herrschen. Auf den inneren Ebenen wartest du geduldig, bis sich die richtige Gelegenheit ergibt, um deine hochtrabenden Pläne realisieren zu können, und wirst tatsächlich als ältester Sohn eines mächtigen Königs wiedergeboren. Schon als Kind, und noch mehr als Heranwachsender, siehst du voll Stolz jenem Tag entgegen, an dem dir dein Vater die Macht über das riesige Reich überträgt. Er ist ein sehr strenger und edler Gebieter und mißbilligt dein arrogantes Gebaren. Aber du weißt ja, daß er deinem Anspruch auf die Thronfolge nichts entgegenzusetzen hat. So verbringst du deine Prinzenzeit in Luxus und Muße und kannst sehr getrost sein, daß deinem Aufstieg in die höchste Position nichts im Wege liegt.

Ich möchte noch auf ein paar weitere Details dieser von Wohlstand und Sorglosigkeit geprägten Jahre zu sprechen kommen. Dich entzücken nicht nur die vielen höfischen Vergnügungen, einschließlich der schönen Frauen, von denen ein Prinz sich umgeben sieht. Du machst auch große Reisen bis zu den entlegensten Außenposten des Königreichs. Dazu gehören zahlreiche kleinere Kolonien, die deinem einstigen Inselstaat sehr ähnlich sind. Du besuchst sogar einige der spirituellen Gemeinschaften, die noch an den alten Religionen der Lemuren und deren Ritualen zur Versöhnung der Naturgeister festhalten und es noch immer verstehen, die Energien aus den höheren Ebenen auf die Erde herabzuziehen. Dein Hochmut läßt es jedoch nicht zu, dich von all diesen philosophischen Weisheiten beeindrucken zu lassen. Doch erkenne ich sehr wohl, daß eine Saite tief in deiner Seele heimlich in Schwingung gerät …

Es sieht ganz so aus, als ob du auch in deinen nächsten Inkarnationen in Lemuria eine ähnlich prominente Position innehast und deine Machtfülle genießt, ehe es zu der schrecklichen Katastrophe kommt, bei der die wichtigsten Kulturzentren Lemurias im Pazifischen Ozean versinken. Danach zieht es dich nach Atlantis, wo sich inzwischen eine sehr fortschrittliche Zivilisation entwickelt hat.

Auch hier verbringst du viele verschiedene Leben. Ich sehe dich als Hohepriesterin, die über viel Macht und großen Einfluß gebietet und eine ganze Anzahl von Spionen und anderen Vertrauenspersonen um sich hat, deren Tätigkeiten und Lebenswandel ihrer ganz persönlichen Kontrolle unterstehen. Wieder verfügst du über enorme Reichtümer, die dir erlauben, mit der Gier und dem Machtstreben so mancher Atlanter dein Spielchen zu treiben, denn viele von ihnen sind reinkarnierte Seelen, die dir bereits von Lemuria her bekannt sind. Und es gibt auch andere, die große Schwierigkeiten mit ihrem Machtstreben haben. Du selbst gehörst zu einer Gruppe, die sich heimlich gegen die atlantische Theokratie verschworen hat, um den berühmten großen Kristall in ihren Besitz zu bekommen. Endlich gelingt euch der langvorbereitete Coup, und ihr könnt dieses gefährliche Machtinstrument für eure eigenen Zwecke benützen. Durch unsachgemäße Handhabung wird eine verheerende Kettenreaktion ausgelöst – weit größer, als wir sie durch unsere Atomexplosionen je erreicht haben –, die zu einer schweren Erschütterung der noch unstabilen Erdkruste führt und fast die gesamte Landmasse von Atlantis in die Tiefen des Ozeans verschwinden läßt.

Es ist interessant, auf welch seltsame Weise wir beiden in jenem Leben miteinander verbunden waren. Ich war einer der Führer der atlantischen Theokratie, und hinsichtlich dieser schrecklichen Katastrophe glaubte jeder von uns, dem anderen die Schuld zuschieben zu müssen. Zu einem gewissen Grade traf dies auch zu: Auf deine Weise hattest du ebenso recht wie ich auf die meine.

Viele machthungrige Seelen wie du fuhren fort, in jene kleinen Teile von Atlantis, die noch übriggeblieben waren, zurückzukehren. Es war die Zeit zwischen 28 000 v. Chr. und seiner endgültigen Zerstörung um 10 000 v. Chr. aufgrund einer Verlagerung der Erdachse. Ich sehe dich wieder in ähnlichen Machtpositionen, jedoch unter veränderten politischen Bedingungen, da die Interessen der Atlanter inzwischen auf eher imperialistische und materialistische Ziele gerichtet waren. Eine Menge der wissenschaftlichen Entdeckungen des Goldenen Zeitalters von Atlantis konnte noch in die neue Ära hinübergerettet werden, die aber jetzt nur noch weltlichen Zwecken dienten. Obgleich der große Kristall wie so vieles andere zerstört worden war, gelang es dennoch, ihn in kleineren Nachbildungen zu rekonstruieren, die ausschließlich zum Zwecke der Beherrschung von Mensch und Natur eingesetzt wurden. So lassen sich erstaunliche Parallelen zu unserer modernen, hochtechnologischen Zivilisation und deren skrupelloser Ausbeutung natürlicher Ressourcen ziehen.

Um wieder an unser ursprüngliches Thema anzuknüpfen, laß mich sehen, was nach all diesem Wirrwarr mit dir geschieht. Wieder befindest du dich auf den inneren Ebenen und weigerst dich, auf den Planeten zurückzukehren, nachdem dir dein weltliches Imperium entrissen war. Inzwischen haben sich viele ehemalige Atlanter für eine neue Existenz entschieden. Einige von ihnen reinkarnierten in jenen matriarchalischen Stämmen, die von der großen Flut verschont worden waren – andere erst später in den dunklen Zeiten nach der großen Zerstörung. Diese Völker rund um das Mittelmeer und in bestimmten anderen Teilen des alten Europa lebten noch unter den Bedingungen der alten Naturreligionen, deren zentrales Anliegen die Verehrung der Großen Mutter in ihren verschiedenen Aspekten war. Diese primitiven Kulturen erlagen im Zustrom der atlantischen Wesenheiten einem rapiden Strukturwandel von egalitären zu hierarchischen Gesellschaftsformen, da die gierigen Seelen der Atlanter sich hier in der Hülle eines weiblichen Körpers eine neue Chance zur Machtausübung errechnet und wahrgenommen hatten. Nachdem dieser Prozeß weitgehend vollzogen war, sehe ich dich erneut als Frau reinkarnieren. Getrieben von deinen ungeschmälerten Herrschaftsgelüsten hast du dich bald an die Spitze der matriarchalischen Hierarchie emporgearbeitet und dir dort eine starke Position ausgebaut, die du mit eiserner Hand verteidigst. Doch dein Machtbereich ist ungleich kleiner als damals in Lemuria oder Atlantis und deine Unzufriedenheit entsprechend angestiegen. Zudem mußt du dich ständig gegenüber den Feindseligkeiten gewisser Rivalinnen, die dir deine Stellung nicht gönnen, behaupten. Trotzdem durchlebst du mehrere Existenzen innerhalb dieser frühhistorischen Epoche.

Auch du und ich sind wieder einmal wegen unseres persönlichen Karmas miteinander in Verwicklungen verstrickt. Ich stehe auf der anderen Seite und unterstütze jene Kräfte, die die Vorherrschaft deines Amazonenregimes zu stürzen gedenken, nachdem ich schon etliche Leben als Mann in Schmach und Erniedrigung ertragen mußte. Das hat sich natürlich auf unser gegenseitiges Verhältnis sehr negativ ausgewirkt.

Nun folgt bei dir eine lange Periode totaler Enthaltung von jeder weiteren Inkarnation. Deine Mentoren unternehmen viele vergebliche Versuche, mit dir ins Gespräch zu kommen. Aber deine Geduld ist am Ende. Noch immer glaubst du, auf ihre Hilfe verzichten zu können. Du fühlst dich recht wohl in deinem augenblicklichen Zustand, wenn sie dir nur nicht etwas einreden und all deine Pläne vereiteln würden. Du bist fest überzeugt, das Richtige zu tun, wenn du dort unten auf Erden die Zügel in die Hand nimmst, um die Entwicklung ein Stück voranzubringen. Das ist dein Verständnis von Machtausübung, die dir zudem eine gewisse Befriedigung verleiht. Nach deiner Meinung wirst du somit deiner Bestimmung als Seele, die mit dieser wichtigen Mission beauftragt wurde, gerecht. Doch daß deine Mentoren ganz andere Ansichten haben, das will dir nicht in den Sinn.

Die Sehnsucht nach den großartigen Zeiten deiner lemurischen Herrschaft treibt dich schließlich auf den Planeten zurück. Und wieder bist du der erstgeborene Sohn eines – wenn auch weniger bedeutenden – Königs auf den polynesischen Inseln, einem Überbleibsel deines geliebten Lemurias. Du hast deinen Willen bekommen. Zwar ist dein Herrschaftsbereich ziemlich begrenzt, doch immerhin befindest du dich in einer gewissen Machtposition. Es ist eine stabile und friedliche Gesellschaft, in der deine Souveränität unangefochten bleibt. Als König genehmigst du dir einen ganzen Harem von Frauen und genießt es, sie dir auf fast sadistische Art gefügig zu machen, indem du all deine zurückgehaltenen Frustrationen und Haßgefühle an ihnen ausagierst. Dein Verhalten erscheint mir wie ein männliches Spiegelbild deiner einstigen Rolle im Matriarchat.

Nach diesem Leben entwickelt sich in dir ein plötzliches Interesse an theokratischen Ideen, wie sie für die letzte Phase von Atlantis und Ägypten so kennzeichnend waren. Zu dieser Zeit beginnt sich eine Rivalität zwischen jenen Wesen, die das Werk von Atlantis fortsetzen wollen, und ihren machthungrigen, auf weltliche Ziele orientierten ägyptischen Gegnern herauszubilden. Dir hingegen ist an einer Kopplung beider Machtblöcke gelegen – der säkularen mit den spirituellen Interessengruppen, die du unter deiner Kontrolle vereinigen willst. Du versuchst einen neuen Start als Königin, und unterziehst dich zunächst einer spirituellen Ausbildung. In deiner Person möchtest du beides in dir vereinen – die Hohepriesterin und die weltliche Monarchin. Zu diesem Zwecke triffst du ein Abkommen mit den Führern der spirituellen Bewegung, denen du völlige Autonomie unter deiner zukünftigen Vorherrschaft als Königin versprichst. In Wirklichkeit hast du dir längst ein Konzept ausgedacht, um dich auch noch ihrer Positionen bemächtigen zu können.

In diesem Leben, dessen beachtliche Erfolge nur durch Betrug und Verrat zu erreichen waren, sind wir uns ein weiteres Mal begegnet. Ich war ein Priester mit einiger Autorität, dem du wie so vielen anderen deinen Willen aufzwingen konntest. Ich habe dein ganzes verwerfliches Tun genauestens beobachtet und von deinen Plänen gewußt, war aber zu machtlos, um etwas dagegen unternehmen zu können. Es war eine bedrückende und frustrierende Erfahrung, mit ansehen zu müssen, wie die spirituellen Lehren der ägyptischen Mysterienschulen als Herrschaftsmittel jener Seelen herhalten mußten, die nichts anderes im Sinn hatten, als ihre persönlichen Machtpositionen auszubauen.

Ich habe dich damals nie verbal angegriffen, und dennoch schienst du meine Gedanken erraten zu haben. Du wußtest, daß ich dich längst durchschaut hatte, und hast daher jeden direkten Kontakt mit mir ängstlich vermieden. Du hast mir nie eine Gelegenheit gegeben, dich bei deinen öffentlichen und so scheinheiligen Auftritten als Priesterkönigin bloßzustellen. Es wäre mir ein Vergnügen gewesen, deine Selbstgerechtigkeit und Niedertracht vor aller Welt zu enthüllen!

Nach diesem Erdenleben ziehst du es vor, dir eine längere Atempause auf den inneren Ebenen zu gönnen, und entscheidest dich schließlich für eine weitere Inkarnation in Ägypten, wo du wieder in die Haut einer Königin schlüpfst, doch ist dein Sinn jetzt ganz auf Luxus und Bequemlichkeit gerichtet, die dir unangefochten zur Verfügung stehen, und am Ende bist du ziemlich gelangweilt.

Dann aber tritt eine Wende in deiner Entwicklung ein. Dein Karma beginnt sich plötzlich bemerkbar zu machen, so daß du es nicht mehr zu verleugnen vermagst. Wo du dir bisher all deine Wünsche erfüllen konntest, wird es jetzt schwierig, dich weiterhin zu belügen und deinen Aktionen edle Motive unterzuschieben. Du spürst, wie dein Karma zu wirken beginnt, und in deinem nächsten Leben erscheint es dir wie eine unerträgliche Last, unter der dein Hochmut kläglich zusammenbricht.

Du kommst als Mann auf die Erde zurück, als Sohn einer ägyptischen Familie, die irgendwo auf dem Land weit weg von den Zentren der damaligen Hochkulturen angesiedelt ist. Du heiratest frühzeitig und verbringst deine Zeit in mühseliger Arbeit auf den Feldern, bis eines Tages die Söldner des Pharaos in dein Dorf kommen, um junge, kräftige Männer für den Bau einer neuen Pyramide anzuwerben. Es ist harte Sklavenarbeit, aber irgendwie erscheint es dir als verlockend, dem alltäglichen Trott des ländlichen Lebens entfliehen zu können.

Nach einigen Wochen am Bau sind deine Illusionen dahin. Es widerstrebt dir, für den Ruhm des Pharaos deine Gesundheit zu opfern, und du protestierst gegen die menschenverachtenden Bedingungen. Deine Wächter zwingen dich, noch härter zu arbeiten, und werfen dich schließlich wegen deines rebellischen Verhaltens ins Gefängnis, aus dem du nicht mehr lebendig herauskommst.

Dein Zorn über die entwürdigende Behandlung hat sich auch nach deinem Tod nicht gelegt, wobei es dir nicht in den Sinn kommt, daß du selbst in deinen früheren Leben genauso grausam gegenüber deinen Sklaven warst. Deine Rachegelüste treiben dich auf den Planeten zurück, und diesmal inkarnierst du im Heiligen Land als Mitglied eines jüdischen Stammes, der sich auf der Flucht vor seinen Verfolgern befindet. Diese werden nun zum Ziel deiner selbstgerechten Empörung. Ich sehe, wie du in maßlosem Zorn durch die Wüste wanderst und überzeugt bist, daß sich deine Feinde der Rache Jehovas nicht länger entziehen können.

Deine Stammesmitglieder erdulden entsetzliche Qualen, und viele von ihnen sterben im heißen Wüstensand. Deine schwangere Frau ist von Durst und Hunger total ausgezehrt. Das bringt dich noch mehr in Wut. Zwar ist das Land, in dem ihr euch schließlich niederlaßt, viel fruchtbarer als eure alte Heimat, doch diese Tatsache kann dich von deiner Wut nicht befreien. Dein Groll ist so groß, daß für andere Gefühle kein Platz mehr bleibt und du dich völlig deiner Familie entfremdest.

Auch nach deinem Tod hoffst du, daß Jehova das deinem Volk zugefügte Unrecht sühnen wird, ja, hältst es für deine spirituelle Pflicht, die Rache selbst zu vollziehen. Du kehrst noch einmal in diese Kultur zurück und verbringst dieses zweite Leben auf ähnliche Weise, ohne die ersehnte Genugtuung zu erfahren. Am liebsten würdest du es noch ein drittes Mal probieren, aber ein anderes Karma zieht dich in ein Land an der Mittelmeerküste, das zur minoischen Kultur gehört, in der die Frauen das Sagen haben. Soweit ich erkennen kann, handelt es sich um ein Matriarchat, und du bist der Diener einer mächtigen Frau, die sowohl weltliche als auch religiöse Funktionen ausübt. Sie ist entweder eine Königin oder eine Priesterin und führt ein sehr grausames Regime. Du mußt ihr wie ein Sklave ständig zur Verfügung stehen. Als einer ihrer Priester wirst du während eines Rituals kastriert und darfst nur noch Frauenkleidung tragen.

Es war dein eigener Wille, diesen Posten zu bekleiden, weil du hofftest, dadurch mehr Macht zu erlangen. Als du erkennen mußt, daß du dadurch nur noch stärker an sie gefesselt bist, wächst dein Zorn ins Unerträgliche, und die wenigen Privilegien, die du dir durch deinen Entschluß eingehandelt hast, sind nicht geeignet, dich zu beschwichtigen.

In der Tat glaubtest du, deinem Ziel schon ganz nahe zu sein und als Priester zu den Mächtigen im Lande zu gehören. Aber als dein Leben so ergebnislos endet, bist du erneut mit deinen Frustrationen alleine gelassen. Wieder einmal kannst du dich den Verlockungen deines alten Karmas, das dich mit unwiderstehlicher Gewalt auf den Planeten zurückzieht, nicht versagen. Aber etwas hat sich dabei geändert. Im Gegensatz zu deiner altlantischen und ägyptischen Existenz, wo du deine Position als Angehörige einer Seelengruppe aus den höheren Dimensionen im Interesse persönlichen Machtgewinns ausgenutzt hast, mußt du dich hier den Anweisungen der spirituellen Kräfte fügen und sie in ihrer Arbeit unterstützen.

Ich sehe dich noch einmal nach Palästina zurückkehren. Du wirst als weibliches Wesen in eine Familie hineingeboren, die enge Beziehungen zu den Essenern pflegt, einer vorchristlichen Geheimsekte innerhalb der jüdischen Stammeskulturen, deren Wurzeln bis in die Zeiten vor der Sintflut zurückreichen. Dein Stamm bewohnt ein ausgedehntes Höhlensystem inmitten der Wüste und lebt unter klösterlichen Bedingungen. Du bist von einfachen und gläubigen Menschen umgeben, die alle zusammen eine einzige große Gemeinde bilden. Und dieses Leben, so fernab von jeglichem Luxus und weltlichem Glanz, beginnt sich immer positiver auf deine spirituelle Entwicklung auszuwirken.

Auch ich gehöre zu dieser Gruppe, und somit befinden wir uns diesmal in völligem Einverständnis. Es ist wie eine spirituelle Verschwörung. Wir sind beide bemüht, der Welt die alten Lehren von der Wiederkunft des Erlösers zu erhalten und uns auf dieses große Ereignis vorzubereiten. Auf dieser Grundlage sind wir zu echten Freunden geworden. Nie zuvor hast du einen so hohen Grad an spiritueller Reinheit und Liebe erreicht. Doch leider geschieht dies auf Kosten der anderen Aspekte deines Wesens, die du gewaltsam zu verdrängen versuchst, statt dich mit ihnen auszusöhnen. Es ist, als ob dein Selbst in zwei Teile – einen hellen und einen dunklen – zerfällt. Doch die Entdeckung deiner eigenen Spiritualität ist für dich von großer Bedeutung, und zum ersten Mal kannst du auf ein erfülltes Leben zurückblicken. Die Wiederbegegnung mit deinen Mentoren gestaltet sich zu einem freudigen Ereignis – wie die Heimkehr nach einer langen Reise. Du bist überwältigt von ihrem Empfang, und es fällt dir nicht schwer, dich ihnen zu öffnen. Du unterziehst dich einer weiteren spirituellen Ausbildung und verbringst einige Zeit im Tempel der Weisheit, wo du allmählich zu einer gewissen Klarheit über deine Bestimmung als spirituelles Wesen gelangst.

Dein nächstes Leben findet wieder in der Essener-Gemeinde – diesmal in Qumran selbst – statt, zu einer Zeit, als Christus bereits geboren war, in der auch ich mich erneut inkarniert hatte. Deine Wüstensekte hat ihren Sitz in der Nähe des berühmten Tempels auf dem Berg Karmel, einer Prophetenschule, die sich sehr aktiv für die Verbreitung der Botschaft Jesu einsetzt. Ich arbeite eher im Hintergrund, in verschiedenen Städten, wo ich mich mit der Gründung weiterer esoterischer Gemeinschaften befasse, doch gelegentlich halte ich mich auch in eurer Gruppe auf, so daß sich unsere spirituelle Freundschaft im Verlauf dieses Lebens noch vertieft.

Ich sehe, wie du beginnst, dich selbst zu kasteien. Jedesmal, wenn du Jesus begegnest, leidest du unter Schuldgefühlen.

Du spürst, daß etwas in dir ist – deine »dunkle Seite«, wie ich sie nannte – , etwas »Böses«, das dich in Angst versetzt. Um es zu kompensieren, kehrst du bewußt deine »reine weiße« Seite nach außen. Doch die Kluft in deinem Inneren wird dadurch nur noch größer.

Die Nachricht von der Kreuzigung Christi versetzt deinem Glauben einen schweren Stoß. Wie konnte Gott so etwas geschehen lassen? Nun sind auch deine Bemühungen um das Gute in dir in Frage gestellt. Wenn du schon Gott nicht mehr trauen kannst, wer soll dich dann vor dem Übel beschützen? Und hat es dann noch einen Sinn, sich dem Bösen zu widersetzen? All diese Überlegungen machen dich so krank, daß du deine religiösen Übungen nur noch rein automatisch vollziehst.

Selbst der Tod kann dich nicht von deinen Ängsten erlösen, und du vermagst es nicht, dich deinen Geistführern zu öffnen. Du bist völlig verstockt und verstört, als du dich kurz darauf schon wieder auf den Planeten versetzt siehst. Dein neuer Platz ist das römische Weltreich, wo die christliche Bewegung soeben erst Fuß gefaßt hat. Als Frau einen prominenten, kaisergetreuen Staatsmannes eröffnen sich dir verlockende Perspektiven, denn das Verlangen nach weltlicher Macht – von neuem bestärkt durch deine Zweifel an Gott – beherrscht dich noch immer. Gleichzeitig fühlst du dich aufgrund deines Karmas von den konspirativen Aktivitäten der römischen Christen stark angezogen und trittst einer kleinen Gruppe von Untergrundkämpfern bei, um ihnen bei der Verbreitung der neuen Lehre zu helfen. Hier findet unsere nächste Begegnung statt, denn auch ich gehöre zu diesen Leuten, die fest davon überzeugt sind, die korrupte römische Regierung eines Tages durch das Reich Gottes auf Erden ersetzen zu können. Die Dinge spitzen sich zu, als dein Mann eines Tages von deinen Aktivitäten erfährt und dich bei Strafe deiner Auslieferung an die Autoritäten zwingt, seine geheime Informantin zu werden. Unter diesem brutalen Druck siehst du dich genötigt, seinen Befehlen zu gehorchen, und wirst zur Verräterin an unserer gemeinsamen Sache. Die Folge ist, daß ich selbst und andere Mitglieder unserer Gruppe verhaftet und gefoltert werden und schließlich einen qualvollen Tod erleiden.

Bis an den Rest deiner Tage machst du dir schwere Vorwürfe über das, was du uns zugefügt hast, um dein Leben zu retten. Als deine Seele den Körper verläßt, hast du schreckliche Angst vor einem möglichen Strafgericht Gottes und versuchst, dich durch vorgetäuschte Stärke zu schützen. Sobald du kannst, kehrst du zur Erde zurück und fängst an, dich zu strafen und zu kasteien und legst ein klösterliches Gelübde ab. Als junge Nonne bist du sehr gottergeben und fromm, doch im Lauf der Jahre erwachen deine alten Herrschaftsinstinkte, und schließlich schaffst du es, die Äbtissin deines Klosters zu werden. Da du dir selbst sehr strenge Exerzitien auferlegt hattest, versuchst du, mit deinen Untergebenen auf ähnlich brutale Art zu verfahren. Die Spannung in dir ist unerträglich geworden, weil du ständig bemüht warst, die dunkle Seite deines Wesens gewaltsam zu unterdrücken – oder sagen wir: das Kind in dir, jenen Teil, der sich durch die strafenden Maßnahmen deiner spirituellen Persona zutiefst gedemütigt fühlt. Das führt dazu, daß du gegen Ende deines Lebens zu einem wahren Ungeheuer wirst – und das alles im Namen Christi. Auf fast perverse Weise versuchst du, dein Verhalten mit dem Willen Gottes gleichzusetzen, und hältst es für deine spirituelle Pflicht, die Rolle der strafenden Instanz – oder besser gesagt – der Rachegöttin zu übernehmen. Nach deinem Tod kannst du es nicht fassen, schon wieder der Kritik deiner Geistführer ausgesetzt zu sein. Du warst so überzeugt, dir durch dein gottgefälliges Leben die Gunst des

Himmels erworben zu haben. Doch deine empfindliche, ja bösartige Reaktion auf ihre Vorwürfe ist nur der Ausdruck all deiner Ängste und Schuldgefühle, die du als Äbtissin so erfolgreich zu verdrängen und vertuschen wußtest. Nun, wo dir deine Mentoren diese Maske vom Gesicht reißen, kommst du dir vor wie ein Kind, das soeben bei einem Unrecht ertappt wurde. Du willst das nicht wahrhaben, wendest dich wütend ab und läßt deine Kritiker sprachlos zurück.

Als du die Erde erneut betrittst, steht dir noch immer der Zorn ins Gesicht geschrieben. Du hast jetzt eine Chance, die dunklen Kräfte in dir auszuleben, denn du bist als mittelalterlicher Krieger einer königlichen Armee wiedergeboren. Du bist sehr ehrgeizig und schaffst es, dich auf rücksichtslose Art bis zum Rang eines Ritters emporzuboxen und später sogar noch bis in die höchsten Stufen der weltlichen Hierarchie. Deinem Drang nach Selbstbestätigung tut es sehr gut, dich bald der besonderen Gunst des Königs zu erfreuen, der deiner grausamen Taktik auf den Schlachtfeldern hohe Anerkennung zollt und dich schließlich zu seinem obersten Heerführer macht. Es ist sehr interessant, wie all die unterschwelligen Versagungen aus deinen drei letzten Lebenszeiten und der dunkle, unterdrückte Teil deines Wesens sich nicht mehr verleugnen lassen und in Gestalt von Brutalität und Mordlust einen Weg nach außen suchen und wie dein Wille zur Macht sich plötzlich aller Fesseln entledigt.

Ich sehe dich nach einem großen Gemetzel auf den noch rauchenden Schlachtfeldern im Sterben liegen. Für eine Weile kommt dir der Gedanke, daß dies dein Ende sein könnte, doch stärker ist das Gefühl der Sinnlosigkeit dieses Daseins, das dir wie eine Kapitulation vor deinem eigentlichen Selbst erscheint, denn all dein Ehrgeiz und deine Erfolge als Krieger haben dich kein Stückchen weitergebracht. Deine Verzweiflung hat einen gewissen fatalistischen Unterton. Du läßt

Dinge einfach geschehen. Auch der Tod kann dich nicht mehr erschrecken, und deine Geistführer versuchen vergeblich, dich aufzumuntern. Dein verwundeter Stolz ist das einzige, was dich beschäftigt. Von einer Rückkehr auf den Planeten willst du überhaupt nichts mehr wissen. Doch dein Karma erlaubt es dir nicht, an diesem Punkt stehenzubleiben.

Ich erkenne dich in weiblicher Gestalt auf französischem Boden wieder. Dein Karma ist durch Aspekte von Reichtum und Macht geprägt, dein neues Schlachtfeld ist das Abenteuer der Liebe. Als attraktive Töchter eines Aristokraten umwerben dich eine Menge angesehener und wohlhabender Männer, doch es bereitet dir eine höllische Freude, sie gegeneinander auszuspielen, ihre Gefühle zu mißbrauchen und sie deine Macht spüren zu lassen. Als du am Ende heiratest, geht es dir nur um das Geld und das soziale Prestige. Auch als Ehefrau hast du noch viele heimliche Affären und denkst nicht daran, auf diesen Lustgewinn zu verzichten. Für dich sind die Männer nur Schachfiguren, die du nach Belieben hin und her schiebst oder opferst.

Als du älter wirst und deine Attraktivität auf das andere Geschlecht zusehends dahinschwindet, fängst du an, deine Dienerschaft zu tyrannisieren, und wirst zu einer wahrhaftigen Xanthippe. Dein Mann, der viel älter war, ist inzwischen verstorben. Du hast etliche Kinder, einige davon aus illegitimen Beziehungen, doch alle sind genauso halsstarrig und herrschsüchtig wie du. Sie sind längst erwachsen geworden, und zwischen euch findet ein ständiger Machtkampf statt. Ihre Seelen sind identisch mit jenen, die in früherer Inkarnation deine Söhne und Töchter waren und denen du damals schon das Leben so schwer gemacht hattest. Nun versuchen sie, dir deine Lieblosigkeiten heimzuzahlen. Du bist sehr allein, und all deine Reichtümer und die Vorzüge deiner gesellschaftlichen Positionen können dich nicht darüber hinwegtäuschen. Bei deinem Tod fühlst du dich von allen verlassen.

Dein Wille zur Macht scheint nun endgültig gebrochen. Es gibt nichts mehr, was dich auf den Planeten zurücklocken könnte. In deiner Verzweiflung bist du sogar bereit, deinen Geistführern zuzuhören. Sie erklären dir, daß auf der Erde jede Seele, die wie du aus den höheren Dimensionen kommt, dringend gebraucht wird, wenn du nur bereit wärst, mit den anderen Lichtwesen friedlich zusammenzuarbeiten, um den Menschen in dieser kritischen Phase der Evolution weiterzuhelfen. Sie erinnern dich an die Lehren, die du im Tempel der Weisheit und im Heiligen Land durch Jesus und Maria erhalten hast, und versuchen, dich von der Notwendigkeit deines spirituellen Wirkens auf dem Planeten zu überzeugen. Um dir Mut für einen neuen Anfang zu machen, unterbreiten sie dir einen Plan für dein zukünftiges Leben, wo du als Heilerin in die Lage versetzt wirst, einen Teil deines schwierigen Karmas abzuarbeiten. Freilich wird es nicht leicht sein – so sagen sie dir –, denn du mußt dich mit vielen karmischen Gegebenheiten und den alten Mustern deiner Selbstüberheblichkeit auseinandersetzen, ehe es dir gelingt, im Sinne des höchsten Willens zu handeln und zu wirken. Doch darin liegt deine Bestimmung, denn die Welt befindet sich in einer sehr prekären Lage und du selbst in einer Art Abschlußexamen nach einer entscheidenden Phase deiner Entwicklung. Die Menschheit wird entweder siegen oder untergehen. Und damit habe ich dir zugleich ein Bild deines gegenwärtigen Erdendaseins gegeben.

TEIL II

Die Auseinandersetzung mit dem eigenen Karma

Obwohl es eine ganze Reihe therapeutischer Methoden gibt, mit unserem Karma umzugehen, glaube ich dennoch, daß der vielversprechendste Ansatz die tagtägliche Selbsterfahrung ist, wenn wir ihr nur genügend Aufmerksamkeit widmen. Denn alle einschlägigen Therapien und sogar spirituelle Praktiken dienen vornehmlich der Stärkung unseres jeweiligen Ego, dem es hauptsächlich um die rationale Bewältigung, wenn nicht die Beherrschung und Manipulierung seiner spezifischen Umwelt geht. Die karmischen Kräfte hingegen richten sich ausschließlich auf die Entwicklung und Transformation unseres Bewußtseins. Die Lehren, die wir aus ihrem Wirken entnehmen, lassen sich nicht ohne weiteres aneignen oder überstülpen, sie sind das Ergebnis eines langen Prozesses der Selbstfindung und bieten uns die Möglichkeit zu innerem Wachstum und Transformation. Spirituelle Praktiken und Therapien können diesen Prozeß zwar beschleunigen, doch letztendlich sind es die ganz alltäglichen Entscheidungen, die unser karmisches Wachstum voranbringen oder verhindern.

Für gewöhnlich sind wir geneigt, unsere Wünsche und Vorstellungen auf aggressive Weise zu äußern – um nicht zu sagen, sie unserer menschlichen Umwelt aufzuzwingen – und andererseits, vor Situationen zurückzuschrecken, die uns nicht ins Konzept passen, das heißt, es ist ein ständiges Für und Wider, Hin und Her, und je nach Belieben zerren wir an der Umwelt oder ziehen uns ganz in uns selbst zurück. Wenn wir gar die psychische Energie als eine dicke, klebrige Substanz zu begreifen versuchen, brauchen wir uns nicht zu verwundern, daß wir ihrem ständigen Ziehen und Zerren so hilflos ausgeliefert sind. Denn anders als unsere Freundin, der Spinne, gelingt es uns nicht, aus unserem psychischen Material so ästhetische Gebilde wie ihre mandalaähnlichen Netze zu formen; was wir aus unserem psychischen »Garn« spinnen, gleicht eher einem hoffnungslos verhedderten Knäuel, das sich kaum noch entwirren läßt.

Auch die Zwiebel mit ihren vielen Schalen mußte zuweilen als Gleichnis für die menschliche Psyche herhalten, doch ich glaube, daß das verworrene Fadenknäuel die bessere Metapher ist. In seiner Mitte befindet sich das, was C.G.Jung als unser »Selbst« bezeichnet. Es ist unsere Aufgabe, dieses Knäuel zu entwirren, damit eines Tages sein innerster Kern, unser wahres Selbst, zum Vorschein kommt. Dies würde ganz von alleine geschehen, wenn wir endlich einmal von unserem hektischen Ziehen und Zerren ablassen könnten.

All die Dinge, die sich in unserem Alltag so scheinbar spontan ereignen, sind in Wirklichkeit ein Reflex dessen, was wir selber sind, das heißt, ein genaues Spiegelbild jener Konstellation aus karmischen Faktoren, die unsere Entscheidungen im jeweiligen Augenblick beeinflussen – mit anderen Worden: Sie sind die losen Enden jenes Fadenknäuels, das wir aus unserer Psyche gemacht haben. Die Lösung des Knäuels hängt von unserer Einstellung gegenüber der jeweiligen Situation ab. Entweder erkennen wir die Weisheit, die sich hinter den Geschehnissen verbirgt, oder wir werden weiterhin leiden, ja sogar unser Schicksal verfluchen, obwohl es nichts anderes als das Ergebnis unseres eigenen Handelns, das heißt, der Entscheidungen unseres »freien Willens« ist – oder der Fähigkeit, verantwortlich auf Situationen zu reagieren.

Diese verantwortungsvolle Reaktionsfähigkeit ist im wesentlichen Sache unseres Bewußtseins. Je aufgeschlossener wir für die dramatischen Vorgänge unseres Lebens sind, desto weniger können sie uns schockieren, und es gelingt uns viel besser, von unseren Illusionen und Tagträumen Abstand zu nehmen. Schon Jung weist uns in *Aion* darauf hin, wie verhängnisvoll so ein innerer Zustand (z. B. ein karmisches Muster) sich auswirken kann, falls wir uns ihn nicht bewußtmachen; wir könnten ihn dann nur noch als »Schicksal« begreifen, das sich außerhalb unseres Zugriffs ereignet. Daher ist es unverzichtbar, uns selbst um unsere Entwicklung und die Erkenntnis dieser inneren Vorgänge zu kümmern. Dies ist ein erster Schritt, um mit dem uralten Leid aus weit zurückliegenden karmischen Erfahrungen fertig zu werden.

Ich möchte anhand eines Beispiels erklären, wie wir durch bewußte Wahrnehmung unserer karmischen Muster letztendlich in die Lage versetzt werden, uns ihrer gezielt zu bedienen und ihre Projektion in die äußere Realität selbst zu steuern. Fast 25 Jahre lang habe ich mich mit Astrologie befaßt und konnte dabei genauestens beobachten, welche Auswirkungen die Transite und Progressionen der Planeten auf mein Geburtshoroskop haben, indem sie gewisse Energiekomplexe darin erzeugen. Seitdem sind mir die Zusammenhänge zwischen solchen natalen Komplexen und den Ereignissen der äußeren Welt viel vertrauter geworden.

Wenn ich mir die Zeit nehme, mich mit den karmischen Lektionen, die mir die gerade bevorstehenden planetarischen Konfigurationen vermitteln, zu befassen, fällt mir auf, wie sehr sich dieses dramatische Geschehen auf meine Träume und meditativen Einsichten auswirkt – weit mehr als auf die konkreten Ereignisse oder Streßsituationen in der äußeren Welt. Einschränkend muß ich allerdings sagen, daß es manchmal auch sehr wichtig ist, die Dinge in der »langsamen« Gangart der konkreten Realität zu erleben, um endlich unsere Lektion zu lernen. Es ist einfach notwendig, hin und wieder schlichtweg »loszulassen« und uns von längst überholten Mustern zu befreien. Dazu brauchen wir aber genügend Zeit und jene Trägheit, wie sie für die konkrete Realität so bezeichnend ist. Immerhin, je bewußter und aufgeschlossener wir uns der Aufgabe unserer eigenen Entfaltung stellen, desto schmerzloser empfinden wir all diese Tode und Wiedergeburten.

Für die Arbeit an unserem eigenen Karma ist die Astrologie ein sehr nützliches Werkzeug, weil sie uns die karmischen Muster unseres Wesen – zumindest auf symbolische Weise – verdeutlicht. Das Geburtshoroskop ist Entwurf und Abbild der gegenwärtigen Befindlichkeit unserer Seele. Die verschiedenen symbolischen Elemente der Astrologie stehen für die archetypischen Energien – sowohl die inner- als auch die überpersönlichen. So wie diese Elemente im Geburtshoroskop einander zugeordnet sind, ergeben sie ein Schema, das uns über unsere Begabungen, latent vorhandenen Fähigkeiten und die Grundzüge unseres Wesen Auskunft gibt, aber auch über die psychischen Faktoren, soweit sie sich herauskristallisiert oder als disharmonisch erwiesen haben. Gleichzeitig erhalten wir einen Einblick in die allgemeinen Bedingungen und psychologischen Muster vergangener Lebenszeiten. Dank all dieser Informationen fällt es uns leichter, den richtigen Ansatzpunkt in unseren Bemühungen um eine Weiterentwicklung unserer gegenwärtigen Lebensform zu finden.

Für alle, die sich in ihrer karmischen Arbeit der Astrologie bedienen wollen, empfehle ich Stephen Arroyos Buch *Astrologie, Karma und Transformation;* er sagt, daß das Geburtshoroskop dank seiner grafischen Anschaulichkeit die Möglichkeit bietet, uns genauestens über jene Kräfte zu informieren, die nicht nur die Welt im ganzen, sondern auch unser eigenes Dasein im ständigen Wechsel von Wachstum und Zerfall bestimmen. Sogar unsere inneren Erfahrungen werden uns in ihrer Relation zu unserem jeweiligen individuellen Charakter durch diese Symbolsprache bestätigt.

Problematische Bereiche im Geburtshoroskop sind stets ein Hinweis auf Schwierigkeiten, die wir noch nicht bewältigt haben. Bestimmte Kräfte der Planeten wirken zu gewissen Zeiten auf diese sensitiven Zonen ein, so daß wir daraus ersehen können, wann bestimmte karmische Muster besonders aktiv werden. Die Kombination aus astrologischen Elementen enthüllt uns die in unseren persönlichen Komplexen enthaltenen archetypischen Energien, wodurch sich uns gewisse Anhaltspunkte ergeben, wie wir diese Energien im Sinne unserer Entwicklung und Transformation am besten einsetzen können. Für mich war die Erkenntnis all dieser Zusammenhänge ungemein hilfreich, und sei es auch nur deshalb, weil sie mir manchmal die Botschaft vom Ende einer schwierigen Lebensphase brachte und auch das Wissen, wann etwa ich damit rechnen könnte.

Ich habe bereits darauf hingewiesen, daß die bestmögliche Art, mit unserem Karma zu arbeiten, darin besteht, unsere Aufmerksamkeit auf das Hier und Jetzt und auf die Lektionen zu richten, die uns das Leben in jedem Moment auf dem silbernen Tablett präsentiert. Die Astrologie hat mir die Möglichkeit gegeben, die karmische Speisekarte dazu einzusetzen.

Unter der Verpflichtung zur Selbstentfaltung verstehe ich vor allem die Bereitschaft, mittels unseres *Bewußtseins* ein wenig

Licht in all die Bereiche unseres eigenen Selbst zu bringen, die wir allzugern in die Dunkelheit des Unbewußten verbannen – so wie C. G. Jung es bereits ausdrückte: »Die Erleuchtung kommt nicht, indem wir versuchen, uns mit Lichtgestalten zu identifizieren, sondern durch Bewußtmachung der Dunkelheit.«

Immer wieder habe ich es mit Leuten zu tun, die mir ihr Desinteresse an Pastlife-Erfahrungen bekunden und der Meinung sind, daß das gegenwärtige Leben das einzige sei, was wirklich zählt. Was sie nicht einsehen können, ist, daß wir ohne das Wissen um die auslösenden Faktoren, die meistens in unseren früheren Existenzen zu suchen sind, nie in der Lage sein werden, mit unseren augenblicklichen Problemen zurechtzukommen. Milton Erickson, ein Meister der modernen Hypnotherapie, muß seine Gründe gehabt haben, wenn er sagte, daß unser Leben zum größten Teil von unbewußten Faktoren gesteuert wird. Mit bloßer Willenskraft lassen sich die Auswirkungen einstiger Taten wohl kaum – und noch weniger unser Unterbewußtsein mit all seinen Gefühlskomplexen – in den Griff bekommen. Und es sind diese verdrängten Tatsachen, die plötzlich autonom werden und gegen unseren Willen und unsere vermeintliche Wachsamkeit die Oberhand über unser bewußtes Selbst gewinnen – ein Phänomen, das uns jeder Psychotherapeut bestätigen kann.

Nächst dem *Bewußtsein* sind *Akzeptanz* und *Versöhnung* die wichtigsten Voraussetzungen, um die karmischen Muster in uns freizulegen. Akzeptanz bedeutet allerdings mehr als die bloße Wahrnehmung solcher verdrängten Aspekte. Wir müssen diesen Subpersonalitäten in unserem jetzigen oder auch in anderen Leben mit Verständnis und Mitgefühl entgegenkommen, auch wenn sie uns oder der Gesellschaft als verwerflich erscheinen oder gar für unsere Gesundheit oder gegenwärtige Identität bedrohlich werden.

Wir geben uns alle Mühe, nach bestem Können und Wissen aus unseren Fehlern zu lernen. Nach Meinung der Buddhisten ist unser schlechtes Karma nichts anderes als eine auf Ignoranz beruhende Torheit. Wenn wir erst einmal um die langfristigen Auswirkungen unserer selbstschädigenden und dysfunktionalen Angewohnheiten und Verhaltensweisen wissen – werden wir dennoch auf ihnen beharren? Wahrscheinlich nur in extremen Situationen wie Groll, selbstdestruktiven Tendenzen oder engstirnigem Trotz.

Schließlich sind wir hier, um aus unseren Versuchen und Irrtümern die notwendigen Konsequenzen zu ziehen. Das größte Hindernis auf diesem Wege ist unsere Neigung, an dem festzuhalten, was uns vertraut und bekannt ist. Unsere Reaktionen auf die sich uns darbietenden Situationen sind dabei nicht nur durch unser augenblickliches Bewußtsein, sondern auch durch eine uns unbewußte Konditionierung aus unserer Vergangenheit bedingt. Über die daraus entspringenden Fehlleistungen denken wir normalerweise nicht lange nach, sondern neigen eher dazu, uns mit ihnen zu identifizieren, und erzeugen somit ein negatives Selbstverständnis, so daß sich dieser ganze Komplex derartiger Emotionen auch auf unsere zukünftigen Entscheidungen in ähnlich gelagerten Situationen auswirkt. Anstatt unser Denken und Handeln zu korrigieren, investieren wir nur noch mehr Energien in die bereits eingefahrenen negativen Feedbackmuster.

Es gibt jedoch keinen Grund, sich deswegen schuldig oder gar als Versager zu fühlen. Fehlleistungen gehören sozusagen zum Programm unserer psychischen Software, und sie sind nötig, um deren Funktionsweise zu begreifen. Deshalb sollten wir mehr Verständnis für unser eigenes Selbst entwickeln, dann fällt es uns auch viel leichter, mit unserer biopsychischen Software umzugehen. Akzeptanz bedeutet zugleich, daß wir dasselbe Verständnis selbst jenen entgegenbringen, die uns in diesem oder einem anderen Leben gekränkt oder verletzt haben.

Der nächste Schritt ist die *Versöhnung*. Nur wenn wir uns auch wirklich mit unseren vermeintlichen Gegnern versöhnen, können wir uns von allen Vorurteilen und Ressentiments befreien und uns aus der seelischen Verstrickung an die ewig gleichen Verhaltensmuster lösen, die unser Selbst an seiner freien Entfaltung hindern.

Der Akt der Versöhnung entläßt uns aus unserer Schuld und den anderen negativen Gefühlen und Vorwürfen, die mit dem auslösenden Ereignis verbunden sind, und öffnet uns dem Geschenk der Gnade. Versöhnung kann viele von negativem Karma belastete Lebenszeiten quasi ungeschehen machen. Dann brauchen wir uns selbst nicht mehr für begangene Fehler und folgenschwere Aktionen zu bestrafen, sondern können noch einmal ganz von vorne beginnen. Denn was könnte wichtiger sein als das, was wir jetzt, in diesem Moment, tun, denken oder fühlen? Laßt uns nicht vergessen, daß selbst unsere Gedanken und Emotionen die gleichen schwerwiegenden Folgen wie jede beliebige Tat nach sich ziehen. Sind wir fähig, diese Lektion zu begreifen, um ein gesundes und lebensbejahendes Dasein zu führen? Nur deshalb sind wir letztendlich auf die Erde gekommen. Es könnte durchaus der Fall sein, daß wir nochmals mit jenen Seelen zusammentreffen, an denen wir uns in früheren Existenzen schuldig gemacht haben; wir sollten dies nicht als eine Strafe verstehen, sondern als Möglichkeit, unseren eigenen Fortschritt im Sinne der Überwindung alter Verhaltensweisen zu testen.

Pastlife-Therapie

Es liegt schon Jahre zurück, als ich anfing, mit meiner Arbeit als hellsichtiger Heiler unzufrieden zu werden. Obwohl ich auf diese Weise die eigentlichen Ursachen ihrer Probleme enthüllen konnte, mußte ich bald einsehen, daß sie mit dem bloßen Wissen dieser Dinge wenig anfangen konnten. Bis dahin hatte ich mich der verschiedensten Methoden sowohl herkömmlicher als auch alternativer Art bedient – Dinge wie Tiefenmassage, Rebirthing, holotropische Therapie, neurolinguistische Programmierung und Hypnotherapie. Selbst wenn ich meine Klienten dadurch zur Verarbeitung und Integrierung ihrer gegenwärtigen Probleme bringen konnte, bestand häufig die Notwendigkeit, noch tiefer zu graben und sie mit den Erfahrungen aus ihren früheren Existenzen zu konfrontieren. Es hing alles davon ab, wieweit sie selber imstande waren, sich das auslösende Ereignis oder zumindest die ihm zugrundeliegende Logik oder Erwartungshaltung bewußtzumachen. Der Schlüssel zu ihrer Heilung war – wie mir bald klar wurde – die Reintegrierung all der inzwischen aufgesplitterten psychischen Aspekte, die emotionale Läuterung und eine Veränderung ihrer unbewußten Überzeugungen und inneren Vorbehalte. Notfalls mußte ich diese therapeutische Rückführung auf eine ganze Reihe von Lebenszeiten, soweit sie mit den spezifischen Mustern der jeweiligen Erkrankung etwas zu tun hatten, ausdehnen.

Der Nutzen einer Pastlife-Therapie ist vielfältiger Natur. Ich möchte dies gerne an einigen Beispielen erläutern. In vielen Fällen sind es traumatische Erfahrungen aus früheren Leben, die zu gewissen Gewebe- oder Organerkrankungen führen. Ich habe einmal mit einer Tänzerin gearbeitet, deren Karriere wegen eines Knieleidens in Frage gestellt war. Es handelte sich vor allem um die Bänder und Sehnen, die das Kniegelenk zusammenhalten. In einer hypnotischen Rückführung stießen wir auf ein früheres Leben, das durch einen vorzeitigen Erfrierungstod jäh beendet wurde. Ihre letzten bewußten Erinnerungen galten ihren Beinen, die bis über die Knie hinauf erfroren waren. Dieses Bild hatte sich bis in die Gegenwart in ihrem Zellulargedächtnis eingeprägt. Die betroffenen Muskeln und Bindegewebe litten noch immer unter einem Mangel an Vitalenergie. Da diese Art von Körpergewebe sehr langsam zu heilen pflegt, vergingen sechs Monate, ehe meine Patientin wieder tanzen konnte. Doch von da ab hatte sie keine Probleme mehr.

Ein anderer Freund kam wegen periodischer Rückenschmerzen zu mir, nachdem er schon mehrere Ärzte und Chiropraktiker vergeblich bemüht hatte. In der Tat konnten keine physischen Ursachen seines Leidens ermittelt werden. Ich führte ihn in sein letztes Leben zurück, wo er einst zu den Abenteurern gehörte, der sein Glück als Goldgräber versuchte, um, wie er sagte, die Frau seiner Träume heiraten zu können. Sie war Tänzerin in einer städtischen Bar. Eines Tages stieß er auf eine Goldmine und ritt sofort in die Stadt, um sich das Jawort seiner zukünftigen Braut einzuholen. Als er die Bar erreicht hatte, fand er das Mädchen in Gesellschaft eines recht zwielichtigen Kerls. Noch voller Hoffnung erzählte er ihr von seinem Glück und flehte sie an, ihn zu heiraten. Sie war ziemlich betrunken und völlig hingerissen von dem zwielichtigen Kerl, der sie bereits umgarnt hatte. Mein Freund war so außer sich, daß er noch am gleichen Abend davoneilte, ohne sich zuvor in der Stadt seinen Anspruch auf die Mine zu sichern. Doch jener nichtsnutzige Mann, der die Geschichte von dem Goldfund mit angehört hatte, war ihm bereits auf den Fersen und jagte ihm eine Kugel in den

Rücken, beraubte ihn, und überließ den Schwerverletzten seinem Schicksal. Da er um das Geheimnis der Mine wußte, konnte er die Schürfrechte für sich erwerben.

Während der Pastlife-Rückführung durchlebte mein Freund all diese Schmerzen und tödliche Pein noch einmal. Zuletzt war seine untreue Freundin gekommen, hatte ihn, den Verwundeten, entdeckt und mit zu sich in ihren Wohnwagen genommen. Nach der Hypnose war ihm klar, daß sie identisch mit seiner jetzigen Frau war. Mein Freund war jetzt Manager einer Rockband, und die beiden besuchten auf ihren Tourneen viele Nachtklubs, wo seine attraktive Frau sich häufig auf einen Flirt mit anderen Männern einließ. Das war die Zeit, wo seine alten Wunden aus der Vergangenheit wieder aufbrachen. Wie sich herausstellte, gab es einen direkten Zusammenhang zwischen seiner Eifersucht und jener Schußwunde aus dem vorherigen Leben. Nachdem die Ursache seiner gelegentlichen Rückenschmerzen feststand, war es ein leichtes, die geeignete Therapie zur Behandlung dieses »psychosomatischen Leidens« zu finden.

Nicht alle Fälle sind so einfach gelagert wie dieser. Ich erinnere mich an eine ältere, aber ziemlich »eiserne Lady«, die Zeit ihres Lebens an den Rollstuhl gefesselt war. Sie war mit völlig verkrümmten Füßen geboren und konnte daher weder stehen noch laufen. Kein Arzt konnte ihr helfen, und sie war so verzweifelt, daß jemand wie ich ihr als einzige Hoffnung erschien. Ich muß noch hinzufügen, daß diese Frau eine fundamentalistische Baptistin war, die sich durch nichts von ihren streng orthodoxen Glaubensvorstellungen abbringen ließ. Ich unterzog sie über sechs Monate hinweg einer speziellen und für mich ungeheuer aufreibenden Körpertherapie, und sie fand sich sogar bereit, sich in ihre früheren Existenzen zurückversetzen zu lassen!

Es ist mir an dieser Stelle unmöglich, all die vielen Details ihrer langen Geschichte als Seele wiederzugeben, aber einen der wichtigsten Auslöser ihres gegenwärtigen Leidens konnten wir in ihrem letzten Leben entdecken, wo sie als Feuer- und Schwefelprediger ihre Gemeinde in Angst und Schrecken versetzte. Es ist interessant, daß ihre jetzigen Eltern zu denjenigen Mitgliedern ihrer Gemeinde gehörten, die die ärgsten Strafpredigten erdulden mußten. Diese Patientin war nicht in der Lage, für all diese Hartherzigkeit einzustehen. Mit anderen Worten: Die Last ihres Karmas, dem sie sich hartnäckig versperrte, führte letztendlich dazu, daß sie nicht aufrecht zu stehen vermochte und ihre Füße sich unter dieser karmischen Bürde zu krümmen begannen.

Nach einer gründlichen Behandlung mit »karmischem Rizinusöl«, die sich über sechs Monate erstreckte, konnte diese bedauernswerte Frau mit Hilfe eines Krückstocks zum ersten Mal in ihrem Leben wieder einige Schritte tun. Ich möchte betonen, daß es sich hier nicht um ein Wunder handelte; wie sollte das auch möglich sein bei einer so hartnäckigen Person, die jeder meiner therapeutischen Maßnahmen großen Widerstand entgegensetzte?

An einem anderen Beispiel läßt sich ermessen, was für nachhaltige Wirkungen ein traumatischer Tod haben kann. Ein achtzehnjähriger Mann unterbreitete mir die alptraumartige Geschichte seines jungen Lebens, in dem er mehrmals versucht hatte, sich zu erwürgen. Aufgrund dieser zwanghaften Selbstmordgefährdung war er nicht in der Lage, einen Beruf auszuüben oder aufs College zu gehen. Seine Eltern hatten ihn bereits zu den verschiedensten Therapeuten geschickt, aber keiner konnte ihm helfen. Als er mir dann gegenübersaß, hatte ich eine seltsame Vision, die sein letztes Leben betraf. Mit seiner Einwilligung machten wir uns sofort daran, anhand einer Rückführung die Ursachen seiner Ängste zu ergründen. Er sah sich als kleines Mädchen beim Beerenpflücken im Wald zusammen mit seinen damaligen Eltern, als plötzlich ein Bär zwischen den Büschen auftauchte und ihn, das kleine Mädchen, in den Nacken biß. Ich mußte mit ansehen, wie mein Klient diesen grausamen Tod noch einmal lebendigen Leibes durchlebte. Er sprang wie ein Wahnsinniger in meiner Praxis herum und blickte immer wieder auf seinen zerfetzten Körper herab.

Es dauerte buchstäblich Stunden, um ihn dies alles noch einmal bewußt werden zu lassen, und als er am Ende den tödlichen Biß in den Nacken zu spüren bekam, umklammerte er seinen Hals mit beiden Händen und wand sich auf dem Fußboden wie ein Fisch, der auf dem Trockenen liegt. Dieses Gezappel zog sich über weitere fünfzehn Minuten hin, und die Energie, die dabei seinem Körper entströmte, war phänomenal. Ich konnte es selbst kaum ertragen – mir wurde übel dabei, und mehr noch, ich begann, mich um seine Gesundheit zu sorgen. Sein ganzes Leben lang hatte dieser Mensch versucht, sich auf ähnliche Weise selbst zu erwürgen – sollte es ihm diesmal tatsächlich gelingen, hier in meinem Haus?

Nach dieser einzigen Sitzung, die ich mit ihm hatte, vergingen etliche Wochen, ehe er mich plötzlich anrief, um mir zu sagen, daß er sich großartig fühle und inzwischen auch einen Job hätte. Er sei gerade dabei, Pläne für ein zukünftiges Studium zu schmieden.

Nachdem ich mehrere Jahre lang diese Art von Therapie praktiziert hatte, gelang mir eines Tages an mir selbst eine Rückführung in eine ganz andere seelische Dimension. Ich sah mich in eine Zeit versetzt, die noch in die Ära vor meiner allerersten Inkarnation auf dem Planeten gehört. Was für eine Offenbarung, plötzlich zu wissen, woher ich gekommen und weshalb ich hierher geschickt worden war! Ich war kaum älter als dreißig Jahre, und auf einmal war mein Lebenspuzzle durch die noch fehlenden Stücke zu einem vollständigen Bild ergänzt. Zu dieser Zeit leitete ich mehrere Kurse, darunter auch einen Dreimonatekurs in parapsychischem Heilen, in dem ich versuchte, die Teilnehmer in die Zeiten vor ihren ersten Inkarnationen zurückzuversetzen. Wie sich herausstellen sollte, waren sie fast alle in Atlantis und später in Ägypten mit mir zusammengewesen, und wir hatten uns hier wie dort gemeinsam mit spirituellen Aufgaben befaßt. Von da an wurde die spirituelle Arbeit zum wichtigsten Aspekt meiner Pastlife-Therapien; für die Heilung meiner Klienten war es unerläßlich, daß sie sich an die Zeiten vor ihrer ersten Inkarnation erinnerten, um den eigentlichen Zweck ihres Hierseins erkennen zu können.

Jahre danach begann ich, den Bereich des Psychischen noch tiefer auszuloten. Es fing damit an, daß ich der Frau begegnete, die über vier Jahre hinweg meine Lebensgefährtin wurde. Sie hatte sich mit ähnlichen Heilverfahren beschäftigt, und eines Tages entdeckten wir unsere Identität als Seelenzwillinge. Bis dahin war ich der Meinung gewesen, daß die sogenannte »Zwillingsflamme« oder »Zwillingsseele« nichts anderes als eine metaphysische Umschreibung des Jungschen Konzepts von Anima und Animus sei. Nachdem wir unsere gemeinsame Seelengeburt aufgrund einer Rückführung als erwiesen erkannten, wurde mir klar, daß unsere persönliche Geprägtheit von diesen beiden Archetypen in Wirklichkeit auf einer gegenseitigen Beziehung als »Zwillingsflamme« beruht. In den folgenden Rückführungen habe ich diese Bewußtseinsebene mit berücksichtigt, um Ihnen zu zeigen, welche Bedeutung sie für unsere psychische Struktur haben, und um Ihnen zugleich ein paar nützliche Hinweise für die eigene Arbeit zu geben.

Zunächst aber möchte ich mich mit den therapeutischen Anwendungsmöglichkeiten der *Metapher* befassen. Auf die konkreten Auswirkungen der oft weit zurückliegenden traumatischen Ereignisse habe ich wiederholt hingewiesen; nun wäre es an der Zeit, auch ihre metaphorischen Inhalte zu ergründen, weil sie für einen Heiler unter Umständen sehr wichtige Hinweise enthalten. Denn die Erfolge moderner Hypnotherapie beruhen weitgehend auf der Fähigkeit eines Heilers, mit Hilfe der Metapher in die Bereiche des Unbewußten vorzudringen, das sich nicht selten dieser Sprache bedient.

Stanislav Grof, bekannt als Begründer der holotropischen Therapie, hat mit seinem »Coex« (»condensed experience«) genannten System der westlichen Psychologie ein nützliches Werkzeug zur Verständlichmachung des hinduistischen Karma-Konzepts geschaffen. Es ist der Jungschen Definition des »psychischen Komplexes« sehr ähnlich, aber erweitert denselben durch die Begriffe des vorgeburtlichen und Pastlife-Bewußtseins. In seinem Buch *Beyond the Brain* beschreibt er sein Coex-System als die dynamische Organisation von Erinnerungen, Fantasien und mythischen Vorstellungen aus verschiedenen Lebensphasen, einschließlich früherer Existenzen, Geburts-und Kindheitserfahrungen usw. Dieses System aus verdichteter Erfahrung (= condensed experience) gruppiert sich um einen Kern aus einer besonders starken emotionalen Energie oder physischen Empfindung.

Der Jungsche Analytiker und Pastlife-Therapeut Roger Woolger erkannte sofort den praktischen Nutzen des Coex-Systems für seine Pastlife-Therapie. In seinem Buch *Other Lives, Other Selves* beschreibt er sechs Coex-Grundelemente, die den emotionalen Kern umgeben und ordnet sie in einem metaphorischen Vergleich den sechs Blättern der Lotosblüte zu. Dabei geht es um folgende Punkte:

1. den existenziellen Aspekt: die faktischen Bedingungen und Ereignisse unseres gegenwärtigen Lebens;

2. den biographischen Aspekt: die genetische und Kindheits-
geschichte;
3. den somatischen Aspekt: körperliche Symptome und
Spannungen in ihren verschiedenen Erscheinungsformen;
4. den perinatalen Aspekt: intrauterine und Geburtstrauma-
ta;
5. den Pastlife-Aspekt: Traumata und andere psychologische Komplexe aus früheren Inkarnationen;
6. den archetypischen Aspekt: symbolische Formen universeller mythologischer Inhalte, die sich der Psyche metaphorisch als Manifestationen äußerer Daseinsbedingungen zeigen.

Alle diese Elemente haben einen gemeinsamen Nenner in
dem, was Woolger als »symbolische Resonanz« bezeichnet,
das heißt, es handelt sich um Manifestationen von Gefühlen
oder Gefühlszuständen, die sich qualitativ kaum unterscheiden; wenn aktiviert, rufen sie generell dieselben emotionalen
Reaktionen hervor. Es genügt, sich eines der hier genannten
Elemente zu bedienen, um den Kern des Komplexes zu
erschließen, und schon eine einzige heilende Metapher – falls
sie sich auf die Wellenlänge des Coex-Systems einschwingt –
kann die innere Dynamik des gesamten Komplexes ändern.
Indem Woolger sich des Motivs der Lotusblüte bedient,
bricht er mit der herrschenden orthodoxen Lehrmeinung, die
den Komplex als ein Gebilde aus einzelnen Schichten in
chronologischer Aufeinanderfolge begreift. Woolger ist fest
davon überzeugt, daß die Psyche jenseits unseres »normalen«
Konzepts von Raum und Zeit existiert, und beweist dies
anhand seiner therapeutischen Erfahrungen, nach denen jedes einzelne der sechs Elemente sich mit den anderen über-
lappt oder eine gemeinsame Nahtstelle bildet.
Therapeuten wie Woolger und Grof haben das längst über-

holte rein mechanistische und dualistische Verständnis von Körper und Geist in seiner raumzeitlichen Begrenztheit de facto widerlegt und ein völlig neues Paradigma für die Seele geschaffen. Ihre Betrachtungsweise, die sie als holographisch oder holonomisch bezeichnen, gründet sich auf die Vorstellung, daß die vielgestaltige Einheit von Körper und Geist gleichsam wie ein Spiegel zu begreifen ist, durch den uns ein Einblick in das Gefüge aller übrigen Dinge gewährt wird – oder wie Grof es ausdrückt: »Jedes Ding ist eine Metapher, und jede Metapher eine Wahrheit.«

Rhonda

Rhonda, eine Mittdreißigerin, ist eine sprühlebendige kleine Frau. Zunächst war sie als Lehrerin tätig und arbeitet nunmehr als Tutorin für lernbehinderte oder emotional gestörte Kinder. Sie bat mich um eine Pastlife-Therapie, da die Beziehung zu ihrem derzeitigen Partner durch erhebliche Schwierigkeiten belastet war. Fred war 30 Jahre älter als sie und derjenige, der auf einer Fortsetzung ihrer erst einjährigen Gemeinsamkeit bestand, weil eine »höhere Macht« sie zusammengeführt hätte. Rhonda wollte nicht länger seine Geliebte sein, nur hatte sie erhebliche Probleme, ihren Entschluß ohne viel Umstände zu realisieren.

In der Tat gab es einige seltsame Vorfälle, die seinem ständigen Gerede von einer »höheren Macht« recht zu geben schienen. Bei verschiedenen Gelegenheiten warnte er sie vor Gefahren beim Autofahren. Einmal war es ein Nagel, der im rechten Vorderreifen steckte, ein andermal ein Draht, der sich vom Verteiler gelöst hatte, etc. ...

Nachdem sie eines Abends darauf bestanden hatte, die Beziehung endgültig abzubrechen, gab er ihr nach einer heftigen Diskussion zu erkennen, daß er keinen einzigen Gegenstand behalten wolle, der ihn an sie erinnern könnte, und fing an, ihr verschiedene Dinge, die ihr gehörten, zurückzugeben. Am nächsten Morgen jedoch rief er sie an, um ihr zu sagen, daß ein tragbarer CD-Spieler, den er ihr zum letzten Geburtstag geschenkt hatte, auf mysteriöse Weise (offenbar durch »Teleportation«) in seinem Haus aufgetaucht sei.

Ein weiterer Vorfall ereignete sich, nachdem sie ihm einen Abschiedsbrief geschrieben hatte. Er gab an, daß er den Brief gar nicht zu lesen brauche, da er sich jederzeit durch »Abrufen« des Textes über seinen Inhalt informieren könnte. Mit »Abrufen« bezeichnete er stets seine hellseherische Begabung, aus der Vergangenheit lesen zu können. Um dies zu beweisen, verblüffte er Rhonda mit einer exakten Wiedergabe ihrer eigenen Worte.

Ihr war es inzwischen klar, daß sie ihn nie wirklich loslassen würde. Offenbar benützte er weiterhin seine parapsychischen und prophetischen Fähigkeiten, um sie zu manipulieren und auf ihr weiteres Leben Einfluß zu nehmen. Von Furcht und Verzweiflung gepeinigt, wandte sie sich an ihre nächsten Freunde und einige Therapeuten, die ihre Not kaum zu lindern vermochten. Rhonda war ziemlich überzeugt, daß Fred und sie irgendwann in einem vergangen Leben schon einmal miteinander zu tun gehabt hatten. So setzte sie schließlich all ihre Hoffnungen auf eine Pastlife-Therapie, die sie vielleicht von ihren Ängsten befreien und ihr ein normales Leben ermöglichen würde.

1. Sitzung

R: Ich sehe eine Gruppe von Männern und steinerne Bauten – es könnte eine Maya-Kulturstätte sein. Ich bin auserwählt worden, um mir aus den anwesenden Männern einen auszusuchen. Ich treffe eine Entscheidung und bin von dem riesigen Penis dieses Mannes beeindruckt. Er kommt auf mich zu, und da erkenne ich, daß er mit Fred identisch ist. Ich habe Schwierigkeiten herauszufinden, was als nächstes geschieht.

R: Ich muß ständig über etwas nachdenken, was ich kürzlich gelesen habe, und dies scheint meine Wahrnehmungen zu beeinflussen.

C: Versuche, dich zu entspannen, und laß die Dinge auf dich zukommen. Was fühlst du, als du dir diesen Mann erwählst? Was geht in dir vor?

R: Es ist, als ob ich über ungeheure Kräfte verfüge, und ich kann doch nicht erkennen, warum das so ist. Ich kann genau sehen, wer hinter mir steht. Ich möchte am liebsten meine Augen vor all diesen Menschen verschließen. Ich möchte nicht hinsehen. Es sind so viele, und ihr Anblick verwirrt mich.

C: Um was für ein Ritual handelt es sich?

R: Es hat etwas mit Zeugung und Ernte zu tun. Mit einer Menge sexueller Energie. Die Männer sind so aufgeladen … mit ihren erigierten Penissen. Und ich möchte mich keinem von ihnen verweigern müssen. Mir einen auszusuchen bedeutet, alle anderen abzuweisen. Ich bin in einer unangenehmen Lage.

C: Was glaubst du, wie Fred dies empfindet?

R: Er ist unheimlich stolz. Er liebt es, sich zu exhibieren.

C: Wie sind seine Gefühle für dich?

R: Lustvoll …

C: Und was empfindest du für ihn?

R: Ich möchte ihn am liebsten verfluchen. Es ist, als ob er mich vergewaltigen wollte. Aber es ist alles so sinnlos. Ich denke, er hätte es nicht so weit kommen lassen sollen. Ich schäme mich, denn es macht mir Spaß, obwohl ich es gar nicht gewollt habe. Und das weiß er. Er hat eine hämische Freude.

C: So, als ob er dich ganz unter Kontrolle hätte?

R: Ja.

C: Ist dies ein Ritual, das sich alljährlich wiederholt?

R: Es scheint nicht das erste Mal gewesen zu sein – und vor allem ist es so, als ob ich ihn früher schon einmal gewählt hätte.

C: Kannst du mir mehr über das Ritual erzählen?

R: Ich bin in ein weißes Gewand gehüllt, und die Leute stehen an den drei anderen Seiten des Rechtecks. Ich kann nicht genau sagen, was alles passiert – ich möchte eigentlich gar nicht dabeisein und wünschte, es wäre bereits vorüber. Es kommt mir so vor, als ob ich mich außerhalb meines Körpers befände.

C: Und was fühlst du jetzt?

R: Am Anfang hat es mich irgendwie fasziniert, dieses ganze Drum und Dran – gegen meinen Willen. Um mir nicht selbst weh zu tun, habe ich einfach mitgemacht. Ich muß zugeben, es hat mir gefallen.

C: Hast du nach dem Ritual noch irgendeine Beziehung mit Fred?

R: Ich fühle, daß er ständig präsent ist, genauso wie heute. Es ist, als ob er mich nie aus den Augen läßt.

C: Laß uns jetzt ein Stück weitergehen. Was ist das nächste wichtige Ereignis?

R: Ich habe den Eindruck, daß er mir überall auflauert und doch so tut, als wäre er nicht da. Ich kann mich nie sicher fühlen, weil ich immer denken muß, er sei da.

C: Wovon fühlst du dich bedroht – von seiner sinnlichen Begierde?

R: Es könnte ja sein, daß er mich vergewaltigt. So jedenfalls kommt es mir immer vor.

C: Mußt du dich noch einmal diesem Ritual unterziehen?

R: Es gibt einen einzigen Ausweg. Ich müßte mich bereit erklären, in einem Brunnen geopfert zu werden. Dann werde ich von dem Ritual befreit.

C: Wie entscheidest du dich?

R: Ich stehe oft vor dem Brunnen und denke darüber nach. Es ist einfach wahnsinnig, nur diese zwei Möglichkeiten zu haben: entweder physischer oder emotionaler Tod. Ich glaube nicht, daß ich mutig genug bin, um mich ertränken zu lassen. Aber ich würde lieber sterben, als dieses Ritual noch einmal durchmachen zu müssen. Ich frage mich oft, wie es mir im Brunnen ergehen würde und ob man da heil wieder rauskommt. Was haben die Menschen davon, mich sterben zu sehen? ...

Ich bin jetzt im Wasser und schreie nach Fred, er soll mir helfen. Nun wird mir auch klar, weshalb ich so Angst beim Schwimmen habe, wenn ich nicht weiß, wie tief unter mir der Boden ist. Es ist eine panische Todesangst.

C: Was passiert, nachdem deine Seele den Körper verlassen hat?

R: Ich sehe, wie feierlich die Menschen da oben herumstehen und glauben, daß mein Opfer ihnen eine gute Ernte verbürgt. Doch dann entartet alles, was früher eine ernsthafte, kultische Handlung war. Sie fangen an, sich miteinander zu paaren und nehmen mein Opfer zum Anlaß für eine gewaltige Sexorgie! Und ich hatte geglaubt, sie zur Einsicht in das göttliche Walten zu bringen. Statt dessen habe ich mich in ihr Treiben hineinziehen lassen. Ich komme mir vor wie ein Versager, weil ich ihnen nicht helfen konnte, und außerdem erscheint mir mein Tod als sehr eigennützig.

Zurückblickend überrascht es mich nicht mehr, daß ich mich nie auf längere Beziehungen mit Männern eingelassen habe. Ich bin allergisch geworden, wenn sie versuchten, mir zu nahe zu treten. Ich wollte sie jederzeit loswerden können, auch wenn es mich schmerzte. So habe ich sie – aber zugleich auch mich selber – gestraft.

2.Sitzung

R: Ich sehe mich in einem Liebesakt mit einem jungen Mann in der Nähe eines herrlichen Wasserfalls, der über die Felsen herabstürzt. Es ist eine tropische Landschaft in Äquatornähe, ein sonniger, friedlicher Tag. Ich habe das dumpfe Gefühl, daß Fred uns schon eine ganze Weile beobachtet. Ja, er ist

274

wieder hier, und ich glaube sogar, daß er unsere Gedanken und Gefühle erraten kann.

C: Was für ein Verhältnis hast du zu Fred in diesem Leben?

R: Er ist der Schamane unseres Dorfes und in gewisser Weise mein Lehrer.

C: Und was empfindest du in diesem Augenblick?

R: Es ist beschämend, und ich bin zornig, daß er seine Macht auf diese Weise mißbraucht.

C: Wo und wie lebst du? Beschreibe mir euer Dorf.

R: Ich wohne in einem Lehmhaus aus luftgetrockneten Ziegeln. Statt Fenster hat es viereckige Öffnungen. In seinem Inneren ist es angenehm kühl, und ich weiß, wie heiß es draußen ist. Ich bin sehr glücklich, ein Haus wie dieses zu besitzen.

C: Wie ging es weiter mit Fred?

R: Ich fühle mich ständig von ihm verfolgt, als ob er immer zum Fenster hereinschauen würde. Es ist mir unmöglich, ein Privatleben zu haben.

C: Und was passiert dann?

R: Ich schäme mich sehr und fühle mich gezwungen, das Dorf zu verlassen. Als Fred meine Absicht erkennt, verläßt er statt meiner das Dorf ... Er läßt es niemanden wissen. Und da wir nun keinen Schamanen mehr haben, muß ich seine Rolle übernehmen, auch ohne die nötige Qualifikation zu haben. Ich bin wirklich sehr einsam und will auch keinen Liebhaber mehr haben. Ich bin sehr wütend auf Fred, daß er mir dies eingebrockt hat. Allmählich verstehe ich, was es heißt, eine Schamane zu sein und auf Liebe verzichten zu müssen. Trotzdem kann ich Fred nicht vergeben, sosehr ich mich auch darum bemühe. Es bleibt mir schließlich nichts anderes übrig, als mein Leben zu beenden, indem ich mich selbst vergifte.

C: Und was passiert, nachdem du gestorben bist?

R: Ich sehe Fred in den Wäldern herumirren, und die Tiere als seine einzigen Freunde ...

3. Sitzung

R: Ich sehe Dinge, die mir angst machen ... aus einem Leben, von dem Fred mir bereits erzählt hat.

C: Sei unbesorgt ... Laß die Bilder nur kommen, und sage mir, was du siehst.

R: Es ist eine ganz andere Zeit ... mit Rittern und Schlössern. Ich stehe auf einer Terrasse ... Fred ist da, und ich gebe ihm mein Halstuch. Er will sich an einem Reiterturnier beteiligen. Ich gebe es ihm, um einen anderen Mann eifersüchtig zu machen. Fred soll nicht wissen, daß ich seinen Herausforderer liebe. Ich blicke auf diesen anderen Mann, während ich Fred das Halstuch überreiche.

C: Was empfindest du jetzt?

R: Ich bin ziemlich verwirrt. Ich betrüge ihn ja und wünschte, ich hätte es nicht getan.

C: Was war geschehen? Was hat dich veranlaßt, ihm dennoch das Halstuch zu geben?

R: Sie haben sich um mich gestritten. Jeder behauptete, mein Günstling zu sein.

C: Hast du zu diesem Zeitpunkt eine Beziehung zu Fred?

R: Fred ist sehr eifersüchtig, weil der andere Mann sich als mein Favorit bezeichnet hat. Das kann er nicht verwinden, und offensichtlich will er ihn töten. Es geht ihm nicht um die bloße Ritterehre. Ich habe es sofort gemerkt, als sie zu kämpfen begannen. Es geht ihm um Rache. Er will ihn töten.

C: Kannst du mir mehr über diese andere Person erzählen?

R: Der andere ist mein Geliebter, er ist nicht mein Mann. Und darum muß ich meine wahren Gefühle verstecken.

C: Was geschieht?

R: Es ist ein sehr, sehr langer Kampf. Ich habe das Gefühl, als ob er kein Ende nimmt. Und ich bin schuld an all diesen Verwicklungen und kann sie nicht mehr rückgängig machen. Ich weiß nicht mehr, was ich will. Einerseits möchte ich, daß keiner von ihnen verletzt wird, andererseits wäre es gut, wenn mein Geliebter getötet würde, um diesen ganzen Konflikt, der mich so fertigmacht, aus der Welt zu schaffen. Nein, nein, ich kann es nicht zulassen, daß Fred meinen Geliebten tötet! Ich muß aufhören, darüber nachzudenken …

C: Wie geht der Kampf aus?

R: Ich weiß es nicht. Ich will es nicht wissen.

C: Laß uns ein Stück weitergehen. Was kommt danach?

R: Mein Geliebter liegt verletzt am Boden. Vielleicht ist er auch tot. Ich sehe, wie Fred ihm seinen Fuß auf die Brust stellt und mein Halstuch hochhält. Mir ist so elend. Warum habe ich das alles geschehen lassen? Ich kann es nicht mit ansehen. Aber – er ist nicht tot!

C: Was geht in dir vor, als du weißt, daß er noch lebt?

R: Ich versuche, seinen Blick zu erhaschen, und dann mache ich mich eiligst davon. Auf keinen Fall darf ich meine wahren Gefühle zeigen. Sollte Fred jemals dahinterkommen, dann werden es auch andere erfahren. Ich frage mich oft, was meine Zofen darüber denken und ob ich diese Beziehung jetzt endgültig aufgeben sollte. Ich weiß immer noch nicht, was das endgültige Ergebnis des Turniers ist. Es scheint so, als ob Fred gewonnen hätte. Ich hätte nie gedacht, daß es so ausgehen würde.

C: Wer ist denn nun wirklich dein Gemahl?

R: Ich weiß, daß es ziemlich merkwürdig klingt – aber es scheint der König zu sein.

C: Kannst du mir die Gegend beschreiben, in der du lebst?

R: Es ist ein weitläufiges Hügelland und überall Wälder. Die

Gebäude sind aus rötlich-weißem Mauerwerk. Es ist ein großes Bauwerk mit einem rechteckigen Innenhof.

C: Ist es vielleicht ein Schloß?

R: Ja. Es ist groß genug, so daß auch die Pferde darin Platz haben.

C: Laß uns nochmals ein Stück weitergehen. Was ist das nächste wichtige Ereignis?

R: Ich denke, ich muß mich mit meinem Geliebten irgendwo treffen; er muß wissen, daß es mit unserer Beziehung endgültig zu Ende ist. Ich kann Fred nicht trauen, der sich nun als mein Beschützer aufspielt und mich ständig beobachtet. Wie soll ich es nur anfangen? In meiner Kemenate versuche ich mir eine Lösung auszudenken. Vielleicht sollte ich ihm eine heimliche Nachricht zukommen lassen. Ich brauche jemanden, der des Schreibens kundig ist und sie für mich aufsetzt. Wem kann ich denn trauen?

C: Vergiß es zunächst, und laß mich wissen, wie es weitergeht.

R: Wir sitzen an einer großen Tafel beim Essen. Ich darf meinen Geliebten nicht ansehen, um meine Gefühle nicht preiszugeben. Ich muß so tun, als ob alles okay wäre. Aber Fred ist nicht anwesend, und niemand spricht über den Ausgang des Reiterturniers und auch nicht über Fred. Ich habe das Gefühl, daß er ganz in der Nähe ist.

C: Sprich weiter …

R: Ich habe ein Gespräch mit meinem Mann, dem König. Er ist sehr betroffen über das Ergebnis des Kampfes. Er hätte nie gedacht, daß sein tapferer Freund, der nach seiner Meinung den Sieg verdient hätte, einem so unwürdigen Menschen wie Fred unterliegen würde. Ich bin ja selbst überrascht. Er möchte wissen, warum ich Fred das Halstuch gegeben habe. Ich spüre seine Mißbilligung und kann mich nun nicht mehr herausreden. Es bleibt mir nichts übrig, als ihm die ganze Wahrheit zu sagen. Ja, ich gestehe ihm meine starken Gefühle für diesen anderen Mann, seinen Freund.

C: Wie reagiert er darauf?

R: Zunächst ist er sehr ruhig. Ich kann ihm nicht in die Augen sehen. Ich verstehe ja, daß er wütend ist, auch wenn er es sich nicht anmerken läßt. Ich verspreche ihm, diese Liebschaft aufzugeben, so schwer es mir fällt. Für ihn wird es jetzt schwierig sein, noch weiterhin mit mir zusammenzuleben. Er braucht Zeit zum Nachdenken und bittet mich, ihn alleine zu lassen. Ich suche verzweifelt nach einem Ausweg. Ich könnte mich umbringen – aber ich brauche jemanden, der mir hilft.

C: Sprich weiter ...

R: Ich weiß, wie gefährlich es ist, aber ich habe den Wunsch, meinen Geliebten noch einmal zu sehen. Er schlägt mir vor, gemeinsam zu fliehen. Ich bin erschrocken, denn wir beide haben den König bereits genug gedemütigt. Fred könnte mich töten. Doch in Wirklichkeit hat er es immer noch auf meinen Liebhaber abgesehen und versucht, ihn mit allen Mitteln zu provozieren. Er will noch einmal um mich kämpfen um mich auf diese Weise zurückzugewinnen.

C: Wieso bist du dir deiner Sache so sicher?

R: Ich weiß es einfach. Und trotzdem tue ich alles, um dies zu verhindern. Ich möchte auf keinen Fall so weiterleben, denn schließlich habe ich dies alles verursacht. Deshalb bin ich diejenige, die sterben muß. Ich muß eine meiner Dienerinnen in Vertrauen ziehen, denn irgend jemand muß meinen Geliebten warnen. Er weiß ja gar nicht, in welcher Gefahr er sich befindet. Er muß sofort fliehen. Und ich bitte meine Dienerin, mir zu einem Mittel zu verhelfen, das mir einen sicheren Tod verbürgt. Ich sage ihr, daß mein Geliebter unschuldig ist und daß ich es war, die alles falsch gemacht hat. Ich beschwöre sie, mir zu glauben und mir zu helfen. Sie bedeckt sich mit einem Mantel, und ich schaue ihr in die Augen, um herauszufinden, ob sie mir vertraut. Dann knie ich nieder, um zu beten. Ich möchte, daß Fred stirbt. Er ist so hinterhältig. Ich hasse ihn.

C: Was passiert dann?

R: Fred hat dem König erzählt, daß mein Geliebter geflohen ist. Er hetzt auch andere auf, um ihn wieder einzufangen. Einen Moment zweifle ich, ob es feige war, sich durch Flucht zu entziehen. Ich muß mich aufmachen, um ihn zu finden. Ich muß wissen, ob er in Sicherheit ist.

C: Was willst du damit sagen?

R: Ich meine, ich habe so eine Art sechsten Sinn, um ihn im Wald aufzuspüren. Ich weiß jetzt, daß er okay ist. Ich glaube, sie haben einige Leute ausgesandt, um nach ihm zu suchen. Auch ich habe zusätzliche Wachen vor meiner Tür. Ich fürchte, daß sie meine Dienerin festnehmen, falls sie zurückkommt, und versuche, ihr eine Warnung zu übermitteln. Ich muß mir jetzt etwas anderes überlegen, um meinem Leben ein Ende zu setzen. Ich sehe keinen anderen Ausweg mehr.

Ich höre Stimmen. Ich glaube, sie haben meinen Geliebten geschnappt. Ich schaue aus einem kleinen Fenster in den Schloßhof hinunter. Meine Pläne scheinen nicht aufzugehen. Ich habe es satt, in meinem eigenen Raum gefangen zu sein. Ich will nicht mehr warten.

»Tötet mich doch. Es ist mir egal. Ich will endlich heraus!« Ein Wächter packt mich am Arm. Ich bin jetzt entschlossen, mein Schweigen zu brechen. Ich werde alles erzählen. Nun haben sie mir meine Hände gebunden und führen mich in den Schloßhof hinunter, wo eine Menge Menschen versammelt ist. Wahrscheinlich werden sie mich erhängen. Auch mein Geliebter ist da, und wir sehen uns in die Augen.

R: Es ist beschämend für mich, und ich weiß, daß ich schuldig bin. Ich möchte, daß alles vorbei ist ... Es gibt keine Gewinner, und auch unser beider Tod kann an dem Unrecht nichts ändern. Den König trifft es am schwersten. Bevor ich sterbe, möchte ich Fred vor aller Welt bloßstellen. Er hält sich immer listig zurück, aber ich weiß, daß er nur daran denkt, den König zu stürzen und sich selbst zum Herrscher zu machen.

C: Wirst du's den Leuten noch sagen?

R: Ich versuche es. (Plötzlich preßt sie ihre Hände auf die linke Hälfte des Unterleibs.) Dieser Schmerz! Man hat mir ein Schwert in den Leib gestoßen!

C: Wer hat es getan?

R: Es war Fred.

C: Sprich weiter! Was geschieht?

R: Es ist ein völliges Chaos. Ich sinke zu Boden, und ringsherum klirren die Schwerter. Sie werden den König töten! Es bricht alles zusammen.

C: Und wie ist das Ende?

R: Der König stirbt. Eine Schar von Männern verläßt den Schloßhof.

C: Wo bist du in diesem Moment?

R: Ich fühle mich sehr schwach und kann mich nicht bewegen. Meine Beine sind so schwer ... Mein Rücken ... Meine Schulter ist verletzt. (Seufzer.) Irgend jemand versetzt mir den Todesstoß. Es ist wie eine Erlösung.

C: Deine Seele ist nun frei – was geschieht?

R: Es kommt mir so vor, als ob mein Geliebter die Hand im Spiel gehabt hätte, um mich vor noch größerer Schmach zu bewahren. Ich fühle mich erleichtert.

C: Wenn du auf dieses Leben zurückblickst – was erscheint dir als besonders wichtig? Sind deine Geistführer da, um dir zu helfen?

R: Einer sagt mir, daß alles okay ist und daß ich mir trotz allem ein reines Herz bewahrt habe! Ganz gleich, was immer geschehen ist – mein Herz ist rein geblieben!

4. Sitzung

Ich bin ein Gladiator und lege mir meine Rüstung an. Die Zuschauer sind auch schon draußen, wo es sehr laut zugeht.
C: Wie fühlst du dich?
R: Krank. Ich möchte mit all dem nichts zu tun haben. Wir haben den Befehl, einige Leute zu strafen. Wir sollen sie töten. Sie werden gleich aus den Toren herauskommen. Ich soll sie niedertrampeln. Ich habe ein Pferd und einen Streitwagen. Damit presche ich durch die Arena. Die Leute fangen zu schreien an, und die Zuschauer spenden mir Beifall. Einem der Opfer sind die Hände gefesselt. Er hat keine Chance. Aber auch ich werde mein Leben verlieren, wenn ich meinen Auftrag nicht erfülle. Am unteren Ende der Arena sehe ich einen weiteren Gladiator. Falls ich meiner Aufgabe nicht gerecht werde, wird er mich niederstechen. Ich greife an, ohne dem Opfer ins Gesicht zu sehen.
Ich fühle, es geht um meine Ehre – aber für mich gibt es nur den Tod. Ich kann diese armen Opfer nicht angreifen, lieber will ich sterben. So stürze ich mich voller Wut auf den anderen Gladiator. Aber ich treffe ihn nicht. Er weicht mir mehrmals geschickt aus. Ich glaube, er hat meine Absicht durchschaut und will mir das Sterben schwermachen. Ich greife ihn wieder und wieder an. Ich will sterben. Ich muß!
C: Warum mußt du sterben?
R: (Schmerzensschreie. Der Körper zuckt.)
C: Was ist geschehen?
R: Er hat mir den Hals durchbohrt. Ich stürze. Während ich falle, sehe ich, wie jemand sich über mich beugt. Es ist Fred,

er ist mein Ausbilder. Der andere Gladiator nennt mich einen Feigling und fordert mich auf weiterzukämpfen. Er hätte mich längst töten können, denn er ist der bessere Kämpfer, aber er will es mir schwermachen. Ich möchte sterben. Noch einmal stoße ich zu, dann hat er mich. Meine Kraft ist erschöpft. Ich schwebe schon über meinem Körper.

C: Was empfindest du jetzt?

R: Vergeltung. Ich wollte sterben, und mein Blut sollte an Freds Händen kleben. Er glaubte, mir den Spaß am Töten beibringen zu können, aber daraus ist nichts geworden. Diesen Wunsch habe ich ihm nicht erfüllt. Statt dessen mußte er mir beim Sterben zusehen. Als Ausbilder wollte er mich lehren, wie ich mit meinen Opfern umzugehen hätte und meinen Fuß voller Stolz auf ihre durchbohrte Brust zu setzen.

C: So war dein Tod für dich die einzige Möglichkeit, ihm zu trotzen?

R: Ja. Denn selbst in meinem gegenwärtigen Leben betrachtet er mich wie ein lüsterner Zuschauer, der sich an meinen Schmerzen weidet, so daß es mir kalt über den Rücken läuft.

C: Okay. Nimm dir ein wenig Zeit, und versuche, dich zu entspannen. Ich möchte, daß du dich an eine Erfahrung erinnerst, die du bis zum Ende durchlebt und bei der du erfahren hast, was dir fehlt, damit du Fred vergeben und ihn endlich loslassen kannst …

R: Nun fühle ich mich leichter. Meine Hände fangen zu kribbeln an. Zwischen Fred und mir findet eine Art elektrischer Energieaustausch statt. Mein Geistführer sagt mir, daß alles gut werden wird, und erinnert mich noch einmal an die Gefahren, die auftreten könnten, falls ich mich dem Willen eines anderen unterwerfe, so wie ich es oft Fred gegenüber getan habe.

Ich sehe ihn vor mir knien, und er gesteht mir sein Versagen als Ausbilder. Er klagt sich selbst an. Je mehr ich mich von ihm entferne, desto leichter ist mir zumute. Meine Hände kribbeln noch immer, aber auch das läßt allmählich nach.

C: Und was ereignet sich dann?

R: Ich habe meinen Frieden wiedergefunden. Ich brauche mich niemandem zu beugen, und das tut gut.

C: Hat dir dein Geistführer Ratschläge gegeben, um mit Fred ins reine zu kommen?

R: Es scheint an mir selbst gelegen zu haben, daß Fred soviel Macht über mich hatte. Ich habe mich ihm stets unterworfen, und mein Geistführer sagte, ich sollte auf das Wort »unterwerfen« achten, das wäre das Codewort. Ich werde genau aufpassen. Mein Mentor sagte, ich werde jetzt Frieden haben.

C: Und was hat dich bisher davon abgehalten?

R: Mein eigener Zorn. Mein starres Festhalten.

C: Wie kommt es, daß es dir nunmehr gelingt?

R: Bisher habe ich alles in mich hineingefressen. Aber mein Mentor hat mich gelehrt, meinen Zorn loszulassen und mit mir selbst Frieden zu schließen. Fred und ich mußten uns immer wieder begegnen, bis ich diese Lektion gelernt habe. Nun weiß ich, daß es auch anders geht, wenn er so dummes Zeug sagt wie »Du mußt dich unterwerfen. Hast du dich schon jemals einem Mann unterwerfen wollen?«, oder als er sagte: »Du wirst ja doch zurückkommen!«, nachdem ich ihm klargemacht hatte, daß ich nicht länger mit ihm zusammensein wollte. Ich habe ihm stets gehorcht, weil ich seine parapsychischen Kräfte fürchtete. Nun habe ich erkannt, daß auch ich die Möglichkeit habe, eine Entscheidung zu treffen. Das ist ein sehr gutes Gefühl, es gibt mir meinen inneren Frieden zurück ...

Während der Wochen, in denen ich mit Rhonda diese Rückführungen machte, hatte sie zwei sehr bedeutsame Träume, aus denen klar hervorgeht, wie stark ihr Unbewußtes an diesem Prozeß der Befreiung aus der Abhängigkeit von ihrem Geliebten beteiligt war, der ja alt genug war, um ihr Vater sein zu können.

Traum Nr. 1

Ich renne mit meiner kleinen Schwester auf den Armen vor meinem Vater davon, der sie mehrmals sexuell und physisch mißbraucht hatte. Sie ist so hilflos. Schließlich setze ich sie irgendwo ab und renne um mein eigenes Leben. Er schleicht mir nach durch ein Chaos aus altem Gerümpel, Mauerwerk etc.

Dann kommt ein Punkt, wo ich aufhöre zu rennen und entschlossen bin, diesen Mann zur Rede zu stellen, zurückzuschlagen, ja ihn zu töten. Aber er entwischt mir in einem Lastwagen, und ich laufe ihm nach und habe einen großen Stock in der Hand. Es gelingt mir, ihn einzuholen, und ich fange an, auf ihn einzuschlagen, bis er am Boden liegt. Ich kann es kaum glauben, daß ich ihn überwältigt habe. Und tatsächlich kommt es soweit, daß er sich geschlagen gibt und sich von mir töten lassen will. Ich höre nicht auf, ihn mit dem Stock zu durchbohren, aber offenbar kann ich sein Herz nicht treffen. Ich versuche zu erkennen, ob das Blut schon aus ihm herausspritzt – vergeblich, er blutet nicht.

Als ich erwache, sind meine Fäuste geballt, und mein Herz klopft wie verrückt. Sobald die Spannung ein wenig nachläßt, fühle ich mich erschöpft, aber sichtlich erleichtert. Dann quält mich der Gedanke, ich könnte ihn wirklich getötet haben ... Vor meiner ersten Rückführung hatte Fred eine Herzattacke gehabt und war gerade erst aus dem Krankenhaus entlassen worden. Nach einiger Überlegung war es mir klar, daß ich endlich ein neues Selbstverständnis entwickeln müsse, um mit diesem Mann ins reine zu kommen.

Zwei Freundinnen und ich werden von einem machthungrigen Mann gefangengehalten. Es sind Wachen aufgestellt, um unsere Flucht zu verhindern. Ich frage mich dauernd, warum wir es nicht einfach versuchen. Es ist, als ob wir auf etwas warten.

Ich beginne zu meditieren, und jedesmal, wenn ich damit anfange, erblicke ich eine Art buddhistischen Altar. Ich denke, er gehört diesem Mann, und möchte ihn nicht für mich gebrauchen.

Nach meiner Meditation fühle ich mich entspannter. Wir sind plötzlich frei, und aus Dankbarkeit übergeben wir diesem Mann als Geschenk eine Wassermelone. Er übergibt mir einen Zettel, auf den er meinen Namen und folgende Worte geschrieben hat: »Willst du mit mir schlafen?« Ich denke ernsthaft nach und antworte: »Ich wäre nicht mit dem Herzen dabei.« Warum sollte ich auch wie eine Tempelprostituierte mit meinem Körper dazu herhalten, den Zorn und die Angriffslust dieses Mannes zu besänftigen? Wenn er erst einmal Spaß an mir fände, müßte ich ihm ständig zu Willen sein, denn er war so machtbessen, daß er mich nie mehr freigeben würde.

Beim Aufwachen wurde mich plötzlich bewußt, daß dieser Traum meine Erfahrungen mit Fred sehr genau widerspiegelte.

Rhondas Story fand ein glückliches Ende. Sie ist noch mit Fred befreundet, aber hat sich von den emotionalen Zwängen und Verwicklungen ihres Liebesverhältnisses befreien können.

Susanna

Als ich Susanna vor unserer ersten Begegnung die Haustür öffnete, war ich über ihre äußere Erscheinung einigermaßen verblüfft: Eine dunkelhäutige Frau mittleren Alters mit glattrasiertem Schädel und einem durchdringenden, orientalisch anmutenden Blick streckte mir ihre Hand entgegen. Abgesehen von der Tatsache, daß sie mit einer Lederjacke bekleidet war, erweckte sie fast den Eindruck einer tibetischen Nonne. Sie war in der Tat Anhängerin einer fernöstlichen Heilsbewegung, der Subud-Religion, und eine uns beiden gemeinsame Freundin ihrer Gruppe hatte ihr meine Adresse gegeben. Sie war Mutter mehrerer halbwüchsiger Kinder und inzwischen von ihrem Mann geschieden. Ich begann unsere Sitzung, indem ich mich nach ihrer Brustkrebserkrankung erkundigte, an der sie seit zweieinhalb Monaten litt. Was ihr am meisten zu schaffen machte, war das Gefühl ihrer Nacktheit, zum Beispiel durch den Verlust ihres langen Haares, das bis vor kurzem noch ihr Gesicht bis zu den Schultern hinab umrahmte. Trotz allem war sie sehr attraktiv, obwohl sie ziemlich nachlässig gekleidet war. Mir schien, als ob sie damit ausdrücken wollte: »Es hat ja doch keinen Sinn mehr, noch gut auszusehen.« Sie war gekommen, um mit mir über ihr sehnsüchtiges Verlangen nach spiritueller Vervollkommnung zu sprechen.

Ihre Situation erscheint mir als ein gutes Beispiel für die Tatsache, wie das Leben uns unter Umständen in eine totale Isolation hineintreibt, wo wir mehr oder weniger gezwungen sind, der Unerbittlichkeit unserer eigenen Existenz ins Auge zu sehen. Ich spürte, daß sie sich einige Antworten von mir erhoffte, sich aber auch gewisser Dinge bewußt war, die in ihr selbst heranreifen mußten, und so war meine Funktion eher die eines Resonanzbodens oder eines Spiegels, der ihr einen gewissen Einblick in ihre psychische Situation zu geben vermochte.

In unserer ersten Sitzung fragte ich Susanna, welche Konsequenzen sich aus ihrer derzeitigen Situation für ihr weiteres Leben ergeben hätten.

S: Ich mußte zunächst einmal lernen, mich selbst zu akzeptieren, all meine Ängste zu überwinden und meine bisherigen Erwartungen in bezug auf Liebe und Freundschaft aufzugeben.

C: Eine Art Intensivkurs auf deinem spirituellen Weg.

S: Ja.

C: Ich kann es spüren.

S: Ja, es ist okay. Ich fürchte mich nicht vor dem Sterben – es ist nur so schwer, einen Schlußstrich unter dieses Leben zu ziehen.

C: Als du es mir sagtest, hatte ich das Gefühl, daß du deine eigene Verwundbarkeit nicht mehr bestreiten kannst. Daher frage ich mich, ob deine Gelassenheit im Angesicht des Todes wirklich so echt ist. Bei all deiner Sensibilität kommen mir doch einige Zweifel, ob du dir nicht selbst etwas vormachst?

S: In einem gewissen Sinn hast du recht.

C: Gerade weil du buchstäblich vom Leben in die Ecke gedrückt wirst, könnte ich mir vorstellen, daß dir das Leben weit mehr bedeutet, daß du viel empfindsamer und empfänglicher geworden bist.

S: Als du das eben gesagt hast, sah ich eine alte Frau in der Ecke meiner Brust. Ich wußte sofort, daß ich es selbst bin.

C: Wie würdest du diese alte Frau beschreiben?

S: Als ein altes, verbittertes Weib, das sich mehr vom Leben erhofft hat und noch immer erwartet.

C: Verbittert worüber?

S: Weil sie alleine gelassen ist und keinen Ausweg aus ihrer Sackgasse weiß.

C: Und wonach sehnt sie sich?

S: Nach dem Latihan (ein Begriff aus dem Subud, der sich auf die Erfahrung des Mystischen als zentrales Anliegen dieser Religion bezieht).

C: Was erwartet sie von dir?

S: Sie will, daß ich ihr Dasein anerkenne.

C: Stellt sie noch weitere Forderungen? Zum Beispiel deine Hinwendung zum Latihan?

S: Das kann ich nicht so genau sagen. Ich weiß nicht einmal, wer sie ist – ein Teil meiner selbst oder mein früheres Selbst aus einem anderen Leben.

C: Auch wenn es sich nur um eine Metapher handelt, so steht doch zumindest fest, daß sie ein Teil deines Selbst ist – sogar ein sehr wichtiger Teil.

S: Was meinst du damit?

C: Ich versuche, dir zu erklären, daß dein Streben nach spiritueller Vervollkommnung sowie deine diesbezüglichen Frustrationen sehr viel älter sind, als du glaubst; daß du all diese Erfahrungen schon in zahlreichen früheren Leben gemacht hast. Und als trotz deiner unsäglichen Mühen der ersehnte Erfolg ausblieb, fühltest du dich verunsichert und verlassen und konntest nicht verstehen, weshalb du dein Ziel der spirituellen Vereinigung nie erreicht hast. Das war der Anlaß, daß sich in deinem dritten Chakra diese fordernde Energie zu rühren begann – jener Teil deines Wesens, der da sagt: »Okay, Gott, habe ich nicht alles getan, was du von mir erwartest? Nun will ich auch, daß du mir diese Mühen vergütest!«

S: Ja, meine Zeit beginnt knapp zu werden. Drum sage mir schnell, wie es weitergeht! Ja, ich kenne diesen Teil meines Selbst.

C: Susanna, ich möchte, daß wir uns zunächst einmal mit der Geschichte deiner Seele befassen. Dieses alte Weib als Teil deines Selbst ist für dein Wesen von ganz grundsätzlicher Bedeutung.

Als Seele bist du ein Geschöpf, das über eine starke Vitalität und viel Macht verfügt. Du kommst aus jenen inneren Ebenen, wo die spirituellen Gesetze das Maß aller Dinge sind und alle Wesen im Sinne der göttlichen Liebe schalten und walten. Darum ist es so schwierig für dich, in eine Welt wie diese versetzt zu sein. Du bist wie der verlorene Sohn, der sich seiner Heimat nicht mehr bewußt ist. Ständig versuchst du, dich an den Maßstäben dieser Welt zu messen, und wunderst dich dann, wenn an dem Bild, das du auf diese Weise von dir gewonnen hast, etwas nicht stimmt. Denn in der Tat gibt es diesen Widerspruch zwischen deinem tiefsten inneren Wissen und den äußeren Gegebenheiten – zwei Dinge, die sich nicht miteinander vereinen lassen.

Bevor du auf diese Erde kamst, war deine Seele als Emanation des göttlichen Schöpferwillens voller Enthusiasmus und von einem unglaublichen Eifer beseelt, das gesamte Universum im Sinne des göttlichen Willens umzugestalten. Ungeduldig und ohne richtiges Verständnis wolltest du mit einem einzigen Streich deines Zauberstabes die Dinge von Grund auf ändern, ohne Rücksicht auf die Gesetzmäßigkeiten ihrer natürlichen Entfaltung – ohne Mitgefühl, ohne Verständnis für die Menschen, die sich in einem noch sehr frühen Stadium ihrer Entwicklung befanden. Deine mangelnde Lernfähigkeit, deine fixen Ideen wurden dir selbst zum Verhängnis und erregten natürlich auch die Kritik deiner Mentoren, die vergeblich versuchten, dir mit ihrer Weisheit zur Seite zu stehen. Deshalb wurdest du schließlich als sterbliches Wesen auf diesen Planeten geschickt. Sie haben dir damit eine ganz konkrete Möglichkeit eröffnet, um selbst zu lernen, wie du mit deinen Lebensenergien umzugehen hast. Was wir an Energien von uns geben, hat die Tendenz, sich außerhalb von uns zu verfestigen, und wir laufen dann dagegen an, bis wir merken, daß wir es selbst geschaffen haben.

Nun bist du hier und schlägst dir buchstäblich den Kopf an der Hartnäckigkeit der gegebenen Fakten ein – vermutlich noch für eine ganze Weile. Du bist verärgert, erschöpft und verzagt über deine Unfähigkeit, den Dingen die von dir gewünschte Form zu verleihen.

S: Bis vor kurzem noch war ich wahrscheinlich auf diesem Trip. Aber allmählich wurde mir klar, daß ich – statt die Menschen zu verurteilen oder gar verändern zu wollen – sie oder die Welt überhaupt zunächst einmal akzeptieren muß. Ich beginne jetzt einzusehen, daß ich nicht hier bin, um sie zu verändern, sondern um mit mir selbst ins reine zu kommen.

C: Laß uns doch einmal unter diesen Gesichtspunkten deine verschiedenen Leben betrachten und vor allem, wie es dir mit deinem ersten Leben erging, als du die Menschen ganz schön herumkommandiert hast (Gelächter).

S: Meine Familie und mein Exmann würden das vielleicht auch gerne hören. Hatte ich die freie Wahl, hierher zu kommen?

C: Nicht wirklich. Es gab eben Dinge, die du lernen mußtest, und dies war der beste Ort.

S: Dies war also der Grund, weshalb ich hierher geschickt wurde und nicht, um irgend jemandem nützlich zu sein. Na gut, jetzt weiß ich also Bescheid.

C: Susanna, du kannst dich überall nützlich erweisen, ganz gleich, wo immer du bist. Du wirst überall einen gewissen Einfluß auf die Dinge ausüben. Doch vorerst mußt du noch lernen, auf deine eigenen Vorstellungen und Wünsche zu verzichten, und dich ganz dem überpersönlichen Willen der

Schöpfung anzuvertrauen und ihn durch dein Selbst zu verkörpern. Das erfordert zunächst eine Kultivierung deines eigenen Selbst und eine Verfeinerung deiner Ausdrucksweisen. Da du in einem viel größeren Maßstab zu wirken gedachtest, warst du anfangs schrecklich enttäuscht. Du hattest grandiose Ideen und warst sehr idealistisch und hieltest diesen Ort für viel zu begrenzt. Doch du mußtest erst einmal die kleinen Dinge würdigen lernen, die genauso wichtig wie die vermeintlich großen sind. Und dennoch glaubtest du dich in deinen Möglichkeiten beschnitten und warst sehr zornig auf deine Mentoren. Auch das war ein Grund, dir dieses Leben als eine Bewährung aufzuerlegen.

Deine erste Inkarnation fand vor ungefähr zehntausend Jahren statt – es ist die Zeit, die die griechischen Chronisten als die Ära der Amazonen beschreiben. Es war eine matriarchalische Kultur – so ziemlich das einzige, was von Atlantis noch übrigblieb. Viele finstere und machthungrige Seelen, die diese Katastrophe nicht überlebt hatten, tauchten plötzlich als wiedergeborene Seelen in diesen Matriarchaten auf, und es gelang ihnen, die Herrschaft an sich zu reißen. Das war in groben Zügen der Schauplatz deines ersten Erdenauftritts.

Wie gesagt, warst du nicht gerade begeistert und mußtest deine Enttäuschung erst einmal abreagieren. Aber du hast dich nie wirklich gegen die göttliche Ordnung gewandt, du wolltest nur mehr und Größeres tun, als dir erlaubt war, und deshalb warst du so sehr frustriert. Teilweise war dein Widerstand auch eine Art Selbstverteidigung. Du hattest den Zweck deiner Menschwerdung noch nicht richtig begriffen und glaubtest, daß deine Mentoren dich strafen wollten. Es war dein verletzter Stolz, der dich dazu trieb, nun erst recht deine Fähigkeiten und deinen guten Charakter unter Beweis zu stellen. Obwohl du nie selbst an deinen eigenen Werten gezweifelt hast, beherrschte dich ständig die heimliche

Furcht, von deinen Mentoren verkannt und verworfen zu sein, und sogar noch der Zweifel, daß Gott selbst dich nicht lieben würde.

S: Ja, ich weiß. Das war schon immer mein größtes Problem. Ich bin ein guter Mensch – daran habe ich nie gezweifelt; und dennoch gibt es einen Teil in mir selbst, der sich für völlig unwürdig hält. Es ist, als ob ich diesen Konflikt bewußt in mir herausfordere.

C: Das Schlimmste, was dir nach deiner Meinung widerfahren könnte, wäre demnach, daß Gott dich für unwürdig hielte. Was würde das für dich bedeuten?

S: Darüber wage ich noch nicht einmal nachzudenken.

C: Und du schiebst diese Ängste ständig vor dir her und akzeptierst sie als etwas, mit dem du leben mußt. Aber jetzt kannst du nicht mehr anders – jetzt mußt du ihnen ins Auge blicken, sosehr du auch versucht hast, dich mit all deinen Kräften gegen diese unausgesprochene Angst zu wehren. Du wolltest dich unbedingt als würdig erweisen und hättest zu diesem Zwecke ganz unglaubliche und grandiose Dinge vollbringen müssen. Und damit hat alles angefangen. Von Beginn an hast du dich ständig verpflichtet gefühlt, der Welt deine idealistischen Vorstellungen aufzuzwingen.

Es ist überhaupt nicht nötig, großartige Dinge zu tun, um von Gott akzeptiert zu werden. Er liebt seine Kreaturen, so wie sie sind. Du mußt doch wohl zugeben, daß ein armes, schwaches Kind eher dein Mitgefühl hervorrufen würde als eines, das stark und voller Selbstvertrauen in die Zukunft sieht? Gott hat dir nie befohlen, dich durch ruhmreiche Taten verdient zu machen – das war deine eigene Idee, die freilich sehr lobenswert ist, weil sie deinen tiefsten Herzenswünschen entspricht, weil du aufrichtig bestrebt warst, das Richtige zu tun. Ich halte dies für einen wundervollen Zug deines Charakters. Nur leider hast du dich davon abgewandt.

S: Wovon?

C: Von diesem reinen und unschuldigen Verlangen, große Dinge zu tun, das aus dem spirituellen Kern deines Wesens entspringt. Doch weil du es mit so grandiosen Plänen, die du niemals realisieren konntest, verknüpft hattest, mußtest du an deinen eigenen Ansprüchen scheitern. Du konntest diesen edlen Teil deines Selbst nicht mehr in dein Wesen integrieren und fühltest dich fortan unwürdig. Und mehr noch: Du glaubtest, daß du deswegen von deinen Geistführern verstoßen wärest. Um dich wenigstens vor dir selbst zu rechtfertigen, mußtest du nun versuchen, der Welt mit Gewalt deinen Willen aufzuzwingen. Je mehr dir das mißlang, desto unwürdiger kamst du dir vor, bis dein ganzes Streben zu einer höchst traumatischen Angelegenheit wurde, wobei es dir nur noch um die Durchsetzung deiner Machtwünsche ging. Die Vollkommenheit, die du einst in dir selbst zu erreichen hofftest, erwartest du nunmehr von deiner menschlichen Umwelt und tyrannisierst sie mit deinen Forderungen.

Wie aber kannst du zu deiner eigenen Spiritualität zurückfinden? Wenn du Schicht um Schicht deiner Vergangenheit freigelegt hast – was findest du am Ende dieser mühseligen Reise in die längstvergessenen Anfänge? Ist es nicht eine zarte Blume, über die du ein Leben lang achtlos hinweggeschritten bist, nur um all deine grandiosen Pläne zu verwirklichen? Sie ist so klein, so zart und doch so großartig, und du hast sie noch nicht einmal bemerkt. *Kannst du nicht zu diesem Teil deines Selbst zurückfinden,* um ganz still niederzuknien und dieses kleine Wunder zu betrachten? Denn dein Karma hat inzwischen jenes kritische Volumen erreicht, daß du nicht mehr so tun kannst, als wäre alles okay.

S: Ja, es hat meinem bisherigen Dasein einen Schlußpunkt gesetzt. Es ist der Krebs, der mich zur Besinnung brachte. Das ist mir völlig klar.

C: Es ist interessant, daß uns im Angesicht des Todes dies alles bewußt wird. So ganz plötzlich wissen wir, *worum es tatsächlich geht*. Dies also hat dich veranlaßt, von all deinen Aktivitäten Abstand zu nehmen?

S: Ja, es hat mich völlig zu Boden gerissen und all meine Vorstellungen von falsch oder richtig in Frage gestellt. Es war wie ein Schock, und es wäre einfach sinnlos, mir weiter selbst etwas vorzumachen. Ich brauche mich nicht mehr zu fragen, was zu tun oder zu lassen notwendig ist – dies alles ist längst unwichtig geworden.

Aber ich habe noch eine Frage über eine Art Vision, die mich schon eine Zeitlang beschäftigt. Dabei hatte ich das Gefühl, in Kreta gelebt zu haben. Bilde ich mir das nur ein, oder könntest du mir das bestätigen?

C: Ja, das ist richtig. Ich sehe dich als einen Mann in Kreta. Möchtest du noch mehr dazu wissen?

S: Ich gehörte zu einer religiösen Gemeinschaft, die einen Stierkult betrieb.

C: Du warst sogar ein Priester in diesem Kult – ein ziemlich fanatischer Priester, der den Menschen die Religion aufzuzwingen versuchte. Das paßt recht gut in das Bild deines Charakters, über den wir bereits gesprochen haben. Dein religiöser Eifer diente vor allem dazu, dir eine persönliche Befriedigung zu verschaffen – die spirituelle Erfüllung, an der dir so sehr gelegen war. Dieses Bedürfnis hast du auf andere projiziert, anstatt es in dir zu integrieren. Je erfolgreicher du nach außen hin warst, desto unzufriedener warst du in deinem Inneren und mußtest deinen Druck auf die Leute entsprechend verstärken. Dieser Eifer nahm geradezu manische Formen an. Du warst wie ein Missionar, der sich als Retter der Menschheit versteht.

S: Aber ich liebe diese Welt und bin empört über das, was man ihr zufügt. Wenn ich mir all dieser Leiden ständig bewußt wäre, käme ich innerlich nie mehr zur Ruhe. Und im Augenblick empfinde ich dies stärker als je zuvor. Mich bewegen jetzt Dinge, die mich früher stets kaltgelassen haben, weil ich so unbeugsam war.

C: Ist es nicht merkwürdig, daß die Menschen so sehr dazu neigen, ihren alten, gewohnten Trott fortzusetzen?

S: Die meisten von uns merken dies gar nicht, bis etwas Schreckliches geschieht, das sie plötzlich wachrüttelt. Sonst würden wir nie zur Besinnung kommen.

Ich möchte noch auf eine andere Erfahrung zu sprechen kommen – ein Gefühl, das mich während eines Liebesaktes erstmals befiel. Meine Geliebte war eine junge schwarze Frau, und ich war von einer so tiefen Freude erfüllt, als sie mir in die Augen sah. Es war unbeschreiblich. Hast du eine Ahnung, was für ein Leben das gewesen sein könnte?

C: Als ich dich soeben beim Sprechen beobachtete, ging eine Energie von dir aus, die ich an deinen Gesichtszügen ablesen konnte. Ich sehe dich von vielen Kindern umgeben. Es sind deine eigenen Kinder, und später sind es deine Enkel. Du bist ein Sklave und lebst in den Südstaaten, und trotzdem bemerke ich diese wundervolle spirituelle Energie an dir. Ich sehe, wie du zu deinem Gott aufblickst und von einer ekstatischen Verzückung ergriffen bist, wie die heilige Teresa von Arila. Deine Verzückung ist so mächtig, daß du beinah zu levitieren beginnst.

S: Ja, so gewaltig, und ich glaube, dies war das einzige Mal, daß ich so etwas erlebt habe.

C: Und es ist interessant, daß du gerade in diesem Leben total unterdrückt warst, so sehr, daß …

S: … daß ich überhaupt nichts dagegen tun konnte.

C: Ich muß noch hinzufügen, daß dein vorangegangenes Leben so frustrierend war, daß du danach entschlossen warst, einen Durchbruch zu wagen. Schon zuvor hattest du in verschiedenen Existenzen vergeblich versucht, dir einen spirituellen Freiraum zu erkämpfen, und glaubtest dich daher am Ende deiner Weisheit. Doch deine Geistführer haben dich wiederaufgerichtet und sagten: »Laß uns etwas dagegen tun!« In deiner Verzweiflung hast du ihnen völlig freie Hand gelassen, und so haben sie dir jenes Leben ausgesucht. Du hast dich ihren Ratschlägen ganz unterworfen, und so kam dieser Durchbruch zustande. Denn du warst jetzt bereit, etwas Neues zu versuchen. Sie haben dich in eine Situation versetzt, wo du mit all deinen alten karmischen Mustern nichts mehr anfangen konntest.

S: Es war wirklich ein Vorgeschmack auf ganz neue Möglichkeiten. Doch dann mußte ich mit all meinem alten Karma zurückkommen und sehen, wie ich zurechtkam.

C: So ist es! Du warst völlig damit beschäftigt, ja geradezu besessen, deine Energien auszuagieren. Und deine karmische Energie hat bereits eine lange Geschichte – wie ein Zug, der mit hoher Geschwindigkeit immer dieselbe alte Strecke dahinrast. Deshalb packten dich deine Mentoren und versetzten dich in eine ganz andere Umgebung, und plötzlich mußtest du umlernen. Dies alles ereignete sich in deinem letzten Leben, aber die eigentlichen Auswirkungen bekommst du erst jetzt zu spüren, wo sich alles auf einmal zuspitzt. Du wolltest nämlich erneut auf den alten karmischen Zug aufspringen – allerdings bereichert durch die jüngste Erfahrung der spirituellen Einheit, nach der du dich so sehr gesehnt hattest. So treffen nunmehr zwei Ströme deines Wesens in diesem Leben zusammen.

S: So lange hat es gedauert.

C: Mein Vergleich mit dem »karmischen Zug« war vielleicht ein bißchen irreführend, denn wie du weißt, können die Dinge sich manchmal im Nu ändern – so schnell (ich schnalze mit den Fingern). Also: Steig aus dem Zug aus! Er fährt nur so lange, wie du daran glaubst. Denn als deine Geistführer dich aus ihm herausholten, warst du sofort von einer neuen Erfahrung fasziniert. An deiner Umgebung hat sich im Grunde kaum etwas geändert; es liegt ganz an dir, die eingefahrenen Gleise zu verlassen.

S: Wenn ich nicht selbst abspringe, werde ich herausgestoßen. Ich bin richtig froh, daß es so gekommen ist.

C: Susanna, es ist wirklich nicht wichtig, ob du jetzt oder später stirbst, solange du nur *deine Lektionen lernst*. Du machst in deiner spirituellen Entwicklung im Moment unglaubliche Fortschritte. Das allein ist entscheidend.

Ich denke gerade daran, was du über deine Liebe zur Erde gesagt hast. Selbst seine Zerstörung würde keinen Unterschied machen, solange es noch Seelen gibt, die aus ihren Erfahrungen lernen. Das Leben als solches wird nie vergehen. Und so, wie es sich ständig weiterentwickelt, werden auch wir uns weiterentwickeln.

Hast du noch weitere Fragen?

S: Ja, ich erinnere mich an diesen Indianer ...

C: Du meinst den Südamerikaner ...

S: Ja. Egal – jedenfalls war ich eine Frau, und da war etwas in jenem Leben, was auch jetzt wieder da ist – es hat mit Heilen zu tun ... Ich kann es noch nicht genau erkennen.

C: Jemand in deinem Stamm hat dir Schwierigkeiten gemacht. Es ging um eine moralische Entscheidung. Ich sehe dich weben, aber deine Gedanken kommen nicht zur Ruhe. Du bist ziemlich empört, denn du fühlst dich im Recht. Es ist der Stammesführer, mit dem du dich überworfen hast. Es geht um eine wichtige Entscheidung, und du als Frau hast dabei nichts zu sagen. Es ist ein Männerrat, der über diese Sache diskutiert, und du weißt genau, daß ihre Entscheidung falsch ist. Es macht dich völlig fertig, weil du kein Mitspracherecht hast und auch keine Möglichkeit, die Entscheidung zu beeinflussen, obwohl du zutiefst überzeugt bist, daß du recht hast.

Karmisch gesehen, ist dieses Leben eine Umkehrung deiner Rolle in deinen matriarchalischen Lebenszeiten, aber auch eine wichtige Lehre für dich, weil du diesmal den Männern die Vorherrschaft einräumen mußt. Während du früher nach Lust und Laune den Menschen deinen Willen aufgezwungen hast, bist du nun all deiner Machtbefugnis beraubt. Und du hast diese neue Erfahrung noch nicht verkraftet; noch immer denkst du, die anderen seien im Unrecht, und du allein wüßtest, wo es langgeht.

S: Ja, und das macht mich total fertig! Der Häuptling von damals ist jetzt mein Mann, und ich habe dies alles noch einmal mit ihm durchmachen müssen. Aber ich habe in diesem Leben endlich kapiert, daß ich ihn selbst dann lieben kann, wenn unsere Meinungen auseinandergehen und ich überzeugt bin, daß er irrt. Ich denke, all diese Schwierigkeiten mit ihm habe ich jetzt endgültig überwunden.

C: Das kann ich dir nicht ganz abnehmen.

S: Du glaubst, das könnte alles noch mal von vorne anfangen? Genügt es denn nicht, daß ich ihm vergebe und ihn akzeptiere, wie er ist.

C: Da habe ich so meine Zweifel, auch wenn ich zugeben muß, daß du dich in diesem Leben gewaltig angestrengt hast.

S: War ich schon mal seine Mutter?

C: Laß mich noch etwas hinzufügen, ehe ich dir diese Frage beantworte. Es wird sehr viel davon abhängen, daß du ihm in Zukunft eine Möglichkeit gibst, seine eigenen Probleme mit dir zu bereinigen. Du hast deine Arbeit getan, nun mußt du genügend Geduld aufbringen, daß auch er seinen Teil dazu beiträgt. Das erfordert von dir eine Menge Verständnis für alle seine Ressentiments, die er noch immer dir gegenüber

hat, ja, ein gewisses Maß an Erbarmen für seine widersprüch-
lichen Gefühle.

S: Wir kommen noch häufig genug zusammen, und ich glaube, ich kann ihm das auch vermitteln. Ich weiß, ich bin noch
nicht ganz so weit, denn es gibt Zeiten, wo ich sehr empfindlich reagiere. Aber manchmal tut er mir wirklich sehr leid.

C: Da ist noch immer die Sache mit deinen uralten Vorbe-
halten gegenüber dem anderen Geschlecht – all diese Frustrationen aus jenem früheren Leben, über das wir soeben gesprochen haben. Und immer noch machst du deinen Mann
zum Sündenbock für das an dir begangene Unrecht. Selbst
wenn du dein Unterdrücktsein als eine Art ausgleichender
Strafe betrachtest, sind die Spannungen zwischen euch dadurch nicht beseitigt. Dein Zorn auf die Männer ist noch
immer derselbe, und dein Mann muß dir als Zielscheibe
herhalten.

S: Ich muß dir ja recht geben, aber schließlich habe ich im
Namen aller Frauen gehandelt. Ich weiß aber auch, daß sich
meine Gefühle nicht ausschließlich gegen ihn gerichtet haben.

C: Es ist jetzt wichtig, daß du dir selbst dein Verhalten
verzeihst. Denn all deine Frustrationen stammen aus einer
viel früheren Zeit, als du zum ersten Mal auf die Erde
geschickt wurdest. Damals fühltest du dich von deinen Mentoren unterdrückt und hast diese Gefühle mit auf die Erde
gebracht.

S: Soll das heißen, daß er nicht derjenige war, der sie in mir
ausgelöst hat?

C: Er war nur eines jener Wesen, die du zu deinen Sünden-
böcken gemacht hattest. In Wirklichkeit warst du diejenige,
die mit eurer wechselseitigen Unterdrückung begonnen hat.
Er gehörte zu jenen Männern, die du während deines Matriarchats als Sklaven mißbraucht hast. Und um deine Frage zu
beantworten: Ja, er war deine Mutter in einem deiner Leben!

S: Er – meine Mutter?

C: Er war sehr, sehr streng mit dir. Ich könnte dir eine ganze Geschichte über eure endlosen Streitereien erzählen.

S: Das ist ja jetzt hoffentlich überstanden. Ich habe noch eine ganz andere Frage an dich. Ich war einmal in Irland und fühlte mich dort gleich wie zu Hause. Ich spiele auch sehr gerne auf der Harfe. Könnte es sein, daß ich eine keltische Vergangenheit – oder sogar eine vorkeltische – habe? Ich selbst bin ziemlich davon überzeugt.

C: Ja, ich kann dich dort sehen – allerdings erst in nachkeltischen Zeiten. Ich erblicke die weitausgedehnten grünen Hügel – eine herrliche Landschaft. Ich höre dich Harfe spielen, und für dich ist das eine echt mystische Erfahrung, eine Art Trance-Erlebnis … eine religiöse Verzückung im Einklang mit der Natur.

S: Selbst heute kann ich noch nicht darauf verzichten. Ich brauche die Musik wegen ihrer heilsamen Wirkung, auch wenn ich es mir aus zeitlichen Gründen kaum leisten kann. Wenn ich damit anfange, möchte ich am liebsten nicht mehr aufhören.

C: Das hat dir in der Vergangenheit sehr geholfen. Es ist eine gute, eine geradezu wunderbare Sache.

S: Da ist noch etwas, das mich ständig beschäftigt. Ich habe in diesem Leben über viele Jahre hinweg keinen Kontakt mit Männern gehabt, aber jetzt bin ich seit drei Jahren mit Mathew befreundet. Ich habe ihn in einem Camp kennengelernt, das ich selbst geleitet habe. Es war für jugendliche Angehörige der Subud-Bewegung. Als ich Mathew das erste Mal begegnete, hatten sich seine Eltern gerade zur Scheidung entschlossen. Das hat ihn ziemlich mitgenommen. So zog er zu mir. Er ist erst neunzehn Jahre alt, und zwischen uns entwickelte sich eine unglaubliche sexuelle Energie, und trotz des Altersunterschiedes empfinde ich es als ganz normal, als ob wir uns schon lange gekannt hätten. Und manchmal frage ich mich dann: »Wer ist er, und wo sind wir uns schon mal begegnet? Was hat dies alles zu bedeuten?« Es ist schon recht seltsam, weil er doch noch so jung ist. Aber in Wirklichkeit macht mir das gar nichts aus. Er ist nun mal da, auch wenn ich weiß, daß unsere Gemeinsamkeit keine Zukunft hat. Und trotzdem möchte ich dich fragen, was wirklich dahinter-steckt?

C: Mein erster Eindruck ist der einer Seelengemeinschaft. Er ist dein Bruder auf einer spirituellen Ebene. In diesem Leben ist ihm seine eigene Seele noch weitgehend unbekannt. Er befindet sich erst auf der Suche nach ihr, und insofern ist der spirituelle Moment eurer Liebe für ihn eine Hilfe, um diese höhere Ebene zu erreichen. Das macht dich für ihn so anzie-hend. Dein Verständnis und dein Einfühlungsvermögen ma-chen ihm seine noch fremde Seele vertrauter, so daß er sie in seinem Körper integrieren kann. Das ist die eigentliche Ener-gie, die euch miteinander verbindet, und wenn dein Funke zu all den Hormonen seines neunzehnjährigen Körpers hinzu-kommt, dann kann dies ein gewaltiges sexuelles Feuer aus-lösen.

S: Es ist soviel Reinheit in dieser Erfahrung. Seine erwachen-de Sexualität, die in all dem, was ich ihm entgegenbringe, ihre erste Erfüllung erfährt. Ich glaube, er hat ein sehr gutes Gespür dafür. So ist es auch für mich ziemlich aufregend.

C: Und deine bisherigen sexuellen Fantasien sind hier völlig unangebracht und erst recht deine negative Einstellung zum anderen Geschlecht, die er bestimmt nicht verstehen würde. Hier ist ein Liebhaber, der dich mit seiner spirituellen Liebe beglückt – und das zu einem Zeitpunkt, an dem du für diese Dinge äußerst empfänglich bist, da du drauf und dran warst, sie zu verlieren. In dieser so bedeutsamen Phase tritt ein Mensch in dein Leben ein, dessen Spiritualität sich in einem seltenen Einklang mit deinem eigenen spirituellen Verlangen befindet, und kann dir wie ein Lehrer auf deiner Suche behilflich sein. Sag ja zu dieser Liebe, und vertraue der Reinheit, die dir in diesem Wesen begegnet ...

Am Ende dieser ersten Sitzung mit Susanna sprachen wir noch eine Weile über die Folgen ihrer Brustkrebserkrankung, die sie vor allem als Bedrohung ihrer Weiblichkeit empfand. Es vergingen einige Monate, ehe wir wieder zusammenkamen. Inzwischen war aus ihrer Freundschaft zu Mathew eine dauerhafte Beziehung geworden. Das war auch das durchgängige Thema unseres nachfolgenden Gesprächs.

S: Es war wirklich gut, was sich zwischen uns beiden in all diesen Monaten ereignet hat – nur, auf einmal spürte ich, daß es nicht ewig so weitergehen konnte, weil es für ihn keine Lösung war. Okay, damit kann ich mich abfinden. Und trotzdem frage ich mich: Was steckt dahinter, falls dies nur als Episode gedacht war, die einmal zu Ende geht; oder ist da irgend etwas Mysteriöses im Spiel, das letztendlich zu unserem Besten war? Wo kommt dieser Mann her? Gab es zwischen uns irgendeine Beziehung in einem früheren Leben?
C: Okay, dann laß uns gleich bei dieser Beziehung anfangen, die bereits vor eurer Ankunft auf der Erde bestand. Habe ich dir nicht schon einmal gesagt, daß Mathew dein »großer Bruder« ist? Was euch zusammenhält, ist eine Art Zug-und-Druck-Dynamik, ein ständiges Hin und Her, wobei du dich ihm zuweilen öffnest, um dich dann wieder zurückzuziehen: auf deiner Seite ein Überschuß an rebellischer Energie, der unter Umständen zu einer Art – harmlosen – Machtkampf führt. Mathew war immer um dich besorgt. Er wollte dir immer zur Seite stehen. Und dir hat seine Zuwendung sehr gut getan, denn tief in deiner Seele sind noch eine Menge

Unsicherheiten. Wenn du dich ihm völlig geöffnet hast, kam es sofort zu einem sehr intensiven Austausch eurer Energien. Doch gab es Augenblicke, wo es dir schwerfiel, deine Unabhängigkeit preiszugeben. Dann zogst du dich plötzlich zurück, so daß du den Anschein erwecktest, als ob du Mathew nicht brauchtest, um glücklich zu sein. Kannst du mir diese Gefühle erklären?

S: Schwerlich. Ab und zu überkommt es mich einfach und ist auch schnell wieder vorbei.

C: Okay. Dann laß uns mal einen Blick auf deine vergangenen Leben werfen. Da ist zum Beispiel deine ägyptische Existenz, die gleich vor mir sichtbar wird. Mathew ist eine Art Beamter im Dienste des Pharaos, während du als einfache Dienerin im königlichen Palast arbeiten mußt. Es sind deine Augen, dein suchender Blick, die mir besonders auffallen. Ich sehe, daß du ganz niedrige Arbeiten – wie Putzen und dergleichen – verrichtest. Und dennoch ist Mathew in deiner Nähe. Er hat Mitleid mit dir und möchte dir aus deiner Situation heraushelfen.

Es kommt zu einer intimen Begegnung zwischen euch beiden, und obwohl dir deine Zugehörigkeit zu einer niedrigen Kaste ziemlich im Wege steht, scheint sich zwischen euch beiden eine sehr harmonische Beziehung zu entwickeln. Mathew stirbt sehr früh, aber etwas ist geblieben, das dir dein Herz für immer geöffnet hat – ja, ich sehe, daß erst sein Tod dich die ganze Tiefe deiner Liebe erkennen läßt. Noch im nachhinein bist du überwältigt von all dem Guten, was er zeit seines Lebens für dich getan hat. Du hast das Gefühl, ihm für immer verpflichtet zu sein.

Das nächste Mal inkarnierst du in Griechenland. Ich sehe Mathew in einem Gebäude mit prächtigen Kolonnaden arbeiten. In diesem Leben hat er eine viel angesehenere Rolle und ist wiederum eine Art Staatsmann von besonders ausgeprägtem Verantwortungsbewußtsein. Dein Mann ist im Krieg gefallen und hat dir ein Kind zurückgelassen, aber weder eine Wohnung noch Geld, um dein Leben zu fristen. Das zwingt dich, bei der Regierung einen Antrag auf Unterstützung zu stellen. Es kommt zu einem Prozeß, und Mathew ist der zuständige Richter, der deinen Fall bearbeitet, und so kommt es, daß ihr euch wieder begegnet. Er kann dir eine Wohnung vermitteln und besucht dich von Zeit zu Zeit. Auch er hat eine Familie, und ihr könnt nur heimlich zusammenkommen, denn eure Gefühle füreinander sind stärker als alle gesellschaftlichen Zwänge.

Das bringt Mathew in erhebliche Schwierigkeiten, und schließlich ist er gezwungen, eure Beziehung zu beenden, weil er dem Streß, den diese Heimlichkeiten ihm auferlegen, nicht mehr gewachsen ist. Er gibt dir eine beträchtliche Summe Geld, und du und deine kleine Tochter verlassen die Stadt. Du bist darüber sehr traurig, aber weißt ja selbst, daß diese Entscheidung im Grunde richtig war. Sie ist zugleich maßgebend für das Karma, das du in diesem Leben entwickelst: nämlich die ungestillte Sehnsucht nach dem Geliebten, aber auch das Bewußtsein, daß es unmöglich ist, und zudem noch ein Unrecht wäre zusammenzubleiben. Dein Respekt für Mathew ist davon nicht betroffen und euer gegenseitiges Verlangen ungeschmälert.

Deine nächste Existenz vollzieht sich irgendwo in Persien oder im westlichen Indien in einer islamischen Kultur. Wieder ist Mathew in einer ähnlichen Position im Dienste des Königs. Auch du bist Bewohnerin des Palastes, wenn man so will, freilich nur in der Funktion einer Haremsdame, und so ist es euch beiden nicht erlaubt, miteinander zu reden. Doch bei den wenigen Gelegenheiten, die euch zusammenführen, besteht ein enger Augenkontakt. Im großen und ganzen leben die Haremsdamen ganz unter sich, doch gehört es zu

Mathews Pflichten, ihre Gemächer ab und zu zu kontrollieren. Was dich und Mathew miteinander vereint, ist nicht mehr als ein nebelhaftes, phantastisches Liebesverlangen, das sich nie realisieren läßt.

S: Wahrscheinlich hätte man uns sonst geköpft!

C: Ja. Man könnte sagen, daß auch diese Liebe zu den verbotenen Früchten gehört, mit denen ihr immer wieder versucht werdet. Für euch beide ist dies sehr frustrierend und schmerzlich, denn euer gegenseitiges Verlangen ist stärker als all diese hindernden Umstände.

Während ich nach deiner nächsten Inkarnation Ausschau halte, drängen sich mir unwillkürlich folgende Gedanken auf: »Das muß so sein, weil es dem Sinn eures Daseins nicht dienlich wäre, in einer rein sexuellen Beziehung zu leben.« Ich will damit sagen, daß jeder von euch eine ganz bestimmte Aufgabe zu erfüllen hat, der ihr unter solchen Voraussetzungen nie gerecht werden könntet.

Noch einmal reinkarniert ihr beide in derselben geographischen Gegend – ein bißchen weiter westlich, inmitten einer Wüste. Mathew führt eine Karawane von Kamelen an. Es ist sein Job, den Sultan mit lebensnotwendigen Gütern zu versorgen. Auf einer dieser Reisen führt euch das Schicksal wieder zusammen. Du gehörst zu einer Gruppe von Haremsdamen, und ihr seid alle bewacht, so daß Mathew und du auch diesmal keine Möglichkeit habt, miteinander zu sprechen. Eure seelische Verbundenheit, die nun schon Geschichte hat, ist nicht minder stark als eure Fantasien. Mathew muß oft die Wüste durchkreuzen, und des Nachts an den Lagerfeuern denkt er häufig an dich, während er in den Sternenhimmel starrt, bis er vom Schlaf überwältigt wird.

S: Er scheint sehr romantisch zu sein?

C: Und geil obendrein! Das Verlangen nach den verbotenen Früchten scheint euch beide ja nicht mehr loszulassen!

Nun bin ich gespannt, was euch im nächsten Leben noch alles bevorsteht. Diesmal erblickte ich Mathew in Italien, kann aber nicht sagen, um welche historische Epoche es sich handelt. Er ist ein Schäfer in einer sehr trockenen und hügeligen Gegend und hat wiederum eine besondere Vorliebe für den Nachthimmel, verbunden mit echten spirituellen Gefühlen, ohne jedoch irgendeiner spezifischen Religion oder Philosophie anzuhängen. Er lebt in einer wundervollen Harmonie mit seiner natürlichen Umwelt. Mathew ist noch sehr jung, hat aber bereits eine Familie, die im Dienste eines feudalen Grundherren steht und auf dessen Feldern für ihn arbeiten muß. Ich sehe auch eine große Villa, in der du als Frau dieses Landeigentümers wohnst. Mathew ist dir nicht unbekannt, aber da ist wieder dieses gleiche Tabu zwischen euch beiden aus gesellschaftlichen Gründen, weil es nicht angeht, daß eine Gutsherrin zu einem Schäfer wie Mathew irgendwelche Beziehungen aufnimmt. Und er selber kann höchstens davon träumen, mit dir ein paar Worte zu wechseln! Dieselbe alte Energie fesselt euch aneinander, aber du wagst es nicht, dir das je einzugestehen. In deinen Kreisen wäre so eine Liebe ein Skandal!

S: Warum nur werden wir beiden immer wieder in eine derartige Situation gebracht?

C: Laß uns doch noch einmal auf dein ägyptisches Leben zurückblicken. Auch dort kamt ihr aus verschiedenen sozialen Schichten, und aufgrund deiner ärmlichen Herkunft fühltest du dich Mathew stets unterlegen und seiner Liebe unwürdig. So erschien es dir als geradezu unschicklich, mit ihm verheiratet zu sein. Die Kluft zwischen euch konnte auch durch die Eheschließung nie überbrückt werden.

S: Sie wurde in den darauffolgenden Leben sogar noch breiter.

C: Für Mathew war es sehr schlimm, auf deine ungeteilte

Hingabe verzichten zu müssen. Es ist wirklich frustrierend, jemanden zu lieben, der aufgrund einer bestimmten Vorstellung von sich selbst sich dem Geliebten nicht öffnen kann. Auch für dich war es schmerzlich, deine Gefühle nicht ausleben zu können, selbst wenn dir dies nie völlig bewußt war. Dieser ständige Widerstreit zwischen Wunsch und Versagung beruht auf einer sehr frühen Erfahrung aus den Zeiten vor deiner ersten Inkarnation auf der Erde. Schon damals hatte dein Streben nach Macht und Unabhängigkeit einen schweren Dämpfer erlitten, was in der Folge zu einer ständigen Verunsicherung führte, und dieses mußtest du irgendwie durch eine Art Charakterpanzer kompensieren, der dich für wahre Liebe unempfänglich machte.

Mir scheint, daß die Saat dieser negativen Erfahrung bei deiner ersten Begegnung mit Mathew zu keimen begann. Und so mußtet ihr beide auf die Erfüllung eurer gegenseitigen Liebe verzichten …

S: Haben wir irgend etwas dagegen unternommen?

C: Ihr habt ständig, aber vergeblich, versucht, diese Erfüllung zu erreichen.

S: Dieses selbe Muster zeigt sich sogar in meinem gegenwärtigen Leben, wo noch lange nicht alles in Ordnung ist. Wir sind uns unserer gegenseitigen Gefühle völlig bewußt und auch fähig, sie zu realisieren, aber ich habe noch immer das Gefühl, mich dagegen wehren zu müssen, und so entziehe ich mich zuweilen der Umarmung, was nicht bedeutet, daß unsere Liebe zu Ende geht. Es ist wirklich sehr kompliziert.

C: Vielleicht kommt es darauf an, daß du dich einfach empfänglich zeigst und die Liebe so zuläßt, wie sie ist, um deinen Wert und damit deine Verletzlichkeit zu spüren.

Okay, jedenfalls war – wie ich schon sagte, die Art der von dir angestrebten Beziehung nicht gerade das Beste für euch. Dazu war sie viel zu romantisch. Die Folge ist, daß ihr euch gegenseitig viele Leben lang behindert habt, indem ihr euch nie von euren romantischen Vorstellungen loslösen konntet. Doch als Seelen hättet ihr wissen müssen, daß der Kern jeder wahren Liebe das Spirituelle ist. Euer eigentliches Potential als spirituelle Wesen ist es, im Zustand dieser göttlichen Liebe zu beharren. Doch ihr beide habt dieses großartige Potential dadurch verraten, daß ihr euch wieder und wieder in die vermeintlich sichere Sphäre eurer jeweiligen Zweierbeziehung zurückzieht.

S: Ich habe es ja selbst gemerkt, wie sehr diese sexuelle Romantik unserer wahren Liebe im Wege steht.

C: Sie muß es nicht, sobald ihr darüber hinwegkommt und zu eurer eigentlichen Bestimmung als spirituelle Liebende findet. Das heißt aber nicht, daß ihr deswegen auf Romantik und Sex verzichten müßt. Nur wird die Erfahrung einer ganz neuen inneren Integrität und Erfüllung all die verzweifelten und neurotischen Anstrengungen als nichtig erscheinen lassen.

S: So schnell werden wir wohl noch nicht dahin gelangen. Aber wir sind uns bewußt, wie begrenzt unser Verhältnis ist ...

C: Ich denke, daß euch eine gewisse Aufgabe erteilt wurde, die ihr durchaus bewältigen und damit zu einer Lösung finden könnt. Denn im Grunde wollt ihr diesen romantischen Kram bestimmt nicht mit eurer Liebe verquickt wissen.

S: Darum geht es auch gar nicht. Doch ich frage mich ständig: »Weshalb konnte er nicht zwanzig Jahre früher geboren sein?« – Könntest du mich jetzt in meinen Schmerz zurückführen?

C: Was meinst du damit?

S: Mir meinen Schmerz verständlich machen und wie – ja, wie ich ihn heilen könnte. Ich meine, wenn ich ihn einfach zuließe, dann müßte er einmal aufhören. Ich wollte es nicht selbst tun und kann es immer noch nicht. Aber jetzt will ich es tun. Es tut so weh, aber ich kann eine Menge daraus lernen.

C: Wie würdest du diesen Schmerz beschreiben?

S: Er befällt mich immer ganz unerwartet. Aber irgend etwas muß ihn ja ausgelöst haben. Er ist wie eine Welle aus Trostlosigkeit – manchmal ganz schwarz, manchmal verschwommen oder rot und blutig. Es steckt alles sehr tief in mir, seit sehr langer Zeit, und ich habe bewußt meine Augen davor verschlossen – zum Teil auch, weil ich andere damit nicht belasten wollte. Doch wenn es kommt, dann überwältigt es mich, und ich fange an, mich selbst zu bemitleiden, und kann damit gar nicht mehr aufhören. Fast meine ich, daran zu zerbrechen. Irgendwo in mir gibt es eine große Leere.

C: Wo schmerzt es am meisten?

S: Da unten. (Sie legt ihre Hand auf den Unterleib.)

C: Kannst du dich in diesen Teil deines Körpers hineinversetzen?

S: Ein Teil meiner selbst ist wie gelähmt von der Angst, daß es nicht aufhören könnte, aber ich muß doch weitergehen. Ich kenne diesen Ort sehr genau. Und da ist so ein riesiges Wesen, unglaublich groß. Es hat die Gestalt eines Monsters. (Sie flüstert.) Ich kann es riechen.

C: Bist du schon nahe dran?

S: Ja, sehr nahe. Es ist außerhalb meines Körpers, aber ich fühle den Kopf. Es schlingt sich um mich herum und zieht mich hinein. Jetzt berührt es mich (ihr Körper zittert).

C: Wie fühlt es sich an?

S: Es packt mich und hält mich fest.

C: Ist es noch immer dunkel?

S: Ja, sehr dunkel.

C: Wie empfindest du seinen Griff – weich, glitschig, kalt oder warm?

S: Gierig, spinnenhaft, langfingrig. Weder warm noch kalt. Ich spüre es kaum, aber ... Es ist warm! Es hat mich umschlungen. (Sie weint.) Ich bete, denn ich muß mich ihm fügen.

C: Was geschieht jetzt?

S: Ich gehe durch einen Korridor. Über mir ist der Schmerz mit scharfen Kanten. Jederzeit können sie auf mich herabstürzen und mich zerreißen. Es ist ein Gebäude, und ich bin jetzt richtig drin – eben war es noch der Korridor, und jetzt bin ich drin, und es ist alles voll Wasser – ganz schwarz, nur, falls ich die Tür öffnen würde, könnten die Wasser über mich hereinbrechen und mich verschlingen. Es ist wie eine Flutwelle kurz vor der Brandung. Ich habe sie viele Jahre lang in diesen einen Raum zurückdrängen können.

C: Kannst du jetzt hineingehen?

S: Ich habe Angst. Ich möchte die Tür nicht öffnen. Ich stehe davor, stemme die Hände dagegen und möchte nicht hineinsehen.

C: Du hast bereits hineingesehen – da ist nichts als schwarzes Wasser. Gibt es irgend jemand, irgendein höheres Wesen, zu dem du jetzt beten könntest, daß es dir hilft, die Tür zu öffnen?

S: Ja. Gott oder Allah ... Nun bin ich ganz meinem Schmerz ausgeliefert.

C: Was geschieht?

S: Es ist der Schmerz in mir selbst, und ich habe mich mit ihm versöhnt. Er kann sich jetzt frei bewegen, er ist nicht mehr eingesperrt. Er wirbelt und wirbelt und versucht, einen Ausgang zu finden. Aber er kann nicht heraus, bevor ich ihn nicht beim Namen nenne. O Gott! Es ist eine Vergewaltigung, eine Art von Schändung vor sehr, sehr langer Zeit.

C: Susanna, es ist alles in Ordnung. Es ist ja vorbei, und du kannst jetzt ruhig dorthin zurückkehren. Es ist wichtig, diesen Schmerz noch einmal zu sehen und zu spüren. Aber jetzt *laß ihn heraus.*

S: Es sind Männer, all diese schrecklichen Männer. (Sie schreit.) Und jetzt fallen sie über mich her und reißen mich in Stücke. Ihre Gier bringt mich um, und ich kann sie nicht daran hindern. Ich kann mich nicht wehren. Es ist ein ganzes Rudel von geilen Männern. Es ist mehr als eine gewöhnliche Vergewaltigung – es ist Krieg und Gewalt. Sie töten mich mit ihrer Lust. Es ist …

C: Wie sind diese Männer gekleidet?

S: Schwarze Helme und Fackeln. Jetzt haben sie mich getötet. Und da klafft diese riesige Wunde … ach, laß es vorbei sein!

C: Und was fühlst du nun?

S: Es ist vorbei. Es ist endlich vorbei.

C: Empfindest du keinen Haß?

S: Sie können nicht anders. Sie tun, was sie schon immer getan haben. Sie können ebensowenig aus ihrer Haut, wie ich aus der meinen.

C: Du meinst, sie kennen nur Krieg und Gewalt, ihre Begierden und all diesen Wahnsinn?

S: Ja. Sie sind eben nicht normal. Sie sind wirklich verrückt. Man sieht es an ihren Gesichtern. O Gott, es ist so schrecklich. (Sie weint.)

C: Es ist alles gut, Susanna, laß sie heraus, deine Gefühle, deine schrecklichen Erinnerungen – laß ihnen freien Lauf. Halt sie nicht länger zurück. Laß sie heraus.

S (sie schreit): O Gott, sie sind über mir, und sie sind in mir (anhaltendes Schluchzen und Stöhnen) …
Ich hasse sie! Sie haben nicht nur mich getötet, sondern auch meine Kinder. Ich möchte sie erwürgen. Sie haben mir meine Weiblichkeit genommen. Ich bin unfruchtbar, für immer geschändet. Wie kann ich noch weiterleben?

C: Susanna, du mußt jetzt nicht denken, versuch einfach zu *fühlen,* was es heißt, nicht mehr gebären zu können.

S: Es ist so entsetzlich (anhaltendes Weinen). Es ist wie ein großes Loch, und ich falle hinein. Es ist ein Maul, ein riesiges Maul, und es frißt mich auf (Schreien und Jammern) …

C: Was geschieht jetzt, Susanna?

S: Es ist dunkel, aber ich habe mich wieder gefangen. Sie haben etwas aus mir herausgerissen. Sie haben mich weggeschleppt, und ich muß versuchen, mich wiederzufinden.

C: Wer sind sie?

S: Immer die, die sagen, daß ich nicht ich selber sein kann.

C: Ist es das, was sie dir antaten, als sie dich vergewaltigten und töteten?

S: Ja. Sie beraubten mich jeglicher Kraft. Ich hatte keine Macht mehr über meinen eigenen Körper. Ich konnte nicht mehr zu meinem inneren Selbst finden.

C: Kannst du nicht jetzt in dich selbst hineintauchen – zu dem innersten Kern deines Wesens?

S: Es ist dieses Ohnmachtsgefühl … Es war schon immer in mir, in all diesen Zeiten.

C: Susanna, richte deinen Blick nach innen. Schließe die Augen. Tief in dir ist jener spirituelle Kern, den dir niemand wegnehmen kann. Sie haben deinen Körper zerstört, aber nicht diesen Teil deines Selbst. Seitdem sind Jahrhunderte vergangen. Diese Männer konnten deinen Leib zerstören, aber niemals deinen Geist, dein wahres Selbst. Darauf richte jetzt deinen Blick und versuche, es in deinen gegenwärtigen Körper zu integrieren. Fühle, wie es dich bis in die letzte Faser durchdringt, auch jene dunklen Teile, wo die schwarzen Wasser waren, und jeden Fleck, der dich schmerzte.

S: Ja, ich spüre, wie mein spirituelles Selbst jenes kleine Kind in mir, das ich selber bin, auf den Armen hält und schaukelt, tröstet und beschützt.

C: *Jetzt hast du dich wieder,* du hast dich wiedergefunden.

S: So oft schon habe ich Situationen erlebt, wo ich nicht mehr ich selber war, wo ich so ohnmächtig zuschauen mußte. Und das war schon immer mein großes Problem.

C: Laß uns die Gelegenheit nutzen, jetzt, wo dein Geist bei dir und deinem inneren Kind weilt. Versuche, zurückzublicken und zu verstehen, was während dieser schrecklichen Ereignisse deiner Seele und dem Kind in dir widerfahren ist und was diese Männer deinem Körper angetan haben. Laß deine Seele in diesem Kind in dir reden. Was sagt sie?

S: »Laß es geschehen. Sie können dir nichts anhaben. Nimm dich selbst bei der Hand, dich selbst, dich selbst ... Es ist nur dein Körper. Komm zu dir selbst, komm zurück zu dir. Komm nach Hause zurück, so wie du bist, heil und unversehrt.«

C: Was sagte deine Seele über den Krebs?

S: Sie sagt, er spielt keine Rolle. Es ist nur die Reflexion eines äußeren Vorgangs, der mein Inneres zu bedrohen versucht. Ich muß es aus mir herauslösen.

C: Hat es sich jetzt abgelöst?

S: Ja, bald wird es soweit sein ...

Ich habe lange nichts mehr von Susanna gehört und weiß nicht, wie es weiterging. Doch als sie sich nach dieser letzten Sitzung von mir verabschiedete, schien sie sehr erleichtert zu sein. Die psychische Energie, die sie bei mir herausließ, war so intensiv und belastend, daß ich selbst noch einige Zeit brauchte, um mich von ihr zu befreien.

Margaret

Margaret (von der auch im Anhang B noch einmal die Rede
ist) lernte ich auf einem einwöchigen Musikworkshop hier in
meiner Heimatstadt kennen. Die nunmehr Dreißigjährige
hatte zunächst Biologie studiert, bis sich ihr Interesse mehr
und mehr auf Musik und heilerische Aktivitäten verlagerte.
Inzwischen ist sie Mitarbeiterin einer lokalen Initiative für
Familienplanung, wobei sie sich insbesondere auch für miß-
handelte und unterprivilegierte Frauen einsetzt. Außerdem beschäftigt sie sich seit etwa fünf Jahren mit Parapsychologie
und gibt Klienten und Freunden heiltherapeutische Sitzungen.
Sie hat bereits zwei sehr verschiedenartige Beziehungen hinter sich: Neun Jahre lang führte sie eine bürgerliche Ehe, und
nach ihrer Scheidung hatte sie eine zweijährige intime Beziehung zu einer anderen Frau, die gerade zu Ende gegangen
war, als ich sie kennenlernte. In unserer gemeinsamen Arbeit
ging es ihr um ein tieferes Verständnis bestimmter karmischer Muster, die nach ihrer Meinung für ihr gegenwärtiges
Leben ausschlaggebend waren. Nachdem ich sie in einen
erweiterten Bewußtseinszustand versetzt hatte, bat ich sie,
sich ganz ihren Eingebungen zu überlassen.

C: Nimm dir genügend Zeit, um dich ganz in das Wesen
deiner Seele, in die Tiefe und Reinheit deines Bewußtseins zu
versenken. Ich möchte, daß du dir jenes Karmas bewußt wirst,
welches deine Seele zum Thema deines gegenwärtigen Lebens
gemacht hat. Noch bist du ein wenig unsicher, wie du zu
dieser Erkenntnis gelangen könntest. Aber warte geduldig,
und du wirst sehen, wie es sich dir von selbst offenbart ...
Kannst du mir schon deine ersten Eindrücke mitteilen?

M: Ich habe das Gefühl, eine Menge Wut in mir aufgestaut zu haben. Und dann ist da etwas, was mit meinen Beziehungen und der Weitergabe meines Wissens zu tun hat. Ich muß auch an meiner Einstellung zur Weiblichkeit als solcher arbeiten. Das erscheint mir als eine wichtige Aufgabe. Ich habe Angst vor den weiblichen Energien. Irgendwie scheinen sie mir als negativ – das ist mir bisher noch nie aufgefallen.

C: Okay. Kannst du mir sagen, weshalb du dich für diese Eltern und die spezifischen Bedingungen deiner jetzigen Existenz entschieden hast?

M: Ich wollte mich ganz bewußt einer Situation aussetzen, die mir ein weiteres Mal meine Wut und meine Vorbehalte bestätigte, was mir als einzige Möglichkeit erschien, sie zu erforschen und mir einzugestehen. Denn nur in dieser gestörten Alkoholikerfamilie konnte ich meine Gefühle der Verlassenheit und Isolation noch einmal nachvollziehen und herausbekommen, worum es mir letztendlich zu tun war. Du mußt wissen, meine Mutter verließ mich, als ich erst achtzehn Monate alt war! Danach mußte mein Vater – ein bereits unheilbarer Alkoholiker – meine Geschwister und mich alleine großziehen. Wir hatten niemanden, mit dem wir über unserer Misere reden konnten.

Meine Mutter hat mich in jeder Hinsicht im Stich gelassen. Mein Vater war wenigstens physisch anwesend, aber auf andere Weise eben doch »weggetreten«, so daß ich mich auch von ihm verraten fühlte. Er war kaum imstande, mich als Kleinkind regelmäßig zu füttern und zu kleiden, und meine emotionalen Bedürfnisse hat er nie zur Kenntnis genommen. Doch diese Erfahrungen führten dazu, daß ich mich noch tiefer in meine Wut verbiß, die meistens ihre Ursache in schweren Kränkungen hatte. Ich wurde immer defensiver. Zu meinem älteren Bruder hatte ich ein sehr zwiespältiges

Verhältnis, das mir wieder mein Grundthema des Zurückgestoßenwerdens bewußtmachte. Ich betete ihn an, und er stieß mich von sich. Wiederholt machte er mich lächerlich und lehnte es ab, mit mir überhaupt nur zu sprechen. Es gab wenige Gelegenheiten, wo er sich herabließ, mit mir zu spielen. Dann war ich überglücklich. In diesen Augenblicken liebte ich ihn um so mehr. Doch sein widersprüchliches Verhalten ließ mir mein Zurückgestoßensein jedesmal von neuem bewußt werden.

C: Haben dir deine Mentoren irgendwelche Ratschläge erteilt, bevor sie dich auf die Erde schickten?

M: Sie meinten, daß ich sogar als Lehrende in dieser Welt mich stets in der Position eines Schülers befände, daß ich aus allem lernen könnte. Als Schüler verfügt man über ein gewisses Maß an Aufnahmebereitschaft, und nur wer ständig hinzulernt, kann anderen ein guter Lehrer sein. Selbst die Wut kann uns voranbringen, und wer es versteht, aus seinen Frustrationen die richtigen Schlüsse zu ziehen, kann dadurch seine Entwicklung beschleunigen.

C: Kannst du mir sagen, was du in diesem Leben als dein Hauptanliegen betrachtest?

M: Mich meines Daseins als körpergebundenes Wesen zu erfreuen und die Wunden aus meinen Vergangenheiten zu heilen. Ich empfinde dieses Leben als eine Zeitspanne wichtiger Entscheidungen auf den verschiedensten Ebenen.

C: Welcher Erkenntnis würdest du unter diesen Aspekten einen besonderen Wert zumessen?

M: Daß ich mich für nichts zu schämen brauche, weder für meinen Zorn noch für die vergeblichen Mühen. Ich würde auch keinen anderen Menschen aus ähnlichen Gründen verurteilen. Gefühle kommen und gehen und können uns eine Menge lehren. All die verschiedenen Teile meines Selbst sind in ihrer Gesamtheit wie ein riesiger Wandteppich, dessen

Strukturen und Farben mich ungeheuer faszinieren. Da sind helle und düstere Töne, doch insgesamt bilden sie eine geschlossene Einheit. Und jedes Teilchen ist wichtig genug, um meiner Entwicklung zu dienen. So benutze ich jetzt die Gelegenheit, aus diesem Muster all die negativen oder rückläufigen Tendenzen in früheren Lebenszeiten herauszulesen, um aus einstigen Ereignissen zu lernen und die Wunden, die sie mir beigefügt haben, zu heilen. Es ist durchaus möglich, die verschlissenen Stellen eines solchen Wandteppichs zu reparieren, auch wenn dies sehr mühevoll ist und viel, viel Geduld und Beharrlichkeit – vor allem jedoch Einfühlungsvermögen und ein bestimmtes Bewußtsein – voraussetzt. Wo ich selber nicht weiterweiß, kann ich noch immer auf den Beistand anderer Menschen hoffen.

C: Laß uns noch einmal auf die Dinge zu sprechen kommen, die deine Wut entstehen ließen. Ich möchte deiner Seele eine gezielte Frage stellen: Ist es angemessen und richtig, wenn du dich jetzt noch einmal mit dem Ereignis beschäftigst, das als eigentliche Ursache deiner Wut anzusehen ist?

M: Ja, das ist okay.

C: Versetze dich selbst in eine Situation, in der du am Anfang eines langen Korridors stehst. An seinem Ende erblickst du eine Tür. Die Tür ist geschlossen. Während du auf sie zuschreitest, wird dir klar, was dir bevorsteht, falls du sie öffnest. In diesem Fall würdest du in das Zentrum deiner tiefsitzenden Wut hineingezogen werden – in jenes ursprüngliche Ereignis in Zeit und Raum, das ihn verursacht hat. Beim Weiterschreiten bitte ich dich, genau auf die Türklinke zu achten, die deine Hand jetzt berührt. Ist die Tür nach innen oder außen zu öffnen?

M: Nach außen, in meine Richtung.

C: Was geschieht jetzt? Was siehst du, wenn du die Tür öffnest?

M: Ein helles, glänzendes Licht. Das reine Nichts. Ich sehe die Essenz meines Wesens, bevor sie zu meinem Ich wurde.

C: Wie kommt die Wut da hinein?

M: Ich bin empört, weil ich aus dieser kosmischen Einheit verstoßen werde. Und ich kann nicht zurück.

C: Erzähle mir, was es heißt, Teil dieser Einheit zu sein.

M: Ein Wonnegefühl. Ungeteiltes Glück. Eine reine, köstliche Stille und sehr hohe Schwingungen. Totale Schmerzfreiheit. Und nur Liebe, unendliche Liebe.

C: Wie würdest du deine Empfindung dieser Liebe umschreiben?

M: Allumfassend. Glühend und voller Einfühlung. Ich selbst war die Liebe. Es gab überhaupt kein »Ich«!

C: Was war deine erste Empfindung, als diese Veränderung eintrat, als du dich aus dem Alleinsein lösen mußtest?

M: Ich fühle mich ausgequetscht und eingeengt. Ich will nicht fortgehen.

C: Was geschieht dann?

M: Ich schrumpfe förmlich zusammen. Ich bin ausgeschlossen. Ich weiß nicht, was mir geschieht. Ich fühle mich wie eine Aussätzige. Noch nie war ich so allein. Man hat mich gezwungen, und ich konnte mich gar nicht wehren.

C: Und dann?

M: Auf einmal bin ich doch nicht allein, so fremd und isoliert ich mich auch fühle. Da ist noch ein anderer – aber plötzlich werden wir auseinandergerissen. Nun ist er wütend auf mich. Er glaubt, daß ich für seinen Schmerz verantwortlich bin.

C: Wie hast du auf seine Wut reagiert?

M: Ich war genauso wütend wie er und war dennoch der Meinung, daß wir uns zusammentun müßten. Es konnte doch kein Zufall sein, daß wir zur gleichen Zeit Individuen wurden. Wir sollten zusammenarbeiten und uns gegenseitig unterstützen. Ich war so überzeugt, daß wir einander brauchten, aber er ließ mich einfach stehen.

C: Nun fühlst du dich von diesem Wesen verlassen oder sogar verstoßen?

M: Ja. Ich war vorher der Meinung, es gäbe so eine Art Vertrag, und deshalb erscheint mir sein Verhalten so unglaublich. Es ist nicht fair und nicht gut für uns beide. Ich komme mir jetzt so schutzlos vor, weil ich meinen Weg nun alleine finden muß, und in dieser Fremde brauche ich jemanden, der mir hilft. Ich wehre mich gegen diesen Prozeß der Individuation. Warum muß ich hier draußen so völlig alleine sein? Was hat das alles für einen Sinn? Ich bin so außer mir.

C: Weil du jetzt für dich selbst sorgen mußt?

M: Ja!

C: Was brauchtest du, um deine Wut auf diese anderen Menschen loszulassen?

M: Wenn ich wüßte, was dieser andere Mensch sich dabei dachte, als er mich stehenließ, könnte ich seine Handlungsweise vielleicht verstehen.

C: Was würdest du denn zu ihm sagen?

M: Daß ich verletzt bin und mich alleine gelassen fühle, wo ich doch seine Hilfe so nötig hätte. Wie ich bereits sagte, befiel mich eine unerträgliche, eine entsetzliche Angst.

C: Vielleicht kannst du noch einmal zurückgehen bis zu dem Moment deiner Geburt als Individuum und gleichzeitig beobachten, wie es diesem anderen Menschen in derselben Situation ergeht?

M: Diese andere Seele ist genauso schockiert und von denselben Ängsten besessen wie ich. Sie ist verwirrt, will zurück und kann es ebensowenig wie ich. Sie leidet entsetzlich und ist wütend auf mich, als ob ich durch mein bloßes Dasein an ihrem Verhängnis schuld wäre! Es kommt mir so vor, als würde ich ihre Ängste durch meine eigenen Ängste und meinen Zorn noch verdoppeln. Keiner von uns beiden ist für den anderen da.

C: Hältst du dich denn für fähig, diesem Wesen dein Mitgefühl zu zeigen? Könntest du ihm verzeihen?

M: Ja. Es tut mir ja leid, daß ich ihm soviel Furcht eingejagt habe.

C: Können wir noch ein Stückchen weiter zurückgehen, bis vor den Augenblick, in dem du deine Zwillingsseele bemerkt hast? Erinnerst du dich, wie wütend du auf die Schöpfung warst, weil du nicht einsehen konntest, was hier vor sich ging, und *keinerlei Einfluß darauf* hattest.

M: Dieser ganze Prozeß war mir völlig unverständlich. Ich hielt ihn für überflüssig. Ich wollte nicht hierher, und ich fühlte mich so verlassen. Ich finde, man hätte ein paar Vorsorgemaßnahmen für mich treffen können. Weshalb hat man mich einfach so verstoßen? Ich fürchtete mich vor den Aufgaben, die auf mich zukamen.

C: Warum glaubtest du, daß du verstoßen wärest?

M: Es kam mir so vor. Ich glaubte, irgend etwas mit mir wäre nicht in Ordnung – oder mit meiner Energie.

C: Was könnte das denn gewesen sein? Kannst du mir das näher erläutern?

M: Ich fühlte mich irgendwie unwürdig. Und zurückblickend glaube ich, daß ich viel zuviel Kraft aufgewandt habe, um vor mir selbst und den anderen bestehen zu können – eben weil ich mir minderwertig vorkam. Ich muß irgend etwas Schreckliches an mir haben.

C: Und wie wolltest du deine Angelegenheiten wieder in den Griff kriegen?

M: Zunächst schien mir alles außer Kontrolle geraten zu sein. Ich war so ohnmächtig, nachdem sie mich gegen meinen Willen buchstäblich ausgestoßen hatten. Ich hätte an dieser Entscheidung beteiligt sein wollen. Es wäre ganz anders gewesen, wenn sie mich vorher gefragt hätten. Ich hätte wahrscheinlich viel weniger Probleme gehabt.

C: Was hättest du denn anders gemacht, falls sie dir die Kontrolle überlassen hätten?

M: Ich wäre in die kosmische Einheit zurückgekehrt, und all die Schmerzen wären mir erspart geblieben. Ich hätte nie zugestimmt, mich als Individuum bewähren zu müssen.

C: Widersetzt du dich auch heute noch dieser Aufgabe?

M: Ja. Ich habe meiner Wut bereits Ausdruck verliehen, indem ich mich weigere, meine ganze Energie in den Körper mit einzubeziehen. Ich habe sie in all diesen Lebenszeiten und auf den verschiedensten Ebenen mir selbst und den anderen vorenthalten – mit Ausnahme einiger weniger Existenzen. Dadurch weiß ich ja auch, was es heißt, ein bißchen mehr Kenntnis von der Gesamtfülle des eigenen Wesens zu haben. So kommt es, daß ein Teil meiner selbst ständig ausgeschlossen ist. Ich war nie bereit, mich voll und ganz zu akzeptieren, und deshalb komme ich mir auch so zurückgestoßen vor.

C: Hast du dich dabei schuldig gefühlt?

M: Ja.

C: Wie wäre es, wenn du deine Wut loslassen und den Punkt deines Ursprungs in dir selbst erkennen würdest?

M: Mir ist es längst klar, daß mir nichts übrigbleibt, als dieses Leben zu akzeptieren. Dennoch bin ich erstaunt, wieviel Widerstand ich dieser Tatsache noch immer entgegensetze. Ich will es einfach nicht wahrhaben. Und dann denke ich immer, wie wichtig es für mich ist, in dieses allumfassende Bewußtsein zurückzukehren, wie es mir eigentlich bestimmt ist. Zuweilen überkommt mich diese alte Wut, die sich als Trotz offenbart. Dazu kommt das Schuldgefühl. Je stärker es mich belastet, desto verbohrter und zorniger werde ich – ein ewiger Teufelskreis. Ich weiß nur zu gut, daß ich nicht lange so weitermachen kann und meine Wut eines Tages bezwingen und mich an die Spielregeln halten muß. Letztendlich schade ich niemandem so sehr wie mir selbst. Das ist mir inzwischen recht klargeworden.

C: Okay. Es gibt noch andere Dinge, die dich – als Seele – im Moment ziemlich beschäftigen und an denen du noch arbeiten mußt. Kannst du mir mehr darüber berichten?

M: Ich habe Angst vor der weiblichen Energie und mich deshalb entschlossen, daran zu arbeiten. In vielen meiner vergangenen Leben hat sie mir – unabhängig von meinem jeweiligen Geschlecht – ziemlich zu schaffen gemacht. Als Mann habe ich die Frauen stets gedemütigt. Als Frau haben sich meine Aggressionen gegen mich selbst und die anderen Frauen gerichtet, weil mir das Weibliche als etwas grundsätzlich Negatives erschien. Ihre gesellschaftliche Ächtung und Verfolgung, deren Zeugin ich zu verschiedenen Lebzeiten wurde, haben mir stets unglaubliche Angst eingejagt. Meine Einstellung zur Männerwelt wird deutlich an der Art und Weise, wie ich mich auch heute noch gegenüber meinem Vater und meinem Bruder verhalte.

C: Margaret, ich denke, wir sollten uns noch einmal mit deiner Vergangenheit befassen. Da ist wieder der lange Korridor, an dessen Ende sich eine Tür befindet. Wenn du sie öffnest, wirst du mit deiner negativen Weiblichkeit konfrontiert. Erzähle mir, welche Bilder dir dabei aus deinem Unterbewußtsein aufsteigen.

M: Ich sehe eine Höhle. Es ist eine sehr primitive Kultur. Die Kommunikation ist ebenso primitiv und bruchstückhaft, fast ohne Worte. Ich bin eine alte, weißhaarige und zahnlose Frau, die von Träumen und Visionen heimgesucht wird und den Jägern des Stammes vorhersagen kann, wo sie reiche Jagdbeute finden. In meinem langen Leben habe ich schon vieles erfahren. Das Ansehen der Männer hat seit meiner

Jugend beträchtliche Einbußen erlitten. Es gibt nur noch wenige unter ihnen, die einen Einfluß auf die Entscheidungen des Stammesrates haben. Im übrigen ist ihre Funktion auf das Zeugen von Kindern und das Verrichten von harter Arbeit beschränkt.

Unsägliche Dinge haben sich inzwischen ereignet. Ich mußte mit ansehen, wie mein eigener Sohn wegen freimütiger Meinungsäußerung und mangelnder Unterwürfigkeit kastriert wurde. Seither fühle ich mich schuldig, weil ich nicht nur geschwiegen, sondern nichts gegen diese unmenschlichen Praktiken unternommen habe. Männer und Jungen werden buchstäblich wie Sklaven behandelt, und selbst jene Frauen, die sie zu verteidigen wagen, werden malträtiert und geächtet, wenn nicht verstümmelt oder getötet.

Sogar mir, als Seherin, ist es nicht erlaubt, ein Wort für sie einzulegen. Ich muß hilflos und mit heimlichem Groll zusehen, wie diese negativen Energien überhandnehmen.

Während einer schrecklichen Hungersnot, die unseren Nachbarstamm heimgesucht hat, überkommt mich im Traum die Vision eines blutigen Gemetzels, die ich den Stammesmüttern mitteile. Als meine Weissagung eintrifft und unser relativ reicher und mit Nahrung gesegneter Stamm von diesen Nachbarn angegriffen wird und viele unserer Leute getötet werden, wirft man mir vor, dieses Unheil durch meinen Traum verursacht zu haben. Ich werde geächtet und muß fortan außerhalb der Dorfgemeinschaft ein klägliches Dasein fristen. Schließlich kommt es soweit, daß ich mir selbst die Schuld an diesem Verhängnis zuschreibe und anfange, Angst vor meinen eigenen Visionen zu haben, die nach Meinung der Stammesmütter eine typisch weibliche Fähigkeit darstellen. Ich fürchte die negativen Energien jener Matriarchinnen, die nunmehr die gesamte Macht an sich gerissen haben. Ich sehe, wie sie die Männer versklaven, und ziehe es vor zu schweigen aus Angst, getötet oder in die totale Verbannung geschickt zu werden.

Meine Gefühle ähneln denjenigen, die ich bei der Geburt meiner Seele empfand. Es ist der gleiche Zorn und die gleiche Frustration über die eigene Ohnmacht. Ich habe schreckliche Angst und betrachte mich selbst wie eine Ausgestoßene ...

Margaret erkundet ein weiteres Leben innerhalb einer matriarchalischen Kultur:

M: Es sind noch immer dieselben primitiven Zeiten. Ich bin ein kleines Mädchen, dem von Anfang an eingetrichtert wird, daß nur Frauen in der Lage sind, zu denken und Entscheidungen zu treffen. Man warnt mich davor, irgendein Verlangen nach dem anderen Geschlecht zu äußern.

Ich erlerne die strengen Regeln der Stammesmütter, an die sich alle zu halten haben, um die Vormachtstellung der Frauen zu gewährleisten. Es ist nicht erlaubt, Gefühle zu haben – wie anders wäre es sonst möglich gewesen, die Männer auf so grausame Weise zu unterdrücken. Frauen, die auch nur das geringste Anzeichen von Protest, Mitleid oder gar Hilfsbereitschaft bekunden, müssen mit öffentlicher Schmähung und schlimmstenfalls sogar mit einer Verstümmelung rechnen.

Als Heranwachsende werde ich auf die Aufgaben einer Stammesmutter vorbereitet. Ich habe es mir schnell abgewöhnt, empathische Empfindungen zu zeigen. Die Teile meines Selbst, die ich als feminine Sanftheit bezeichnen möchte, muß ich total ignorieren und konzentriere mich ausschließlich auf meine zukünftige Machtposition. Um dies Ziel erreichen zu können, muß ich meine ganze Sensibilität und all meine Gefühle verleugnen. Ich kann meine Frustration nur dadurch kompensieren, daß ich die Männer schikaniere und jene Frauen bestrafe, die sie noch immer zu unterstützen versuchen. Meine Taktik ist sehr indirekt und manipulativ, aber dennoch gehässig. Zuweilen habe ich mit wachsenden Schuldgefühlen zu kämpfen, die ich schnellstens verdrängen muß, um den Status quo dieser Gesellschaft nicht zu gefährden. Ich rede mir ständig ein, daß ich besser als alle anderen und zudem der erhabenen Unterstützung der Göttin selbst teilhaftig bin, die mich allein auserkoren hat. Ich verbiete mir jeden Zweifel an der Gerechtigkeit meines Tuns ...

Margaret berichtet von einem Leben, das sie als Mann in einer matriarchalischen Stammesgesellschaft verbrachte:
M: Ich erblickte mich inmitten einer Baumwildnis, in die ich als männliches Mitglied eines Stammes geflohen bin. Mein Körper ist über und über mit Haaren bedeckt, und ich trage nichts als ein Lendentuch. Meine Einsamkeit macht mir zu schaffen, und ich weiß, daß ich den nächsten kalten Winter hier nicht überleben werde. Die Frauen meines Stammes haben mich als Zuchthengst mißbraucht, mich in der Mittagshitze wie ein Stück Vieh angebunden und dazu noch lächerlich gemacht, während sie ihrer Tagesarbeit nachgingen. Ich fühle mich wie ein Klumpen Fleisch, nicht mehr ... Mein Leben ist wertlos, ohne Sinn und Ziel. Vom Stamm entfernt zu sein bedeutet den sicheren Tod. In diesen primitiven Zeiten ist die Sippe die einzige Garantie zum Überleben. Ich bin völlig machtlos und zudem aufs tiefste verletzt und zornig über die Art und Weise meiner Behandlung. Ich kann nur noch auf meinen baldigen Tod hoffen ...

Margaret erinnert sich an eine weitere Existenz als Mann:
M: Ich befinde mich in einem üppigen tropischen Dschungel. Meine Haut ist schwarz. Ich bin ein Mann. Ich trage ein Lendentuch und bin dem Wild auf der Fährte. Mein Stamm wird von Männern beherrscht – ganz im Gegensatz zu der

pervertierten, mutterrechtlichen Gesellschaft, über die ich zuletzt berichtet habe. Die Frauen haben hier nichts zu sagen, und wir behandeln sie dementsprechend. Ich neige zu einer gewissen Arroganz und bin überzeugt, stets das Richtige zu tun. Ich fühle mich besser als jeder andere und viel besser als jede Frau. Meine Arroganz macht es mir leicht, über meine eigenen Fehler hinwegzusehen. Das Jagen dient mir als Ventil für alle meine Frustrationen, die aber auch meine Frau zu spüren bekommt. So ein Verhalten wird in unserer Gesellschaft durchaus akzeptiert. Ich gehe gerne auf die Jagd, weil das Töten mir eine gewisse Befriedigung gibt. Es ist ein gutes Gefühl, für den Stamm Nahrung herbeizuschaffen. Und das Töten ist eine Art Befreiung.

C: Und deine Frau? Wie läßt du sie deine Wut spüren?

M: Ich schlage sie und mißachte ihre Bedürfnisse. Wenn ich besonders wütend bin, kriegt sie nichts zu essen und darf nicht in meiner Hütte schlafen.

C: Gibt es noch andere wichtige Erfahrungen aus diesem Leben?

M: Nicht daß ich wüßte. Bis zuletzt war ich ein sehr arroganter und gefühlloser Mensch. Schließlich wurde ich von einem Tiger angefallen und getötet. Dieser Tod entsprach irgendwie meinem perversen Verlangen nach Grausamkeit ...

In Margarets nächster Inkarnation schildert sie ihr Verhältnis zu Frauen:

M: Ich glaube, ich bin jetzt in England, in einer Art Robin-Hood-Situation. Ich bin als Leibeigener eines Landadeligen geboren und hadere mit meinem Schicksal. Ich werde nie richtig satt, und meine Umgebung ist von Armut und Krankheit geprägt. Meine Mutter kümmert sich kaum um mich und gibt mir viel zu wenig zu essen, und ich streite mich dauernd mit ihr. Schon als kleiner Junge muß ich hart arbeiten und kriege kaum was dafür. Das bißchen, was wir als Ernte ein-bringen, geht fast ausschließlich an den Großgrundbesitzer. Sobald ich groß genug bin, schlage ich mich als Straßen-räuber durch. Ich lauere den reichen Leuten auf, die ich so sehr verachte. Ich plündere sie aus und vergewaltige ihre Frauen. Dies ist meine Art, mit dieser Gesellschaft abzu-rechnen. Ich habe die feinen Damen oft genug auf den Jahrmärkten beobachtet und bin empört über den krassen Gegensatz zwischen ihrer üppigen Lebensweise und meiner Armut.

C: Was denkst du dir dabei, wenn du diese Frauen verge-waltigst?

M: Ich möchte sie meine Wut spüren lassen und ihnen zeigen, daß ich nicht ganz ohnmächtig bin. Sie sollen am eigenen Leibe erfahren, was es heißt, ein Opfer wie ich zu sein. Ich genieße diese Augenblicke der Macht, über die ich sonst nicht verfüge.

C: Fühlst du dich dann tatsächlich überlegen?

M: Ja. Aber ich habe auch Schuldgefühle, und die machen mich nur noch aggressiver. Während ich diese Damen aufs Kreuz lege, sind sie mir gnadenlos ausgeliefert, und ich habe das Gefühl, daß die Reichen damit büßen. Andererseits wächst auch meine Wut, weil sich in ihren entsetzten Mienen mein eigenes Leid widerspiegelt. Das hebt nicht gerade mein Wohlgefühl. So werde ich immer wütender und sehe keinen Ausweg aus meiner Misere.

C: Gibt es noch weitere bedeutsame Ereignisse in diesem Leben?

M: Eines Tages werde ich auf einem meiner Raubzüge von einem Pfeil tödlich getroffen.

C: Was sind deine letzten Empfindungen, während du stirbst?

M: Ich verspüre eine große Erleichterung, von diesem Leben

und all meinem Elend, das mich von Geburt an begleitet hat, erlöst zu sein ...

Margaret erfährt nun am eigenen Leibe, was es heißt, ein weibliches Opfer zu sein:
M: Es scheint, als ob ich mich in den Alpen befinde. Ich weiß nicht genau, wo. Ich bin die Tochter eines Kleinbauern und muß hart arbeiten, meistens auf den Feldern. Ich trage schwere Lasten bis hoch hinauf in die Berge. Von all der Anstrengung tun mir die Knochen weh, und meine Füße bluten, weil ich barfuß laufen muß. Ich kann mich mit meinem Schicksal einfach nicht abfinden und fühle eine große Wut in mir. Meine Eltern haben einen eigenen Hof, der zu einer bäuerlichen Genossenschaft gehört. Ich bin meistens allein auf den Feldern, die oft so weit von zu Hause entfernt sind, daß ich einen ganzen Tag laufen muß, um dorthin zu gelangen. So bin ich gezwungen, in einem Schuppen zu übernachten. Einmal wurde ich von umherstreifenden Banditen überfallen und vergewaltigt. Ich bin so hilflos und lebe in ständiger Angst. Aber ich habe es ja nie anders gekannt. Ich bin immer allein und ohne jeglichen Schutz.
C: Wie hast du diese Vergewaltigung verkraften können?
M: Ich habe diesen Schock nie überwunden und auch mit keinem Menschen darüber gesprochen. Schon als kleines Kind war ich entschlossen, mich niemandem anzuvertrauen. Ich bin sehr schweigsam. Ich habe ja auch niemanden in meiner Familie, der mir helfen würde. Sie haben mich nie akzeptiert und nur an dem gemessen, was ich an Arbeit beitragen konnte. Darum habe ich ihnen auch nichts über meine schrecklichen sexuellen Erfahrungen erzählt. Ich wollte es nicht. Meine Erbitterung über dieses Leben ist so groß, daß mir die Kehle wie zugeschnürt ist.
Ich werde nie schwanger, obwohl ich einen Geliebten habe.

Er hat mich nach einem Jahr bereits verlassen. Ich sterbe sehr jung. Ich wollte einfach nicht mehr leben …

Eine weitere Inkarnation als Frau:
M: Ich sehe Flammen in einem offenen Kamin. Es ist ein viktorianisches Haus. Ich bin eine Frau und trage ein hochgeschlossenes, enganliegendes Kleid. Es ist mir ungemütlich und heiß. Ich trage ein Korsett, das mich nahezu erstickt. Ich kann kaum atmen, und meine Rippen schmerzen mich.
Als junges Mädchen mußte ich auf viele Dinge verzichten, die meinen Brüdern erlaubt waren. Ich durfte zwar reiten wie sie, aber niemals allein und auch nur im Damensattel. Meine Erziehung beschränkte sich auf Haushaltsführung und feine Nadelarbeiten. Ich muß das Gesinde beaufsichtigen, und vor allem bringt man mir bei, immer adrett und korrekt auszusehen. Niemals darf ich mein physisches Unbehagen oder meinen Unmut über die Öde meines Hausfrauendaseins äußern, das mich aufs äußerste frustriert und zum Widerspruch reizt. Aber ich weiß nicht, wie ich mein Leben ändern könnte. Ich hasse meine häuslichen Pflichten und würde am liebsten Hosen tragen wie meine Brüder. Ich hasse es, als Frau geboren zu sein.
Ich kann nie meine eigenen Vorstellungen durchsetzen und werde sogar zur Ehe gezwungen. Mein Mann stirbt sehr früh und hinterläßt mir genügend Geld. Ich lebe jetzt allein im Haus meiner Eltern. Nach einiger Zeit zieht meine beste Freundin zu mir, und wir bleiben bis zu meinem Tod zusammen. Wir schlafen sogar zusammen, ohne jedoch sexuelle Kontakte zu haben. Das wäre in dieser repressiven Gesellschaft nicht möglich gewesen. Nach und nach finde ich den Mut, Männerkleider zu tragen und all die Dinge zu tun, die mir früher versagt waren. Zum Beispiel gehe ich reiten, ohne einen Begleiter zu haben.

C: Wie war dein Verhältnis zu deinem verstorbenen Mann?
M: Ziemlich kühl. Ich sah meinen Mann kaum. Tagsüber war ich mir meistens selbst überlassen. Auch wenn er da war, haben wir kaum miteinander geredet. Ich mochte ihn nicht. Er war langweilig und verknöchert.
C: Und weshalb hast du ihn dann geheiratet?
M: Ich brauchte einen Ernährer. Und außerdem konnte ich dann im Haus meiner Eltern bleiben, nachdem sie gestorben waren. Damals gab es für eine Frau keinerlei Möglichkeiten, selbst Geld zu verdienen. Das war schon Grund genug, um zu heiraten.
C: Sicherlich warst du sehr froh, als er starb?
M: Ja, natürlich. Er starb, nachdem er vom Pferd gestürzt war und sich das Genick gebrochen hatte ...

Margaret als indianischer Medizinmann. Als solcher erlebt sie, wie die Frauen ihres Stammes von den Weißen vergewaltigt werden:
M: Als Medizinmann bin ich Zeuge eines Massakers in der nordamerikanischen Prärie. Die Indianer sind voller Angst und Hilflosigkeit. Massenweise werden sie von den weißen Eindringlingen und einigen übergelaufenen Stämmen buchstäblich hingeschlachtet.
Ich selbst bin aufs tiefste erschüttert, denn ich hatte dieses Ereignis bereits vorausgeahnt, ohne etwas dagegen unternehmen zu können. Ich müßte meinem Volk helfen und weiß nicht, wie. Ich habe das Gefühl, daß unser Schicksal bereits besiegelt war, als der weiße Mann seinen Fuß auf unseren Kontinent setzte.
C: Welche Stellung hast du in deinem Stamm?
M: Ich bin ein Medizinmann, ein Schamane. Als solcher kann ich zukünftige Ereignisse voraussehen. Und so auch den Mord der Bleichgesichter an meinem Volk.

C: Gibt es noch andere bedeutsame Dinge aus dieser Zeit, die wir besprechen müßten?

M: Es ist dieses unsägliche Leid, das kein Ende nimmt. Es macht mich ganz schwermütig.

C: Warum ist diese Erfahrung für dein jetziges Leben so wichtig?

M: Wegen der Hilflosigkeit und der Wut. Ich hatte diese negative Energie nie zuvor auf solche Weise erfahren. Und dann, weil diese Wunden heilen müssen. Es geht auch um die Heilung der Erde, unserer Mutter Erde. Ich sehe ja, wie sie ständig mißbraucht wird, genauso wie die Frauen unseres Stammes. Es ist eine Sünde wider der Natur.

C: Sind diese Gefühle jenen vergleichbar, die du bei deiner Geburt als Seele hattest?

M: Ja, soweit es meine Hilflosigkeit und Verwirrung betrifft. Ich verstehe einfach nicht, was hier vor sich geht. In diesem indianischen Leben fühle ich mich sehr isoliert und alleine. Mein Volk und ich sind im Begriff, ausgelöscht zu werden, und meine einzige Reaktion ist eine unglaubliche Wut ...

C: Du hast zu Beginn von der Weitergabe deines Wissens als einem der wichtigsten Anliegen in diesem Leben gesprochen. Warum erscheint dir das als so bedeutsam? Hat dies etwas mit deiner Vergangenheit zu tun?

M: Soweit ich mich erinnere, war ich in meinen anderen Lebenszeiten stets sehr verschlossen. Ich habe dasselbe Wissen wie heute gehabt, aber es immer für mich behalten und nie mit denen geteilt, die es wirklich verdient oder sogar ein echtes Bedürfnis danach gehabt hatten.

C: Und wonach hast du das beurteilt?

M: Ich denke jetzt an eine bestimmte Lebenszeit, wo die Leute quasi gezwungen waren, ihre Frömmigkeit unter Beweis zu stellen. Diese Frömmigkeit war das einzige gültige Kriterium, und das war für viele sehr schwierig. Es gab nur sehr, sehr wenige, die sich auf dem gleichen Niveau befanden wie ich oder eine ähnliche Ausbildung genossen hatten.

C: Von welcher historischen Periode sprichst du, und welche Position nimmst du in diesem Leben ein? Weshalb hast du derartige Entscheidungsbefugnisse?

M: Es war im Mittelalter, und ich war Teil der katholischen Kirche. Es ist eine Zeit, mit der ich mich schon vorher befaßt habe und deren ich mir nun erneut bewußt werde. Ich fühlte mich viel besser als andere, denn ich nahm einen Platz ein, wo ich die Entscheidungen innerhalb der Kirche zu fällen hatte, und mir allein oblag es, über das Schicksal meiner Untertanen zu bestimmen. Ich war mitverantwortlich für die Inquisition, und im Namen der Kirche konnte ich über Leben und Tod vieler Menschen entscheiden.

C: Würdest du aus heutiger Sicht auch noch behaupten, daß du deine damaligen Funktionen sehr fair ausgeübt hast?

M: Ich erkenne jetzt, daß ich sehr unfair gehandelt habe.

C: Und inwiefern unfair?

M: Aus heutiger Sicht glaube ich, daß niemand ein Recht hat, die religiösen oder spirituellen Vorstellungen eines anderen Menschen zu verurteilen. All diesen Menschen, die damals getötet wurden, ist ein großes Unrecht widerfahren. Sie hatten wundervolle Eigenschaften, die gar nicht genug gelobt werden können. Ich jedoch – aufgrund meiner Ängste und natürlich auch meiner institutionellen Befugnisse – war in der Lage, sie zu verfolgen und ihnen ihre heilenden Energien auszutreiben, und habe dies auch nach besten Kräften getan. Ich erkannte in ihnen eine Bedrohung meiner eigenen wie auch der kirchlichen Autorität und glaubte, daß mein Handeln fair und gerecht sei.

C: Du willst also sagen, daß sie das christliche Dogma in Frage stellten?

M: Ja. In meinen Augen waren sie Hexen. Ich weiß, daß sie

als Heiler zu großen Dingen fähig waren. Als Pfleger und Heiler verfügten sie über so erstaunliche Fähigkeiten, daß ich als Mensch und Priester ihnen nichts entgegenzusetzen hatte. Heute weiß ich, wie sehr ich mich von ihnen bedroht fühlte.

C: Gab es noch andere Dinge, die für deine damaligen Entscheidungen maßgebend waren? Irgendeine Wut, die du abreagieren mußtest?

M: Mmh, aber damals konnte ich das nicht erkennen.

C: Und aus heutiger Sicht? Was könnte dich damals so zornig gemacht haben? Und auf welche Weise hat sich deine Wut geäußert?

M: Ich war empört, weil mir zu anderen Lebenszeiten ein ähnliches Unrecht angetan wurde. Als Heiler war ich schon selbst einmal gefoltert und getötet worden, weil ich für eine Hexe gehalten wurde, und dieses Unrecht war in mir noch lebendig geblieben, und als Priester mußte ich es irgendwie abreagieren. Es war ein sehr blinder Zorn.

C: Erinnerst du dich an irgendwelche Existenzen, die mit deinem Bedürfnis nach Weitergabe deines Wissens etwas zu tun haben?

M: Ja. Ich stehe auf dem Balkon und betrachte die Sterne über mir. Es ist ein steinernes Gebäude. Ich bin in der Wüste an einem trockenen, unfruchtbaren Ort. Ich bin ein Lehrer in einer alten ägyptischen Kultur. Ich bin ganz von mir selbst durchdrungen und fühle mich mindestens eine Stufe besser als der Rest der Menschheit, schon allein wegen meines Wissens und meiner hellseherischen Fähigkeiten. Als Lehrer benutze ich diese Vorteile, um meine Überlegenheit zu genießen.

C: Was gibt es sonst noch über dieses Leben zu berichten?

M: Ich befinde mich in einem harten Wettkampf mit meinem eigenen Lehrer, dessen Partner ich inzwischen geworden bin. Ich wollte ihm immer ähnlich sein, und obwohl ich über dieselben Fähigkeiten wie er verfügte, konnte ich mich damit nicht zufriedengeben, und ich haßte ihn, wenn er einmal besser war als ich. Ich bekämpfte ihn und forderte ihn auf arrogante Weise heraus. Und jetzt wird es mir klar, was du wahrscheinlich schon lange weißt – nämlich, daß du in diesem früheren Leben mein damaliger Lehrer warst!

C: Ja. Mir ist das auch gerade erst klargeworden. Aber was war für dich an diesem Leben so entscheidend?

M: Es ist der ständige Machtkampf. Ich wollte immer der erste sein, und die Kontrolle in Händen haben. Das ist ein sehr wichtiger Punkt, weil er die Qualität meines Widerstands verdeutlicht. Ich war nie zum Nachgeben bereit – noch nicht einmal da, wo es mir nützlich gewesen wäre, um etwas hinzuzulernen. Ich habe meine vermeintlichen Fähigkeiten eisern verteidigt und wußte nicht einmal, daß ich in einigen Punkten gar nicht so großartig war. Ich war schon recht gut, aber eben nicht so toll, wie ich es zu sein wünschte.

C: Okay – dann laß uns mal sehen, was sich sonst noch in diesem Leben ereignet hat.

M: Im Lauf der Jahre werde ich immer frustrierter und fühle mich irgendwie hilflos, weil ich meine Ziele zu hoch gesteckt habe. Ich wollte immer anders sein, als ich tatsächlich bin, und mache mir bald keine Hoffnungen mehr, daß meine Vorstellungen sich je erfüllen würden. So werde ich schließlich zu einem griesgrämigen alten Mann, dessen Fähigkeiten als Lehrer zusehends dahinschwinden. Letztendlich geht es mir nur noch um Macht und Prestige, und gemessen an meinen eigenen Bedürfnissen erscheinen mir die meiner Studenten und Schüler als zweitrangig.

C: Mit anderen Worten: Du nützt deine Position dazu aus, um dein Selbstwertgefühl zu erhöhen.

M: Ja. Ich weiß zwar, daß es nicht richtig ist, und auch mein Lehrer macht mir diesbezügliche Vorhaltungen. Meine Schuldgefühle, die ich zu verdrängen versuche, lassen mir meine Lage nur noch hoffnungsloser erscheinen. Ich finde nie einen Ausweg aus meinem Dilemma und sterbe schließlich in dieser trostlosen Verfassung.

C: Margaret – gibt es außer den bereits besprochenen Fragen noch irgend etwas, das du in deinem jetzigen Leben beachten solltest, um dir über deine Situation klarzuwerden?

M: Ja, da ist eine ganz wichtige Erfahrung. Ich erkenne einen Tunnel in meinem physischen Körper. Er ist dunkel und feucht. Sobald ich mich in ihn hineinbegebe, wird er zu dem Einen, dem Nichts, der absoluten Gelassenheit und Ruhe.

C: Warum wird dir dies jetzt gerade so klar?'

M: Um mich wieder an dieses Eine zu erinnern. Um zu wissen, was es heißt, all diese Wut, die Gefühle des Zurückgestoßenseins und der Isolierung hinter sich zu lassen und nur die eigene absolute Unversehrtheit – die Teilhaftigkeit an allem, was ist – zu erfahren.

C: Gelingt es dir denn, dich dieser Erfahrung zu öffnen?

M: Nicht richtig. Ich spüre eine gewisse Verkrampfung in meinem dritten Chakra.

C: Und warum fällt es diesem so schwer, sich der Gelassenheit des ungeteilten Einen zu öffnen?

M: Es kann sie nicht empfangen. Und ich selbst fühle mich dessen nicht würdig – eben aufgrund der Dinge, die ich in meinen früheren Leben falsch gemacht habe. Wegen all der Grausamkeiten und des Mißbrauchs meiner Machtposition.

C: Vielleicht gibt es noch etwas, das dir helfen könnte, mit all diesen Erfahrungen fertig zu werden und dir selbst zu vergeben – irgend etwas, dessen Wiederbewußtmachung dir heute im Zusammenhang mit diesen Problemen förderlich sein könnte? Es könnte eine Erfahrung aus einem anderen Leben sein oder eine gewisse Einsicht, die dir dein eigenes höheres Selbst oder auch deine spirituellen Helfer in diesem Augenblick zu vermitteln versuchen.

M: Ich erblicke eine Art Büro oder Geschäftszimmer und an dessen Schreibtisch eine Person, die auf einer Liste all die erledigten Dinge abhakt. Es wäre noch mehr zu tun, aber für heute scheint es genug zu sein. Die Betonung liegt auf der Fähigkeit, die Vergangenheit ad acta zu legen, um neue Schritte nach vorne zu tun. Es ist wichtig, all die Schuldgefühle, unter denen ich in meinen vergangenen Lebenszeiten gelitten habe, ein für allemal loszulassen und in die Zukunft zu blicken. Ich erkenne, daß ich mir endlich bewußtmachen muß, wie sehr all diese alten Motive und Muster bis in mein gegenwärtiges Leben hineinwirken.

C: Was könnte dir helfen, die Erfahrungen des heutigen Tages in dein Bewußtsein zu integrieren?

M: Vor meinem inneren Auge erscheint mir mein Mentor. Ich habe schon einige Jahre mit ihm bewußt an meinen Problemen gearbeitet. Es ist ein riesiger, dunkelhäutiger Mann aus Jamaika, und er verleiht meinem Dasein ein Gefühl der Sicherheit und ständigen Anwesenheit einer männlich-positiven Vaterenergie. In seiner Nähe fühle ich mich stark. Er strahlt eine unwahrscheinliche Fröhlichkeit aus. Immer wieder erkenne ich in seinem Gesicht dieses unbezwingbare Lächeln. Er erzählt mir eine Menge über die Vorgänge im Körper und über den Frohsinn, den ich aus diesem Leben schöpfen könnte. Wir versuchen, die Ursachen meiner ständigen Bedrücktheit herauszufinden. Ich fühle mich noch immer wegen vergangener Sünden und Unterlassungen schuldig – wegen des Mißbrauchs meiner Macht und meiner Wut, die ich an anderen abreagiert habe. Deswegen glaube ich, keinen Anspruch auf Freude zu haben. Um so wichtiger ist es, den Prozeß der Selbstvergebung einzuleiten.

C: Und was trägt dein Mentor zu dieser Heilung bei?

M: Ich sehe mich jetzt in einem Feld zusammen mit vielen anderen Wesen. Auch er ist dabei. Sie stellen mich in die Mitte ihres Kreises aus Unterstützung und Liebe. Ich befreie mein drittes Chakra von Dingen, welche symbolisch für meine Machtbesessenheit sind. So entferne ich verschiedene Fesseln und Ketten wie auch das Szepter meines ägyptischen Lebens, einen Speer, ferner einen Pfeil mit Bogen, den Priesterhut und das Kreuz und einen riesigen Klumpen aus Dunkelheit, welcher jene Gewalt repräsentiert, die ich anderen und mir selbst angetan habe, um den Lebensprozeß zu blockieren, eben weil ich voller Wut auf die Schöpfung war. Nachdem wir all diese Gegenstände in eine große Grube geworfen haben, verbrennen wir sie in einem reinigenden Feuer. Nun endlich können die negativen Energien entweichen und sich verflüchtigen, um einen Zustand herzustellen, der meiner Seele wieder Raum für Vergebung, Verständnis und Mitgefühl verschafft. Von all meinen Hüllen befreit, befinde ich mich in der Mitte des Kreises dieser hilfreichen Wesen, die nun meinen ganzen Körper massieren. Zunächst habe ich Schwierigkeiten, ihre guten Energien zu empfangen, aber ganz allmählich verringert sich mein Widerstand gegenüber soviel Liebe und Unterstützung.

Das Ritual lockert die Spannung in meinem dritten Chakra, und immer mehr fühle ich mich selbst im Einklang mit der kosmischen Einheit. Ich bin imstande, mich ihr zu öffnen und immer mehr von meiner Energie auf hilfreiche Weise ans Universum zurückzugeben. Es ist ein vollkommener, makelloser Kreislauf. All die an diesem Ritual beteiligten Wesen geben mir zu verstehen, daß ich nicht alleine bin und – je mehr ich mein Inneres öffne – auch die anderen bereit sind, mir entgegenzukommen. Dieses Ritual macht mir bewußt, daß meine vermeintliche Isolation ein Hirngespinst meiner eigenen Ängste war, aber nichts mit den tatsächlichen Fakten zu tun hat. So lerne ich mein individuelles Selbst, meine Entwicklung und Einstellung zum Prozeß des Lebens besser verstehen. All die verschiedenen Erfahrungen aus meinen vielen Existenzen und Zwischenleben erhalten eine ganz spezifische Bedeutung, und auch meine Bestimmung als Seele erscheint in einem ganz neuen Licht, so daß ich selbst fähig sein werde, jenen anderen Seelen zu helfen, die sich noch in einem Körper befinden. Ich habe noch viele Aufgaben auf diesem Planeten zu erfüllen.

C: Könntest du mir beschreiben, welche *Veränderungen du nach diesem Ritual als verkörpertes Wesen an dir wahrnimmst?*

M: Ich fühle mich gelassener und sanfter. Es besteht keine Notwendigkeit mehr, mich zu verteidigen, da ich mir selbst vergeben habe. Ich muß mir wegen meiner früheren Taten keine Vorwürfe mehr machen und brauche auch keine Angst mehr zu haben, daß ich unwürdig sein könnte. So besteht auch kein Anlaß mehr, andere Menschen zu verstoßen und ihnen oder mir selbst zu verheimlichen, wie verwerflich ich mir selbst vorgekommen bin. Ich spüre und empfange einen reichen Zustrom aus Energie und Liebe von Seiten meiner Freunde, auf den ich nunmehr spontan reagiere. Ich blocke mich nicht mehr so ab wie früher, ja, mein eigener Körper ist von ganz neuen Energien und dem Verlangen erfüllt, mich ihrer jetzt und hier zu bedienen und mich als Teil ihrer selbst zu fühlen.

C: Okay, es wäre gut, wenn du dich jetzt für einen Augenblick völlig entspannst und deiner Seele erlaubst, von einer höheren Ebene auf dein gegenwärtiges Leben hinabzublikken. Was erscheint dir nunmehr letztendlich als wichtigste Sache, die du zu diesem Zeitpunkt in dein jetziges Dasein integrieren und weiterentwickeln müßtest?

M: Als ganz vorrangig betrachte ich es, im Jetzt und Hier zu leben und für den Augenblick offen zu sein. Dem Prozeß des Lebens – und vor allem mir selbst als lebendiges Wesen – zu vertrauen.

C: Ist noch irgendein Teil in dir, der sich durch unsere heutige Sitzung nicht angesprochen oder gar unbehaglich fühlt?

M: In meinem dritten Chakra spüre ich noch einen Rest widerstrebender Energien. Es ist der Skeptiker in mir, der nie ganz zur Ruhe kommt. Er sagt: »In Wirklichkeit hältst du noch immer an deiner Wut und deinem Machtstreben fest. Es ist noch eine Menge zu tun, ehe du dich zu einer echten Versöhnung durchringen kannst. Und das ist die eigentliche Voraussetzung für dein weiteres Vorankommen.«

C: Könnte dieser Skeptiker in dir nicht zu einem guten Verbündeten werden, indem er dir ungeschminkt deine Zukunft vor Augen hält? Würdest du ihm diese Funktion zubilligen?

M: Ja.

C: Und wird er dir auch willig zur Seite stehen?

M: Ja.

C: Frage ihn, auf welche Weise er diese Funktion erfüllen könnte!

M: Indem er eine gewisse Spannung in meinem dritten Chakra hervorruft. Sobald ich dies merke, wird mir klar sein, daß irgend etwas mit mir nicht in Ordnung ist, und ich kann mich darauf einstellen und mich näher damit befassen. Und ich kann herausfinden, wie ich auf mein Energiepotential einwirken muß, um mich wieder wohl zu fühlen.

C: Gibt es im Moment noch irgendeinen Punkt, worüber du mit deinem Skeptiker kommunizieren müßtest?

M: Nein, Gott sei Dank nicht. Wir sind uns völlig einig!

An Margarets Fall wird uns klar, wie kompliziert und verworren unsere karmischen Muster unter Umständen sein können. Ihre anfänglichen Gefühle der Hilflosigkeit, Verlassenheit, Ohnmacht usw. hatte sie zunächst durch ein übersteigertes Maß an Trotz, Herrschsucht und unechter Überlegenheit kompensieren können. Im Verlauf ihrer verschiedenen Reinkarnationen bemerken wir eine sich steigernde Zuspitzung dieser Grundgefühle, die ihren Ausdruck in entsprechenden Reaktionen findet. In einigen ihrer irdischen Existenzen überwiegen die Gefühle der Verlassenheit und Ohnmacht, in anderen hingegen zeigt sich ein starkes Streben nach Machtpositionen, die es Margaret ermöglichten, all ihre negativen Gefühle und ihre Wut aus Zeiten, in denen sie selbst das Opfer war, auszuagieren. Sie scheute auch nicht vor Vergewaltigungen zurück, die ihr als Vehikel für ihre Aggressionen dienten und gleichsam als Metapher für ihren Gemütszustand gelten könnten. In einigen ihrer Leben war sie selbst das Opfer derartiger Verbrechen, in anderen aber auch der Vergewaltiger.

Ihre Angst vor der weiblichen Energie ist demnach eine sehr komplexe Angelegenheit. Rückblickend auf ihre Erfahrungen im Matriarchat, dessen Machtstrukturen sie ursprünglich ablehnte, sehen wir, wie sie selbst ihren Machtgelüsten erlag, auch wenn sie anfangs nur aus reinen Überlebensgründen ihre Stärke ausspielte. In ihrem darauffolgenden Leben mußte sie (als Mann) die Konsequenzen ihres herrschsüchtigen Verhaltens als einstige Matriarchin tragen. Die Schmähungen, die man ihr dabei zufügte, erweckten in ihr das Verlangen, sich in ihrem nächsten Leben an den Frauen zu rächen, was wiederum zur Folge hatte, daß sie in weiteren weiblichen Reinkarnationen nochmals zum Opfer – und diesmal zum Opfer der gequälten Männer – wurde, die sich ihrerseits an den Frauen rächten.

Aus Margarets Rückführungen ersehen wir ferner, wie wichtig es ist, die eigenen Schuldgefühle, die wir alle mit uns herumtragen, offenzulegen. Sie sind häufig die schwersten Hürden, die wir zu überwinden haben, ehe es uns gelingt, unser eigenes Selbst in seiner wahren Substanz zu erkennen. Ein beträchtlicher Teil unserer jeweiligen Identität besteht aus einem sehr unnachgiebigen und widerspenstigen Material. Es muß ja schließlich unser bewußtes Selbst vor all den häßlichen und unerwünschten Dingen beschützen, die sich hinter der gesellschaftlich akzeptierten Fassade verbergen. In Margarets heilender Metapher, zu der sie am Ende ihrer Sitzungen fand, haben wir ein gutes Beispiel für die Fähigkeit zur Selbstversöhnung, und diese allein ist so ungeheuer entscheidend in unserem Streben nach Heilung von all den dramatischen Erfahrungen, denen wir im Laufe unserer verschiedenen Leben ausgesetzt waren.

Charles

Ich möchte diesen zweiten Teil des Buches mit einem Bericht über zwei hypnotherapeutische Sitzungen beschließen, denen ich mich persönlich unterzogen habe und die mir eine große Hilfe bei der Lösung meiner eigenen wichtigsten Probleme waren. Die Heilmetapher am Ende der ersten Sitzung hat mich sehr nachhaltig beeindruckt. Insgesamt bilden diese beiden Sitzungen ein gutes Beispiel für die Tatsache, daß gewisse Faktoren vom Ort unseres Ursprungs – aber auch andere präterrestrische Erfahrungen – bis in unser gegenwärtiges Leben hineinwirken, ja, zu einem festen Bestandteil desselben werden.

Die erste Sitzung galt der Arbeit an der unbewältigten Wut meines inneren Kindes. Nachdem mein Therapeut mich in Trance versetzt hatte, führte er mich sogleich zu einer Tür, bei deren Öffnen mir sehr bald die Ursache meiner Wut bewußt wurde. Zunächst überkam mich ein tiefes Verlangen nach jener verlorengegangenen Freiheit, in der ich mich einst ungebunden durch alle Himmel bewegen konnte. Dann durchlebte ich noch einmal jenen Schmerz, dem meine Seele bei ihrer ersten Inkarnation hier auf dem Planeten ausgesetzt war.

Diese Erfahrung war nicht ganz neu. Jedesmal, wenn meine Mentoren mich für ein weiteres Leben auf die Erde herabschickten, habe ich diese Qualen erneut durchgemacht, und ich habe diesen Akt immer nur als eine schwere Kränkung oder – genauer gesagt – als entsetzliche und grausame Strafe empfunden, denn der Planet war für mich ein barbarischer Ort, der meiner Seele enge Grenzen setzte.

C: Je mehr ich über meinen diesbezüglichen Groll nachden-
ke, desto klarer wird es mir, daß ich bereits unter präterres-
trischen Bedingungen nie willens war, die von mir erwarteten
Aufgaben zu erfüllen. Immer wieder entzog ich mich meinen
Verantwortlichkeiten, und nur widerwillig leistete ich meinen Beitrag an der gemeinsamen spirituellen Arbeit. Ich
wollte einfach frei sein! Ich hatte eine sehr romantische
Vorstellung von kreativer Freiheit, nicht unähnlich der eines
halbverrückten Künstlers.

Inzwischen weiß ich, daß sich hinter diesem Verlangen nach
Freiheit der Wunsch verbarg, mir die gesamte Schöpfung zu
eigen zu machen, sie buchstäblich zu umarmen. Ich hielt dies
für den einzig angemessenen Weg, auf dem meine Seele in die
große Harmonie alles Lebendigen, die ich irrtümlicherweise
außerhalb meiner selbst in einer jenseitigen Andersartigkeit
vermutete, zurückkehren könnte. Auch hatte ich das Gefühl,
vor etwas Namenlosem in mir – einer Art Angst – davonlaufen zu müssen.

D: Bist du nunmehr bereit, dich mit diesem Namenlosen in
dir, dem du entfliehen möchtest, zu konfrontieren?

C: Ja, im gleichen Moment, in dem du deine Frage stelltest,
entstand in mir ein intensives Gefühl des Verlassenseins und
eine große Angst.

D: Und was ist es, vor dem du dich fürchtest?

C: Das ist mir noch nicht ganz klar – vielleicht die mögliche Vernichtung meines Ichs oder die Angst, verrückt zu werden.

D: Kannst du dich in den Zeitpunkt zurückversetzen, an
dem dich diese Angst zum ersten Mal überkam?

C: Ja. Es ist der Augenblick, als meine Seele geboren wurde.
Ich habe jegliche Orientierung verloren und fühle mich wie
auseinandergerissen. Es ist so schmerzhaft, als ob es meinen
Körper beträfe.

Ich komme mir so entsetzlich verwundbar vor, daß ich mich meiner Zwillingsseele anvertraue, um bei ihr ein wenig Trost zu finden. Am liebsten würde ich mit ihr in die verlorene große Einheit zurückkehren. Aber auch sie leidet schreckliche Qualen, aber sie versucht hart zu werden, und ihren Schmerz zu verleugnen. Ihr Zorn richtet sich direkt gegen die Schöpfung, und sie stößt mich zurück, was mich noch zusätzlich verletzt. Das also ist der Beginn meines Daseins als Seele – fern vom ursprünglichen großen Einssein und getrennt von meiner Geschwisterseele. Was mir verbleibt, ist nur noch hoffnungslose Sehnsucht, daß sie sich unserer gegenseitigen Liebe wieder öffnen möchte. Aber gerade dagegen sträubt sie sich mit all ihrer Kraft.

Mir wird immer klarer, daß ich mich seit unserer gemeinsamen Geburt nach nichts so sehr sehne, als mit ihr wiedervereinigt zu werden, denn sie ist für mich der Inbegriff jenes ursprünglichen Einsseins. Weil sie so ablehnend war und mich mir selbst überließ, bin ich seither der Meinung, daß allein ihr Verhalten dieses schreckliche Gefühl des Verlassenseins in mir bewirkt hat.

Erst heute erkenne ich, daß ich in Wirklichkeit nie aus diesem Einssein verstoßen wurde. So ist mein Gefühl der Einsamkeit ein reines Hirngespinst, hervorgerufen durch meine Verbannung. Um diese Erfahrung des Einsseins wiederzuerlangen, ist es daher auch nicht nötig, daß meine Zwillingsseele sich ausdrücklich zu unserer Liebe bekennt.

D: Ich möchte, daß du dich noch einmal in deine Ängste zurückversetzt.

C: ... Ich fühle mich wie ein Rehkalb, das allein im tiefen Wald ausgesetzt wurde. Ich schreie jämmerlich nach meiner Mutter, die plötzlich verschwunden ist, und hoffe, daß sie zu mir zurückkommt. Mit aller Inbrunst flehe ich in meiner Hilflosigkeit das Universum an, sie mir zurückzuschicken.

D: Was müßtest du tun, um diese Einsamkeit akzeptieren zu können?

C: Das will ich ja gar nicht. Es muß sich etwas ändern, etwas bewegen.

D: Und was könnte das sein?

C: … Ein anderes Muttertier kam zu mir, welches instinktiv wußte, daß hier etwas nicht richtig ist. Es ermutigt mich, mit ihm zusammen zur Herde zurückzukehren. Dort werde ich gewahr, daß meine Mutter gestorben ist. Ich sehe viele Tiere, die um ihren Leichnam herumstehen.

Als ich zuvor im Wald in meiner schrecklichen Einsamkeit nach meiner Mutter schrie, konnte ich nicht begreifen, weshalb sie mich verlassen hatte. Da ich nun weiß, was geschehen ist, kann ich ihren Tod als Ursache meines Verlassensein akzeptieren. Dies zu verstehen schien der springende Punkt zu sein. (Ich ahnte, daß sie meine Zwillingsseele war, das heißt das Symbol meiner Hoffnungen, die ich mit unserem gemeinsamen Ursprung verband.)

Dann nähert sich mir ein anderes Rehkitz, um mit mir auf seine unschuldige, spontane Art zu spielen. Zunächst habe ich Schwierigkeiten, meine Scheu zu überwinden, und werfe einen ängstlichen Blick auf die anderen Tiere, weil mir nicht klar ist, ob sie mich in der Herde dulden. Diese Angst und die Vorstellung, ein weiteres Mal verstoßen zu werden, macht mich so befangen, daß ich es kaum wage, der Aufforderung zum Spiel Folge zu leisten. Ich muß mich von der Herde entfernen, ehe ich den Mut habe, auf die harmlosen Annäherungsversuche dieses Rehkitzchens einzugehen.

Dann erst bemerke ich, daß meine Gespielin nichts anderes im Sinn hat, als meinem verletzten Selbstgefühl ein wenig auf die Füße zu helfen. Sie will mir zeigen, daß ich doch auch so ein lustiges Kitzlein bin, und ich fühle mich gleich viel besser.

Als ich später zur Herde zurückkehre, sind sie alle sehr freundlich zu mir. Ich brauche nicht zu zeigen, was ich weiß oder kann oder welche Ideen ich habe. Ich gehöre einfach zu ihnen, und es gibt keine Maßstäbe, nach denen ich beurteilt würde, noch werde ich von ihnen bevormundet. Sie verhalten sich völlig neutral und nehmen mich ganz selbstverständlich in ihrer Mitte auf. (In einigen vorangegangenen Regressionen mußte ich feststellen, wie sehr mich mein Abwehrverhalten gegenüber meinem Urschmerz immer wieder dazu verführte, mich als besonders intelligent aufzuspielen und meine »Genialität« durch eine inszenierte Show unter Beweis zu stellen, um anerkannt und bewundert zu werden.)

Ich habe mich stets als Außenseiter empfunden, als jemand, der nicht »dazugehört«. Die Erfahrung als Tier hat mein Selbstgefühl erheblich gestärkt ...

D: Nun versetze dich bitte in jene Zeit zurück, als du auf die Erde geschickt wurdest. Vielleicht können wir herausfinden, warum dies geschah und wie du das damals empfunden hast.

C: Ich sehe mich als eine junge, überschwengliche Seele, die sich vor einem hohen Gremium verantworten muß. Ich spüre sofort, daß dessen Mitglieder eine gewisse Macht über mich haben. Und falls ich nicht bereit wäre, mich ihren Anweisungen zu fügen, würde ich nicht nur sie, sondern auch meine Seelengruppe vor den Kopf stoßen. Ich habe also die Wahl. Doch wie könnte ich weiterleben, falls ich mich ihnen verweigere? Ich würde ganz auf mich selbst gestellt sein. Ich weiß sehr wohl, daß diese Seelengruppe zu jenen gehört, die aus der höchsten Bewußtseinsebene kommen, die unmittelbar an das »Jenseits« grenzt und somit ein Verbindungsglied zur Gottheit selbst und den manifestierten Bereichen der Schöpfung darstellt. Das verrät mir mein tiefstes Seelenbewußtsein, und von daher wäre es unklug, mich ihren Entscheidungen zu widersetzen.

Es war mir schon immer klar, daß es innerhalb dieser Hierarchie auch Lehrer und Führer gibt, die ab und zu je nach Notwendigkeit bestimmte Maßnahmen ergreifen, um unsere Entwicklung zu fördern. Zuweilen erschien es mir seltsam, daß einige von ihnen befugt waren – wenn auch zum Wohle der anderen – gewissen Seelen ihre Entscheidungen aufzuzwingen. Das wollte meinem intuitiven Verständnis vom kosmischen Geschehen nie recht einleuchten. Inzwischen erkenne ich, daß es in der Tat eine Art überpersönlichen Computer gibt, eine allwissende Instanz, die dazu dient, das Leben in seiner Gesamtheit im Gleichgewicht zu halten. Und wie der homöostatische Mechanismus im menschlichen Körper schaltet sich dieser kosmische Computer in die Entwicklung jedes einzelnen Karmas ein, um die menschliche Seele je nach Bedarf zu lenken oder vor allzu großen Verirrungen zu schützen. Er diente auch mir als hilfreiches Gegengewicht zu meinem egozentrischen Streben nach Freiheit und unbehinderter Kreativität und erinnerte mich an meine Verantwortung zum Wohle der anderen und der Gesamtheit.

Indem mich meine Mentoren auf den Planeten schickten, wo ich mich wie in einem Dschungel allzu gerne dem Drängen und Treiben meiner karmischen Energien überließ, agierten sie lediglich im Auftrag des kosmischen Computers. Ihre Rolle als Berater ist ohne jeden Eigennutz. Sie beruht auf ihrer Fähigkeit als kosmische Vermittler, die über die notwendigen Einsichten verfügen, um gegebenenfalls auch einmal ein bißchen bei der Ausführung der Befehle des kosmischen Computers nachzuhelfen.

Dies ist eine sehr weittragende Erkenntnis für mich. Warum sollte ich ihnen mißtrauen, warum sie für inkompetent oder gar ungerecht halten? Es gibt keinen Grund, mich ihnen weiterhin zu verweigern oder sie zu bezichtigen, mich unfairerweise bestraft und verbannt zu haben. Der kosmische

348

Computer kann sich nicht irren, davon bin ich fest überzeugt ...

D: Was könnte denn deine Ausweisung verursacht haben? Wurde dir ein spezieller Auftrag erteilt?

C: Ich arbeite hier mit einer großen Seelengruppe zusammen, die aus den inneren Dimensionen kommt. Einige von ihnen sind freiwillig gekommen; die meisten aber hatten wie ich ihre Schwierigkeit und sollen nun hier auf der Erde eine Gelegenheiten erhalten, sich damit zu befassen und gleichzeitig der Menschheit zu größerer Stabilität zu verhelfen. Aber ich habe dabei einiges verkehrt gemacht und habe nun genug mit all dem Karma zu tun, das ich mir selbst eingebrockt habe.

D: Bist du über die Art deines bisherigen Verhaltens beschämt?

C: Ich habe Angst, hier steckenzubleiben. Irgendwas muß mit mir nicht in Ordnung sein, sonst wäre ich gar nicht hierher gekommen.

D: Du kommst dir sicher recht kläglich vor ...

C: Weil ich meine Mentoren enttäuscht habe.

D: Glaubst du, dich selbst dafür strafen zu müssen?

C: Ach, ich mag dieses Wort gar nicht mehr hören. Mich selbst zu bestrafen hat mir noch nie etwas eingebracht – im Gegenteil, ich habe mir damit nur geschadet. Ich weiß nicht, ob ich es je besser machen kann, und so schneide ich mir ständig ins eigene Fleisch.

D: Ich glaube es ist dir sehr wichtig, von diesen verwandten Seelen akzeptiert zu werden.

C: Ich möchte, daß sie mich so nehmen, wie ich wirklich bin – mein reales Ich akzeptieren. Von ihnen getrennt zu sein heißt, mich selbst zu verlieren. Ich sehne mich so danach, ihrer Liebe und Spiritualität teilhaftig zu werden. Das ist mein einziges Anliegen, was all mein Tun und Denken bestimmt. Und ich bin so frustriert und entmutigt, wenn ich sehe, daß ich mein Ziel nicht erreichen kann. Und dann schäme ich mich so sehr ...

Meine nächste hypnotherapeutische Sitzung fand innerhalb der darauffolgenden Tage statt. Diesmal ging es um die Ereignisse unmittelbar vor meinem jetzigen Leben.

C: Mein Flugzeug wird über einem Gewässer abgeschossen. Ich werde von den Schüssen aus einem Maschinengewehr getroffen und sterbe, als mein Flugzeug auf dem Wasser aufschlägt. Der Aufprall ist auch meine letzte Erinnerung an jenes Leben. Im gleichen Moment wird mir bereits klar, daß die Rückgratverkrümmung, mit der ich in dieses Leben geboren wurde, von daher stammt. Sie hat sich noch während das Sterbens in das Diagramm meiner Psyche eingegraben.
D: Was empfindest du, während du dich von deinem Körper löst?
C: Ich bin sehr bedrückt. Ich will ja noch gar nicht sterben. Der Tod bringt mich an den Rand der Verzweiflung, weil ich mir für jenes Leben noch so viel vorgenommen hatte. Ich möchte mein Buch fertigschreiben, an dem ich viele Jahre gearbeitet hatte. All diese irrsinnigen Kriegsspiele haben mich zornig gemacht. Ich war Pilot bei einer zivilen Fluggesellschaft und mußte während des Zweiten Weltkrieges in Frankreich für die militärische Luftaufklärung fliegen. Ich tat mein Bestes, aber war sehr deprimiert wegen all der Unwissenheit und Gewalt auf dem Planeten.
D: Triffst du zu dieser Zeit irgendwelche Entscheidungen?
C: Nein. Zumindest nicht bewußt. Es geht mir wie in all den anderen Lebenszeiten. Als körperliches Wesen hat man nie die Möglichkeit, etwas zu Ende zu bringen, nicht in dieser irdischen Welt inmitten so vieler widersprüchlicher Kräfte

der Habsucht, der Dummheit und der Machtgier der Menschen. Hinzu kommen die beengenden sozialen Strukturen, die sich geradezu psychotisch auswirken. Da kann man wirklich nicht arbeiten. Ich fühle mich ständig blockiert und frustriert und sehe keine Möglichkeiten, meine kreativen Energien zu entfalten. Dies alles widerstrebt mir zutiefst, und ich möchte gar nicht mehr hiersein. Denn wo ich herkomme, kann man sich frei bewegen und seine kreativen Fähigkeiten uneingeschränkt und spontan einsetzen. Dort war Kunst und Musik Teil meines Wesens. Ich konnte sie unmittelbar spüren und ungehemmt produzieren. Es fällt mir sehr schwer, unter den gegebenen Bedingungen meine körperliche und geistige Kreativität zu entwickeln – ganz so, als ob jemand, der gewohnt ist, eine riesige Orgel zu spielen, nun plötzlich aus einer Blechflöte eine Bach-Fuge hervorzaubern soll.

D: Was ist das nächste größere Ereignis?

C: Ich befinde mich jetzt für eine Weile in der astralen Welt, wo ich meinen Gefühlen freien Lauf lasse. Dann begebe ich mich bis hinauf in die siebte Dimension und kehre somit zu meinen Geistführern zurück. Ich bin wie ein kleiner Junge, der soeben aus der Schule nach Hause kommt und seine Schultasche hinter sich herschleift. Der Mentor, mit dem ich mich unterhalte, ist sehr weise und verständnisvoll. Er fragt mich noch nicht mal nach meinem letzten Leben auf dem Planeten. Wir beide wissen ja ohnehin, daß es mehr oder weniger dazu diente, mein Verlangen nach einer baldigen Rückkehr auszuagieren. Das Fliegen war für mich wie eine Metapher für diesen sehnlichen Wunsch. Es war aber auch eine aufregende Sache, denn es war ja das erste Mal in der Geschichte, daß es den Menschen gelang, sich in die Lüfte zu erheben. Und als ich dann abgeschossen wurde, kam ich mir vor wie der stürzende Ikarus ...

Mich überkommt ein plötzliches Schweregefühl – ich ahne,

daß ich noch eine Menge zu tun habe. Mein Herz wird so schwer, ich kann kaum atmen.

D: Ist es dir möglich, einen Moment anzuhalten und mir dieses Gefühl näher zu beschreiben?

C: Es drückt mir das Herz ab. Es ist äußerst schmerzhaft … Die ganze Schönheit meines Wesens bricht in sich zusammen … mein innerster Kern, meine Vitalität und alles, was meine Seele als das Vermächtnis ihrer göttlichen Herkunft mitbekommen hat. Das Geschenk, das für den Planeten bestimmt war, ist wertlos geworden. Es ist meine Aufgabe, diesen Schatz wiederzufinden.

D: Den heiligen Gral?

C: Ja, genau das. Ich habe das Allerwichtigste verloren, den Juwel in der Lotusblüte, die eigentliche Quintessenz. Sie ist der Grausamkeit und Feindseligkeit dieser Erde zum Opfer gefallen. Die kollektivste Psyche der Menschen ist pervertiert und dem Einfluß des Bösen unterlegen. All die Schmerzen und das Elend haben sich tief in das kollektive Unbewußte eingeprägt. Die bereits erstarrten und zwanghaften sozialen und religiösen Strukturen dienen lediglich jenen orthodoxen Bestrebungen, die nur dazu da sind, den siedenden Kessel schrecklicher Emotionen nicht zum Überlaufen zu bringen. Es ist eine wahre Hölle aus Angst und Quälerei.

Doch der unterdrückte Teil der kollektiven Psyche ist auf Dauer nicht bereit, sich dies bieten zu lassen. Die Aggressionen sind inzwischen so stark, daß auch er mit Wut und Zerstörung reagiert, mit einem blinden, maßlosen Zorn. Und all dies ist noch durchsetzt und vermischt mit jenem ungezügelten Machtstreben und Neid, die beide für unsere Welt seit ihrer Inbesitznahme durch die Menschheit so bezeichnend sind. Diese unterdrückenden Faktoren sind letztendlich für all die satanischen Energien auf unserem Planeten verantwortlich.

Immer wieder stelle ich fest, daß eine Person, deren Seele vor Schmerz und Ärger zu bersten droht, auf gleicher Ebene schwingt, wie das kollektive Übel der Welt, so daß sich ihre Aura dem allgemeinen Übel öffnet, dem ihr Unbewußtes zur leichten Beute wird. Auch ich habe die gleiche Erfahrung an mir selbst gemacht und nicht erst in diesem letzten Leben. Das Böse hat mich von innen her aufgefressen und jeden Widerstand in mir unterminiert, so daß ich mich völlig überrumpelt fühlte. Es hat mir den Schatz aus meinem Herzen gerissen. Ich habe so oft gegen das äußere Übel in dieser Welt gekämpft und bin immer wieder niedergeschossen und mit Lanzen und Schwertern erstochen oder zu Tode gequält worden, doch nie ist es mir gelungen, das Licht und das Wissen aus den höheren Dimensionen in dieses Dunkel zu bringen. Ich bin nicht nur äußerlich besiegt, sondern meines eigentlichen spirituellen Kerns beraubt worden.

D: So ist es deine Aufgabe als Seele, diese Wunden in dir zu heilen?

C: Meine Aufgabe ist es, den Gral und die Macht des Geistes in meinem Inneren neu zu entdecken – die wahre Essenz meines Wesens. Früher konnte ich es nicht lassen, diejenigen anzugreifen, die auf der Seite des Übels standen. Ich war so frustriert und habe immer wieder versucht, sie fertigzumachen. Dabei habe ich mich tiefer und tiefer in mein altes Karma verstrickt, von dessen Last ich förmlich erdrückt wurde. Noch höre ich den Aufschrei, der aus diesem Teil meines Selbst kommt: »He, das ist nicht fair, das könnt ihr nicht machen! Ich bin besser als ihr, und ich werde es euch zeigen!« Ich habe damals noch nicht begriffen, daß man den Gral auf diese Weise den Menschen nicht näherbringt und das Gute sich nicht erzwingen läßt.

D: Kannst du mir näher beschreiben, was deiner Meinung nach nötig ist, um all diese Erfahrungen umzusetzen?

C: Ich muß aufhören, auf irgendeinen Erfolg zu hoffen. Denn das ist mein wunder Punkt. Wenn sich nicht gleich die erwünschten Ergebnisse einstellen, versuche ich sie mit Gewalt zu erzwingen. Jedesmal, wenn ich Widerstand spüre, bin ich frustriert und bilde mir ein, noch härter vorgehen zu müssen. Das ganze Geheimnis besteht darin, sich von den alten Fixierungen zu lösen und nur das zu tun, was wirklich getan werden muß. Ich habe noch viel zu lernen – zum Beispiel, wie ich es schaffe, die Weisheit und das Erbarmen zum alleinigen Motiv meines Handelns zu machen, ohne auf die Reaktion meiner Umgebung zu achten. Noch fehlt es mir an der ständigen Bereitschaft zu geben, da, wo sich mir die Menschen öffnen, noch bin ich nicht fähig, die Grenzen ihrer Mentalität zu akzeptieren wie auch die Tatsache, daß das Karma dieses Planeten einem ständigen Wechsel unterworfen ist. Daran zu arbeiten ist wie eine Gratwanderung, denn es finden feine Veränderungen in diesem karmischen Bereich statt, auf die ich mein Augenmerk richten muß. All dies ist viel wichtiger, als an einer fixen Idee festzuhalten, wie die Welt sein könnte oder sein müßte. Denn sobald ich in meinen alten Pessimismus zurückfalle, erreiche ich damit nur das Gegenteil, und all meine Anstrengungen schlagen ins Gegenteil um. Ich muß mich vor meinem eigenen Karma hüten, das noch weitgehend auf diesen negativen Vorstellungen fußt.

Die Aussendung meiner Seele auf den Planeten war vor allem durch meine zu große Ungeduld und zu hohen Ansprüche bedingt. Schon immer war ich darauf aus, große Dinge zu tun und die kleinen Aufgaben von mir zu weisen. Auf meine quecksilbrige Art wollte ich, daß alles sofort und auf der Stelle geregelt würde, in den raumzeitlichen Dimensionen und der Schnelligkeit von Gedanken. Daher habe ich so wenig Verständnis für den bedächtigen Prozeß des Lebens und kaum die Fähigkeit, mich ihm anzupassen.

Daß ich auf die Erde geschickt wurde, weist darauf hin, wie unausgeglichen meine Seele noch war. Als Kind in diesem Leben verbrachte ich viel Zeit in meinem Bett mit allerlei mystischen Wahrnehmungen, wobei mir instinktiv klar wurde, daß es aus kosmischer Sicht keinen Unterschied zwischen den kleinsten und den größten Dingen gibt. Das war für mich ein faszinierendes Geheimnis und hat mich lange beschäftigt. Und das ist es, was ich hier noch mehr beherzigen muß, nämlich, daß im Jetzt und Hier alle übrigen Dinge mit eingeschlossen sind. Ich muß nicht gleich den ganzen Kosmos erobern wollen, denn in seinen kleinsten irdischen Formen ist er irgendwie vollständig enthalten.

D: Kannst du noch einmal in jene Zeit zurückgehen, als du im Begriff warst, den Weg in dein jetziges Leben anzutreten?

C: Ich sehe mich als Seele in der Gesellschaft anderer Lichtwesen, die sich im selben Zustand wie ich befinden. Wir alle versuchen, uns ein Urteil über die augenblicklichen Bedingungen auf der Erde zu bilden. Offenbar steht uns ein sehr bedeutsames Leben bevor, und jeder von uns fragt sich, wie wir als Gruppe in dieser kritischen Weltsituation sowohl der bedrohten Menschheit helfen als auch unseren persönlichen Bedürfnissen Rechnung tragen können.

D: An welchem deiner karmischen Probleme willst du in diesem Leben vor allem arbeiten?

C: Ich empfinde mein Karma als ein sehr schweres Gepäck und möchte am liebsten damit nichts zu tun haben. Ich ziehe es vor, auf einer transpersonalen Ebene zu arbeiten, die mich mit anderen verbindet. Wir möchten Licht in das Dunkel der Welt bringen und uns nicht so sehr mit den äußeren Angelegenheiten befassen, da sich die Menschheit in einer sehr traumatischen Phase befindet. Als Gruppe wollen wir den Kräften des Füreinanders und des Mitgefühls während dieser

Regenerationskrise auf dem Planeten neuen Auftrieb verleihen.

D: Und wie steht es mit deinem persönlichen Karma?

C: Wenn ich in meinen Koffer voller Karma hineinschaue, sehe ich eine Menge Konflikte mit anderen Leuten auf mich zukommen, einschließlich desjenigen mit meiner Zwillingsseele. Es gibt aber auch noch genügend andere Wesen, mit deren Seelen ich in meinen verschiedenen Lebenszeiten Probleme gehabt habe. Ich wollte sie immer zwingen, ihr Machtstreben und ihre Habsüchtigkeit aufzugeben, und durch meine öffentlichen Auftritte mit ihnen habe ich mir viele mächtige Feinde gemacht.

D: Weshalb bist du gleich wieder auf die Erde gekommen?

C: Es war schlechthin unvermeidlich geworden, da ein gewisses Bedürfnis bestand, mit all den Lichtwesen zusammenzuarbeiten, die hier auf der Erde eine bestimmte Mission zu erfüllen haben. Und es war genau die richtige Zeit, um all die alten Strukturen durch bessere zu ersetzen und in den Menschen ein neues Bewußtsein zu erwecken – sowohl ihre Psyche zu ändern als auch die äußeren Gesellschaftsstrukturen. Wir haben ein gemeinsamen Plan, und auf dem gesamten Planeten der Autorität des spirituellen Bewußtseins eine neue Grundlage zu geben. In dieser Periode der nahezu kataklysmischen Veränderungen, in der ein Zyklus des kollektiven Karmas sich zu vollenden beginnt, wollen wir die Fackel hochhalten und die uns gebotene Gelegenheit zu einem großen evolutionären Wandel wahrnehmen. Wir sind dabei, eine neue Wurzelrasse zu schaffen, die stark genug ist, um den kommenden – und möglicherweise nuklearen – Winter zu überleben.

D: Nach welchen Gesichtspunkten hast du dir deine Eltern ausgesucht?

C: Ich hatte keine besondere Wahl. Es war ja die Zeit des

»Baby-Booms«, wo viele Seelen nach geeigneten irdischen Eltern suchten. Zu meinem Vater habe ich bis dahin noch keine Beziehungen gehabt, nur zu meinem Bruder und meiner Mutter, die genau das verkörperte, was mir im großen ganzen an den irdischen Wesen mißfiel, weswegen ich auch nie die Zuwendung erhielt, die meinen emotionalen Bedürfnissen entsprach.

Wieder einmal bin ich denselben Nöten und Schmerzen ausgesetzt, wie ich sie schon in meinen früheren Leben erfahren hatte.

D: Wie fühlst du dich bei deiner erneuten Rückkehr auf die Erde?

C: Ich habe dauernd zu kämpfen, und diesmal noch mehr, weil ich soviel von dem alten kollektiven Karma vorfinde, das offenbar auf der Erde überhandnimmt. Die Kräfte des Bösen haben sich im Angesicht der unvermeidlichen evolutionären Veränderungen zusammengeschlossen, um ihre alten Machtpositionen gemeinsam zu verteidigen. Auch das macht meine Rückkehr so notwendig. Entweder ich schaffe es diesmal, oder ich falle wieder in meine alte Rolle des unbelehrbaren Starrkopfes zurück.

D: Aber dazu bist du sicher schon viel zu bewußt?

C: Ja, das stimmt (Gelächter), und ich passe verdammt auf, daß mir das nicht noch mal passiert. Aber es macht mir noch ganz schön zu schaffen. Jetzt wird mir das erst so richtig klar.

D: Was fehlt dir denn, um diesen schrecklichen, herzzerreißenden Konflikt in dir selbst zu lösen, damit du deiner Bestimmung ein Stück näher kommst?

C: Mir könnte eine Metapher helfen, mit der ich mich in letzter Zeit befaßt habe – das Bild eines alten Weisen – sagen wir, eines bejahrten Taoisten, der so verschmitzt mit den Augen zu blinzeln versteht. Er ist unglaublich einfühlsam und wunderbar anzusehen, und all die entsetzlichen Dinge in dieser Welt können ihn nicht mehr erschüttern. Die Frage ist nur, wie gelingt es mir, ihm ähnlich zu werden? Wenn ich doch nur nicht so halsstarrig wäre ...

D: Es steckt noch eine Menge Groll in dir.

C: Ja, ich kann es immer noch nicht verwinden, auf die Erde verpflanzt worden zu sein und all die Schmerzen, die mir hier widerfahren, ertragen zu müssen.

D: Dein alter Groll gegen die widerwärtigen Zustände, mit denen du dich herumschlagen mußt ... Und du mußt sie zur Kenntnis nehmen, und du bekommst sie am eigenen Leibe zu spüren.

C: Ja, ich kann mich ihnen nicht entziehen. Ich kritisiere sie scharf und reagiere äußerst empfindlich. Wenn ich nur davon ablassen könnte, um den goldenen Faden der Weisheit wiederzufinden. Sowohl in der Therapie als auch im alltäglichen Leben müßte ich meinen Widerstand und erst recht meine Powertrips endlich aufgeben.

D: Und zur Vergebung bereit sein.

C: Mmmh. Ich vermute, ich muß noch lernen, in meiner eigenen Reaktion den Verursacher allen Übels zu erkennen. Ich müßte den nötigen Abstand zu all diesen häßlichen Dingen in meiner Umgebung finden und mich nicht dauernd als deren Zielscheibe verstehen. Das würde mir helfen, weil damit dieser Opferaspekt, unter dem ich so leide, hinfällig wäre. Das wäre der Schlüssel, um vergeben zu können. Es liegt ja an mir, mich nicht provozieren zu lassen und dabei letztendlich den kürzeren zu ziehen, das heißt, mich den Mächten dieser Welt ausliefern zu müssen. Warum kann ich nicht sein wie der weise alte Mann? Warum muß ich mich stets als Opfer empfinden? Solange ich an dieser Vorstellung festhalte, muß ich auch all die Schmerzen in Kauf nehmen, die mit meiner Geburt als Seele begannen und mir diese Opferrolle suggerieren.

D: Ich denke, neue Wege zu finden wäre für dich eine positive Herausforderung, die die kreativen Kräfte in dir wieder in Bewegung setzen könnten. Es müßte für dich ein Vergnügen sein, dem alten weisen Mann nachzueifern und mit deinen vermeintlichen Widersachern eine Art psychisches Tai-Chi zu betreiben. Du könntest dies *wirklich genießen,* anstatt die Dinge so ernst zu nehmen.

C: Okay. Ich will versuchen, deinen Rat zu beherzigen.

D: Was siehst du, wenn du aus der Perspektive deiner Seele auf dein jetziges Leben herabblickst?

C: Ich erblicke darin immer noch eine Fortsetzung der emotionalen Muster aus der Zeit, als meine Seele geboren wurde, und ich sehe, wie erfolgreich mich meine Eltern zum Feind meiner selbst gemacht und mir meine Bedürfnisse ausgetrieben haben, vor allem meine Mutter.

D: Was müßtest du tun, um deine Vorbehalte gegenüber dem Weiblichen ein wenig abzubauen?

C: Ich müßte zunächst mit mir selbst wegen der Schmähungen in den Zeiten des militanten Matriarchats reinen Tisch machen. Das habe ich bereits zusammen mit meiner Zwillingsseele in jenem Leben versucht. Aber später, als sie mich allein ließ, änderte sich ihre Einstellung, und sie wurde sehr zornig auf mich. Nun weiß ich, daß mir nichts übrigbleibt, als noch einmal bis zum Punkt meines Ursprungs zurückzugehen. Wir alle haben mit diesen uralten Archetypen in unserem Innern zu kämpfen. Ich erinnere mich noch recht gut an meine Geburt als Seele; damals war mein Verlangen nach Geborgenheit und Zuwendung ausschließlich auf meine Zwillingsschwester fixiert. Doch aufgrund ihrer eigenen psychischen Schwierigkeiten wollte oder konnte sie diese Rolle nicht akzeptieren. Genauso wie ich litt auch sie unter dem Trauma unserer Verbannung, und sie machte mich zum Objekt ihres Grolls, weil ich die einzige Person war, die sie unwillkürlich in einen gedanklichen Zusammenhang mit der Vertreibung aus dem kosmischen Einssein brachte.

D: Und obendrein bist du für sie die Verkörperung des männlichen Archetypus.

C: Du meinst, jenes geistigen Prinzips oder Logos, dem sie ihre Geburt als Seele zur Last legt?

D: Ja, so könnte es sein. Und sie assoziiert dich mit dem Schmerz, dem sie entfliehen möchte. Ist es so schwer für euch beide, von diesen Vorstellungen loszukommen?

C: Ich müßte ihr vergeben und mehr Mitgefühl für uns beide entwickeln.

D: Kannst du dir in diesem Moment ihre Seele vergegenwärtigen. Laß sie wissen, daß du zur Versöhnung bereit bist!

C: Aber ich weiß doch, daß schon der bloße Versuch, ihr meine Gefühle zu zeigen, ihre abweisende Haltung nur noch verstärkt und sie noch wütender macht. Es wäre wirklich am besten, sie in Ruhe zu lassen. Ich habe ja nichts gegen sie, doch ist es unserem gemeinsamen Karma viel dienlicher, wenn ich meine Erwartungen an sie und das Weibliche schlechthin zurückschraube und statt dessen versuche, alles zu tun, um unabhängig davon meinen Weg in das große Einssein zurückzufinden. Ich habe das sichere Gefühl, daß ich von ihr nicht erlangen kann, was ich so sehnlichst erhoffe. Ich bin auch nicht in der Lage, mich anderen Frauen zu öffnen oder in mir selbst die weiblichen Qualitäten zu entwickeln. Erst wenn mir dies alles gelingt, werde ich auf ganz natürliche Weise für jene kosmische Liebe offen sein, ohne die ich auf Dauer nicht existieren kann.

D: Versuche dir deine innere Leere noch einmal zu vergegenwärtigen und dich von dem Archetypus des Weiblichen erfüllen zu lassen. Kannst du mir sagen, was da in dir vorgeht?

C: Ich sehe ein weibliches Geistwesen auf mich zukommen.

Es ist die reine Essenz aus Liebe und Mitgefühl, der Inbegriff von Güte und Schönheit. Wie Sternennebel breitet es sich in meinem Inneren aus. Aber mein rechtes Knie ist auf unerklärliche Weise verkrampft. Ich führe dies auf die Schwierigkeiten mit meiner Mutter zurück, zu der ich nie eine klare emotionale Einstellung hatte, weil sie mich ständig herumstieß und ihre Aggressionen an mir abreagierte. Meine Empfindsamkeit und kindliche Unschuld empfand sie als störend und auch die Art, wie ich mich ihr zu nähern versuchte, es erinnert mich an ähnliche Versuche meiner Zwillingsseele zum Zeitpunkt unseres Ursprungs. Mein kindliches Liebesbedürfnis und meine Verletzlichkeit waren für meine Mutter eine echte Bedrohung ...

D: Und was geschieht jetzt?

C: Ich befinde mich im Schoß meiner Mutter. Schon in diesem frühen Stadium meines leiblichen Daseins wollte sie nichts von mir wissen. Sie war schon vorher verheiratet gewesen, aber sie hatte ihren ersten Mann und ihre zwei Kinder verlassen. Ihre erneute Schwangerschaft mit mir erinnerte sie schmerzlich an ihr früheres Leid. Sie sträubt sich dagegen, noch einmal Mutter zu werden. Sie haßt mich, weil sie dieselben Qualen nicht noch einmal erdulden will.

D: Was fühlst du jetzt, Charles?

C: (Mein Körper krümmt sich vor Schmerzen und gerät in Zuckungen, während sich starke Energien freisetzen.) Meine Mutter will verhindern, daß ich auf eigenen Beinen stehe. Es dauert eine ganze Weile, ehe sich die Verkrampfungen in meinem rechten Bein lösen. Ich durchlebe noch einmal den Augenblick, als meine Mutter mich beim Wechseln der Windeln mit einer Sicherheitsnadel verletzt. Sie hatte Streit mit meinem Vater gehabt und ist deshalb abgelenkt. Es tut ihr noch nicht einmal leid – im Gegenteil, sie empfindet es als eine Genugtuung, mir einen Schmerz zuzufügen!

Um mit dieser Situation fertig zu werden, muß ich mir zunächst einmal klarmachen, daß meine Mutter eine ganz normale, von aufgestautem Groll erfüllte Person war, zu der ich mich aufgrund meiner eigenen, ähnlich gelagerten Identität irgendwie hingezogen fühlte. So höre ich auf, sie wegen ihres Verhaltens zu tadeln und ihre Kränkung persönlich zu nehmen.

Mein Körper scheint plötzlich von einer Art elektrischer Energie wie neu belebt – oder sind es die wiedererwachten Lebenskräfte meiner eigenen Seele? Es ist ein gutes Gefühl, und ich stehe zu meiner Männlichkeit. Der negative weibliche Aspekt hat mich lange genug in meinem Vorankommen behindert. Jetzt bin ich wieder ein freies Wesen.

D: Das wird dir helfen, auch wieder für jene Frauen interessant zu werden, die sich ihrer eigenen Stärke bewußt sind, ohne deswegen die Männer beherrschen zu wollen. Jetzt kannst du endlich die Quelle der göttlichen Weiblichkeit in dir selbst anzapfen und *damit anfangen, deinen emotionalen Hunger zu stillen.*

Nach diesen beiden Sitzungen war ich in der besten Verfassung, um die nachhypnotischen Anregungen meines Therapeuten in die Tat umzusetzen. Kurz danach lernte ich eine Frau kennen, mit der ich eine Woche verbrachte und dann gleich ein weiteres Treffen verabredete, obwohl wir sehr weit voneinander entfernt wohnten. Diesmal war ich an der Reihe, sie in ihrem Heim zu besuchen. Aber sobald ich dasselbe betreten hatte, wurde mir klar, daß ich mich schon wieder in den Fängen einer Frau befand, der es offenbar Spaß machte, ihre Stärke hervorzukehren und sich als Richter aufzuführen. Der Machtkampf, in den wir uns daraufhin verstrickten, hielt mehrere Wochen an mit dem Effekt, daß ich mich zunächst von ihr einschüchtern ließ. Aber im Gegensatz zu früheren

Zeiten gelang es mir relativ schnell, mein inneres Gleichgewicht wiederzufinden. Ich konnte ohne Furcht meinen eigenen Standpunkt einnehmen und nötigenfalls auch durchsetzen. Schließlich ließ ich sie wissen, daß ich aufgrund der Spannungen, die sich zwischen uns aufgebaut hatten, unsere Beziehung als gescheitert betrachte. Diese Enthüllung löste bei ihr nicht nur eine ganze Flut von Anschuldigungen und langgehegten Ressentiments, sondern auch echte Gefühle des Verlassenseins aus, so daß wir nach einer schwierigen Phase vertiefter Auseinandersetzung dennoch zu einer auf Rücksichtnahme und Einfühlung gegründeten Freundschaft zusammenfanden. Durch gegenseitige hypnotherapeutische Arbeit versuchten wir, die Gründe unserer Begegnung als Seelen besser zu begreifen. (Das vorangegangene Protokoll über Margarets Rückführung gibt diese Bemühungen wieder.)

Dabei entdeckten wir, daß es tatsächlich eine Art Übereinkunft unserer Seelen gegeben hatte, uns in diesem Leben als menschliche Wesen zu treffen, um gemeinsam an unseren wichtigsten Problem zu arbeiten. Margaret hatte sich anfangs genauso zornig wie meine Zwillingsseele gegen ihre Wiederverkörperung gewehrt, und auch ihre Erfahrungen als Amazone im Matriarchat wiesen gewisse Parallelen auf, so daß in mir beim Anhören ihrer Geschichte die alten Wunden und Widersprüche in der Beziehung zu meiner Zwillingsseele erneut aufbrachen.

Schon bald nach meiner gelungenen Versöhnung mit Margaret kam es zu einer ziemlich idyllischen Begegnung mit einer anderen Frau. Ich glaubte mich schon im siebten Himmel und war überzeugt, daß sich zwischen uns eine wirklich positive Beziehung entwickeln würde. Doch hatte ich nicht mit ihren Ängsten vor meinen intensiven Gefühlen und ihrer physischen Abhängigkeit von einem anderen Mann gerechnet, dessen Existenz sie mir zunächst verschwiegen hatte. Ich hatte nicht gemerkt, wie sehr sie sich selbst in einem wahren Geflecht aus Schuldgefühlen und selbstverhängten Strafen verstrickt hatte. Sie lehnte es grundsätzlich ab, gewissen spirituellen Neigungen, die sich in ihrem Inneren zeigten, nachzugeben. In dieser Hinsicht war sie in ihrer psychologischen Struktur mit meiner Zwillingsseele nahezu identisch.

Um ihr den Umgang mit den eigenen Konflikten ein wenig leichter zu machen, versuchte ich, sie durch eine Rückführung mit ihrer seelischen Situation vertrauter zu machen und ihr aus dieser Perspektive einen Einblick in ihr gegenwärtiges Leben zu ermöglichen. Doch als erste Reaktion nach dieser Sitzung entwickelte sie eine erstaunliche Fähigkeit, all die im Trancezustand so deutlich erkannten Zusammenhänge hartnäckig abzustreiten. Sie wollte von alldem nichts wissen, geschweige denn sich für ihr eigenes Leben verantwortlich fühlen. Denn unter den gegebenen Bedingungen hätte für sie eine Kapitulation vor den alchimistischen Prozessen zwischen uns beiden eine totale Revolutionierung ihres bisherigen Denkens und Handelns bedeutet. Da entschied sie sich, doch lieber auf Nummer Sicher zu gehen und weiterhin ihre Ängste zu verdrängen, die ihr seit der Scheidung von ihrem einstigen Ehepartner so sehr zu schaffen machten.

Dies also war mein zweiter Test in puncto Selbstsicherheit, der an mich weit größere Anforderungen stellte als meine Beziehung zu Margaret. Die neue Wunschpartnerin war Hebamme und Heilerin und besaß ein Gebirgsgrundstück – genauer gesagt, einen Berggipfel – in einer herrlichen Gegend nahe der nordkalifornischen Küste, und sie enthüllte mir ihren Plan, dort oben ein Therapiezentrum zu errichten. Als sie mir das erste Mal den dafür vorgesehenen Platz zeigte, verliebte ich mich sofort nicht nur in ihre Idee, sondern auch in die Frau selbst samt ihren drei recht originellen Kindern.

Ich sah sie schon als meine zukünftige Familie und malte mir aus, was für ein traumhaftes Leben es sein würde, sobald ich ihre uneingeschränkte Liebe gewinnen würde. Angesichts der Ergebnisse ihrer Trance-Sitzung und meiner eigenen »Projektionen« war ich überzeugt, daß sich unsere Seelen längst einig waren, als Heiler auf transpersonaler Ebene zusammenzuarbeiten und unserem gegenseitigen Verlangen nach einer spirituellen Liebesbeziehung konkrete Gestalt zu verleihen. Es schien alles so perfekt, ja, wie von höherer Hand vorbereitet zu sein.

Wenn ich aus heutiger Sicht auf jene Ereignisse zurückblicke, kann ich erkennen, wie ähnlich der psychologische Zustand dieser Frau dem meiner Zwillingsseele am Punkt ihres Ursprungs war. Und alles, was ich in unsere Beziehung hineinprojizierte, entsprach auf frappierende Weise meinen ursprünglichen Erwartungen an ebendiese Zwillingsseele. So war ich sehr verletzt und frustriert, als ich ein weiteres Mal auf drastische Art von einer Frau abgewiesen wurde. Ich kämpfte mit dem Gedanken, mein Herz zu verschließen, konnte aber mein tiefes Mitgefühl mit dieser Frau nicht verleugnen. Der Test, dem ich mich selbst ausgesetzt hatte, schien darauf hinauszulaufen, an meiner spirituellen Liebe zu ihr festzuhalten, auch wenn unsere Beziehung als solche gescheitert war. Und dies gelang mir tatsächlich und weit besser als jemals zuvor in meinem Leben. So blieb auch der Sinn für die Ganzheit meines Wesens erhalten, und ich fühlte mich weder verschmäht noch mir selbst entfremdet.

Die Konsequenz aus diesen Geschichten ist, daß das Leben selbst uns die nötigen Lehren erteilt, auch wenn wir durch therapeutische Methoden den Prozeß unserer karmischen Befreiung noch zusätzlich fördern und beschleunigen können. Zu Beginn dieses Abschnitts habe ich von dem heilsamen Einfluß gewisser Meditationserfahrungen gesprochen, die unsere karmischen Muster zu ändern vermögen. Ich will dies an einem Beispiel belegen. Wenige Monate nach den hier geschilderten Sitzungen war ich damit beschäftigt, meinem Buch eine endgültige Form zu geben. Als ich das letzte Kapitel noch einmal durchlas, machte ich mir folgende Notiz: »Was muß ich tun, um zu jenem Gefühl des Einssein, das ich bei der Geburt meiner Seele verlor, wieder zurückzufinden?« Denn mir war klar, daß hierin der eigentliche Kern meines emotionalen Dilemmas lag. Diese Notiz blieb ein bis zwei Wochen unangetastet auf meinem Schreibtisch liegen.

Obwohl die bisher geleistete Arbeit meiner Entwicklung sehr dienlich war, manövrierte ich mich immer wieder in Situationen hinein, die meine alten Gefühle des Verschmähtseins und der Entfremdung erneut aufflammen ließen, die sich sogar noch verstärkten, falls ich sie zu bekämpfen versuchte. Den Höhepunkt meines Dilemmas stellte ein Kinobesuch dar. In dem Film ging es um einen total heruntergekommenen Strichjungen, dessen Geschichte mit einer Szene endete, wo er völlig allein gelassen auf einer einsamen Landstraße einen epileptischen Anfall erlitt. Ganz im Gegensatz zum klassischen Filmhelden schaffte dieser Junge es nicht, seine Probleme zu meistern und daran zu wachsen. Meine starke Identifizierung mit dieser nicht gerade ermutigenden Story wurde ergänzt durch eine weitere desillusionierende Erfahrung, der ich noch in derselben Nacht durch eine mißglückte Liebesromanze ausgesetzt war. Dies war mehr, als mein empfindsames Gemüt auf einmal verkraften konnte.

Beim Frühstückskaffee am nächsten Morgen durchblätterte ich noch völlig benommen und ohne besondere Absicht ein Buch von Barbara Hand Clow mit dem Titel *The Eye of the Centaur* (»Das Auge des Kentauren«). Darin beschreibt sie ihre eigene Rückführung als Klientin des Therapeuten Gregory Paxon. Plötzlich mußte ich innehalten, als ich auf eine

Stelle stieß, wo sie auf eines ihrer Zwischenleben als Engel zu sprechen kam – eine Phase, in der es ihr unter bestimmten Bedingungen möglich war, in das Bewußtsein der Planetenbewohner einzudringen und deren Gedanken zu beeinflussen. Des weiteren schildert sie auf sehr detaillierte Weise, wie es Engeln möglich ist, den Menschen in ihrer Not durch eine Erleuchtung zu helfen und somit zur positiven Entfaltung ihrer Persönlichkeit beizutragen.

Nur wenige Tage zuvor hatte ich ein interessantes Gespräch, in dem ich mich des Bildes transpersonaler Mächte bediente – in diesem Fall des Planeten Pluto und seines derzeitigen Einflusses auf mein Horoskop, der meine »Seelenhülse« oder das Grundmuster meiner emotionalen Identität total zu verbrennen schien. Diese Vorstellung war sehr anschaulich und somit exakt nachvollziehbar, und ich kam davon nicht mehr los. Beim Lesen des Buches wurde ich wieder daran erinnert und beschloß, über dieses Thema zu meditieren und dabei die Intervention dieser engelhaften Wesen zu erbitten.

Kaum befand ich mich in einem tiefen, tranceähnlichen Zustand, konnte ich zwei leuchtende Wesen links und rechts von mir wahrnehmen. Ich bat sie um Einsicht in den Prozeß meiner gegenwärtigen Transformation. Das Bild jener vorher erwähnten transpersonalen Mächte schien sich mit Leben zu füllen. Ich konnte sogar den brutzelnden und zischenden Laut meiner »Seelenhülse« vernehmen. Das Verbrennen dieser Schale vermittelte mir einen tiefen Einblick in meine derzeitige Gefühlslage des Verschmähtseins und der Entfremdung, wie sie sich auf dem Bildschirm meines alltäglichen Daseins abzeichnete. Es wurde mir klar, wie sehr ich diesen Prozeß noch immer bekämpfte. Ich litt und sehnte mich danach, meine Qual loszuwerden, und durchlebte gleichzeitig meine allerschlimmsten Ängste. Spätestens an diesem Punkt mußte ich einsehen, daß ich, statt mich zu sperren, diese Transformation zu meinem eigenen Anliegen machen mußte. Ich überließ mich nun ganz den Schwingungen all dieser Klänge und dem Willen der transpersonalen Mächte, die meine Seelenhülse in Brand gesetzt hatten, und gleichzeitig überkam mich eine tiefe Verzückung. Schließlich fragte ich mich ein wenig verwundert: »Was wird denn nach alldem von mir selbst noch übrigbleiben?«

Aber dieser Gedanke tauchte nur am Rande auf. Ich war schon zu weit entfernt, um mich mit seinen Implikationen noch näher zu befassen. Erst als die Schwingungen allmählich verebbten, sah ich mit einer Art kindlicher Neugier dem weiteren Geschehen entgegen. Die Engel, die ich schon beinah vergessen hatte, waren plötzlich ganz nah, und ich spürte, wie mein Geist sich durch ihr Einwirken in die Lüfte erhob. Wir schwebten einem glänzenden Lichtbogen entgegen, der größer und größer wurde. Als ich mich inmitten der Lichtquelle befand, überwältigte mich die Stärke meiner eigenen Ausstrahlung. Das stand so im Widerspruch zu meinen bisherigen negativen Emotionen, die – wie mir nun einleuchtete – sich proportional je nach Entfernung von dieser Lichtquelle verstärkten oder verminderten. Statt des nagenden Gefühls der Abwesenheit jeglicher emotionaler Unterstützung oder Einbindung erfüllte mich nun das Bewußtsein, daß ich selbst die strahlende Mitte der Liebe und Ganzheit bin.

Ich versuchte mir vorzustellen, was geschähe, falls ich diese Sphäre des Lichts wieder verließe und mich jenseits seiner Grenzen befände. Zweifellos würde dies meine Situation wieder ins Gegenteil kehren. Ich wäre erneut der Sphäre des Mangels ausgesetzt und würde meine Strahlkraft verlieren. Der bloße Gedanke daran erfüllte mich mit Schrecken, und instinktiv wehrte ich mich dagegen. Doch die Furcht davor ist mir geblieben und beginnt sich zu regen, sobald ich in Gefahr bin, meine Mitte erneut zu verlieren.

Obwohl diese heilsamen Erfahrungen keine Garantie gegen erneute Rückschläge darstellen, haben sie mich innerlich so gefestigt, daß ich den einmal eingeschlagenen Weg getrost fortsetzen kann, da ich im wahrsten Sinne des Wortes das Licht am Ende des Tunnels bereits erblicke. Möglicherweise habe ich bis jetzt erst die Hälfte des Weges geschafft, doch weiß ich, mit wachsender Gewißheit, in welche Richtung ich meine Schritte zu lenken habe.

Nachwort

Der Reifeprozeß unserer Seele erstreckt sich über viele Lebenszeiten – aber was ist der Sinn all unserer karmischen Erfahrungen? Sind wir nur deshalb bemüht, aus unseren Fehlern und Irrtümern zu lernen, um in den Besitz von möglichst viel Macht, Reichtum und Freiheit, in den Genuß sinnlicher Freuden zu gelangen? Um unserem Ego zu noch mehr charismatischer Ausstrahlung zu verhelfen? Oder gibt es darüber hinaus ein höheres Ziel?

Zunächst sollten wir uns einige Gedanken über den Prozeß der Transformation machen, den unsere Seele durchläuft. In seinem Buch *Other Lives, Other Selves* spricht der Jungsche Analytiker Woolger von drei verschiedenen Stadien der psychologischen Integration, die ich für wichtig genug erachte, um sie hier zu erwähnen: das realistisch-kathartische, das symbolisch-archetypische und das integral-mystische Stadium. Im ersteren vertrauen wir auf die buchstäbliche Wahrheit unserer Erfahrungen im Sinne von Ursache und Wirkung; wir behandeln einen Komplex oder ein karmisches Muster, als ob es real wäre oder sich auf Traumata aus früheren Erfahrungen gründe. Sehr oft sind damit gewisse Formen der Katharsis, das heißt ein Bewußtwerden und Loslassen diesbezüglicher Emotionen verbunden.

In der Regel haben diese Komplexe etwas mit Ereignissen zu tun, bei denen das Ego empfindlich verletzt wurde. C. G. Jung drückt dies so aus: »Ein Komplex entsteht, wenn wir in unserem Leben eine Niederlage erleiden.« Und davon bleibt keiner verschont, würde ich hinzufügen. Aufgrund dieser »Niederlagen« entwickeln wir unglaubliche Abwehr- und Rechtfertigungsmechanismen und eine Lebensweise, die uns nach Möglichkeit vor weiteren, schmerzlichen Erfahrungen bewahrt. Unglücklicherweise hat dies zur Folge, daß wir uns von einem Leben zum nächsten noch stärker mit unserer traumatischen Ego-Realität identifizieren.

Woogler weist ausdrücklich darauf hin, daß das katharsische Vorgehen nicht immer das richtige Mittel ist, um einen Menschen von seinen Traumata zu befreien. Mit jeder erneuten Rückführung in frühere und vielleicht hochdramatische Episoden aus vergangenen Lebenszeiten könnten sich die Gefühle des Klienten zu einem unauflösbaren Komplex verfestigen. In der Therapie wie auch im praktischen Leben gibt es Erfahrungen, für die wir keine Erklärung haben. Ein Versuch auf der nächsten, der symbolisch-archetypischen Integrationsebene könnte uns möglicherweise weiterhelfen.

Auf der Suche nach einem höheren Sinn bedienen wir uns hier »der Metapher statt der Wirklichkeit«, wie Woolger es ausdrückt, das heißt, die Vorgänge werden um so begreiflicher, je besser wir die symbolischen Implikationen unseres Lebensdramas zu deuten vermögen. Als Beispiel möchte ich Susannas Kampf mit ihrem Krebsleiden anführen, dessen symbolischer Aspekt ihr klarzuwerden begann, als sie es in Beziehung zu ihrer Ohnmacht gegenüber gewissen äußeren Kräften setzte, die sie der Fähigkeit zu einem eigenständigen Dasein beraubt hatten.

In diesem symbolischen Stadium einer Entschlüsselung unserer persönlicheren Geschichte gilt unsere Aufmerksamkeit ihren immer wiederkehrenden Mustern und Motiven, wobei wir versuchen, uns weitgehend von einer Identifizierung mit ihnen zu lösen. Gelingt uns das nicht, werden wir unweigerlich Leben um Leben an den zum Symbol gewordenen Handlungen unseres individuellen Lebensmythos festhalten. Denn anders als der physische Leib ist unser Astralkörper als Träger unserer Emotionen keinem Alterungsprozeß unterworfen. Er existiert jenseits der dreidimensionalen Zeit und bewegt sich mühelos durch die verschiedenen traumhaft-mythischen Schichten unserer psychischen Vergangenheit, die Bereiche der metaphorischen und symbolischen Realität, in denen all unsere Erfahrungen und Daseinsvorstellungen gespeichert sind. Deshalb erwächst in uns die Aufgabe, in unseren Lebensmythen zu lesen und sie ständig zu ändern. Dazu bedarf es jedoch eines objektiven Blickwinkels, was Jung mit »transzendenter Funktion« bezeichnet. Manche Meditationsgruppen nennen dies auch das »Zeugenbewußtsein«.

Und nur aus dieser transzendenten Sicht ist es uns möglich, die vielen Widersprüche in uns selbst miteinander zu versöhnen. In den Readings sehen wir, wie die Seele in den aufeinanderfolgenden Lebenszeiten hin und her zu springen pflegt und sich dramatischen Erfahrungen aussetzt, die sich wie Spiegelbilder gleichen. Jung sagt dazu: »Man wird stets zu dem, was man am meisten bekämpft.« Das gilt auch für Margarets frühere Leben, in denen sie abwechselnd das Opfer einer Vergewaltigung oder der Vergewaltiger selbst war. Solange die Seele nicht fähig ist, eine transzendente Perspektive zu entwickeln, und weiterhin ihren Komplexen verhaftet bleibt, wird sie laufend von einem Extrem ins andere fallen und mal den aktiven, mal den passiven Part übernehmen und dieses Spiel über viele Lebenszeiten fortsetzen.

Die Versöhnung der Extreme durch Integrierung der eigenen Schattenseiten ist für die Seele ein mühsamer und zuweilen erniedrigender Prozeß, der uns oft an den Rand der Verzweiflung bringt, indem er uns all unserer Illusionen und gewisser Teile unseres Ego beraubt. Für die Karma- und die Pastlife-Therapie bedeutet das ein nochmaliges Durchlebenmüssen unserer makabren und grotesken Torheiten in unseren vergangenen Existenzen – all der Häßlichkeiten und Empörungen, der Gefühle von Wut, Groll und Selbstekel, die durchaus menschlich sind und schließlich in der Therapie vom Klienten akzeptiert werden. Diese Bereitschaft zur Selbstannahme und Vergebung führt zur Desidentifikation oder zum Ego-Tod und ist die Voraussetzung zum Übergang aus dieser transzendenten Position in das letzte, integral-mystische Stadium.

Auf der ersten, der realistisch-kathartischen Ebene erscheinen die Ereignisse – zum Beispiel Machtkämpfe, Vergewaltigung oder Krebserkrankung – noch buchstäblich real; auf der zweiten, der symbolisch-archetypischen, gibt sich der mythische Charakter der Realität zu erkennen – in Umschreibungen wie »nicht auf eigenen Beine stehen können«, »vom Gefühl abgeschnitten sein«, »seinen Kopf verlieren«, »Bürde des Lebens« etc. Das Leben in seinem »So-Sein« (wie ein Buddhist es ausdrücken würde) ist schlechthin das, was es ist – oder, um Stanislav Grof nochmals zu zitieren: »Jedes Ding ist eine Metapher, und jede Metapher eine Wahrheit.« In diesem integral-mystischen Stadium verläßt die erleuchtete Seele, die den Dualismus in ihrem Inneren bereits transzendiert und genügend Indifferenz gegenüber den Widersprüchen der sogenannten Realität entwickelt hat, ihre Meditationshöhle in den Bergen und kehrt auf den Marktplatz zurück. Im Zen-Buddhismus gibt es eine Reihe metaphorischer Darstellungen, in denen ein Hirte und ein Ochse die verschiedenen Stadien der spirituellen Entwicklung verkörpern. Das letzte dieser Bilder zeigt den schmerbäuchigen Hirten auf seinem Ochsen beim Ritt in eine Stadt. Mit seinen »segenspendenden Händen« lebt er fortan unter Säufern und Metzgern.

Um die Implikationen dieses dritten Stadiums zu verdeutlichen, bedient sich Woolger in seinem bereits erwähnten Werk *Other Lives, Other Selves* eines Beispiels aus Jungs

Leben. In einem seiner Träume – so Woogler – befindet sich dieser Gelehrte auf einer Wanderung und nähert sich einer Kapelle am Wegrand, in der er naturgemäß eine Mariendarstellung oder ein Kruzifix vermutet. Zu seinem Erstaunen entdeckt er statt dessen die Figur eines meditierenden Yogis, der seine – also Jungs – Züge trägt. Beim Aufwachen wird es dem Gelehrten irgendwie klar, daß der Heilige ihn selbst zum Gegenstand seiner Meditation gemacht hatte. Seitdem wußte Jung, daß sein Ich in dem Augenblick aufhören würde zu existieren, in dem der Yogi erwachen und zur Erleuchtung gelangt sein würde.

Bei der Arbeit an unserem eigenen Karma geht es – bildlich gesprochen – um weit mehr als darum, die Aufzeichnungen auf dem Videoband unserer Psyche zu löschen. Vielmehr bedarf es einer grundlegenden Transformierung unserer Einstellung zum Dasein, ja unseres Selbstverständnisses. Solange wir das nicht erreichen, werden wir auf die gewohnte Weise immer mehr Karma erzeugen.

Die Transformierung unseres Bewußtseins kann eine von evolutionären Kräften getragene karmische Dynamik in Gang setzen, die mit unseren rein physisch-psychischen Grundbedürfnissen nichts mehr zu tun hat. Es gibt eine alte Wahrheit, welche besagt: »Geradlinig ist der Weg, und eng ist das Tor.« Je mehr wir uns auf dem spirituellen Pfad dem Ziel unserer Reise nähern, desto weniger erlaubt uns der kosmisch-karmische Computer, vom »Pfad der Tugend abzuweichen«. Mit anderen Worten: Wir haben dann jene kritische Menge an Karma erreicht, daß uns kaum eine andere Wahl bleibt, als unser Bewußtsein zu höchster Entfaltung zu bringen.

Dabei haben wir zwei wichtige Aspekte zu berücksichtigen: Zum einen müssen wir uns den begrifflichen Rahmen für unser individuelles Verhältnis zu der größeren Realität schaffen, zum anderen eine Methode entwickeln, die unserem Bewußtsein eine Integrierung in diese Realität ermöglicht.

Je länger wir uns mit unseren vergangenen Leben auseinandersetzen, desto umfassender wird unser Verständnis vom eigenen Selbst. Nach und nach beherbergen wir eine ganze Familie aus unseren verschiedenen Egos oder »Selbsten« in unserem gegenwärtigen Bewußtsein, deren kleine Wohnung im Königreich der Seele liegt. Während dieser Phase unserer Arbeit wird die Seele als der inthronisierte Herrscher über all die »Selbste« unseres inneren Königreichs erkannt. Meditationstechniken, Lebens- und Verhaltensweisen, die sich im Einklang mit dem Willen der Seele befinden, werden nun zur notwendigen Erweiterung unserer Bemühungen.

So aktiv auch das Ego sich an der Entwicklung und Lenkung des höheren Selbst beteiligt, muß es schließlich doch lernen, mehr Zurückhaltung und Gehorsam gegenüber der Seele zu üben. Das ist seine vorrangigste Pflicht. Nach Jungs Verständnis von der Individuation muß es sich an dem Vorbild und den schöpferischen Impulsen des höheren Selbst orientieren. Damit steht und fällt dieser ganze Prozeß. Jung versteht darunter eine steigende Bereitschaft des Ego, sich dem Bewußtsein der transpersonalen Dimensionen des Selbst zu öffnen.

Letztendlich wird dieses ständig expandierende Ego zum Zeugen eines Vorgangs, bei dem die Seele ihr aktives Bestreben nach Integrierung so vieler Egos aufgibt und sich bestimmungsgemäß dem transpersonalen Willen des Selbst *unterwirft* – ganz im Sinne ihres Verlangens nach Wiederversöhnung. Sobald dies gestillt ist und sie sich wieder im Schoß jener Schöpfung befindet, von der sie sich einst so verstoßen gefühlt hat, kann sie sich endlich entspannen. Unsere Identität erhält ihren transpersonalen Charakter zurück, und dabei überkommt uns die tiefe Gewißheit, daß wir selbst ja das

Leben in all seiner Allmacht, Allgegenwart und Allwissenheit sind, die Repräsentanten all jener Faktoren, auf denen die Transparenz des holographischen Mikrokosmos unserer Seelen beruht.

Um unserer Transformation dienlich zu sein, müssen sich unsere Lebensgewohnheiten an dieser höchsten Realität orientieren. Unglücklicherweise entspricht kaum eine der hier im Westen verbreiteten Religionsformen diesem erhabenen Ziel, da sie alle aus einer viel früheren Epoche der psychischen Entwicklung, aus der Zeit unserer spirituellen Kindheit stammen. Daher gleicht ihre Wirkung eher der von Kinderreimen und Märchenerzählungen. Im schlimmsten Falle unterstützten sie sogar die Rechtfertigungsversuche und die manipulativen und zur Abhängigkeit führenden Bestrebungen unserer neurotischen Egos, durch die die Lehren erleuchteter Wesen ohnehin schon entstellt und pervertiert wurden. Nicht ohne Grund hat man die Religion als »Opium fürs Volk« bezeichnet. Im gleichen Atemzug verspricht sie Erlösung und trägt andererseits durch ihre hinterlistigen Machenschaften dazu bei, daß das in der Transformation befindliche Ego-Selbst sich seiner eigentlichen Verantwortung entzieht.

Wir brauchen eine Methode, durch die wir lernen, der höheren Realität zu vertrauen, und die unser Streben nach Teilhaftigkeit ermuntert, so daß die Ströme transpersonaler Kräfte durch uns hindurchfließen. Durch Meditation kann es uns zum Beispiel gelingen, die vielfältigen Spannungen in unserem Wissen, die das Fließen dieser Lebensströme blokkieren, zu lösen. Dann erst wird das geschlossene System unserer Ego-Zentriertheit, das immer neue karmische Muster hervorbringt, aufhören zu funktionieren.

Wer eine reiche Ernte anstrebt, muß guten Samen aussäen, und wer gar nichts pflanzt, kann überhaupt nichts ernten. All unsere psychologischen Erfahrungen und besonders die Gedanken und Gefühle am Ende unseres Lebens sind – im guten oder schlechten Sinne – Teil unserer Seelenernte. Um wirklich voranzukommen, sollten wir uns nach Möglichkeit negativer Gedanken enthalten, die karmischen Lehren akzeptieren und beherzigen, nur gute Samen verwenden und uns immer daran erinnern, daß Liebe der beste Lehrmeister ist.

Freiheit und freier Wille haben hier auf der Erde – und speziell in der westlichen Welt – immer als die höchsten Güter gegolten. Doch was die meisten darunter verstehen, gleicht eher einer freiwilligen Unterwerfung unter die Herrschaft persönlicher Neigungen, Machtgelüste und Aversionen – kurz: einer Kapitulation vor den karmischen Gegebenheiten. Unsere wirkliche Freiheit liegt in der Möglichkeit, uns zugunsten jener Bestrebungen zu entscheiden, die unserem allzu persönlichen Verständnis von Identität entgegenwirken und unserer Einbindung in den höheren Willen des Lebens dienen.

Die non-theistische Religion des Taoismus in Asien umschreibt die höchste Realität mit einem Begriff, der im Grunde nichts anderes heißt als »der Weg«. Selbst wenn wir imstande sind, unser eigenes Schicksal zu meistern, sind wir noch lange nicht frei, das zu tun, was wir am liebsten tun würden. Und als Meister kann sich nur derjenige bezeichnen, der sich von den Fesseln des Karmas und der Verkettung an eine individuelle Identität befreit und gelernt hat, dem *Weg* zu folgen. Der Zen-Meister Seung-Sahn drückt dies so aus:

Der große Weg ist nicht schwierig für jene, die keine besonderen Vorlieben haben. Wo beides, Liebe und Haß, abwesend sind, ist alles klar und unterschiedslos. Doch bei geringfügigsten Unterscheidungen sind Himmel und Erde unendlich weit voneinander entfernt. Wenn du in der Wahrheit verharren willst, enthalte dich jeglichen Für oder Widers. Zwischen dem, was du liebst, und dem, was dir mißfällt, zu unterscheiden, nenne ich eine Krankheit des Geistes.

In jüngster Zeit hat die westliche Welt große Versuche unternommen, die alten Weisheiten des Ostens zu erforschen. Zwischen Physik und Psychologie sind bereits Ehen geschlossen worden (und in einem geringeren Ausmaß auch zwischen den Religionen), deren Nachkommenschaft in Gestalt einer ganz neuen Generation von Symbolen und Paradigmen sich immer deutlicher zeigt. In einer Zeit des Untergangs alter Glaubensstrukturen kündigt sich eine ganz neue Ordnung an, und wir sind die Vorreiter und Pioniere. Unsere Bestrebungen, mit den karmischen Überresten in unserer Psyche aus früheren Taten und Reaktionen reinen Tisch zu machen, werden dazu beitragen, die kollektiven Lasten der Menschheit zu verringern. Unsere Suche nach dem *Weg* wird die Grundlage für eine weitere Entwicklung des menschlichen Bewußtseins bilden – ein Schritt, der uns bald bevorsteht.
Doch laßt uns im Blick auf dieses große New Age nicht zu optimistisch sein. Noch immer gibt es mächtige Gruppen, die die herrschende Gewalt auf materieller Ebene repräsentieren. Dazu gehören Vereinigungen wie die Trilaterale Kommission und andere internationale Schutzbündnisse der ökonomischen Machtelite, die alles daransetzen, um unter dem Deckmantel einer »neuen Weltordnung« ein globales Wirtschaftsimperium zu etablieren. Von einer »neuen Weltordnung« kann schwerlich die Rede sein; es handelt sich vielmehr um die übelste Machtdemonstration jener Sorte von Menschen, die von jeher auf diesem Planeten das Heft in der Hand hatten. Im Interesse ihres Profits beuten sie skrupellos die letzten natürlichen Ressourcen dieser Erde aus und zerstören

die Grundlagen unseres gemeinsamen Ökosystems auf eine Weise, die immer schrecklichere Formen annimmt. Der Wert der übrigen Menschheit wird nur noch an ihren Eigenschaften als willige Lasttiere und fleißige Konsumenten im Dienste dieser allmächtigen Dollargötter gemessen.

In der Botschaft des Giaff, aus der ich bereits einige Passagen in der Einführung zu Teil I dieses Buches zitiert habe, findet sich ein Hinweis auf eine Schlacht von Armageddon[1] – und zugleich eine Deutung dieses mythischen Geschehens in bezug auf die gegenwärtige, weltweite Krise. Ich halte es für wichtig, diese Aussagen als eine Art Schlußpunkt unter meine eigenen Ausführungen zu setzen:

Wieder einmal ist der Leib unserer Erde von Schmerz und Krankheit der gesamten Energien der Gattung gezeichnet. Und auch jetzt noch leidet sie unter den Auswirkungen einer Heilungskrise, die wie ein Fieber all die negativen und lebensbedrohenden Faktoren, die ihr so sehr zusetzen, hinwegbrennen wird. In den Tagen des alten Atlantis wurde eine neue Art kosmischer Energie auf die Erde gebracht. Und heute, zwölftausend Jahre nach der endgültigen Zerstörung des Inselreichs, beginnt der Leib unserer Erde erneut unter dieser Energie zu erzittern. Der karmische Zyklus, dessen Entstehung auf jene Zeit zurückzuführen ist, beginnt sich nunmehr zu schließen.

Wieder einmal steht der Planet vor seiner globalen Vernichtung, da die Kräfte des universellen Gesetzes dem Aufstand der machthungrigen Seelen, jener widerspenstigen Nachkommen der Lemurer und Atlanter, entgegentreten, die kar-

---

1 Armageddon: nach Offenbarung Joh. 16.16 der mythische Ort, an dem die bösen Geister die »Könige der gesamten Erde« für einen großen Krieg versammeln (Anm. d. Übers.).

misch noch immer an den Planeten gebunden und darauf aus sind, die Menschheit für ihre eigenen verderblichen Ziele zu mißbrauchen.

Die Frequenzen eures Planeten werden sich ändern – nicht nur die Schwingungsrate des Bewußtseins, sondern die gesamte atomare Struktur eurer Welt. Ich flehe euch an, von eurem bisherigen Tun abzulassen und euch nach den neuen Bewußtseinsfrequenzen zu richten, die sich in eurer Welt manifestieren – sei es im Gefolge der letzten globalen Zerstörung oder aufgrund der radikalen Transformation existierender Strukturen. Ungeachtet eurer jeweilen Herkunft als Seele – ob ihr aus den inneren Dimensionen, einem völlig anderen physikalischen System oder aus dem eigentlichen Königreich der menschlichen Rasse kommt – sind alle eure individuellen Geschicke unauflösbar in das kollektive Drama verwoben, dem der Leib eurer Erde jetzt ausgeliefert ist. Die Schatten der Schlacht von Armageddon, das Erbe von Luzifer und seiner Bande: Diese *mythogenen* Kräfte verfolgen jetzt eure gesamte Rasse.

Doch wir sind auf Posten, um euren Planeten zu beobachten. Während dieser ganzen kritischen Periode werden wir dasein, um euch mit Hilfe des Geistes unsere Unterstützung zu geben, indem wir euch anspornen, den Weg des Lichtes zu gehen und das geschehene Unrecht in die Vergangenheit zu verweisen. Was ihr zu tun habt, müßt ihr jedoch selber tun. Aber wir werden euch ständig ermuntern, den einmal beschrittenen Weg eurer Vervollkommnung zügig voranzuschreiten.

Laß mich noch einmal betonen, daß es für euch keine individuelle Form der Erlösung gibt, da ihr als irdische Wesen unlösbar in das Karma des Planeten verstrickt seid. Nur wenn ihr euer Denken und Handeln mit den universellen Gesetzen in Einklang bringt und die Heilung des evolutionären Systems zum Ziel eurer Bemühungen macht, werdet ihr fähig sein, euch selbst aus der Verstrickung in das kollektive Karma des Planeten zu befreien und den Pfad eurer Vollendung als Seele fortzusetzen.

Euer Freund Giaff

Anhang A

Das Goldene Zeitalter von Lemuria ist ein bevorzugtes Thema von New-Age-Anhängern und -Schriftstellern – so auch
von James Churchward, der in seinem Buch *The Lost Con-
tinent of Mu* (1926) die These vertritt, daß bereits während
des Pleistozäns vor mehr als 50 000 Jahren im Pazifischen
Ozean ein blühender Kontinent existierte, dem er den Namen
»Mu« verlieh. Er beruft sich dabei auf schriftliche Quellen[1]
aus den verschiedensten Erdteilen, Berichte, in denen diese
mythische Insel sogar als »Mutterland der Menschheit« bezeichnet wird. Ihre Bewohner sollen nicht nur die menschliche Sprache entwickelt, sondern auch Künste und Wissenschaften auf einen hohen Stand gebracht haben. Churchward
weiß jedenfalls nur Gutes über sie zu sagen.
Im Gegensatz dazu glaubt Zecharia Sitchin in *Der zwölfte
Planet* den Ursprung menschlicher Kultur und Sprache bei
den Sumerern in Mesopotamien zu finden. Nach seinen
Übersetzungen und Interpretationen der alten Bildzeichen

1 Berichte über Mu erscheinen auf den in Indien entdeckten Naacal-Tafeln
   und auf anderen, nahezu vergleichbaren Steintafeln, die in Mexiko gefunden wurden (die Schriftzeichen beider Serien sind die des Mu-
   Alphabets, und beide sind älter als 15 000 Jahre). Ferner finden sich ein-
   schlägige Hinweise in dem sogen. Troano-Manuskript und im Codex
   Cortesianus, beide von den Mayas in Yukatan, im klassischen indischen
   Epos Ramayana, in Plutarchs Solonbiographie und bei anderen griechischen Philosophen der Antike. Die Welt der südpazifischen Inseln ist
   reich an entsprechenden Artefakten, Symbolen, Monumenten und sogar
   noch Legenden, die aber auch in Zentralamerika bei den Pueblo- und
   Zuni-Indianern anzutreffen sind. Und nicht zuletzt gehört auch das
   Lhasa-Manuskript aus dem gleichnamigen buddhistischen Tempel in die
   Reihe dieser frühen Zeugnisse.

und Texte muß man annehmen, daß sich zwischen Euphrat und Tigris ein »Göttergeschlecht« angesiedelt hatte, welches als Schöpfer der menschlichen Spezies gilt, die ihm Sklavendienste leisten mußte. Diese Götter wurden oft als Flügelwesen dargestellt, zusammen mit seltsamen Fluggeräten, die man als Raketen und Raumschiffe interpretieren könnte. Offenbar glaubt Sitchin Beweise für extraterrestrische Wesen eines bisher unentdeckten Planeten gefunden zu haben, der in einer extrem elliptischen Umlaufbahn die Sonne umkreist und dessen Bewohner uns zunächst in ihre Dienste gezwungen und dabei ihre technologischen und zivilisatorischen Errungenschaften mitgebracht haben.

Dieser Autor versucht, seine Thesen unter anderem mit biblischen Texten wie zum Beispiel folgender Passage aus der Genesis zu untermauern:

Die Gottessöhne sahen,
daß die Töchter der Menschen sehr schön waren.
Sie suchten sich die schönsten aus
und heirateten sie ...

Damals und auch noch später
lebte auf der Erde
das Geschlecht der Riesen.
Sie waren aus der Verbindung
der Gottessöhne mit den Menschentöchtern
    hervorgegangen
und sind als die großen Helden der Vorzeit bekannt.[1]

1 1. Moses 6. 1,2 und 4; aus: »Die Gute Nachricht«, Stuttgart 1982.

Die Leute aus dem Shem

Wenn auch moderne Theologen mit diesen rätselhaften Versen aus der Genesis nicht viel anfangen können, gibt es doch alte jüdische Schriften aus dem zweiten Tempel, in denen die »Gottessöhne« mit den »gefallenen Engeln« gleichgesetzt werden. Dieser Ansicht kann Sitchin freilich nicht zustimmen. Für ihn sind diese »Neflim«, wie sie in der Genesis genannt werden, Wesen von anderen Sternen, die per Raumschiff auf die Erde gelangt sind.

Den Begriff »Neflim« leitet er von der semitischen Wortwurzel »nfl« (»hinabgestoßen werden«) ab, und das hier auftauchende Wort »Shem« hält er für ein semitisches Synonym des von Churchward gebrauchten sumerischen Begriffes »Mu« (für Lemuria) den er jedoch mit »Himmelsboot« übersetzt – in ihm also das Fahrzeug erkennt, mit dem die damaligen Götter geradezu astronomische Entfernungen überwanden. Als weitere Untermauerung seiner Thesen führt er die raketenähnlichen Gebilde in alten Wandmalereien oder Reliefs, aber auch entsprechende schriftliche Hinweise an – daher seine Folgerung, daß es sich bei den Leuten aus dem Shem um Raumfahrer gehandelt haben muß. Ich frage mich zuweilen, ob dieses semitische Synonym für Mu nicht auch in bezug zu Churchwards Inselkontinent Mu gesetzt werden könnte? Und vielleicht sind die Neflim identisch mit jenen gefallenen Engeln (Luzifer und seinen Heerscharen), die wegen ihres kosmischen Aufstands auf die Erde »hinabgestoßen« wurden? Sind sie die Gründer Lemurias, die später die ganze Erde kolonisierten?

Meine Erfahrungen während zahlreicher Rückführungen mit meinen Schülern und Klienten haben mir diese Vermutung immer wieder bestätigt. Die sogenannten »gefallenen Engel« gehören zu jener Gruppe innerdimensionaler Wesen, die damals auf unsere Erde geschickt wurden, um die Evolution des Lebens in Gang zu setzen und zu überwachen. Mit ihrem eigenwilligen und von Machtgier geleiteten Handeln hatten sie versucht, die göttlichen Pläne zu durchkreuzen und erhielten hier eine Gelegenheit, ihr selbstherrliches Betragen zu korrigieren.

Als ich das erste Mal in einer Rückführung mit dem Komplex Lemuria konfrontiert wurde, hatte ich es mit einem jungen Mann aus einer meiner Arbeitsgruppen zu tun. Ich versetzte ihn in jene ursprüngliche Dimension zurück, in der er sich vor seiner ersten Inkarnation befunden hatte. Er gehörte dort zu einer mit wissenschaftlichen Experimenten betrauten Seelengemeinschaft, die die spezifischen Lebensformen in einer anderen Dimension zu überwachen hatten. Da sie aber in Konflikt mit den eigentlichen Zielen der Schöpfung gerieten, wurden sie eines Tages kurzerhand auf den Planeten Erde beordert. Die meisten von ihnen waren darüber so aufgebracht, daß sie ihren Ärger ausgerechnet auf die Dinge übertrugen, deren Weiterentwicklung ihre vornehmlichste Aufgabe gewesen wäre. Natürlich erzeugten sie dadurch noch mehr negatives Karma und wurden gezwungen, in den von ihnen geschaffenen Lebensformen zu inkarnieren, um deren Brauchbarkeit für die menschliche Entwicklung zu testen. Außer mit diesem Klienten arbeitete ich in der Folge noch mit verschiedenen anderen Personen, die sich an ähnliche Erfahrungen erinnerten.

Hierzu fällt mir ein, daß nicht nur Edgar Cayce, sondern auch jene spirituellen Wesen, die Ruth Montgomery zum automatischen Schreiben inspirierten, von gewissen »Dingen« berichteten. Es handelte sich dabei um Mischkreaturen, die zur Hälfte Mensch und zur anderen Hälfte Tier waren. In Cayces Buch *Bericht von Ursprung und Bestimmung des Menschen* erfahren wir noch Näheres über diese seltsamen

Phänomene, die einer sehr frühen, voratlantischen Epoche zuzuordnen sind. Es muß sich dabei um Kreuzungen zwischen Tieren und psychischen Wesenheiten gehandelt haben – um erste Versuche mit der beseelten Materie. Das Ergebnis waren ziemlich monströse Mischwesen mit Schwänzen, Hufen etc. In Montogomerys Werk *A World Before* lassen ihre kosmischen Informanten indessen auch durchblicken, daß »Gott« im Verlauf dieser Experimente es diesen Mischkreaturen unmöglich machte, Nachwuchs zu haben.

Zu dem gesamten Legendenkomplex über den Ursprung des Lebens auf diesem Planeten gehört auch die Geschichte von Belials Söhnen, die nach Cayce jedoch in keiner Beziehung zu den Ereignissen um Luzifer steht. Im großen und ganzen erscheint mir die Interpretation der Schöpfungsgeschichte durch Cayces und Montgomerys Informanten in gewissen Punkten als zu sehr an die biblischen Berichte orientiert; denn sollte ich Frau Montgomerys Vorstellungen glauben, dann hätten bereits die Lemurier »das Evangelium des einen Gottes« über den gesamten Erdball verbreitet.

Ich kann auch nicht an die Existenz von »fünf Adams« glauben, die als die Urahnen von fünf gleichzeitig entstehenden Rassen beschrieben werden. Es kommt mir so vor, als ob all die Informanten, denen die Autorin ihr geheimes Wissen verdankt – und dazu zählen der verstorbene Cayce, Arthur Ford und noch etliche andere – zu ein- und derselben Seelengruppe evangelisierender Christen gehören, die vor allem an der Verbreitung des New-Age-Evangeliums interessiert sind und dementsprechend zusammenarbeiten. Doch so wertvoll ihre Enthüllungen für die metaphysische Anthropologie auch sein mögen, für mich ist der christlich-dogmatische Eifer, der sich dahinter verbirgt, reichlich suspekt.

Im Hinblick auf das eigentliche Anliegen meines Buches mögen all diese obskuren Dinge ein wenig irrelevant erscheinen, doch sind sie insofern bedeutsam, weil die Legenden um Luzifer möglicherweise zum Verständnis der Evolution des menschlichen Lebens und all seiner negativen Aspekte beitragen können. Ich bin mir sogar ziemlich sicher, daß dieses ungeheure Maß an Machtstreben, an Gier und Versessenheit auf wissenschaftliches Experimentieren in all seiner Fragwürdigkeit vor allem auf jene karmischen Muster zurückzuführen ist, mit denen die gefallenen Engel unsere Erde sozusagen infiziert haben. Sie waren in einem negativen Sinne die eigentliche treibende Kraft auf diesem Planeten. Ihr Einfluß ist immer noch spürbar und trägt ganz wesentlich zur Manipulierung und Zerstörung unserer Umwelt bei. Denn das persönliche Karma jedes einzelnen von uns ist nahezu unentwirrbar in das Gesamtgewebe jenes Netzes aus Ursünde verstrickt, das unser Vorankommen so sehr behindert.

Anhang B

Eine zweite, höchst fragwürdige, historische Episode, die sich noch immer auf unser kollektives Bewußtsein auswirkt, war die Zeit der Amazonenherrschaft im vorgeschichtlichen Europa. Man müßte sie etwa in die Epoche der großen erdgeschichtlichen Veränderungen, die den Untergang von Atlantis ausgelöst hatte, einordnen, um ca. 10 000 v. Chr. Schon um 28 000 v. Chr. war dieser Inselkontinent einer teilweisen Zerstörung zum Opfer gefallen, nachdem rebellische und machthungrige Seelen das Land mit Bürgerkrieg überzogen und die verbliebenen Teile unter ihre Kontrolle gebracht hatten. Als später auch diese im Ozean versanken und mit ihnen alle Bewohner, beschlossen die noch immer herrschsüchtigen Seelen der Verstorbenen, in jenen matriarchalischen Stämmen zu reinkarnieren, die entweder die Flut überlebt oder sich in den darauffolgenden dunklen Jahrhunderten auf den Festländern gebildet hatten.

Über diese historische Epoche gibt es so gut wie keine authentischen Berichte und nur wenige archäologische Nachweise. Das einzige Zeugnis, das mir in diesem Moment einfällt, ist die Darstellung eines Zweikampfes zwischen einer amazonischen Königin und einem griechischen Helden auf einer Vase aus dem achten vorchristlichen Jahrhundert. Glücklicherweise sind uns einige wenige Aufzeichnungen wie die von Herodot (ca. 490–420 v. Chr.) überliefert, der eine von grimmigen Frauen regierte und in Libyen ansässige Gesellschaft beschreibt. Viel später, um 50 v. Chr., erzählt uns ein römischer Sizilianer – Diodorus Siculus – von allerhand Gerüchten aus Libyen über einen Amazonenstaat, in dem die Frauen die gesamte Macht in der Hand gehabt hätten. Den Männern war noch nicht mal erlaubt, Waffen zu tragen oder an Regierungsgeschäften teilzunehmen. Ihr Tätigkeitsfeld war auf Haus und Familie beschränkt.

In zeitgenössischen Untersuchungen wird dem Göttinnenkult und den mythischen Überlieferungen über die Amazonen eine matriarchalische Gesellschaftsordnung zugrunde gelegt. So beschreiben Jennifer und Roger Woolger in ihrem Buch *Göttinnen* den Artemiskult in Anatolien (der heutigen Türkei) als Überbleibsel einer weiblichen Stammesgesellschaft. Merlin Stone geht noch ein Stück weiter, wenn er behauptet, daß jene mythischen Amazonen von einer viel älteren Frauengesellschaft inspiriert worden seien, die eine Kriegsgöttin verehrte und ihre kriegerischen und jägerischen Aktivitäten von Libyen aus über die östlichen Mittelmeerländer bis nach Bulgarien, Armenien und sogar ins südliche Rußland ausdehnte (Titel seiner Untersuchungen: *Als Gott eine Frau war*). Diese kriegerischen Aspekte werden von Riane Eisler in ihrem sonst so brillanten und aufschlußreichen Buch *The Chalice and the Blade* total übergangen, und obwohl sie Stone ausgiebig zitiert, versucht sie als typische Feministin seine kritischen Ansätze durch ihre übersteigerte Glorifizierung des Matriarchats als gegenstandslos erscheinen zu lassen. Andere Feministinnen scheuen sich nicht, das Amazonentum sogar als Modell anzupreisen.

Ich selbst erfuhr erst durch meine Pastlife-Therapie für Margaret Näheres über diese historische Epoche. Während unseres vierjährigen Zusammenlebens verfolgten wir die Geschichte unserer gegenseitigen Beziehung bis zurück in amazonische Zeiten und erkannten dabei, wie sehr unsere früheren Erfahrungen für fast alle traumatischen Aspekte unseres gegenwärtigen Miteinanders verantwortlich waren. Diese Erkenntnisse waren für Margaret so schwerwiegend, daß sie einen Workshop ins Leben rief unter dem Motto

»Healing the Feminine« (»Wie heile ich meine Weiblich-keit?«). Sie leitete die Kurse, die nur für Frauen bestimmt waren, allein und übernahm gemischte Gruppen zusammen mit mir. Ihr ging es vor allem darum, ihre Klientinnen mit jenen Traumata zu konfrontieren, die sie in ihren frühesten Leben erfahren hatten, und sie durch Bewußtmachung der-selben davon zu befreien.

Später machten wir ähnliche Workshops in anderen Staaten und waren jedesmal von neuem erstaunt, wie sehr sich die Aussagen der Teilnehmerinnen glichen, sobald sie sich in jene vorgeschichtlichen Zeiten zurückversetzt fühlten. Wir beob-achteten ferner, daß Frauen, die sich als militante Feministin-nen verstanden, fast ausnahmslos von Machtpositionen zu sprechen begannen, die sie in jenen Leben bekleidet hatten, und sich nicht selten so sehr über ihre einstigen Greueltaten erregten, daß es ihnen fast unmöglich war weiterzureden. Alles, was Margaret in ihrer Rückführung (siehe Teil II dieses Buches) über die Ereignisse jener amazonischen Epoche be-richtete, ist im Vergleich zu meinen eigenen Trance-Erfah-rungen und denen meiner Klienten aus den Workshops sehr allgemein gehalten, wenn nicht sogar beschönigend.

Andererseits geht daraus deutlich hervor, daß nicht alles, was mit unserer Welt nicht mehr stimmt, allein den Seelen anzu-lasten ist, die sich heute in einem männlichen Körper befin-den. Ich will damit keineswegs abstreiten, wie nachteilig, ja lebensbedrohend sich die patriarchalischen Strukturen auf unsere gegenwärtige Gesellschaft auswirken. Doch muß ich auch darauf hinweisen, daß jene Seelen, die heute als Frauen inkarnieren, zu anderen Zeiten in männlichen Körpern wa-ren. In meiner Arbeit mit aggressiven und streitsüchtigen Feministinnen habe ich oft beobachten können, daß sie auch als Männer nicht minder tonangebend waren.

Es ist wohl kaum möglich, nach so langer Zeit noch herauszufinden, wie es unter prähistorischen Bedingungen mit der Ausgewogenheit zwischen den Geschlechtern tatsächlich bestellt war, wobei man noch die unterschiedlichen sozialen Strukturen in den eher primitiven, matrifokalen Gesellschaften einerseits und den hochentwickelten Staatsgebilden in Atlantis und Lemuria andererseits mit in Betracht ziehen müßte. Mein Eindruck ist, daß sowohl hier wie dort mehr Gleichberechtigung herrschte als in den amazonischen Stämmen und den später sich entwickelnden patriarchalischen Formen des Zusammenlebens, die bis heute noch maßgebend sind. Soweit ich es beurteilen kann, müssen die Positionen von Priester und Priesterin sowie König und Königin durchaus ebenbürtig gewesen sein. Auch wage ich zu behaupten, daß selbst unter der Herrschaft der Göttin in mutterrechtlichen Gemeinschaften der Mann in seiner Identität trotz matrilinearer Erbfolge respektiert wurde.

Seine Angst vor den Frauen hat ihre Wurzeln in einer späteren – der amazonischen – Ära und ist seither so tief im Gattungsgedächtnis des Mannes verankert, daß sie zum Motor der kollektiven Unterdrückung des weiblichen Geschlechts wurde. Wie ich es sehe, ist das Patriarchat letztendlich nichts anderes als eine paranoide Reaktion der Männerwelt auf ihre damalige Entmachtung, an der beide Geschlechter bis heute zu tragen haben. Daher auch die Brüchigkeit unserer gegenwärtigen sozialen Strukturen mit all ihren Begleiterscheinungen auf psychischer und sexueller Ebene, deren einzige Heilungschance ich in einer Rückführung und intensiven Arbeit am eigenen, in jener früher Epoche erzeugten Karma erkenne. Zwar glaube ich nicht, daß die amazonischen Erfahrungen für alle gesellschaftlichen Fehlentwicklungen verantwortlich gemacht werden können, doch immerhin haben sie den entscheidenden Anstoß dazu gegeben.

Das bestehende Herrschaftsmodell läßt sich jedoch noch viel weiter bis in lemurische Zeiten zurückverfolgen und muß mit Luzifers Auftritt in dieser frühesten Kultur in Verbindung gebracht werden. Nach deren Zerstörung fanden viele ihrer heimatlos gewordenen Seelen auf der Suche nach neuen Machtpositionen in Atlantis ein willkommenes Betätigungsfeld, wo es bald zu schweren Zusammenstößen mit der dort etablierten Theokratie und schließlich zu einem verheerenden Bürgerkrieg kam. Die Eindringlinge hatten ihre helle Freude an der Vernichtung des Gottesstaates und bedienten sich der hochentwickelten atlantischen Wissenschaften für ihre imperialistischen Ziele. Diese Ausbeutung währte bis zum endgültigen Untergang des Inselkontinents, der um ca. 10 000 v. Chr. mit all seinen Reichtümern und kulturellen Errungenschaften in den Fluten des Ozeans versank. Seine Außenposten, die die theokratischen Kolonisatoren in jahrhundertelanger Aufbauarbeit sowohl in Ägypten, aber auch im fernen Peru, in China, in Indien und in Tibet geschaffen hatten, blieben indessen von der Katastrophe verschont und glücklicherweise auch von einer Invasion der von ihren Mißerfolgen frustrierten, luziferischen Seelen, denn die meisten von ihnen zogen es vor, nunmehr in kleineren matriarchalischen Stammesverbänden zu reinkarnieren. Damit war allerdings auch deren friedliebender und von egalitären Strukturen geprägter Charakter bedroht. Am Beispiel der bis dahin mutterrechtlichen Amazonenkultur lassen sich die Folgen eines importierten, menschenfeindlichen Herrschaftsmodells am besten demonstrieren: Männer wie Frauen waren nun gleicherweise den aufgezwungenen Unterdrückungsmechanismen und einer Schädigung ihrer Integrität als menschliche Wesen ausgesetzt.

Westliche Wege

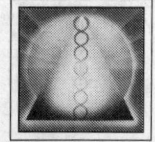

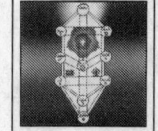

Westliche Wege

Knaur®
Esoterik

Neil Douglas-Klotz
DAS VATERUNSER
Meditationen und Körperübungen
zum kosmischen Jesusgebet

(86008)

Knaur®
Esoterik

Thomas Sugrue
EDGAR CAYCE
Die Geschichte eines
schicksalhaften Lebens

(4107)

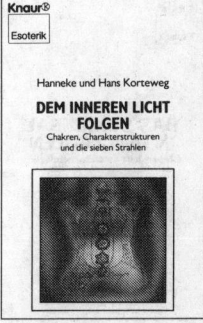

Knaur®
Esoterik

Hanneke und Hans Korteweg
DEM INNEREN LICHT FOLGEN
Chakren, Charakterstrukturen
und die sieben Strahlen

(4261)

Knaur®
Esoterik

Katja Wolff
DER KABBALISTISCHE BAUM
Adams Schlüssel zum Paradies

(4223)

Knaur®
Esoterik

Katja Wolff
MAGIE
Kunst des Wollens
Macht des Willens

(4262)

Knaur®
Esoterik

Lex Hixon
EINS MIT GOTT
Mystik jenseits von Religion
und Zeit

(4252)

Schicksalsdeutung

Golmyn
DAS SCHICKSAL IN DEN ZAHLEN
Lebenshilfe durch Numerologie

(86011)

NIGEL PENNICK
DAS RUNEN ORAKEL
Mit 25 Runenkarten von
Hermann Haindl

Mit einem Vorwort von
Rachel Pollack

Knaur Esoterik

ISBN 3-426-26472

Monte Farber
KARMA KARTEN
Die Zukunft
erkennen durch Astrologie
Mit 36 Karma-Karten

(4270)

Marie Louise Lacy
DAS FARBORAKEL
Die psychologische und
spirituelle Bedeutung der Farben
Mit 28 Farbkarten

(4260)

Nathaniel Altman
DIE PRAXIS DES HANDLESENS
Ein Ratgeber zur
psychologischen Handanalyse
Deutsche Erstausgabe

(4166)

Ursula von Mangoldt
Erkenne dich selbst im Bild deiner Hand
Ein Lehrbuch

(4240)

Astrologie

Knaur Ⓚ

Lebenshilfe

Knaur Ⓚ
Esoterik

Charlotte Joko Beck

ZEN IM ALLTAG

(4236)

Knaur Ⓚ
Esoterik

Gloria D. Karpinski

INITIATION IM ALLTAG

Die sieben Prinzipien der Wandlung

(4276)

Knaur Ⓚ
Esoterik

Joyce und Barry Vissell

DER GEMEINSAME WEG

Die partnerschaftliche Beziehung als Weg zu spiritueller Entfaltung

(4194)

Knaur Ⓚ
Esoterik

Pat Rodegast
Judith Stanton

EMMANUELS BUCH

Vorwort von Ram Dass

(86006)

Knaur Ⓚ
Esoterik

Pat Rodegast
Judith Stanton

LIEBE JETZT

Vorwort von Ram Dass

(4264)

Knaur Ⓚ
Esoterik

Carol S. Pearson

DER HELD IN UNS

Der sechs Archetypen
Magier, Krieger, Märtyrer, Wanderer, Unschuldigen, Waise

(4239)